Kultur- und sozialwissenschaftliche Studien

Studies in Cultural and Social Sciences

Herausgegeben von/Edited by
Stefan Breuer, Eckart Otto,
Hubert Treiber

Band/Volume 15

2016
Harrassowitz Verlag · Wiesbaden

Aus dem Großen Hauptquartier

Kurt Riezlers Briefe an Käthe Liebermann 1914–1915

Herausgegeben von
Guenther Roth und John C. G. Röhl

2016
Harrassowitz Verlag · Wiesbaden

Bibliografische Information der Deutschen Nationalbibliothek
Die Deutsche Nationalbibliothek verzeichnet diese Publikation in der Deutschen Nationalbibliografie; detaillierte bibliografische Daten sind im Internet über http://dnb.dnb.de abrufbar.

Bibliographic information published by the Deutsche Nationalbibliothek
The Deutsche Nationalbibliothek lists this publication in the Deutsche Nationalbibliografie; detailed bibliographic data are available in the internet at http://dnb.dnb.de.

Informationen zum Verlagsprogramm finden Sie unter
http://www.harrassowitz-verlag.de

Gedruckt auf alterungsbeständigem Papier.
Satz und Gestaltung: Michael Fröhlich
Druck und Verarbeitung: Hubert & Co., Göttingen
Printed in Germany
ISSN 1866-6884
ISBN 978-3-447-10596-5

Inhalt

Vorwort

Die Entdeckung der über einhundert Brautbriefe von Kurt Riezler an Käthe Liebermann im Jahre 2008 in einer Dachstube in Baltimore in den USA erschließt eine neue authentische Quelle zum Kriegsanfang 1914. Die Briefe aus dem Großen Hauptquartier (GHQ) beginnen erst am 17. August 1914, aber sie erlauben Rückschlüsse auf die entscheidenden Wochen vorher, für die so viele Quellen absichtlich oder unabsichtlich verloren gegangen sind. Als junger Vertrauter des Reichskanzlers Theobald von Bethmann Hollweg war Kurt Riezler sowohl ein Insider als auch ein Outsider inmitten der älteren zivilen und militärischen Führung, welche den Krieg bewusst gewagt hatte. Die Authentizität seiner berühmten Tagebücher wurde schon vor Jahrzehnten kontrovers in den Auseinandersetzungen um die deutsche Verantwortlichkeit für den Ersten Weltkrieg diskutiert, aber die spontan, fast täglich geschriebenen Briefe an seine Verlobte bieten einen unverfälschten Einblick in die zunehmenden Frustrationen und Konflikte im Großen Hauptquartier, die aus dem Scheitern der Kriegspläne des Generalstabes resultierten. Für diese Ausgabe wurden die Briefe als „diplomatische Edition" transkribiert, d. h. sie werden so genau wie möglich ohne jegliche orthographische und syntaktische Verbesserung oder Modernisierung wiedergegeben.

Die Briefe sind an Max Liebermanns Tochter gerichtet, deren nicht erhaltene Briefe über die Welt der jüdischen Großbourgeoisie Berlins berichteten, wie sie sich in Riezlers Briefen widerspiegelt. Die Briefe haben nicht nur eine militärische und politische Dimension, sondern auch eine kulturelle. Schließlich demonstrieren sie Riezlers Zwiespalt zwischen der persönlichen Erfahrung welthistorischer Entscheidungen an der Seite des Kanzlers im Großen Hauptquartier und der Sehnsucht nach privater Erfüllung und philosophischer Kontemplation. Die Briefe aus den ersten schicksalhaften Kriegsmonaten werden ergänzt durch einige Briefe aus der Moskauer Gesandtschaft im Jahre 1918 am dramatischen Anfang der bolschewistischen Herrschaft.

Die bedenkenlose Opferung des Lebens und Lebensglücks von Hunderttausenden von Menschen in den ersten Kriegsmonaten war der Anfang der „Urkatastrophe" des 20. Jahrhunderts, die in Massenvertreibung und Massenmord endete. Nichts ahnend wurden auch Kurt Riezler und Käthe Liebermann und viele der ihnen nahestehenden und bekannten Personen früher oder später zu Opfern der militärischen und politischen Entscheidungen eines imperialen Regimes, das sich letztlich selbst zerstörte.

Die Herausgeber haben ihre Beiträge separat aber abgestimmt verfasst und bei der Transkription und Kommentierung eng zusammengearbeitet. John Röhl schrieb die grundlegende Historische Einleitung: Der Drang zum Krieg, Guenther Roth die anderen Beiträge, die sich über das Politische hinaus besonders mit den biographischen und familiengeschichtlichen Aspekten befassen.

Für die bereitwillige Genehmigung zum Druck der Briefe danken wir Herrn Christopher Jeffrey, dessen Deponat im Leo Baeck Institut die Briefe umfassen, und Dr. Frank Mecklenburg, dem Research Director des Instituts in New York. Besonderes Verdienst am Zustandekommen der Edition hatte Professor Hubert Treiber, Hannover, der mit Rat und Tat half. Für freundliche Auskünfte und Hilfe danken wir Dr. Tina Leonard, Oxford (England), Dr. Margreet Nouwen, Max Liebermann-Archiv, Berlin, Dr. Stefan Trinks, Adolph-Goldschmidt-Zentrum, Humboldt Universität, Berlin. Schließlich wollen wir Herrn Michael Fröhlich vom Harrassowitz Verlag für die kompetente und effiziente Herstellung der Druckvorlage danken.

Guenther Roth
New York

John Röhl
Sussex

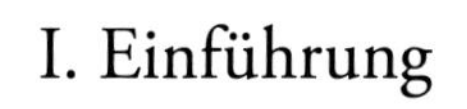

I. Einführung

1. Zur Entdeckung der Briefe

Die Geschichte der Erhaltung und Entdeckung der Briefe von Kurt Riezler, dem jungen Vertrauten von Reichskanzler Theobald von Bethmann Hollweg, an Käthe Liebermann, der Tochter von Max Liebermann, aus den Anfangsmonaten des Ersten Weltkriegs ist Teil der deutschen Emigrationsgeschichte in die Vereinigten Staaten.[1] Diese war nicht nur die Folge der „Machtergreifung" der Nazis 1933, sondern auch des Ersten Weltkriegs, der „Urkatastrophe" des 20. Jahrhunderts. Die Katastrophe und ihre Wirkungen werden in den über hundert Briefen aus dem Großen Hauptquartier aus nächster Nähe geschildert. Die Briefe sind besonders wichtig angesichts der vielen verloren gegangenen Manuskripte und Dokumente, einschließlich eines Teils von Riezlers Tagebüchern. Sie geben uns nicht nur eine Nahaufnahme der militärischen und politischen Ereignisse, sondern gewähren auch einen detaillierten Einblick in die vergangene Welt des jüdischen Großbürgertums Berlins. Was von dieser Welt, und allgemein von der deutsch-jüdischen Geschichte, gerettet werden kann, wird heute im Leo Baeck Institute in New York aufbewahrt.

Im Jahre 2008 bekam ich Zugang zu mehr als 1500 Familienbriefen auf dem Dachboden eines alten, eleganten Wohnhauses in Baltimore. Wie schon in meinen familiengeschichtlichen Nachforschungen im Umkreis von Max Weber über Jahrzehnte hinweg kamen gezielte Suche und Zufallsfund zusammen.[2] Ich war auf der Suche nach dem Todesdatum der beiden emigrierten Söhne von Edgar Jaffé und Else von Richthofen für das detaillierte Personenverzeichnis eines Briefbandes der *Max Weber Gesamtausgabe.* Der jüngere, Hans Jaffé, der eine beachtliche Karriere als Physiker gemacht hatte, war leicht in Nachrufen zu ermitteln. Der ältere, Friedrich (Friedel), obwohl zu einem erfolgreichen Industriellen aufgestiegen, war schwer zu finden, weil er seinen Namen 1940 bei der Naturalisierung in Frederick Jeffrey geändert hatte. Eine alte Telefonnummer brachte mich auf die Spur, in Baltimore bei dem Sohn Christopher Jeffrey anzurufen. Er konnte sich nicht an das Todesdatum seines Vaters erinnern, aber als er zurückrief, erwähnte er beiläufig, dass Hunderte (schließlich waren es mehr als eineinhalb Tausend) Briefe in seiner Dachstube lagerten und seine Frau, die bekannte Historikerin Julie Roy, immer wieder darauf dränge, diesen Schatz an eine Institution zu geben, bevor das Haus einmal abbrenne. Daraus resultierte eine vierjährige Zusammenarbeit mit Christopher Jeffrey. Ich inventarisierte ungefähr 1500 Briefe, kommentierte, transkribierte sie und übersetzte viele davon. Darunter befanden sich nicht nur die völlig unbekannten Brautbriefe von Edgar Jaffé und Else von Richthofen – dieser viel umrätselten Verbindung – aus dem Jahre 1902,

1 Kurt Riezler wurde am 12. Februar 1882 in München geboren und verstarb dort am 5. September 1955 nach Jahren der Emigration in New York. Käthe Liebermann wurde am 19. August 1885 in Berlin geboren und verstarb auf einer Europareise in Frankfurt am 7. August 1952.

2 Guenther Roth, *Max Webers deutsch-englische Familiengeschichte 1800-1950: Mit Briefen und Dokumenten*, Tübingen 2001; Archivrecherchen im Umfeld von Max Weber, in: Friedrich Wilhelm Graf, Edith Hanke und Barbara Picht, Hg., *Geschichte intellektuell*, Tübingen, 2015, 154-164.

sondern auch die ebenfalls völlig unbekannten Brautbriefe von Kurt Riezler an Käthe Liebermann, welche die in den siebziger Jahren so kontrovers diskutierten Tagebücher Riezlers über die Monate vor und nach Kriegsausbruch authentisch ergänzen. Während Riezler die Tagebücher nur für sich selbst schrieb, teilte er seine Aktivitäten, Hoffnungen und Befürchtungen seiner Verlobten als seiner einzigen persönlichen und politischen Vertrauten mit. Darin liegt die Bedeutung der Briefe als eines privaten Zeugnisses aus dem Großen Hauptquartier in den ersten schicksalhaften Kriegsmonaten. Die Briefe, seit März 2015 digitalisiert und im Internet frei zugänglich, wenn auch schwer zu entziffern, liegen nun in der Christopher Jeffrey Collection des Leo Baeck Instituts in New York, zusammen mit meiner Online-Studie.[3]

Kurt Riezler musste 1938 seine katholisch konvertierte Frau, die in den Augen der Nazis Jüdin blieb, und die „halbjüdische" Tochter Maria in die USA retten. Er wurde 1933 gezwungen, von seiner sehr erfolgreichen Position als Kurator der Universität Frankfurt zurückzutreten. Auch sein Bruder Walter, seit 1913 Direktor des Museums in Stettin und anerkannt als Archäologe und Beethovenexperte, verlor seine Stellung wegen seiner langen Förderung moderner Kunst. Seine darüber erbitterte Tochter Marianne heiratete noch 1933 den ebenfalls entlassenen Assessor Friedel Jaffé und bestand auf sofortiger Emigration aus einem Deutschland, mit dem sie nichts mehr zu tun haben wollte.

Kurt Riezler nahm die Tagebücher und Briefe mit nach New York. Manchmal las er Freunden, wie dem konservativen Historiker Hans Rothfels in Chicago, aus den Tagebüchern vor. Rothfels scheint damals gegen ihre Veröffentlichung gewesen zu sein, bevor er nach dem Krieg seine Meinung änderte. Die Briefe an Käthe Liebermann sind nirgends erwähnt. Nach Käthes Tod in Frankfurt 1952 im Alter von fast 67 Jahren, der ihn schwer traf, und nach seiner Emeritierung 1952 an der New School for Social Research in New York, zog Kurt Riezler nach Rom, um dort seine philosophischen Interessen in historisch gesättigter Atmosphäre pflegen zu können. Die USA, schon im Ersten Weltkrieg als kulturelle und politische Bedrohung angesehen, blieben ihm letztlich fremd, obwohl sie zum Rettungsanker der Familie wurden. Aber allzu früh erkrankte er schwer und starb in seiner Geburtsstadt München am 5. September 1955 im Alter von 73 Jahren. Bruder Walter brachte seine Habe aus Rom nach München, wo die Tagebücher allmählich Gegenstand von Auseinandersetzungen wurden, ob sie vernichtet oder veröffentlicht werden sollten, bis besonders Bundespräsident Theodor Heuss, ein alter Freund Kurt Riezlers, sich für ihre Erhaltung und spätere Publikation aussprach. Nach Walter Riezlers Unfalltod am 22. Januar 1965 im Alter von 87 Jahren kam seine Tochter Marianne Jeffrey aus Amerika nach Deutschland und nahm „alles mit, was im Nachlass über die musikhistorischen

3 Siehe Christopher Jeffrey Collection, Leo Baeck Institute, New York; Guide to the Riezler Letters (AR 25484). Guenther Roth, *Edgar Jaffé, Else von Richthofen and Their Children. From German-Jewish assimilation through antisemitic persecution to American integration 1880-1980* http://www.lbi.org/digibaeck/results/?qtype=pid&term=1505570); siehe ferner Eberhard Demm, *Else Jaffé-von Richthofen. Erfülltes Leben zwischen Max und Alfred Weber,* Düsseldorf 2014; Guenther Roth, Die Schönheit der wilden Bewegung. Kurt Riezlers Briefe 1914 an Käthe Liebermann, in: *Zeitschrift für Ideengeschichte*, VI/2, 2012, 105-115.

Materialien hinausging".[4] Die Jeffreys lagerten den Nachlass von Kurt und Walter Riezler in ihrem großen Haus in Greenwich (Connecticut), wo nach ihrem altersbedingten Rückzug nach Santa Fe um 1990 viel von den Kindern weggeworfen wurde. Aber nach dem Tod der Eltern (Friedel 1995 und Marianne 1998) übernahm Christopher Jeffrey mehrere Kartons voll von Briefen und verstaute sie unter seinem Dach in Baltimore, wo sie weiter unbeachtet blieben, einschließlich der Briefe von Kurt und Walter.[5]

Käthes Briefe aus der Kriegszeit haben sich jedoch nicht erhalten. Es ist nicht sehr wahrscheinlich, dass Kurt sie schon im GHQ beseitigte, um sie neugierigen Augen zu entziehen. Wahrscheinlicher ist, dass sie in späteren Jahren vernichtet wurden, wobei wir nicht wissen, ob dies mehr Käthes oder Kurts Wunsch entsprach. Käthe mochte vielleicht nicht ihre Liebesbezeugungen erhalten wissen, Kurt mochte ihre Berichte aus dem Berliner Milieu für historisch weniger wichtig gehalten haben. Tochter Maria (1917-1995) scheint auch in der Emigration nichts von der Korrespondenz ihrer Eltern gewusst und erst nach dem Tod des Vaters 1955 Kopien der Tagebücher gesehen zu haben.

Auffällig ist, dass das erhaltene Konvolut mit zwei Briefen Kurts vom Frühjahr 1914 aus China beginnt, als er sich auf einer Reise um die halbe Welt befand. Sie scheinen sentimentalen Wert gehabt zu haben, weil in ihnen Kurt ziemlich offen um Käthe wirbt.

2. Zu Stil, Datierung und Anrede der Briefe

Für diese Edition ist meine vor Jahren vorgenommene unvollständige Transkription in Zusammenarbeit mit John Röhl gründlich überarbeitet und vervollständigt worden. Die Fußnotenkommentierung stammt von uns beiden. Nur wenige Wörter sind unlesbar geblieben. Mit einer Ausnahme („Tine") konnten alle wichtigeren Namen entziffert und identifiziert werden. Riezlers Briefe sind zwar auf gutem Papier, aber meist mit heute verblassendem Bleistift in einer kleinen Handschrift und vielen Abkürzungen flüchtig geschrieben. Sie reflektieren nicht nur Zeitmangel, sondern vor allem unmittelbare Reaktionen und schwankende Stimmungen. „Ich glaube schon, dass meine Briefe so eine Art auf und ab von Stimmung sind, da ich sie so geradeaus schreibe, wirken sie immer etwas mulmiger oder froher als sie gemeint sind", schrieb er am 17. Oktober 1914.[6] Von begrenzter Länge, springen sie vom Militärischen und Politischen zum Persönlichen

4 Siehe dazu die Aussage Bernd-Felix Schultes aus dem Jahr 1985: „Eine Aktennotiz der Akademie hält für den 15. November 1966 einen Besuch der Tochter Walter Riezlers, Frau Jeffrey aus den USA, fest. Damals, so teilte Frau von Pfetten, die den Nachlass Walter Riezlers in der Akademie der Schönen Künste betreut, mit, hat Frau Jeffrey 1966 alles mitgenommen, was im Nachlass über die musikhistorischen Materialien hinausging. Das reicht sich die Hand mit Informationen aus der Familie in München, die besagen, dass Frau Jeffrey schon nach dem Tode Walter Riezlers mehrere Pakete mit Nachlassteilen 1965 zugesandt worden seien. Vgl. Akademie, NL Walter Riezler, Notiz." Bernd-Felix Schulte, *Die Verfälschung der Riezler Tagebücher,* Frankfurt 1985, 87.

5 Seine Briefe an Käthe hatte Kurt Riezler in eine kleine Pappschachtel gesteckt mit der Aufschrift „Briefe an Käthe 1914/15, einige Briefe aus Moskau" und später auf Englisch hinzugefügt, „burn after my death", was unbeachtet blieb.

6 Brief Nr. 51, unten.

und Familiären. Die Zeichensetzung ist so regellos, dass Satzkonstruktionen manchmal schwierig zu lesen sind. Die Orthographie folgt älteren Konventionen, aber groß- und kleingeschriebene Buchstaben sind oft schwer zu unterscheiden. Interpunktion und Orthographie wurden beibehalten. Viele Briefe sind nur nach dem Wochentag, manche überhaupt nicht, andere wieder sorgfältig am Briefkopf vollständig (Tag, Monat, Jahr) datiert. Aber sehr oft sind Tag und Monat in großer Schrift flüchtig hingeschrieben, anscheinend erst nach Fertigstellung des Briefes und in ungeduldiger Erwartung des Kuriers, der die Briefe nach Berlin mitnahm. Manchmal scheint Riezler das Datum nicht richtig im Kopf gehabt oder liegengebliebene Briefe erst später datiert zu haben. Dies macht auch die Plazierung einiger Briefe unsicher.

Die Kriegskorrespondenz beginnt mit einem Brief vom 17. August 1914 aus Bad Ems. Dann folgen fast täglich Briefe aus dem Großen Hauptquartier, zuerst aus Koblenz, ab Ende August aus Luxemburg und dann vom 29. September 1914 an bis Mai 1915 aus Charleville-Mézières in den Ardennen. Zudem sind ein halbes Dutzend Briefe aus Moskau mit dramatischen Schilderungen der chaotischen Zustände auf dem Höhepunkt der bolschewistischen Revolution im Sommer 1918 erhalten.

Riezler schrieb die Tagebücher nur für seine eigenen Augen und vielleicht zu einer späteren Verwendung. Die Briefe sind für Käthes Augen geschrieben, mit dem Einverständnis, dass ihre nähere Umgebung einiges davon erfahren dürfe, soweit Kurt nicht um Diskretion bat. Außer dem Bemühen, Käthe durch häufiges Schreiben an sich zu binden, dienten die Briefe auch als Alternative zu der Notwendigkeit, in dem „Männerkloster" politische und persönliche Diskretion zu bewahren. Nur Käthe gegenüber konnte Kurt wagen, seine Ambivalenzen, Stimmungen und Beurteilungen zu offenbaren.

Katharina Marianne Henriette Liebermann gehörte zur ersten jüdischen Generation mit dem Rufnamen Käthe. In den ersten 79 Briefen redet Kurt sie (konventionell) mit „Meine liebe Käthe" an. Mit dem 21. Dezember 1914 beginnt die Anrede mit dem neutralen Diminutiv „Mein liebes Kätzchen", dies nach dem ersehnten dreiwöchigen Dezember-Besuch in Berlin, der ihre Intimität offensichtlich vertiefte. Aber schon vom 17. August 1914 an nennt er sie, meist gegen Briefende, wiederum im Diminutiv "mein (liebes oder böses) schwarzes Mädchen" – das erste Mal, dass „schwarz" erscheint. Auf ihre Vermutung hin, er habe Baudelaire bei sich, antwortet er am 28. September 1914: „Adieu mon beau chat retiens les griffes de la patte [meine schöne Katze, zieh die Klauen deiner Pfote zurück]. Ich habe zwar keinen Baudelaire mit, wie Du vermutest, aber die betreffende Stelle ist mir geläufig, und die andere, in der von einem dos électrique die Rede ist." Beide kennen also das Gedicht *Le Chat* in Baudelaires *Les Fleurs du mal* (1857). Die schwarze Katze erscheint wieder als „chat noir" (7. Oktober 1914), und sogar als „böse schwarze Katze" (11. Oktober 1914).[7] In dem „Liebesgeplänkel" spielt der Kater Michel

7 In den Briefen Riezlers erscheint „schwarz" 30 Mal in Verbindung mit Mädchen und Kätzchen. Variationen sind „schwarze Sphinx", „schwarzer Liebling", „schwarzes Wesen" oder nur „Kätzchen". Voraus geht diesen Nennungen am Briefende „Adieu", was damals öffentlich proskribiert wurde, und zweimal auch Adio. Neben französischen gebraucht Kurt auch englische Wendungen, obwohl er vorgibt, kein Englisch zu können. Wir wissen nicht, wie Käthe ihren Verlobten anredete, ob nur mit „lieber Kurt" oder einem Kosenamen.

mit seinem „schönen glänzenden schwarzen Fell“ eine prominente Rolle (26. Dezember 1914) als Objekt des Neides und (vorgegebener) Eifersucht wegen seiner täglichen Nähe zu Käthe. Ganz offensichtlich haben es Kurt die schwarzen Haare Käthes angetan bis zum Punkt der Obsession. Aber unter dem Haar lag eine andere Attraktion: Intelligenz, Witz und Schlagfertigkeit. Trotz der Liebkosungen, die manchmal an Infantilismus grenzen, und der vielen verspielten Passagen, bleibt der Grundton der Briefe äußerst ernst.

Schließlich gewähren uns Riezlers Briefe als Antwort auf Käthes Briefe auch einen individuellen Einblick in die verlorene Welt des jüdischen Großbürgertums um seinen künftigen Schwiegervater Max Liebermann und dessen Cousin Walther Rathenau (1867-1922) mit allen ihren Verästelungen im politischen, kulturellen und finanziellen Leben des späten Kaiserreichs.

3. Kurt Riezler, Käthe Liebermann und das jüdische Großbürgertum Berlins

Die Briefe zeigen Kurt Riezler von drei Seiten: Im Vordergrund steht das politische Interesse, das den Großteil der Korrespondenz ausmacht, im Hintergrund rumoren seine philosophischen Spekulationen, und dazwischen sind die Briefe beladen mit Sehnsüchten, Hoffnungen und Ängsten in ungeduldiger Erwartung der Heirat. Am 25. September 1914 schreibt er Käthe: „Ich fühle diese privaten Wünsche sachlichen politischen Wünschen vorgehen.“ Auch seine philosophischen Interessen sollen ihn von der Politik distanzieren. Am selben Tag: „Mein persönliches Schicksal ist doch furchtbar merkwürdig. Ich bin infolge der Philosophie doch entsetzlich blasiert in politischer Beziehung – eigentlich immer noch träumerisch uninteressiert“.[8] Kurts zunehmender Fatalismus verstärkt sein Bedürfnis, sich seinen „wirklichen“ Interessen zuzuwenden: „Ich habe wieder angefangen, an einem ganz abstrakten ‚Wälzer‘ zu schreiben, der in 10 bis 20 Jahren fertig werden soll. (Es soll alles drin stehen, was ich mir nun einmal einbilde dass gerade ausgerechnet ich es sagen muss, scheusslich nicht wahr?)“ (22. September 1914). Die Briefe sind voll von Selbstironie und Sarkasmus gegenüber anderen. Oft urteilt er (vor-)schnell und geringschätzig in der Hitze der außenpolitischen und besonders innenpolitischen Auseinandersetzungen. Trotz seines Distanzierungsbemühens lässt ihn die Politik im Großen Hauptquartier jedoch nicht los und er notiert frustriert: „Du kommst mir sehr weitweg vor, als wärest Du in einer ganz anderen Welt – trotzdem ich Deine Photos in meinem Mädchenzimmer [in Charleville] aufgebaut habe“ (2. Oktober 1914.).

Unter dem Schock des Kriegsausbruchs willigte die viel bewunderte Käthe Liebermann, Max Liebermanns einziges Kind, Anfang August 1914 in ihre Verlobung mit Kurt Riezler ein, der sie jahrelang umworben hatte. Halb im Ernst bekannte er: „Ich bin eigentlich sehr froh über diesen Weltkrieg, immer noch im Glauben, dass er es war, der Deine spröden Sinne gewandt hat“ (24. August 1914). Und am 17. August, in seinem allerersten Brief aus dem Großen Hauptquartier, schrieb er: „Was wirst Du in Wannsee ma-

8 Karl Dietrich Erdmann, Hg., Kurt Riezler. *Tagebücher, Aufsätze, Dokumente*, Göttingen 1972, Nr. 560 vom 25. September 1914. 2008 erschien eine Neuauflage mit einer Einleitung von Holger Afflerbach.

Abb. 1 Riezler in Zivil. „Nun sind es schon sechs Wochen, dass ich kein Civil mehr anhabe, kommt mir ewig lange vor" (22. Sept. 1914).

chen? Dich jeden Morgen beim Aufwachen wundern über Deinen Entschluss. Ich muss mir immer noch Mühe geben, daran glauben zu können. Ich hatte das so oft gewünscht und immer wieder aufgegeben und aufgeben müssen – und immer geglaubt endgültig aufgegeben zu haben[,] nun bin ich erstaunt und muss erst lernen glauben zu können."

Bei Beginn des Briefwechsels wurde Käthe Liebermann gerade neunundzwanzig Jahre alt. An ihrem Geburtstag, dem 19. August 1914, schrieb sie ihren ersten Brief an Kurt ins Große Hauptquartier (GHQ) und er den ersten (nach einem Brief aus Bad Ems) aus Koblenz. In den Briefen erwähnt Kurt den Geburtstag nicht, aber vermutlich – und hoffentlich – gratulierte er anderweitig. Am Tag davor trug er vielsagend in sein Tagebuch ein: „Wie seltsam diese Verlobung. Das mysteriöse in ihr und in meiner Liebe zu ihr. Nach dieser harten Zeit muss mein Leben sich ändern." Am 4. September fügte er hinzu: „Meine dunkle Zukunft – mit den Heiratsplänen und allem Drum und Dran. Seltsam – ein so blindes Vertrauen in den Instinkt, der ja sagt".[9] Dabei ist Kurt in den ersten Monaten in fast panischer Angst, Käthe zu verlieren. Er ist sich fast sicher, dass sie nur wegen des Kriegsausbruchs in die Verlobung eingewilligt hat, die mit der physischen Trennung der beiden einherging. Immer wieder verlangt er aufdringlich, dass sie ihn liebhaben und nicht vergessen soll. Käthes Reaktion auf seine Obsession und Befürchtung ist aus den Briefen nur undeutlich herauszulesen. Manchmal scheint es ihr zu viel zu sein.

Voll Ungeduld wegen der durch seine Aufgaben im GHQ bedingten Verzögerung der Heirat denkt Kurt immer wieder an die Möglichkeit einer Nottrauung, um sie aber immer wieder zu verwerfen.[10] Gleichzeitig will er aber die Kriegssituation als Vorwand benutzen, um ein größeres Fest und „Familienbeschnupperung" zu vermeiden.

Obwohl Käthe als unverheiratete Frau von einigen Gesellschaften in Berlin ausgeschlossen war, konnte sie an anderen teilnehmen. Bei Kostümfesten trat sie notorisch als „Citoyen Camille Desmoulins" auf und stand „im Mittelpunkt der Aufmerksamkeit", wie sich Arnold Brecht erinnerte, der auch ihre vom Vater ererbte „freie Unbekümmertheit" bewunderte.[11] Der Vater überließ ihr sein großes Atelier für eigene Feste. In der Tat war Käthe für Kurt ein großer „Fang", den viele andere auch begehrten. Umgekehrt war er nicht länger nur ein alter Bewerber, sondern ein Mann, der jetzt mit dem Reichskanzler ins Große Hauptquartier zog. Trotzdem: „Es war wirklich grausam von Dir, nur unter dem Schutz des Weltkriegs ja zu sagen" (10. Oktober 1914).

Hatte Riezler als Mitglied des Presseamtes des Auswärtigen Amtes und zunehmend als Vertrauter des Kanzlers schon viele Berliner Kontakte, so wurden sie durch die Beziehung zu seinem künftigen Schwiegervater vertieft. Persönlich fühlte er sich jedoch ihm gegenüber trotz freundlicher Aufnahme gehemmt und verlegen, weil er nicht vermögend war. In dieser Hinsicht war er keine „gute Partie" und passte nicht in die Heiratskonventionen der jüdischen Großbourgeoisie. Zudem konnte er trotz seiner gegenwärtigen politischen Stellung Käthe keine sichere Karriere bieten. „ … (D)enn es ist eigentlich von Dir (und

9 *Tagebücher* Nr. 549 vom 18. August und Nr. 555 vom 4. September 1914.

10 Das preußische Innenministerium verfügte am 31. Juli 1914 die Möglichkeit einer Nottrauung für Paare, die von der Mobilmachung betroffen waren. Sie dispensierte vom Aufgebot, der öffentlichen Bekanntmachung einer beabsichtigten Eheschließung.

11 Arnold Brecht, *Aus nächster Nähe. Lebenserinnerungen*, Stuttgart 1966, 75 und 325.

Deinen Eltern) viel verlangt, Dich auf diesem nicht nach bewährten Mustern gebauten Schiff auf eine vielleicht etwas bewegte Fahrt zu begeben" (9. September 1914).

Mit 21 Jahren hatte sich Käthe schon einmal im Oktober 1906 mit dem 28jährigen Physiker Erich Robert Ladenburg (1878-1908) verlobt, einem Sohn von Margarethe Pringsheim (1855-1909), einer nahen Verwandten von Käthes Mutter (Martha Marckwald). Obwohl aus einer sehr angesehenen und vermögenden Familie stammend, waren Max und Martha Liebermann über die Auflösung der Verlobung sehr erleichtert. Walther Rathenau berichtete seiner Mutter Mathilde am 4. April 1907: „Hast Du gehört, dass Käthe Liebermann sich entlobt hat? [...] Max, den ich vorgestern sah, ist glückselig."[12] Ladenburg ertrank bald danach im Wannsee.[13]

Sieben Jahre später standen die Eltern vor einer neuen möglichen Trennungssituation. Die Verlobung mit dem katholischen Bräutigam erforderte Käthes Bereitschaft zur Konversion, ohne welche die Heirat unmöglich gewesen wäre. Vielleicht waren Bedenken über diesen nicht leichten Schritt ein Grund für ihr langes Zögern. Die Eltern waren konventionell jüdisch und hatten nie selbst an Konversion gedacht, aber überließen Käthe die Entscheidung. Kurt war erleichtert: „Ich bin sehr froh, dass Dein Vater in der Religionsfrage sich auf die für alle Seiten so bequeme und fürtreffliche Vogel Strauss Politik verlegt. Mein Kätzchen, auf die kirchliche Trauung verzichte ich aus eigenem, nicht um Deinetwillen, sodass Du also keine Angst zu haben brauchst, ich werfe Dir das Versagen meiner Carrière vor ..." (30. Dezember 1914).[14]

Kurt Riezler, 32 Jahre alt, schreibt seine Briefe an eine nur drei Jahre jüngere Frau, die nicht nur die Tochter eines berühmten Malers ist, sondern auch ein Mitglied des Berliner jüdischen Großbürgertums mit seinen engen Beziehungen zu Regierungskreisen. Käthe Liebermann verfolgt die Ereignisse von der Warte ihrer Berliner Umgebung. Kurt und sie

12 Walther Rathenau, *Briefe. 1871-1913*, Düsseldorf 2006, 786.

13 Ladenburg entstammte der international aktiven Mannheimer Unternehmerfamilie. Sein Vater, Professor der Chemie, konvertierte 1891 zum Protestantismus, der Sohn gleichzeitig oder später. Käthe war also seinerzeit mit dem konvertierten Mitglied einer prominenten jüdischen Familie verlobt und wäre im Fall der Heirat „evangelisch" geworden.

14 Nach monatelangem frustrierendem Warten wegen Riezlers Aufenthalt im GHQ fand die Heirat schließlich am 11. Mai 1915 im Standesamt Berlin-Mitte statt (wo auch Käthes Geburt 1885 registriert worden war). Die Vermählungsanzeige von Käthe und Kurt lautete (im Kartenformat):

Die Vermählung unserer Tochter Käthe
mit Herrn Dr. Kurt Riezler,
Wirklichem Legationsrat und vortragendem
Rat in der Reichskanzlei,
beehren wir uns anzuzeigen.
Max Liebermann
Senator und ordentliches Mitglied
der Königl. Akademie der Künste
u. Frau Martha, geb. Marckwald.

Meine Vermählung mit
Fräulein Käthe
Liebermann, Tochter
des Herrn Professor
Dr. h.c. Max Liebermann
und seiner Gemahlin
Martha, geb. Marckwald,
beehre ich mich anzuzeigen
Dr. Kurt Riezler.

Berlin Mai 1915

Abgebildet in Marina Sandig, *Sie glaubten Deutsche zu sein, Martha Liebermann-Marckwald. Eine Familiengeschichte zwischen preußisch-jüdischer Herkunft und Shoah*, Insingen 2012, 47.

Abb. 2 Max Liebermann malt seine jüngst verheiratete Tochter Käthe 1916.

haben viele gemeinsame Freunde und Bekannte. Viele Personen und Ereignisse erscheinen sowohl in den Tagebüchern wie in den Briefen, aber anders als seine Tagebücher öffnen die Brautbriefe den Blick auch auf eine ganz andere Welt von Künstlern, Literaten, Bankiers und Industriellen vornehmlich im weiten Verwandten- und Freundeskreis der Liebermanns, Marckwalds, Rathenaus und Reichenheims.[15] Diese wirtschaftlich und künstlerisch florierende Welt war schon durch den Kriegsausbruch aufgerüttelt, aber ihre Mitglieder konnten noch nicht ahnen, dass sie entweder in die Emigration oder den Tod getrieben würden, soweit sie nicht „rechtzeitig" verstarben. Käthes Mutter Marckwald (1857-1943) war nur eine von vielen zurückgebliebenen alten Frauen, die sich am Ende das Leben nahmen oder in den KZs umkamen.

In den Jahren vor dem Kriegsausbruch hatten viele jüdische Bankiers und Industrielle moderne Kunst, besonders französische Impressionisten und schon Nachimpressionisten gesammelt und standen Max Liebermann nahe, der von ihnen auch viele Portraitaufträge bekam. Besonders einflussreich waren als Galeristen und Verleger die Cousins Paul und Bruno Cassirer, die einer reichen industriellen Familie Schlesiens entstammten. Paul Cassirer stellte als erster in Berlin französische Impressionisten aus, bald auch schon Cezanne, van Gogh und Gauguin. Die Cousins arbeiteten als Sekretäre der Berliner Sezession mit Liebermann zusammen. Der Kohlenindustrielle und Mäzen Eduard Arnhold (1849-1925), einziger Jude („Kaiserjude") im preußischen Herrenhaus, gründete die (Deutschen Akademie) Villa Massimo in Rom und baute eine Wannseevilla für seine Kunstsammlung. Er sammelte nicht nur die alten Niederländer und Italiener, sondern auch Monet, Manet, Renoir, Cezanne, Picasso und Degas und auf deutscher Seite Liebermann, Heinrich Wilhelm Trübner, Lesser Ury und Fritz von Uhde. Sein Neffe, der Bankier Hans Arnhold (1888-1966) und seine Frau Ludmilla waren ebenfalls große Kunstsammler in ihrer Wannseevilla.[16] Die Frau des Agfa-Generaldirektors Franz Oppenheim (1852-1929), Margarethe (1857-1935, geb. Eisner, verw. Reichenheim) wurde unter der Anregung von Paul Cassirer zur wichtigsten Sammlerin von Werken Paul Cezannes, aber auch von van Goghs und Manets.[17] Ihre Wannseevilla wurde 1938 zum Sitz des „Geheimen Ostinstituts" der SS. Der Privatbankier Paul von Mendelssohn-Bartholdy (1875-1935), seit 1902 mit Charlotte Reichenheim (in erster Ehe) verheiratet, besaß in seiner noch im Weltkrieg gebauten großen Berliner Villa und auf Schloss Börnecke eine Sammlung von bekannten

15 Siehe Marina Sandig, *Die Liebermanns. Ein biographisches Zeit- und Kulturbild der preußisch-jüdischen Familie und Verwandtschaft von Max Liebermann,* Neustadt/Aisch 2005; dies., *Sie glaubten Deutsche zu sein* und Regina Scheer, *„Wir sind die Liebermanns". Die Geschichte einer Familie*, Berlin 2008.

16 Auch ihre Villa war in den zwanziger Jahren Treffpunkt vieler Künstler, Intellektueller und Angehöriger der Großbourgeoisie. Im Zweiten Weltkrieg wurde sie von dem in Nürnberg abgeurteilten Reichswirtschaftsminister Walter Funk appropriiert. Heute ist sie Sitz der 1994 gegründeten American Academy in Berlin, mitfinanziert von amerikanischen und deutschen Nachkommen. Zur ereignisreichen Geschichte der Villa und ihrer verschiedenen Bewohner, siehe Hillel Schwartz, Am Sandwerder 17-19. An Illustrated History (American Academy 2014, Privatdruck).

17 Franz Oppenheim war der Schwager des Gründers der Gesellschaft für Anilinfabrikation (Agfa, 1867), Paul Mendelssohn Bartholdy (1841-1880). Die Söhne Paul Mendelssohn Bartholdy (1879-1956) und Kurt Oppenheim (1886-1947) wurden ebenfalls Agfa-Direktoren.

Picassos.[18] Zum Freundeskreis von Liebermann gehörten die miteinander befreundeten Kunsthistoriker Adolph Goldschmidt und Max Jakob Friedländer, der sein Überleben im Zweiten Weltkrieg Hermann Görings räuberischen Sammlerinteressen verdankte.[19] Auch dazu zählte der Kunstsammler und Schriftsteller Julius Elias (1861-1927), ein Vorkämpfer des Impressionismus, der eine Biographie von Max Liebermann schrieb und Bücher mit dessen Graphiken veröffentlichte. Unmittelbar verwandt war die Kunsthistorikerin und Galeristin Grete Ring, die 1917 Patentante von Maria Riezler wurde.

Mehrere dieser Personen oder ihre Kinder wie Kurt Oppenheim, den Riezler launisch aufhängen wollte, erscheinen in den Briefen meist als Reaktion auf Käthes politische, wirtschaftliche und künstlerische Informationen aus Berlin. Sie berichtet auch über Ferdinand Hodler, der nach seiner Unterschrift gegen die Bombardierung der Kathedrale von Reims proskribiert wurde, und Max Klinger, den Riezler wegen seiner erotischen Kunst nicht mochte, und Anton von Werner, des Kaisers Lieblingsmaler großer Historienbilder, den Riezler ironisierte. Käthe erwähnt und liest auch die Schriftsteller Rudolf Alexander Schröder und Gerhart Hauptmann, letzterer ein enger Freund Rathenaus. Hinzu kommen in den Briefen literarische Anspielungen von Goethe und Baudelaire bis Dostojewski, Kierkegaard und Nietzsche.

Der Krieg brachte dramatische Änderungen. Historisch am wichtigsten war Rathenaus sofortige Erkenntnis, dass Deutschland vor einer katastrophalen Rohstoffkrise stand, die er durch die Errichtung und Leitung der Kriegsrohstoffabteilung im preußischen Kriegsministerium meisterte. Trotzdem sprach sich Riezler in mehreren Briefen auffallend kritisch gegen Rathenau aus, hauptsächlich wegen seiner Mitteleuropapläne und früheren philosophischen Schriften.[20] Er mag befürchtet haben, dass Käthe, eine jüngere Cousine zweiten Grades, sich von Rathenau beeinflussen ließ. Kurt war auch mehrmals kritisch gegenüber dem engen Familienfreund Theodor Lewald (1860-1947) und besorgt über dessen Einfluss auf Käthe, in dem er sogar einen möglichen Konkurrenten sah. Er entstammte der schon 1831 konvertierten Familie Marcus und hatte schon im jungen Alter nützliche Kontakte über seine berühmte Tante Fanny Lewald etablieren können. Als Ministerialdirektor im Reichsamt des Innern war er nun in der Verwaltung von Belgien und später von Polen engagiert. Besonders als Reichskommissar für die Weltausstellung in St. Louis 1904 und in anderen Zusammenhängen hatte er viele Beziehungen zur Welt der Künste, auch zu dem

18 Einige Gemälde wurden in den letzten Jahren Restitutionsobjekte in Prozessen gegen das Museum of Modern Art und das Guggenheim Museum in New York.

19 Friedländer schrieb neben seinen vielen kunsthistorischen Schriften *Max Liebermanns graphische Kunst, Arnolds Graphische Bücher*, 1. Folge, Band 1, Dresden 1922 und *Max Liebermann*, Berlin 1924.

20 Rathenau wandte sich unbefangen am 31. Oktober 1914 an Riezler und bat um des Kanzlers Intervention zugunsten des Dichters Fritz von Unruh: „Von Unruh ist im Kriege, den er von Anfang an mitgemacht hat, zweimal verwundet worden und ist Inhaber des E. Kreuzes I. [Klasse]. [...] Ich wäre Ihnen aufrichtig verbunden, wenn eine Möglichkeit sich böte, Unruh durch Übernahme in den diplomatischen Dienst oder durch Verwendung zu besonderen, seiner hohen Begabung entsprechenden Missionen vor einer drohenden Gefahr zu schützen. Der Kanzler kennt U. persönlich. [...] Ich zweifle nicht daran, dass er ihm und seinem Schicksal gleichfalls volle Teilnahme schenken wird." Rathenau, *Briefe 1914-1922*, 1575.

Archäologen Ludwig Borchardt, der 1912 die Nofretete entdeckt hatte.[21] Käthe und Kurt besuchten „Fräulein Amenophis" in der Villa des Kunstmäzens und „Kaiserjuden" James Simon, der Borchardts Ausgrabungen in Tell el-Amarna finanziert hatte.

Paul Cassirer meldete sich freiwillig und diente als Depeschenreiter per Auto, bevor er ernüchtert Pazifist wurde. Paul von Mendelssohn-Bartholdy nahm an den verlustreichen Kämpfen der preußischen Gardekavallerie in Flandern teil. Beide standen schon in fortgeschrittenem Alter. Rudolf Alexander Schröder arbeitete als Zensor in Belgien und schrieb Kriegsgedichte. Gerhart Hauptmann wurde so rabiat nationalistisch, dass Theodor Wolff ihn warnen musste.

Riezler hielt Robert Katzenstein für einen „schrecklichen Kerl" und nannte ihn Käthe gegenüber „Dein Freund", eine persönliche Spitze, die oft einer kritischen Bemerkung vorausgeht. Er entstammte einer reichen Frankfurter Familie, hatte mit Rathenau studiert, und reüssierte vor dem Krieg in Berlin gesellschaftlich als Leiter des kaiserlichen Marstalls. Jetzt war er Leiter des Automobilparks im Großen Hauptquartier und vertrat dabei auch die Interessen der Daimler-Motoren-Gesellschaft in Belgien und später in Polen und der Ukraine.

Die Bemühungen des Historikers der florentinischen Renaissance, Robert Davidsohn, tat Riezler als Schnapsidee ab, als dieser mit naiven Vorschlägen versuchte, Italien aus dem Krieg herauszuhalten. Er hatte als Herausgeber des Berliner Börsenkuriers begonnen und unterhielt viele gute Kontakte in Italien und zu Jagows Auswärtigem Amt.

Obwohl Kurt seinen Schwiegervater ermutigte „ruhig weiterzumalen" (27. August 1914), wurde auch Max Liebermann vom Rausch ergriffen und unterzeichnete im Herbst das „Manifest der Dreiundneunzig" (Aufruf an die Kulturwelt), was er später bedauerte.[22] Für Paul Cassirers Zeitschrift *Kriegszeit. Kriegsflugblätter* produzierte er Kriegszeichnungen: „Die Zeichnungen sind wirklich fein und haben enormen Schmiss, ich war sehr erfreut. [...] Wenn es Dir in den Kram passt, sage Deinem Vater, das Hauptquartier bewundere seine Flugblätter (exclusive S.M., dem ich sie vorenthalte). Oder soll ich sie jemand geben, der den Kaiser damit ärgert?" (7. Oktober 1914). Riezler ironisiert Wilhelm II. regelmäßig und hasst jedes notwendige Zusammentreffen. Trotz seines „Ultra-Nationalismus" fühlte Liebermann aber genügend impressionistische Loyalität gegenüber Claude Monet, um sich um dessen Sicherheit zu sorgen und bat Kurt im September um Hilfe, der ihm aber wenig Hoffnung machte. Doch die Erste Armee erreichte nie Giverny an der Seine, weil die westliche Umklammerung von Paris Ende August aufgegeben werden musste, bevor die Marneschlacht zum deutschen Rückzug zwang und der Krieg, wie er geplant gewesen, verloren war.

21 Schon vor dem Krieg war Lewald von den Olympischen Spielen begeistert und wollte sie nach Berlin bringen. In der Weimarer Zeit korrumpierte er die Olympische Idee zur Kaschierung der Jugendertüchtigung in Ermangelung der allgemeinen Militärpflicht. Obwohl „Halbjude", war er den Nazis durch seine internationalen Verbindungen unentbehrlich in dem schließlich erfolgreichen Bemühen, die lange zweifelhafte Beteiligung der USA an der Berliner Olympiade 1936 zu sichern. Danach wurde er abserviert.

22 Das Manifest der 93, Aufruf an die Kulturwelt, wurde im Oktober 1914 von namhaften Gelehrten und Wissenschaftlern unterzeichnet. Es wies die ausländische Empörung über die Erschießung von Tausenden von belgischen Zivilisten und die Zerstörung der Universitätsbibliothek von Loewen in patriotischer Entrüstung zurück. Das Manifest wurde fast sofort von der Erklärung der Hochschullehrer mit mehr als 3000 Unterschriften vom 16. Oktober in Ton und Umfang übertroffen.

II. Historische Einleitung: Der Drang zum Krieg

1. Vorsätzlicher Krieg oder hilflos hineingeschlittert? Der wieder verlorene Konsens

Selbst nach einhundert Jahren ist die Frage, wie es zum Ersten Weltkrieg kommen konnte – die Kriegsschuldfrage, wie sie früher genannt wurde – mit nationalen Leidenschaften schwer belastet. Nach dem Holocaust und den sonstigen Verbrechen des Dritten Reiches muss die Rolle, die die Machthaber des wilhelminischen Kaiserreichs bei der Heraufbeschwörung des Ersten Weltkrieges im Sommer 1914 gespielt haben, als der wohl neuralgischste Punkt der neueren deutschen Geschichte gelten. Selbst geringfügige Verschiebungen in der Perzeption solcher Schlüsselereignisse zeitigen gravierende Erschütterungen in unserem Deutungsbild der Vergangenheit und bestimmen somit die Antwort auf die Frage: Wer sind wir? Wo kommen wir her? Wo gehen wir hin? Nur kraft ihrer paradigmatischen Bedeutung für das Geschichtsverständnis insgesamt und, darauf aufbauend, für die politische, kulturelle und soziale Orientierung in Gegenwart und Zukunft wird die emotionale Anteilnahme der deutschen Öffentlichkeit an den großen Kontroversen der Nachkriegszeit erklärlich – am „Historikerstreit" um die Thesen Ernst Noltes vom Holocaust als Reaktion des Bürgertums auf den bolschewistischen Terror,[1] zum Beispiel, oder an der Fischer-Kontroverse der 1960er Jahre über den Ersten Weltkrieg als „Griff nach der Weltmacht" des kaiserlichen Deutschland.[2] Letzten Endes ging und geht es bei diesen wissenschaftlichen

1 Siehe die Zusammenfassung der verschiedenen Beiträge in: *„Historikerstreit". Die Dokumentation der Kontroverse um die Einzigartigkeit der nationalsozialistischen Judenvernichtung*, Serie Piper Aktuell, München, Zürich 1987; Volker Kronenberg, *Zeitgeschichte, Wissenschaft und Politik. Der „Historikerstreit" 20 Jahre danach*, Wiesbaden 2008.

2 Die Bedeutung der Fischer-Kontroverse für die allgemeine politische Entwicklung Deutschlands nach 1945 ist mehrfach Gegenstand wichtiger Untersuchungen gewesen. Siehe Imanuel Geiss, Die Fischer-Kontroverse. Ein kritischer Beitrag zum Verhältnis zwischen Historiographie und Politik in der Bundesrepublik, in ders., *Studien über Geschichte und Geschichtswissenschaft*. Frankfurt am Main 1972, 108–198; Arnold Sywottek, Die Fischer-Kontroverse. Ein Beitrag zur Entwicklung historisch-politischen Bewußtseins in der Bundesrepublik, in: Imanuel Geiss und Bernd Jürgen Wendt, Hg., *Deutschland in der Weltpolitik des 19. und 20 Jahrhunderts*, Düsseldorf 1974; Volker Berghahn: Die Fischer-Kontroverse – 15 Jahre danach, in: *Geschichte und Gesellschaft*, 6 (1980), 403–419; Wolfgang Jäger, *Historische Forschung und politische Kultur in Deutschland. Die Debatte 1914–1980 über den Ausbruch des Ersten Weltkrieges*, Göttingen 1984; John W. Langdon, *July 1914: The Long Debate, 1919-1990*, Oxford 1991; Konrad H. Jarausch, Der nationale Tabubruch. Wissenschaft, Öffentlichkeit und Politik in der Fischer-Kontroverse, in: Martin Sabrow, Ralph Jessen, Klaus Große Kracht, Hg., *Zeitgeschichte als Streitgeschichte. Große Kontroversen seit 1945*, München 2003, 20–40; Annika Mombauer, *The Origins of the First World War. Controversies and Consensus*, Harlow 2002; dieselbe., Hg., The Fischer Controversy after 50 Years, *Journal of Contemporary History*, April 2013, vol. 48 no. 2, 231-240; Hartmut Pogge von Strandmann, The Political and Historical Significance of the Fischer Controversy, ebenda, 251-270. Zur Rolle der Kontroverse in der DDR siehe Matthew Stibbe, The Fischer Controversy over German War Aims in the First World War and its Reception by East German Historians, 1961-1989, in *The Historical*

Disputen in Deutschland immer auch um das Verhältnis der Deutschen zur freiheitlichen Demokratie beziehungsweise um die Bereitschaft zu einem friedlichen Zusammenleben mit den ehemals bekriegten Nachbarstaaten in Ost und West.

Nicht weniger sinnstiftend waren die Diskussionen über die Gründe für den Ersten Weltkrieg, die 2014 anlässlich des Zentenariums in den Medien Frankreichs und Großbritanniens geführt wurden, von der leidenschaftlichen Anteilnahme Serbiens ganz zu schweigen.[3] In aller Welt bekannt sind die 888 246 roten Mohnblumen aus Keramik, die im Gedenken an die britischen (und irischen) Gefallenen um den Tower of London gelegt wurden. In dieser Zahl sind die Millionen Soldaten aus Australien und Neuseeland, Indien, Kanada und Afrika, die in diesem für sie entfernten Konflikt ihr Leben eingesetzt haben, nicht inbegriffen.[4] Jedes Jahr trägt die ganze Bevölkerung im November eine rote Poppy im Knopfloch; bei keiner Gelegenheit wird die Eintracht der Nation so eindrücklich demonstriert wie bei dem feierlichen Staatsakt vor dem Mahnmal in Whitehall am Remembrance Sunday. Am 11. November um 11 Uhr, die Zeit, zu der 1918 der Waffenstillstand in Kraft trat, steht jeder im Lande besinnlich in einer Schweigeminute still. In jedem Städtchen wurde nach dem Ersten Weltkrieg ein „war memorial" mit den Namen der Gefallenen errichtet, das nach dem Zweiten Weltkrieg mit weiteren Namen ergänzt wurde. Eine Commonwealth War Graves Commission pflegt heute noch die Gräber der 1,7 Millionen Männer und Frauen aus dem British Empire, die in den beiden Weltkriegen umgekommen sind. Genauso lebendig wie in Großbritannien wird das Gedenken an die Opfer des Grande Guerre in Frankreich gepflegt. Mit 1,3 Millionen war die Zahl der französischen Toten im Ersten Weltkrieg noch höher als die der Briten. Hunderttausende starben allein um Verdun und an der Somme.[5] Besonders schwer gelitten haben die Zivilbevölkerungen von Belgien, Polen, Serbien, der Ukraine und natürlich Russland selbst.[6] Mögen die Historiker unter sich streiten, worum es im Großen Krieg eigentlich gegangen ist und mit welcher

Journal 46/3 (September 2003), 649-688; ders., The View From the Other Germany: The Fischer Controversy in the GDR, *Journal of Contemporary History*, 48/2 (April 2013), 315-32.

3 Siehe die wissenschaftlichen Beiträge in Dragoljub R. Živojinović, Hg., *The Serbs and the First World War 1914-1918, Proceedings of the International Conference held at the Serbian Academy of Sciences and Arts Belgrade, June 13–15, 2014.* Scientific Meetings, Volume CXLIX, Department of Historical Sciences, Book 36, Belgrad 2015. Allgemein: Florian Hassel, Wie Clarks Geschichtsbuch Serbiens Elite umtreibt, *Süddeutsche Zeitung*, 23. Januar 2014.

4 Ingesamt kämpften eine Million indische Soldaten für das Empire im Weltkrieg. Die ersten kamen bereits am 26. Oktober 1914 bei Ypern zum Einsatz. Siehe Shrabani Basu, *For King and Another Country. Indian Soldiers on the Western Front 1914-18*, London 2015. Zu den nichteuropäischen Teilnehmern am Ersten Weltkrieg siehe ferner David Olusoga, *The World's War*, London 2014.

5 Olaf Jessen, *Verdun 1916. Urschlacht des Jahrhunderts*, München 2014.

6 Benjamin Ziemann, *Gewalt im Ersten Weltkrieg. Töten, Überleben, Verweigern*, Essen 2013. Neuesten Schätzungen zufolge starben eine Million Serben – ein Viertel der Bevölkerung – im Weltkrieg. Siehe Slobodan G. Marković, Serbia's War Losses during the Great War Reconsidered, in: Živojinović, *The Serbs and the First World War*, 369-383. Eindrücklich der Überblick in Ian Kershaw, *To Hell and Back. Europe 1914-1949*, London 2015, 44-92. Siehe auch Isabel V. Hull, *Absolute Destruction. Military Culture and the Practices of War in Imperial Germany*, Ithaca, London 2005; sowie Alan Kramer, *Dynamic of Destruction. Culture and Mass Killing in the First World War*, Oxford 2008.

Rechtfertigung ihre jeweilige Regierung (insofern sie eine Wahl hatte) die Teilnahme an dem Konflikt befohlen hat, in der Bevölkerung dieser Länder herrscht weitgehend Einigkeit darüber, dass es sich 1914-18 um den ersten der beiden „Deutschen Kriege" gehandelt hat, der dann ein Vierteljahrhundert später unter Hitler mit noch weitaus brutaleren Mitteln wieder aufgenommen wurde.[7] Als der französische Staatsmann Georges Clemenceau in der Zwischenkriegszeit gefragt wurde, was wohl später in den Geschichtsbüchern über die Ursachen des Großen Krieges stehen würde, antwortete er mit beißendem Sarkasmus, na, es werde vermutlich *nicht* darin stehen, dass Belgien das Deutsche Kaiserreich angegriffen hätte. Beim Ausbruch des Ersten Weltkrieges erklärte Winston Churchill klarsichtig, es handele sich nicht um einen herkömmlichen Krieg, sondern um „einen Kampf zwischen den Nationen auf Leben und Tod".[8] Ebenso wenig wie Churchill hatte Charles de Gaulle irgendwelche Zweifel, worum es im Ersten Weltkrieg gegangen war. Als er 1940 in London seine Exilregierung gründete, um nach der Kapitulation Frankreichs den Kampf gegen die deutschen Eroberer fortzuführen, erklärte er rundheraus, der neuerliche Einfall der Wehrmacht in sein Land sei so, als wenn der Schlieffen-Plan zum zweiten Mal in Gang gesetzt worden sei.

Doch nicht nur Deutschlands entschiedenste Widersacher im Westen erkannten die Parallele zum Angriffskrieg von 1914. In seinem holländischen Exil posaunte Kaiser Wilhelm II. in einem überschwänglichen Glückwunschtelegramm an Adolf Hitler, dessen Sieg über Frankreich sei die Fortsetzung der Kriege seiner illustren preußischen Vorfahren. „Unter dem tiefgreifenden Eindruck der Waffenstreckung Frankreichs beglückwünsche ich Sie und die gesamte deutsche Wehrmacht zu dem von Gott geschenkten gewaltigen Siege mit den Worten Kaiser Wilhelms des Großen vom Jahre 1870: 'Welche Wendung durch Gottes Fügung!' In allen deutschen Herzen erklingt der Choral von Leuthen, den die Sieger von Leuthen, des großen Königs Soldaten, anstimmten: Nun danket alle Gott!"[9] Und in einem Brief vom September 1940 an einen amerikanischen Jugendfreund nahm der Kaiser Hitlers Sieg über Frankreich für sich selber in Anspruch. „Die brillanten führenden Generäle in diesem Krieg kamen aus Meiner Schule, sie kämpften unter meinem Befehl im [Ersten] Weltkrieg als Leutnants, Hauptmänner und junge Majoren. Geschult von Schlieffen führten sie die Pläne durch, die er unter meiner Leitung ausgearbeitet hatte, genauso wie wir es 1914 taten."[10]

Für die 1,7 Millionen deutschen Soldaten und Matrosen, die in Langemarck, um Verdun und an der Somme, bei den Falkland-Inseln oder in der Skaggerak-Schlacht ihr Leben für Kaiser und Reich geopfert hatten, gab es 2014 keine Keramikblumen.

---

7 Siehe Brian Bond, *Britain's Two World Wars against Germany. Myth, Memory and the Distortions of Hindsight*, Cambridge 2014.

8 Winston Churchill an Admiral Prince Louis of Battenberg, 29. Oct. 1914, zitiert in *The Times*, 30. Oktober 2014. Zum grundsätzlichen Unterschied zwischen kleineren und größeren Kriegen siehe Dale C. Copeland, *The Origins of Major Wars*, Ithaca und London, 2000.

9 Kaiser Wilhelm II. an Hitler, 19. Juni 1940, zitiert in Willibald Gutsche, *Ein Kaiser im Exil. Der letzte deutsche Kaiser Wilhelm II. in Holland. Eine kritische Biographie*, Marburg 1991, 204.

10 Kaiser Wilhelm II. an Poultney Bigelow, 14. September 1940, zitiert in John C. G. Röhl, *Wilhelm II. Der Weg in den Abgrund 1900-1941*, München 2008, 1320.

Stattdessen entschuldigte sich Bundespräsident Joachim Gauck im Namen seines Volkes in würdigen Gedenkreden auf dem Hartmannsweilerkopf, in Lüttich und in Mons bei den europäischen Nachbarn für das furchtbare Leiden, das der Überfall des kaiserlichen Heeres in Luxemburg, Belgien und Frankreich zur Folge gehabt hatte. Diese demütige Haltung war in dem neuen, vereinten Europa nach so vielem Blutvergießen sicherlich politisch angeraten, aber sie war auch das Ergebnis eines bewunderungswürdigen Sinneswandels, der sich nach dem Zweiten Weltkrieg in Deutschland (wenn auch nach einiger Verzögerung) vollzogen hatte – die Abkehr von der alten nationalistischen These, dass im Juli 1914 alle Länder gleichermaßen unschuldig in den Weltkrieg „hineingeschlittert" wären, und dass deshalb der Diktatfrieden von Versailles mit seiner Schuldzuweisung an die Mittelmächte und speziell an Deutschland ungerecht gewesen sei und gründlich revidiert werden müsse. Dieser Sinneswandel fand vor allem im Zuge der Fischer-Kontroverse der 1960er Jahre statt, nachdem der Hamburger Historiker Fritz Fischer entlarvende Dokumente wie die auch in der Öffentlichkeit heiß diskutierte Kriegszieldenkschrift Bethmann Hollwegs vom 9. September 1914 veröffentlicht hatte, die auf die Absicht einer dauerhaften deutschen Vorherrschaft über ganz Europa schließen ließen. Bekanntlich ist die Septemberdenkschrift Bethmann Hollwegs zum guten Teil in der Handschrift seines jungen Vertrauten Kurt Riezler überliefert, dessen Briefe an seine Verlobte Käthe Liebermann in diesem Buch veröffentlicht werden.

Nach längerer Ruhepause ist seit einiger Zeit ein revisionistischer Drang im deutschen Geschichtsbild erneut zu spüren. Der internationale Konsens über die Ursachen des Ersten Weltkrieges, der seit der Fischer-Kontroverse erreicht worden war, ist brüchig geworden. Mit enormem Interesse weltweit aber besonders in der deutschen Öffentlichkeit wurde das Buch *Die Schlafwandler* von Christopher Clark aufgenommen, das den Ersten Weltkrieg – im Gegensatz zu den Arbeiten Fischers – nicht als deutschen Eroberungskrieg darstellt, sondern – wie die „vaterländischen" deutschen Historiker in der Zwischenkriegszeit behauptet hatten – als gesamteuropäischen Betriebsunfall. Diejenigen Historiker, die Fischers Thesen (wenn auch nuanciert) in den letzten 50 Jahren akzeptiert und weitergeführt hatten, bezichtigt Clark, ein „blame game" betrieben zu haben – eine bewusste und politisch motivierte Verunglimpfung des kaiserlichen Deutschlands. Die deutschen Staatslenker von 1914 seien an der Katastrophe des Weltkriegs ebenso wenig schuld gewesen wie die in London, Paris oder Petersburg; im Gegenteil, die Hauptschuld trügen die Abenteurer und Terroristen in Belgrad, die von Russland und auch von Frankreich unterstützt worden seien; auch den britischen Außenminister Sir Edward Grey treffe Schuld für sein Verhalten in der Julikrise; am wenigstens verantwortlich für das Desaster seien die unglücklichen Staatsmänner in Wien und Berlin gewesen, die sich laut Clark aufrichtig um eine friedliche Lösung des Konflikts am Balkan bemüht hätten.

Die Thesen Christopher Clarks und der übrigen Revisionisten des Gedenkjahres 2014[11] stellen somit die bislang als gesichert geltenden Ergebnisse der internationalen

11 Siehe zum Beispiel Herfried Münkler, *Der grosse Krieg. Die Welt 1914-1918*, Berlin 2013; Sean McMeekin, *The Russian Origins of the First World War*, Cambridge MA 2011; ders., *Juli 1914. Der*

Forschung über die Ursprünge und über das Wesen des Krieges von 1914-18 als ersten der beiden Deutschen Kriege des 20. Jahrhunderts in Frage.[12] Aber wie kann das sein? Wie können Historiker, in erster Linie die der Bundesrepublik und der ehemaligen DDR, aber auch die zahlreichen Forscher in Österreich, Großbritannien, Irland, Kanada und in den USA, die sich auf Grund ihrer minutiösen Archivforschungen an der bisweilen hitzigen Auseinandersetzung über den Ersten Weltkrieg beteiligt haben und sich zu einem gewissen Konsens durchgerungen hatten, sich derart geirrt haben? Die Fachhistoriker zeigten sich zunächst entsprechend verblüfft und verwirrt. Erst allmählich stemmten sich die führenden Neuzeithistoriker – genannt seien hier nur Hans-Ulrich Wehler, Heinrich August Winkler, Hartmut Pogge von Strandmann, Isabel V. Hull, Lothar Machtan, Gerd Krumeich, Bernd Sösemann, Michael Epkenhans, Volker Berghahn, Annika Mombauer, Alan Kramer, Jörn Leonhard, Stephan Malinowski und Christa Pöppelmann – gegen die revisionistische Flut.[13] Wolfgang J. Mommsen, der

Countdown in den Krieg, Berlin 2014; Stefan Schmitt, *Frankreichs Außenpolitik in der Julikrise 1914. Ein Beitrag zur Geschichte des Ausbruchs des Ersten Weltkrieges*, München 2009; Andreas Rose, *Zwischen Empire und Kontinent. Britische Außenpolitik vor dem Ersten Weltkrieg*, München 2011.

12 Volker Ullrich, Nun schlittern sie wieder, *Die Zeit*, 24. Januar 2014; Samuel R. Williamson Jr., July 1914 Revisited and Revised: The Erosion of the German Paradigm, in Jack S. Levy und John A. Vasquez, Hg., *The Causes of the First World War: Analytic Perspectives and Historical Debates*, Cambridge 2014, 30-62; Michael Epkenhans, Der Erste Weltkrieg – Jahrestagsgedenken, neue Forschungen und Debatten einhundert Jahre nach seinem Beginn, *Vierteljahreshefte für Zeitgeschichte*, 63, Nr. 2 (2015), 135-166; John C. G. Röhl, Goodbye to all that (again)? The Fischer thesis, the new revisionism and the meaning of the First World War, in *International Affairs*, 91/1, Januar 2015, 153-166; Annika Mombauer, Julikrise und Kriegsschuld – Thesen und Stand der Forschung, *Aus Politik und Zeitgeschichte*, 64. Jahrgang, 14. April 2014, 10-16; dieselbe, Guilt or Responsibility? The hundred-year debate on the origins of World War I, in *Central European History*, Nr. 48/4 (2015), 1-24.

13 Hans-Ulrich Wehler, Der Krieg war im Oktober 1914 verloren, *Frankfurter Rundschau*, 18. Dezember 2013; Heinrich August Winkler, Die Oktoberreform. Der Erste Weltkrieg und die Geschichte der deutschen Demokratie, *Frankfurter Allgemeine Zeitung*, 2. Juni 2014; Isabel V. Hull, *A Scrap of Paper. Breaking and Making International Law during the Great War*, Ithaca und London 2014; Gerd Krumeich, *Die 101 wichtigsten Fragen – der Erste Weltkrieg*, München 2014; ders., *Juli 1914: Eine Bilanz*, Paderborn 2014; Britta Gillessen/ Gerd Krumeich, Kaiser Wilhelm Notate. Muss – bald – aufräumen, in: FAZ v. 9. Dez. 2015, Nr. 286, S. N 3; Bernd Sösemann, Regierten 1914 doch keine Schlafwandler? *Frankfurter Allgemeine Zeitung*, 25. Juni 2014; ders., Verhüllte Worte. Der Jahrhundertjournalist Theodor Wolff ist während des Ersten Weltkriegs ganz nah dran am Reichskanzler, an Politikern und Diplomaten. In seinen Tagebüchern notiert er, was er öffentlich nicht schreiben darf, *Der Tagesspiegel*, Nr. 22, 7. Februar 2015; Annika Mombauer, *Die Julikrise. Europas Weg in den Ersten Weltkrieg*, München 2014; Jörn Leonhard, *Die Büchse der Pandora. Geschichte des Ersten Weltkriegs*, München 2014; Christa Pöppelmann, *Juli 1914. Wie man einen Weltkrieg beginnt und die Saat für einen zweiten legt*, Berlin 2013; Ignaz Miller. *Mit vollem Risiko in den Krieg. Deutschland 1914 und 1918. Zwischen Selbstüberschätzung und Realitätsverweigerung*, Zürich 2014; Stephan Malinowski, Der braune Kronprinz, *Die Zeit*, 27. August 2015. Ferner John C. G. Röhl, Der Wille zum Angriff. Hätte England sich heraushalten sollen? Wie sähe die Welt dann aus? *Süddeutsche Zeitung*, Nr. 53, 5. März 2014.

Nestor der Historiker des Kaiserreichs, hätte bestimmt auch seine autoritative Stimme dagegen erhoben, wäre er noch am Leben.[14]

Die bewundernswerte Bereitschaft der deutschen Öffentlichkeit, im Verlauf der Fischer-Kontroverse der 1960er Jahre die hauptsächliche Verantwortung der Reichsleitung unter Kaiser Wilhelm II., Generalstabschef von Moltke, Großadmiral von Tirpitz und Reichskanzler von Bethmann Hollweg für das Desaster von 1914 anzuerkennen, bildete für die Bundesrepublik einen Meilenstein auf ihrem „langen Weg nach Westen".[15] Sie markierte die Abkehr von einer Tradition der Obrigkeit und der militaristischen Expansion, die trotz aller Opposition von Bismarck bis Hitler vorgeherrscht und die sich sowohl für Deutschland als auch für ganz Europa als ruinös erwiesen hatte. Es wäre in der Tat ein enttäuschender Rückschritt, wenn in der breiten Öffentlichkeit der Eindruck jetzt entstehen sollte, die Erkenntnisse der 1960er Jahre seien nicht das Ergebnis der objektiven Geschichtsforschung gewesen, sondern die Oktroyierung einer Ideologie der Siegermächte (und speziell Englands), um Deutschland niederzuhalten.[16]

Um das Ausmaß der revisionistischen Interpretation zu verstehen, muss man sich vergegenwärtigen, wie weit sie entfernt ist von dem internationalen wissenschaftlichen Paradigma, das nach den bitteren Auseinandersetzungen um die Fischer-These erreicht worden war. Selbst Fischers schärfste Gegner wie etwa sein Hamburger Kollege Egmont Zechlin, die Historiker Klaus Hildebrand und Andreas Hillgruber oder Fischers Kieler Rivale Karl Dietrich Erdmann, der Herausgeber der Tagebücher Kurt Riezlers, gingen davon aus, dass Bethmann Hollweg bei der Zusicherung der Unterstützung des Deutschen Reiches für den geplanten Angriff Österreich-Ungarns auf Serbien am 4./5. Juli 1914 sehenden Auges das kalkulierte Risiko einer Eskalation zum Kontinental- und sogar zum Weltkrieg auf sich nahm. Auch Fischers Kontrahenten räumten ein, was angesichts der Fülle von diplomatischen Dokumenten, die Luigi Albertini und Imanuel Geiss zur Julikrise zusammengestellt hatten, unleugbar der Fall war: die konspirative Verabredung zwischen Wien und Berlin von Anfang Juli 1914 wurde den anderen Großmächten und auch dem Bündnispartner Italien bis zum letzten Moment wissentlich verheimlicht, um jeden Vermittlungsversuch seitens der Entente zu verhindern. Jede ernstzunehmende Untersuchung der jüngsten Zeit über die Politik Bethmann Hollwegs in der Julikrise kommt ebenfalls zu dem fundierten Ergebnis, dass der Reichskanzler, und sei's auch nur aus Verzweiflung über die sich scheinbar verschlechternde internationale Lage des Reiches, mindestens das *Risiko* eines Kontinentalkrieges auf sich genommen hat.[17] Wie

14 Siehe z. B. seine letzten Aufsätze in Wolfgang J. Mommsen, *Der Erste Weltkrieg. Anfang vom Ende des bürgerlichen Zeitalters*, Frankfurt am Main 2004.

15 Heinrich August Winkler, *Der Lange Weg nach Westen. Deutsche Geschichte vom Ende des alten Reiches bis zum Untergang der Weimarer Republik*, München 2000.

16 Siehe Cora Stephan, Die Urkatastrophe, *Die Welt*, 14. November 2013.

17 Aus der Fülle der neueren Untersuchungen, die der Berliner Regierung die Hauptverantwortung für den Ersten Weltkrieg zusprechen, seien noch folgende Werke genannt: Dieter Hoffmann, *Der Sprung ins Dunkle. Oder wie der 1. Weltkrieg entfesselt wurde*, Leipzig 2010; Margaret MacMillan, *The War that ended Peace. How Europe abandoned peace for the First World War*, London 2013; Annika Mombauer, Hg., *The Origins of the First World War. Diplomatic and Military Documents*,

noch zu zeigen sein wird, spricht vieles dafür, dass er sich – über das Risiko hinaus – für die „je eher desto besser!"-Haltung Moltkes entschieden hatte und im Sommer 1914 den Krieg gegen Frankreich und Russland geradezu angesteuert hat – selbst auf die Gefahr hin, dadurch den Krieg auch gegen Großbritannien zu provozieren.[18]

Wenn die Staatsmänner in St. Petersburg, Paris und London in den Tagen und Wochen nach Sarajevo wie Schlafwandler gewirkt haben, so doch hauptsächlich deshalb, weil sie von Berlin über den bevorstehenden, mit Wien abgesprochenen Angriff auf Serbien bewusst im Dunkeln gelassen wurden. Schlafwandler waren Bethmann Hollweg und Jagow, Moltke und Tirpitz ebenso wenig wie Kaiser Wilhelm II., der vom Reichskanzler gebeten wurde, seine alljährliche Nordlandreise anzutreten, um den Anschein der Normalität vorzutäuschen. Freilich: Sie und die österreichischen Staatsmänner sollten wie ahnungslose Schlafwandler *erscheinen*, um ja keine diplomatische Vermittlung hervorzurufen. Der Staatssekretär von Jagow ging auf Flitterwochen, der Generalstabschef von Moltke machte zum zweiten Mal in jenem Frühjahr in Karlsbad eine Kur, Tirpitz zog sich in sein Sommerhaus im Schwarzwald zurück, der Kriegsminister Erich von Falkenhayn machte wie gehabt Urlaub auf Juist, der Oberquartiermeister im Großen Generalstab Graf Georg von Waldersee ging ebenfalls auf Wunsch des Kanzlers in die Sommerfrische, der Chef des Zivilkabinetts von Valentini machte eine Kur in Bad Kissingen, Prinz Heinrich, der Bruder des Kaisers, ging mit seiner Familie ins Engadin. Und Theobald von Bethmann Hollweg, der als verantwortlicher Leiter der Reichspolitik die taktische Justierung der nunmehr unausbleiblichen internationalen Krise übernommen hatte, machte mit seinem zweiunddreißigjährigen Vertrauten Kurt Riezler Scheinurlaub auf seinem märkischen Rittergut Hohenfinow. Relativ unbekannt, war Riezler anders als der Reichskanzler in der Lage, in der „Zeit der Vorbereitung" unauffällig zwischen Hohenfinow und der Wilhelmstraße hin und her zu pendeln.[19]

2. Der lange Schatten der Kriegsschuldfrage und die Quellenlage

Was ging im Kopf des „enigmatischen" Reichskanzlers vor, als er sich nach der Übergabe des fatalen Blankoschecks an die Österreicher am 5. Juli 1914 nach Hohenfinow zurückzog? Seit einhundert Jahren steht diese Frage im Mittelpunkt der internationalen Auseinandersetzung über den Ersten Weltkrieg und wir rätseln immer noch darüber, was er eigentlich vorhatte und wie groß seine Gestaltungsmöglichkeiten in einer derartigen „militärpolitischen" Angelegenheit überhaupt waren. Ein gewichtiger Grund für diese Unklarheit springt sofort ins Auge: der Privatnachlass Bethmann Hollwegs ist seit

Manchester 2013; T. G. Otte, *July Crisis. The World's Descent into War, Summer 1914*, Cambridge 2015; Dominic Lieven, *Towards the Flame. Empire, War and the End of Tsarist Russia*, London 2015; Ian Kershaw, *To Hell and Back*, 23-43; Andreas Gestrich und Hartmut Pogge von Strandmann, Hg., *Bid for World Power? New Research on the Outbreak of the First World War*, Oxford 2016.

18 Siehe unten Abschnitt 3.

19 Agnes Blänsdorf, Riezler, Julikrise und Blankoscheck, *Frankfurter Allgemeine Zeitung*, 20. August 2014.

1921 fast restlos verschollen. Als das Bundesarchiv zu Felix von Bethmann Hollweg, dem Sohn des Kanzlers, der ihm 1914 im Großen Hauptquartier als Adjutant zugeteilt worden war, im Sommer 1955 Kontakt aufnahm, um den Verbleib des Nachlasses zu klären, erhielt es die Antwort, im Besitz der Familie befinde sich nur noch das Druckmanuskript der Erinnerungen seines Vaters mit handschriftlichen Korrekturen von ihm, aber auch von Kurt Riezler, Arnold Wahnschaffe und Friedrich Heilbron; der eigentliche Nachlass sei wahrscheinlich durch Kriegseinwirkungen vernichtet worden.[20] Just um diese Zeit entdeckte Fritz Fischer in den Akten der Reichskanzlei, die von der Sowjetunion an das Zentrale Staatsarchiv der DDR in Potsdam zurückgegeben worden waren, die Kriegszieldenkschrift Bethmann Hollwegs vom 9. September 1914, die als wichtigstes Beweisstück seines dann 1961 erschienenen Buches *Griff nach der Weltmacht* für Furore sorgte. Schnell machte sich Wolfgang J. Mommsen, der für seine Habilitation an der Universität Köln an einer Biographie Bethmanns arbeitete, nach Hohenfinow auf in der Hoffnung, dort auf die Spuren des Nachlasses zu kommen. Er fand aber nichts als einige Fragmente vor, die ihm von einer inzwischen in Hohenfinow lebenden Dame übergeben wurden – Briefe von Major von Haeften, Graf Hertling, der Großherzogin Luise von Baden und dem Historiker Friedrich Thimme. Eine vollwertige wissenschaftliche Biographie des fünften deutschen Reichskanzlers in deutscher Sprache gibt es immer noch nicht.[21]

Wenn sein Privatnachlass zur Zeit der Fischer-Kontroverse aufgefunden worden wäre, wäre die Frage um die Motive und Taktik Bethmann Hollwegs vor, während und nach der Julikrise 1914 bestimmt längst gelöst worden. Bethmann war seit 1905 preußischer Innenminister, seit 1907 Staatssekretär des Reichsamt des Innern, und dann von 1909 bis 1917 Reichskanzler und preußischer Ministerpräsident gewesen, also zwölf bewegte Jahre lang an den innen- und außenpolitischen Entscheidungen der deutschen Reichsleitung auf höchster Ebene direkt beteiligt. Zudem war er, auch über seine Frau und später über seine Kinder, mit führenden Mitgliedern der Hofgesellschaft, des Adels und der politischen Elite des Kaiserreichs verwandt und befreundet. Den Kaiser kannte er seit seiner Jugend. Anders als seine nichtssagenden Erinnerungen,[22] die er während des

20 Dem Druckmanuskript zu den zwei Bänden *Betrachtungen zum Weltkrieg* beigefügt war eine kurze Entgegnung Bethmann Hollwegs auf die Vorwürfe von Tirpitz. Bundesarchiv Koblenz, Bestandsgeschichte zum Nachlass N 1549, Theobald von Bethmann Hollweg, bearbeitet von Manuela Vack, 2006.

21 Die 1973 in Amerika erschienene Biographie Bethmann Hollwegs von Konrad Jarausch ist nicht ins Deutsche übersetzt worden, wodurch die von ihm zitierten deutschen Quellen nur in englischer Sprache zugänglich sind. Siehe Konrad H. Jarausch, *The Enigmatic Chancellor. Bethmann Hollweg and the Hubris of Imperial Germany*, New Haven und London 1973. Eberhard von Vietsch, *Theobald von Bethmann Hollweg. Staatsmann zwischen Macht und Ethos*, Boppard am Rhein 1969. Willibald Gutsche, *Aufstieg und Fall eines kaiserlichen Reichskanzlers. Theobald von Bethmann Hollweg 1856-1921*, Berlin 1973. Ferner Klaus Hildebrand, *Bethmann Hollweg. Der Kanzler ohne Eigenschaften? Urteile der Geschichtsschreibung. Eine kritische Bibliographie*, Düsseldorf 1970.

22 Theobald von Bethmann Hollweg, *Betrachtungen zum Weltkrieg*, 2 Bde., Berlin 1919-1921. Als 1919 der erste Band erschien, schrieb der Tübinger Geschichtsprofessor Johannes Haller – ein Balte und glühender Patriot – ohne Verständnis für das Dilemma, in dem sich der Ex-Kanzler befand:

Zusammenbruchs zur nachträglichen Rechtfertigung in der trostlosen Abgeschiedenheit von Hohenfinow[23] verfasst hat, hätten uns Bethmanns persönliche Tagebücher oder seine Aufzeichnungen, vor allem aber seine privatpolitische Korrespondenz die Antwort auf die Fragen gegeben, die wir noch immer suchen.

Was kann mit allen solchen Dokumenten und Briefschaften geschehen sein? 1945 schickten die Engländer, Amerikaner und Russen hunderte Agenten nach Deutschland, nicht nur um das in ganz Europa geraubte Gold und die gestohlenen Kunstschätze zu suchen,[24] sondern auch um einschlägige Akten zu sammeln und sie vor der drohenden Vernichtung zu bewahren.[25] Namhafte britische Historiker wie Sir Lewis Namier und E. Llewellyn Woodward und führende amerikanische Politiker und Wissenschaftler hatten schon 1943 darauf bestanden, dass die Deutschen nie wieder in die Lage kommen durften, wie dies nach dem Ersten Weltkrieg geschehen war, ihre Geschichtsquellen zu manipulieren und somit die jüngste Vergangenheit in ihrem Interesse umzudeuten.[26] In der Götterdämmerung des untergehenden Dritten Reiches hatten die Nazis in der

---

„Bethmann ist dermaßen gerichtet, daß auch seine ehemaligen Freunde nicht mehr von ihm sprechen. Wenn einer es fertig bringt, über diesen Krieg, den er entstehen sah u. entstehen ließ, ein Buch zu schreiben, von dem man nichts weiter sagen kann, als daß es *langweilig* ist – dann braucht man auch über ihn selbst nichts weiter zu sagen. [...] Da darf man wohl die Akten schließen, ohne den 2. Band seiner Langweiligkeiten abzuwarten. [...] Ich sehe Bethmanns unsühnbare Schuld darin, daß er, der doch seinen Herrscher, den Generalstabschef, die Diplomaten und Männer und *last not least* sich selbst kennen *mußte*, es trotzdem auf einen Krieg im Stil von 1756 ankommen ließ." Johannes Haller an Philipp Fürst zu Eulenburg-Hertefeld, 30. August 1919, abgedruckt in John C. G. Röhl, *Philipp Eulenburgs Politische Korrespondenz*, 3 Bde., Boppard am Rhein 1976-83, III, Nr. 1585 (Seite 2282). In seinem Erfolgsbuch *Die Epochen der deutschen Geschichte* (Stuttgart 1942) feierte Haller die Machtergreifung Hitlers als „Sieg des nationalen Gedankens" und als Endziel der deutschen Entwicklung.

23 Nach seiner Entlassung im Juli 1917 hatte Bethmann Hollweg anfangs viel Besuch in Hohenfinow, dann aber wurde seine Isolierung empfindlich. Im März 1918 schrieb er an seine Jugendfreundin Elsbeth von Jasmund: „In Hohenfinow war mit dem Winter und den eigentlich unmöglichen Eisenbahnverhältnissen größere Einsamkeit eingezogen, die ich allerdings jetzt noch weniger als früher scheue. Über die Politik kann ich Ihnen nichts sagen, denn meine Verbindungen sind allmählich ganz abgetrocknet." Bethmann Hollweg an Elsbeth von Jasmund, 5. März 1918, Archiv des vormals regierenden preußischen Königshauses, Burg Hohenzollern, Hechingen.

24 Im April 1945 hatten die Amerikaner in einem Bergwerk in Merkers in Thüringen 250 Tonnen Gold, unzählige Reichsmark und Banknoten aus allen Herren Länder, 400 Tonnen Kunstwerke und haufenweise Koffer voller Juwelen, Gold- und Silberplomben und Eheringe aus den Konzentrationslagern entdeckt. Unter strengster Aufsicht wurde alles in das Reichsbankgebäude in Frankfurt gebracht und nach und nach so weit wie möglich an die ursprünglichen Besitzer beziehungsweise an deren Nachkommen zurückgegeben. Selbst heute noch werden in unterirdischen Tunneln Züge voll mit „Nazi-Gold", Raubkunstwerken und geheimem Archivgut vermutet.

25 Grundlegend zum folgenden: Astrid M. Eckert, *Kampf um die Akten. Die Westalliierten und die Rückgabe von deutschem Archivgut nach dem Zweiten Weltkrieg*, Stuttgart 2004. Englische Ausgabe: Astrid M. Eckert, *The Struggle for the Files. The Western Allies and the Return of the German Archives after the Second World War*, Cambridge 2012.

26 Zum sogenannten „Goldcup Plan" siehe Andrew Morton, *17 Carnations. The Windsors, the Nazis and the Cover-up*, London 2015, 235-258. Zum einflussreichen Leserbrief Namiers und Woodwards in *The Times* vom 23. September 1943 siehe ebenda, 290.

Tat – zusammen mit den Särgen Friedrichs des Großen, des Soldatenkönigs Friedrich Wilhelm I. und des Reichspräsidenten Paul von Hindenburg mit seiner Frau[27] – die Auslagerung von zigtausenden sie belastenden Geheimakten nach Thüringen angeordnet, die nicht in Feindeshand fallen durften. In Schluchten und Bergwerken bei Meisdorf, Mühlhausen und anderen Orten in Thüringen wurden tonnenweise Akten versteckt mit dem Befehl, sie zu verbrennen. Sie wurden von den beinahe 300 amerikanischen und britischen Offizieren, die mit der Suche nach ihnen beauftragt worden waren, aufgefunden und ins Marburger Schloss gerettet – darunter Dokumente wie das geheime Zusatzprotokoll zum Ribbentrop-Molotow-Pakt vom August 1939, die im Nürnberger Kriegsverbrecherprozess mit Erfolg verwertet werden konnten. Die Akten des Auswärtigen Amts bis in die Bismarckzeit zurück befanden sich auch dabei, ebenfalls die der Reichsmarine mit dem Tirpitzplan für den Bau einer riesigen Schlachtflotte als eines machtpolitischen Hebels gegen England. Sie wurden nach Virginia und nach London transportiert, dort verfilmt und schließlich unter strikten Kautelen an die junge Bundesrepublik abgegeben – ans Politische Archiv des Auswärtigen Amtes in Bonn respektive ans Bundesarchiv-Militärarchiv in Freiburg. Die Akten der zivilen Reichsleitung wurden aus Russland nach Potsdam zurücktransportiert, die der preußischen Staatsregierung kamen nach Merseburg in das Zentrale Staatsarchiv, das in einer ehemaligen Versicherungsanstalt untergebracht wurde.[28] Die Unterlagen des Heeres gelten seit einem Bombenangriff auf Potsdam 1945 als weitgehend vernichtet, ein für die Erforschung des Ersten Weltkriegs besonders gravierender Verlust, zumal der Nachlass Helmuth von Moltkes aus Gründen, die gleich erläutert werden sollen, immer noch nicht zugänglich ist.[29]

Doch von Bethmann Hollwegs Nachlass fehlte jede Spur. Er befand sich auch nicht in dem im Westen erst viele Jahre später bekanntgewordenen „Sonderarchiv" in Moskau, das unter anderem die auf Himmlers Befehl gesammelten Papiere prominenter jüdischer Familien wie die Walther Rathenaus enthielt, die die Rote Armee bei ihrem Einmarsch in Deutschland entdeckt hatte.[30] Die Vermutung liegt nahe, dass Bethmann selber in der Einsamkeit von Hohenfinow die Entsorgung seiner Papiere vorgenommen hat. Und wenn nicht er, dann werden andere nach seinem Tod im Januar 1921 dafür gesorgt haben, dass solche heiklen Quellen nicht etwa in die Hände eines Karl Kautsky oder eines Kurt Eisner fielen.[31]

27 Aufschlussreich zum Transport der Särge Hindenburgs und seiner Frau aus Tannenberg über die Zwischenstationen der Garnisonskirche in Potsdam und des thüringischen Städtchens Bernterode nach Marburg Anna von der Goltz, *Hindenburg. Power, Myth and the Rise of the Nazis*, Oxford 2009, 193-6.

28 Hermann Schreyer, *Das staatliche Archivwesen der DDR*, Düsseldorf 2008.

29 Siehe unten S. 32 f.

30 Siehe Sebastian Panwitz, Die Judaica im „Sonderarchiv Moskau", in: *Medaon* 3/2008, 1-9.

31 Kurt Eisner hatte im November 1918 die Veröffentlichung der Berichte vom Sommer 1914 aus der Bayerischen Gesandtschaft in Berlin veranlasst in der Überzeugung, das Kriegsschuldbekenntnis und die Schuldzuweisung an die damaligen Machthaber würden einen mäßigenden Einfluss auf die Siegermächte in Versailles ausüben. Die Veröffentlichung wurde als Landesverrat aufgefasst und trug zu der aufgeheizten Stimmung bei, die am 21. Februar 1919 mit zu seiner Ermordung

Versetzen wir uns mit Hilfe ihrer Korrespondenzen in die Lage der Männer, die nach dem Zusammenbruch von 1918 nicht nur von den Siegermächten, sondern auch vom eigenen Volk für die Katastrophe des Weltkriegs verantwortlich gehalten wurden, als ihnen eine Welle von Enthüllungen – wohl bemerkt nicht Fälschungen – entgegenschlug. Bereits im Dezember 1918 gestand Bethmann Hollweg in einem Brief an den ehemaligen Chef des kaiserlichen Zivilkabinetts Rudolf von Valentini: „Ich habe ja einen schlechten Ausgang schon lange erwartet, aber die Wirklichkeit ist doch nicht zu fassen. Diese Orgien des Imperialismus bei unseren Gegnern, und diese Würdelosigkeit bei uns. Auch mir scheint in ganz schwarzen Stunden unser Volk unfähig, den elementaren Urgewalten stand zu halten, die wie in der Natur so auch im Leben der Völker erbarmungslos schalten und walten, aber immer wieder sträubt sich der Glaube und die Liebe zum Volk, sich mit einem solchen Ende abzufinden. Doch alle solche Reflexionen sind verfrüht. Wir haben ja nur einen Vorgeschmack dessen, was uns noch bevorsteht. Wie heute zu befürchten ist, werden die Friedensbedingungen so unmenschlich sein, daß die physische und moralische Kraft der Nation einfach zerbrechen wird, und selbst ein Volk von ganz anderen Anlagen sich kaum wieder aufraffen könnte. Zu dem Glauben der Optimisten, daß es unmöglich sei, ein großes Volk in dieser Weise zu knebeln, vermag ich mich nicht mehr aufzuschwingen. Wille und Fähigkeit dazu sind bei unseren Feinden unzweifelhaft vorhanden. Gegenüber der weltgeschichtlichen Tragik eines solchen Volksuntergangs will mir die Tragik des Zusammenbruchs des ancien régime fast gering erscheinen." Durchaus denkbar wäre es, spekulierte Bethmann in diesem Brief vom Dezember 1918 weiter, dass das Reich in einen „verslawisierenden Osten" und einen „auf den Süden und Westen zurückgedrängte(n), französischen Einflüssen stark zugänglichen" Teil zerfallen werde – eine Entwicklung, wie er meinte, die Utopisten als die Grundlage „zukünftiger vereinigter Staaten von Europa sehen" könnten.[32] Eine ganz ähnliche Entwicklung hatte Kurt Riezler, wie wir sehen werden, bereits im Herbst 1914 in seinen Briefen an Käthe Liebermann prognostiziert.[33]

Ein Jahr darauf musste sich Bethmann vor dem Untersuchungsausschuss des Reichstags für seine Politik beim Kriegsausbruch verantworten. Das sei, schrieb er am 6. Dezember 1919 an Valentini, eine „Schaustellung, deren Würdelosigkeit nicht mehr zu überbieten war. Helfferich's Explosionen waren nahe dran, dem selbstdiskreditierten Ausschuss wieder aufzuhelfen. Nur das unglaubliche mit Perfidie gemischte Ungeschick von [den demokratischen Politikern Georg] Gothein, [Oskar] Cohn und [Eduard] David rettete wieder die Situation. Das Debüt der beiden Dioskuren [Hindenburg und Ludendorff] konnte nur traurig stimmen. Ueber ihrer politischen Ahnungslosigkeit fing man an, sich selbst geniert zu fühlen, wie wenn der Pastor auf der Kanzel stecken bleibt. Der Oberste war wieder ganz Marionette in der Hand seines Gehülfen, der von

führte. Bernhard Grau, Kriegsschuldfrage 1918/19, in *Historisches Lexikon Bayerns*. Siehe Pius Dirr, Hg., *Bayerische Dokumente zum Kriegsausbruch und zum Versailler Schuldspruch*, München ³1925.

32 Bethmann Hollweg an Valentini, 2. Dezember 1918, Nachlass Valentini, Zentrales Staatsarchiv Merseburg, heute im Geheimen Staatsarchiv Berlin-Dahlem.

33 Siehe unten Brief Nr. 48; vgl. die Tagebucheintragungen Riezlers vom 18. April 1915 und 22. November 1916, *Tagebücher* Nr. 604 und 685.

Selbstüberschätzung, Disziplinlosigkeit und Zweideutigkeit troff." Durch das „unqualifizierbare Benehmen" des Untersuchungsausschusses sei der „unwahrhaftige und deshalb schädliche" Eindruck entstanden, klagte Bethmann, dass das alte Regime als eine „einheitliche phalanx" dargestellt wurde, statt den tatsächlich im Kriege obwaltenden Dualismus zwischen Staatskunst und Kriegshandwerk verdeutlicht zu haben.[34]

Anders als sein Vorgänger Fürst Bernhard von Bülow, der bei seiner Entlassung haufenweise amtliche Aktenstücke mitgenommen hatte, um seine voluminösen Memoiren schreiben zu können, musste Bethmann Hollweg sowohl für sein Memoirenwerk *Betrachtungen zum Weltkrieg* als auch für die mündlichen und schriftlichen Antworten, die er dem Untersuchungsausschuss über die Schuld am Kriege geben musste, die Akten der Wilhelmstraße einsehen. Darüber hinaus rechnete er im Januar 1920 „akut" damit, an ein internationales Tribunal ausgeliefert zu werden.[35] Alle seine Bemühungen um Schadensbegrenzung wurden aber durch weitere Enthüllungen gerade aus diesen Akten torpediert. Er musste die Arbeit am zweiten Band seiner *Betrachtungen* zurückstellen, um auf die Flut der Entlarvungen zu reagieren.

Mit Entsetzen nahmen Bethmann Hollweg sowie der ehemalige Außenstaatssekretär Gottlieb von Jagow und andere Beschuldigte im Dezember 1919 die Ankündigung der von Karl Kautsky herausgegebenen *Deutschen Dokumente zum Kriegsausbruch* auf.[36] An Valentini schrieb der Altreichskanzler entmutigt: „Ausser den Marginalien des Kaisers – sämtlichen! – werden sie materiell kaum Neues bringen, aber nichts desto weniger unendlichen Stank machen. Wo soll das alles hin? Als ob nicht schon die Brutalität der Entente uns genügend zerfleischte! Die Zertrümmerung aller Moral, der internationalen, der nationalen und der privaten, ist das, was mich am schmerzhaftesten erfasst. Die Hoffnung darauf, dass die Grundlage der neuen Weltzustände, und damit auch der Deutschen Zukunft, eine große und lebensvolle Idee sein werde, habe ich aufgegeben. Das Abendland ist – darin hat Spengler trotz aller Einwände, die man gegen ihn erheben kann, unzweifelhaft Recht, – in allmählichem Untergang begriffen."[37]

Weitaus schärfer noch äußerte sich Gottlieb von Jagow über „die jetzige Manie der ‚Enthüllungen' u. des Flagellantenthums", die er für „geradezu selbstvernichtend" hielt. „Kautsky hat uns im Ausland wieder einen immensen Schaden gethan. Der Schuft ist freilich kein Deutscher, sondern ein Tscheche, doch warum duldet ihn das Volk? Daß er noch unbelästigt hier herumlaufen kann, verdankt er doch auch nur seiner Zugehörigkeit zum Stamm Juda, die er mit seinem Geschäftsfreund [Paul] Cassirer theilt.[38] Es ist geradezu ungeheuer, welche Rolle die Juden in dieser Revolution spielen. Sie werden glauben, daß ich einen Pogrom empfehlen will, das ist nicht der Fall. Es giebt auch sehr respectable Juden. Aber von dem jüdischen Geist, der uns beherrscht,

34 Bethmann Hollweg an Valentini, 6. Dezember 1919, Nachlass Valentini, a.a.O.

35 Bethmann Hollweg an Valentini, 17. Januar 1920, Nachlass Valentini, a.a.O.

36 Karl Kautsky, Hg., *Die Deutschen Dokumente zum Kriegsausbruch*, 4 Bde., Charlottenburg 1919.

37 Bethmann Hollweg an Valentini, 6. Dezember 1919, Nachlass Valentini, a.a.O.

38 Zu den Beziehungen zwischen Karl Kautsky und Paul Cassirer siehe die Anmerkung zum Brief Riezlers an Käthe Liebermann vom 17. September 1914, unten Brief Nr. 27.

müssen wir uns frei machen."[39] Mit Bethmann habe er sich in Berlin getroffen, teilte Jagow Valentini mit, um eine gemeinsame, möglichst schonende Erklärung über die kaiserlichen Randbemerkungen aus der Julikrise aufzusetzen. Doch nun kämen auch die Kaiserbriefe an den Zaren[40] und an andere fremde Fürstlichkeiten ans Tageslicht.[41] Entmutigt fragte sich Jagow, was überhaupt noch „gegen Bosheit u. Irrsinn" zu machen sei. Berlin habe einen geradezu entsetzlichen Eindruck auf ihn gemacht, es sei „das reine Schieber-Sodom. Aber im Volk beginnt es doch zu dämmern, eine gesunde Reaction setzt namentlich in der Jugend ein, sie wendet sich stark den Nationalen Parteien zu."[42]

Zusammen mit der diplomatischen Isolierung Deutschlands, die Bethmann Hollweg von Bülow, seinem Vorgänger als Reichskanzler, geerbt hatte, bildete der seit 1897 vom Admiral Alfred von Tirpitz vorangetriebene Schlachtflottenbau gegen Großbritannien die schwerste Hypothek der deutschen Außenpolitik vor dem Kriegsausbruch. Von Kaiser Wilhelm mit Leidenschaft gegen den immer lauter werdenden Protest des Kanzlers, des Auswärtigen Amts und vor allem der Londoner Botschafter Graf Wolff-Metternich und Fürst Lichnowsky sekundiert, trieb der Tirpitz'sche Schlachtflottenbau die englische Supermacht immer enger in die Arme der Gegner Deutschlands auf dem Kontinent und fügte die anfangs noch lockere Triple Entente zwischen England, Frankreich und Russland immer fester zusammen. Dem Kaiser machte Tirpitz aber weis, gerade durch den „machtpolitischen Hebel" des Flottenbaus, den Großbritannien dank seines schwächeren Wirtschaftswachstums, seiner kleineren Bevölkerung und seiner weitaus größeren globalen Verpflichtungen nicht auf Dauer würde standhalten können, werde er das Inselreich zur Hinnahme der deutschen Weltmachtstellung zwingen können. Bereits vor dem Ersten Weltkrieg galt der Großadmiral mit diesem perfiden Einfluss auf den Kaiser und die vom Flottenverein angeheizte Öffentlichkeit in der Wilhelmstraße als „Vater der Lüge". Wie wir in Kurt Riezlers Briefen an Käthe Liebermann sehen werden, hat Tirpitz schon im Oktober 1914, nachdem die „Dampfwalze" der Generäle an der Marne zum Erliegen gekommen war, damit begonnen, sich von der Politik des Reichskanzlers und des Auswärtigen Amtes abzusetzen mit dem Ziel, seine eigene Machtbasis im Innern

---

39 Jagow an Valentini, 10. Januar 1920, Nachlass Valentini, a.a.O.

40 Walter Goetz, *Briefe Wilhelms II. an den Zaren, 1894-1914*. Berlin 1920. Die hochpolitischen Briefe des Kaisers an Zar Nikolaus II. aus den Vorkriegsjahren wurden bereits 1918 in den USA von Herman Bernstein mit einem Vorwort von Theodore Roosevelt veröffentlicht. Herman Bernstein, *The Willy-Nicky Correspondence*, New York 1918.

41 In der *Kreuzzeitung* vom 29. Januar 1920 erschien eine Zuschrift des Freiherrn Karl von Bothmer mit Mitteilungen des in Moskau verstorbenen Grafen Mirbach-Harff über das Zustandekommen der kaiserlichen Briefe an fremde Fürstlichkeiten. Mirbach habe erzählt, die Briefe seien unter Mitwirkung des Auswärtigen Amts und nach Prüfung des Zivilkabinetts entstanden. Den letzteren Punkt wies Valentini entschieden zurück – mit auswärtigen Angelegenheiten habe das Zivilkabinett nie etwas zu tun gehabt. Valentini an die Redaktion der *Kreuzzeitung*, 2. Februar 1920, Nachlass Valentini, a.a.O. Die brisanten Briefe Wilhelms an den Zaren wurden in der Regel ohne Mitwirkung des Reichskanzlers oder des Auswärtigen Amts abgesandt. Seine Depeschen in der Julikrise 1914 sind ihm dagegen vom Auswärtigen Amt vorgelegt worden. Sie dienten dem Zweck, Russland die Schuld an einem eventuell ausbrechenden Krieg zuzuschieben.

42 Jagow an Valentini, 10. Januar 1920, Nachlass Valentini, a.a.O.

weiter aufzubauen und mit einer noch größeren Flotte auf einen künftigen Krieg gegen England hinzusteuern.

Dahingehende Vorwürfe setzte Tirpitz nach seiner Entlassung 1916 und erst recht nach der Niederlage 1918, jetzt als Führer der millionenstarken Deutschen Vaterlandspartei, mit noch schärferer Munition fort. In seinen *Erinnerungen*[43] und in zahlreichen Zeitungsartikeln, Briefen und Interviews bezeichnete der Großadmiral die Schutzbehauptung von Bethmann und Jagow, die Berliner Regierung hätte von der Absicht Wiens, in Serbien einzurücken, bis zum Ultimatum vom 23. Juli 1914 nichts gewusst, (nicht ohne Grund) als unhaltbar; die deutsche Politik in der Julikrise, so Tirpitz, sei nur mit dem Argument der politischen Notwendigkeit des Krieges zu rechtfertigen gewesen. Geradezu perfid empfanden die zivilen Staatsmänner die Anklage von Tirpitz, sie hätten durch die Verhinderung des Einsatzes der Schlachtflotte im August 1914 und wiederum durch ihre Verzögerung des unbeschränkten U-Boot-Kriegs im Winter 1916/17 den sicheren Sieg Deutschlands vereitelt. Auf einen Brief Valentinis, in dem ihm der frühere Zivilkabinettschef sein Mitgefühl angesichts dieser gemeinen Angriffe ausgesprochen hatte, antwortete Jagow am 10. Januar 1920: „Sie haben ganz Recht, ich hätte T. öffentlich einen Lügner nennen sollen, aber es bleibt einem aus alter Gewohnheit noch eine gewisse Scheu, hochgestellte dignitaries mit Beschimpfungen anzugreifen. Ich mochte in der Polemik nicht auf das T'sche Niveau hinabsteigen. Freilich kämpft man so mit ungleichen Waffen gegen sein Stinkgas der Lüge. Ist es nicht auch ein Zeichen unserer Auflösung u. des Zusammenbruchs der ‚Wilhelminischen Aera', daß die höchsten Würdenträger von früher – zur Selbstberäucherung – sich gegenseitig anklagen und die Schuld vorwerfen? Tirpitz hält freilich auch hierin den Record. Er u. Bülow waren doch die größten Unheilstifter für unsere Politik. Mit der Zeit wird sich da noch manches ‚enthüllen'."[44] Auch in diesen Auseinandersetzungen um die Kriegsschuld nach dem Zusammenbruch finden sich beinahe wortwörtlich Überzeugungen wieder, die Riezler in seinen Briefen aus dem Großen Hauptquartier im Herbst 1914 geäußert hatte.[45]

Besonders schwierig fand es Bethmann Hollweg, den Vorwurf zu entkräften, den Tirpitz in seinen *Erinnerungen* gegen ihn erhob, er habe sich zu Anfang des Krieges gegen den Einsatz der Hochseeflotte gestemmt und damit die beste Siegeschance vertan. Der Ex-Reichskanzler musste einräumen, dass er in der Tat in der Erwartung eines raschen Sieges über Frankreich im August 1914 gegen ein Auslaufen der Schlachtflotte gewesen sei. An Valentini schrieb er vielsagend am 17. Januar 1920: „Der Kaiser war

43 Alfred von Tirpitz, *Erinnerungen*, Leipzig 1919. Empört schrieb Johannes Haller an Fürst Eulenburg am 30. August 1919 über die vielen Enthüllungsschriften, die „aus dem Boden schießen wie Pilze nach dem Regen": „Haben Sie, Durchlaucht, den gräßlichen Band von Tirpitz gesehen? Man hat ihn ja nun vorläufig zurückgezogen, aber ich begreife nicht, daß er geschrieben oder wenigstens daß er gedruckt werden konnte. Eine persönliche Rache an S.M., also ein sehr bedenkliches, menschliches Selbstzeugnis, und zudem nicht einmal ein staatsmännisch günstiges." Haller an Eulenburg, 30. August 1919, gedruckt in Röhl, *Eulenburgs Korrespondenz*, III, Nr. 1585. Tirpitz legte mit zwei Dokumentenbänden nach. Alfred von Tirpitz, *Politische Dokumente*, 2 Bde., Berlin 1924/26.

44 Jagow an Valentini, 10. Januar 1920, Nachlass Valentini, a.a.O.

45 Siehe unten, Brief Nr. 63.

von sich aus gegen einen Flottenangriff auf England. Dem stimmte ich zu, weil ich bei dem gegenseitigen Stärkeverhältnis einen durchschlagenden Erfolg für ausgeschlossen hielt, die Rückwirkungen einer verlorenen Schlacht auf unsere Küstenverteidigung, den Kaiser-Wilhelmskanal und mittelbar auch auf die Landfronten als perniziös ansah, und weil ich in einer im Wesentlichen intakten Schlachtflotte ein gewichtiges Pressionsmittel auf England für den Fall erblickte, dass der Schlieffensche Kriegsplan glückte. Soweit ich mich entsinne", fuhr Bethmann in seinem vertraulichen Brief an Valentini fort, „sind diese Gesichtspunkte im Zwiegespräch des Kaisers mit mir erörtert worden." Mit ihm als Reichskanzler habe Tirpitz die Notwendigkeit einer sofortigen Flottenaktion gegen England aber nie vertreten, stellte Bethmann fest, und wies damit sowohl auf seine anfänglichen Siegeserwartungen als auch auf die im Großen Hauptquartier obwaltende Dysfunktionalität hin, die mehrfach in Riezlers Briefwechsel sowie in anderen zeitgenössischen Quellen beklagt wird. Tirpitz sei stets „ein falscher Hund" gewesen, vermerkte Valentini 1920 zu dem Brief Bethmanns.[46]

In diesen bitteren Post-mortem-Auseinandersetzungen unter den führenden Köpfen der deutschen Politik im Sommer 1914 ging es um weit mehr als um die Rettung des eigenen Rufes. Die Haltung der Siegermächte Deutschland gegenüber stand auf dem Spiel, aber noch mehr die innere Entwicklung des Landes und ganz Ostmitteleuropas. Zwei Welten prallten aufeinander – eine demokratisch-sozialistisch-christdemokratische, die – wie der oben zitierte Brief Jagows vom 10. Januar 1920 belegt – nicht nur mit dem „jüdischen Geist", sondern in fataler Weise auch leiblich mit dem „Stamm Juda" identifiziert wurde, und eine abgewirtschaftete, desorientierte, militaristische Obrigkeit, die ihr Heil in einer mystischen Hoffnung auf ein nationales Erwachen der deutschen Jugend suchte. Der in diesen alten reaktionären Kreisen wütende Irrsinn mag beispielhaft mit einer der bislang unveröffentlichten Randbemerkungen belegt werden, die Wilhelm II. um diese Zeit im holländischen Exil niederschrieb. Auf eine erste Zusammenstellung der diplomatischen Dokumente aus der Julikrise 1914 kritzelte er: „J.J.G.G. Juden und Jesuiten arbeiteten mit Gift und Gold um diesen Krieg zu entfesseln. Sie hetzten die 3 größten Stammverwandten Protestantischen Völker des Germanenthums England, Deutschland, Amerika um sie alle loszuwerden gegeneinander [und] Deutschland zu zerstören. Sie bedienten sich des Neides der Angelsachsen. So war das Protestantische England der Handlanger und das Werkzeug der J. und J. gegen seinen Deutschen Vetter!"[47]

Anders als der Kaiser und auch Jagow war Bethmann Hollweg viel zu vornehm, um sich verbal derart zu vergreifen, doch in der vergifteten Atmosphäre, die nach dem Zusammenbruch der Hohenzollernmonarchie um sich griff, dürfte auch er die Entsorgung seines Privatnachlasses als vaterländische Erforderlichkeit erkannt haben. „Ich habe mich in einen trostlosen Pessimismus hineingeärgert", gestand er in einem

46 Bethmann Hollweg an Valentini, 17. Januar 1920, Nachlass Valentini, a.a.O.

47 Kaiser Wilhelm II., Randbemerkung zu Ernst Sauerbeck, *Der Kriegsausbruch. Eine Darstellung von neutraler Seite an Hand des ganzen Aktenmaterials*, Stuttgart und Berlin 1919, Bibliothek Huis Doorn.

letzten Brief an Valentini im November 1920.[48] Es ist beinahe undenkbar, dass er sich bis zu seinem Tode am 2. Januar 1921 um eine derart gravierende Frage wie den Verbleib seiner Papiere nicht gekümmert haben soll.

Wie eine solche Entsorgung im vaterländischen Interesse vor sich ging, sehen wir am Beispiel des Nachlasses des unglücklichen Generalstabschefs Helmuth von Moltke, der im September 1914 nach dem Rückschlag an der Marne zusammenbrach und durch Erich von Falkenhayn ersetzt werden musste. Moltke war am 18. Juni 1916 gestorben. Unter dem spiritistischen Einfluss Rudolf Steiners[49] kam Moltkes Witwe Eliza 1919 auf die Idee, im Sinne des neuen Geistes der Offenheit „Aufzeichnungen" ihres verstorbenen Mannes zu publizieren. Darauf erschien am 29. Mai 1919 der General Wilhelm von Dommes, der Hofmarschall des abgedankten Kaisers in Holland, bei ihr in Charlottenburg und verlangte im Namen des Generalstabes und des Auswärtigen Amtes die Stornierung des Buches. Wie Eliza von Moltke dem Anthroposophen Steiner mitteilte, habe Dommes „den innigsten Wunsch das Rechte zu tun, aber er vertritt selbstverständlich eine andere Weltanschauung als diejenige, die jetzt maßgebend werden muß – er wird kein Verständnis dafür haben, daß man den Kaiser noch mehr belastet jetzt, da er im Unglück ist und sagt der Letzte der so gehandelt hätte wäre m. Mann, wenn er noch am Leben wäre." Außerdem fürchte Dommes „eine schlechte Beurteilung m. Mannes durch den II. Teil der Aufzeichnungen, weil alles persönlich gefärbt ist." Andere Familienmitglieder wurden auch gegen die beabsichtigte Veröffentlichung mobilisiert – in Panik telegraphierte Eliza am 1. Juni 1919 an Steiner „Bitte Broschüre unter allen Umständen zurückhalten" – und so konnte Dommes im Laufe einer Begegnung mit Steiner in Stuttgart tatsächlich die Zurückstellung der enthüllenden Publikation der Unterlagen Moltkes erreichen.[50] Ein national gesinnter Tübinger Geschichtsprofessor konnte wieder aufatmen. An den Fürsten Philipp Eulenburg schrieb Haller am 12. Juni 1919 erleichtert: „Haben Sie von den angekündigten, dann wieder zurückgezogenen Memoiren Moltkes Kenntnis? Der Herausgeber, der bewußte Theosoph Steiner [...], hat das Buch als klaren Beweis von Deutschlands himmelschreiender Schuld am Kriege angepriesen. Das fehlte gerade noch! Der unglückliche General, die tragische Figur des Krieges, als posthumer Ankläger seines Vaterlandes! Pfui! Das ist ja ganz gemeine Leichenschändung!"[51] 1922 willigte Eliza Moltke in eine Veröffentlichung schließlich ein, doch es handelte sich nunmehr nur um einen geringen Teil der ursprünglich geplanten Edition.[52] Eine weitere Bekanntgabe der Schriften Moltkes lehnte sie mit der

---

48 Bethmann Hollweg an Valentini, 12. November 1920, Nachlass Valentini a.a.O.

49 Zum Verhältnis Rudolf Steiners zu den Moltkes vgl. Roman Boos, *Rudolf Steiner während des Weltkrieges. Beiträge Rudolf Steiners zur Bewältigung der Aufgaben, die durch den Krieg der Welt gestellt wurden.* Dornach o. J. (1933).

50 Eliza von Moltke an Rudolf Steiner, 30. Mai und 1. Juni 1919, Archiv Rudolf Steiner-Nachlassverwaltung Dornach, Briefe Nr. 57 und Nr. 58.

51 Haller an Eulenburg, 12. Juni 1919, gedruckt in Röhl, *Zwei deutsche Fürsten zur Kriegsschuldfrage*, 13.

52 Eliza von Moltke, Hg., *Generaloberst Helmuth von Moltke, Erinnerungen, Briefe, Dokumente 1877-1916*, Stuttgart 1922. Dazu Eliza von Moltke an Rudolf Steiner, 10. Oktober 1921 und 6. Januar 1922, Archiv Rudolf Steiner-Nachlassverwaltung Dornach, Briefe Nr. 65 und Nr. 68.

Begründung ab: „Jetzt erleben zu müssen wie Alles was groß, rein und ehrwürdig war und ist, so in den Schmutz gezogen und verleumdet zu sehen, wirft mich immer wieder zurück."[53] Im Juni 1922 reiste Eliza von Moltke mit einem Koffer voller Briefe zu Rudolf Steiner nach Dornach bei Basel,[54] wo der Nachlass des Mannes, der von 1906 bis 1914 Schlieffens Nachfolger als Chef des Großen Generalstabs gewesen war, vermutlich bis heute noch liegt.[55]

Nicht zuletzt weil einschlägige Quellen wie die Nachlässe Bethmann Hollwegs und Moltkes fehlten, wirkte die Entdeckung der Papiere Kurt Riezlers, die während des Zweiten Weltkriegs unversehrt in Amerika aufbewahrt waren, wie eine Sensation. Wie Guenther Roth in seiner Einführung zu diesem Band gezeigt hat, brachte Riezler seine Tagebücher in den frühen 1950er Jahren nach Europa zurück. Nach Kurts Tod in München 1955 gelangten sie in den Besitz seines Bruders Walter Riezler, der nun zu entscheiden hatte, was mit dieser unersetzlichen Geschichtsquelle zu geschehen habe. In einem Briefwechsel mit einflussreichen politischen Persönlichkeiten der jungen Bundesrepublik, darunter dem Bundespräsidenten Theodor Heuss, holte sich Walter Riezler Rat, der in der Regel dahin ging, die Tagebücher verschlossen bis zu einem günstigeren Zeitpunkt aufzubewahren; die aktuelle Lage, in der die Bonner Republik auf dem Höhepunkt des Kalten Krieges gefährdet schien, wurde für eine Veröffentlichung eines solchen entlarvenden Zeugnisses über die Arkana der wilhelminischen Führungselite vor und während des Ersten Weltkrieges als denkbar ungeeignet angesehen.[56] Wir wissen nicht genau, wann Walter Riezler die schicksalsschwere Entscheidung getroffen hat, die Vorkriegstagebücher seines verstorbenen Bruders zu vernichten. Die Vermutung liegt nahe, dass Gerüchte über die Entdeckungen, die Fritz Fischer und Imanuel Geiss in der zweiten Hälfte der 1950er Jahre in den Archiven der DDR gemacht hatten, den Ausschlag dazu gegeben haben könnten. Jedenfalls muss die Vernichtung der ersten 30 (von 50) Hefte des Tagebuchs Kurt Riezlers als ein höchst empfindlicher Verlust für die

53 Eliza von Moltke an Rudolf Steiner, 19. Mai 1922, Archiv Rudolf Steiner-Nachlassverwaltung Dornach, Brief Nr. 69.

54 Am 19. Mai 1922 schrieb Eliza von Moltke an Steiner, sie würde nach seiner Rückkehr aus Wien am 15. Juni nach Dornach kommen und „einen Teil der Briefe etc. mitbringen und weiß nun nicht ob ich diese Sachen einfach in m. Koffer mitnehmen, oder auf welche Weise ich sie sicher nach Dornach schaffen kann." Archiv Rudolf Steiner-Nachlassverwaltung Dornach, Brief Nr. 69.

55 Der von Eliza Moltke 1922 veröffentlichte Band wurde 2005 mit einigen Ergänzungen aus dem Dornacher Archiv neu herausgegeben. Siehe Andreas Bracher und Thomas Meyer, *Helmuth von Moltke 1848-1916. Dokumente zu seinem Leben und Wirken*, Basel 2005. Ein zweiter, von Thomas Meyer herausgegebener Band enthält die „Post-mortem-Mitteilungen", die Moltke angeblich nach seinem Tode (sic!) an Rudolf Steiner diktiert hat und die dieser von 1916 bis 1924 an die Witwe Moltkes weiterleitete. Thomas Meyer, Hg., *Helmuth von Moltke 1848-1916. Dokumente zu seinem Leben und Wirken, Band 2*, Basel 1993. Meyer geht davon aus, dass der Generalstabschef die Reinkarnation des Papstes Nikolaus I. (820-867) gewesen sei und eines Tages – freilich unter einem anderen Namen – auf die Erde zurückkehren wird.

56 Grundlegend zu diesen aufschlussreichen Auseinandersetzungen Bernd F. Schulte, *Die Verfälschung der Riezler Tagebücher*, Frankfurt am Main, Bern, New York 1985. Siehe ferner Joachim Radkau, *Theodor Heuss*, München 2013, 83-91.

Erforschung der wilhelminischen Politik in den Jahren 1907 bis 1914 gelten. Wieder einmal muss die Frage gestellt werden, warum gerade diejenigen Quellen verschollen sind oder vernichtet wurden, die, wie Bethmann Hollwegs und Moltkes Privatnachlass oder eben die Vorkriegstagebücher Kurt Riezlers, am meisten zur Aufklärung der Motive und Taktik der Reichsleitung in den Jahren und Monaten vor Sarajevo beigetragen hätten. Was gab es da zu verbergen?

1972 erschien nach einer oft bitter geführten Kontroverse in der renommierten Reihe „Deutsche Geschichtsquellen des 19. und 20. Jahrhunderts" der Historischen Kommission bei der Bayerischen Akademie der Wissenschaften endlich das Tagebuch Kurt Riezlers aus den Kriegsjahren 1914-18. Die Edition, besorgt von Karl Dietrich Erdmann, enthielt außerdem zehn Aufsätze, die Riezler 1916 angeblich für die *Europäische Staats- und Wirtschafts-Zeitung* geschrieben haben soll, deren Tenor und Inhalt es von Anfang an aber fragwürdig erschienen ließen, ob Riezler wirklich ihr Autor gewesen ist.[57] Vor allem die darin zum Vorschein kommende Bewunderung für Tirpitz, den Riezler in seinen Briefen an Käthe Liebermann vehement als „Vater der Lüge" aburteilt, lässt auf einen ganz anderen Verfasser schließen. Mit Bestürzung stellte die Fachwelt den unwiederbringlichen Verlust der dreißig Manuskripthefte aus der Vorkriegszeit fest, in der Riezler als Pressereferent im Auswärtigen Amt erst unter Bülow und seit 1909 unter Bethmann Hollweg am Schaltzentrum der Macht gearbeitet hatte. Bis auf wenige Abschriften, die sich Walter Riezler von den Eintragungen seines Bruders aus den Jahren 1910 und 1911 gemacht hatte, war in der Edition Erdmanns über die Überlegungen der Reichsleitung in der Zeit vor Juli 1914 so gut wie nichts zu lesen.[58]

Am lautesten wurde aber die Kritik an den in der Edition Erdmanns enthaltenen Aufzeichnungen Riezlers über die Julikrise selbst, denn diese waren, wie sich bald herausstellte, nicht zeitgleich entstanden, sondern auf 19 losen Blättern zu einem späteren Zeitpunkt niedergeschrieben und von Riezler getrennt von den Tagebüchern bei seinen philosophischen Schriften aufbewahrt worden. Noch heute tobt der Streit über den Stellenwert dieser losen Blätter über die Julikrise 1914 unvermindert weiter. Erst kürzlich hat Bernd Sösemann in einer kritischen Analyse die „Blockblätter-Bearbeitungen" Riezlers als „wohlüberlegte offiziöse Erklärungen für den Fehlschlag der Risikopolitik Bethmann Hollwegs" bezeichnet. Im Verlauf dieses rückblickenden, halbwegs apologetischen Versuchs, so Sösemann, wandele sich das Bild des Kanzlers erheblich. „Wird er auf den ersten Seiten von Riezler als skeptischer, zweifelnder, zaudernder, sich selbst zermarternder Bedenkenträger geschildert, so wächst Bethmann Hollweg Ende Juli in der Krise [...] zu einem frischen, lebendigen, aktiven energischen Handelnden heran."[59]

57 Wolfgang J. Mommsen, Kurt Riezler, ein Intellektueller im Dienste Wilhelminischer Machtpolitik, in *Geschichte in Wissenschaft und Unterricht*, 25. Jg., 4/74, 193-209.

58 Karl-Heinz Janßen, 'August' 14: Wahrheit auf Raten. Zwei Historiker streiten um Tagebücher. Wurde die deutsche Kriegsschuld am Ersten Weltkrieg im nationalen Interesse verschleiert?, *Die Zeit*, Nr. 24, 10. Juni 1983; vgl. dazu die zahlreichen Leserbriefe namhafter Historiker, ebenda, Nr. 33, 12. August 1983.

59 Bernd Sösemann, Die "Juli-Krise" im Riezler-Tagebuch. Eine kritische Edition (7. Juli – 15. August 1914), in *Historische Zeitschrift*, Band 298, 2014, 686-707.

Solche Einwände gegen die Heranziehung der nachträglichen Aufzeichnungen Riezlers als Quelle zur Beurteilung der Absichten Bethmann Hollwegs in der Julikrise hat Sösemann bereits 1983 in einem größeren Aufsatz in der *Historischen Zeitschrift* geltend gemacht. Sie wiegen umso schwerer, wenn wir jetzt vernehmen, was in den Briefen an Käthe Liebermann deutlich zum Vorschein kommt, nämlich wie früh Riezler den „Fehlschlag" der deutschen Politik erkannt und wie drastisch er sich die politischen und persönlichen Folgen eines Scheiterns vorgestellt hat. Er ahnte: Nicht nur würde der blinde Hass gegen Deutschland, der in ganz Europa durch den Angriffskrieg geschürt worden war, auf Jahrzehnte hinaus nicht mehr zu bändigen sein; auch in der Heimat drohe beim Ausbleiben eines Siegfriedens entweder die konservative Reaktion oder Zusammenbruch und Revolution. Schon Ende Oktober 1914, als ihm klar wurde, dass die Militärs mit ihrer „Dampfwalze" gegen Frankreich zum Stillstand gekommen waren, machte sich Riezler Gedanken über eine Versetzung ins Ausland.[60] Rückschauende Aufzeichnungen über die „schwülen Tage in Hohenfinow", die in einer solchen Erkenntnis (oder noch später) niedergeschrieben wurden, können nicht als authentische Belege über die Stimmung im Juli 1914 gebraucht werden. Wer wollte denn nach dem Desaster an der Marne noch zugeben, willentlich für die Katastrophe mit ihren schier unerträglichen Folgen mitverantwortlich gewesen zu sein!

Nichtsdestoweniger stehen heute wieder einmal, wie vor 50 Jahren, die fragwürdigen Aufzeichnungen Kurt Riezlers über seine kritischen drei Wochen in Hohenfinow als meistbeachtete Quelle im Vordergrund. Im Erinnerungsjahr 2014 wurden gerade diejenigen Sätze aus den Blockblätter-Bearbeitungen Riezlers hervorgehoben, die Bethmann als Alibi für sein Vorgehen im Sommer 1914 dienen könnten. Schon 1964, auf dem Höhepunkt der Fischer-Kontroverse, hatte Karl Dietrich Erdmann in einem aufsehenerregenden Aufsatz mit dem Titel „Zur Beurteilung Bethmann Hollwegs" selektiv aus den 19 losen Blättern zitiert, um den Kanzler gegen die Vorwürfe Fischers in Schutz zu nehmen.[61] In der Einleitung zu den von ihm herausgegebenen Tagebüchern Riezlers gelangte Erdmann auf Grund dieser Quelle zum Ergebnis: Während der Zeit in Hohenfinow habe der Kanzler alles daran gesetzt, „die Krise unter Kontrolle zu halten und am Kriege vorbeizusteuern." Erst bei der Rückkehr nach Berlin am 27. Juli 1914 habe Bethmann das Gefühl bekommen, „unter einem Fatum zu stehen. Die Führung der Krise war ihm entglitten."[62] Auch Christopher Clark stützt sich bei seiner Beurteilung der Motive Bethmann Hollwegs auf die rückblickenden Blockblätter Kurt Riezlers.[63]

Anders als Clark, der sämtliche Hinweise auf eine vorsätzliche Herbeiführung des Krieges seitens der Berliner Reichsleitung ausblenden muss, will er seine These von einem unbeabsichtigten Hineinschlittern aller Großmächte in die Katastrophe aufrecht halten, räumt Herfried Münkler eine bewusste Entscheidung Bethmann Hollwegs für

60 Siehe die Briefe vom 22., 27./28. und 31. Oktober 1914, unten Nr. 56, 60 und 64.

61 Erdmann, Zur Beurteilung Bethmann Hollwegs, in *Geschichte in Wissenschaft und Unterricht*, 15, 1964.

62 Erdmann, *Kurt Riezler. Tagebücher, Aufsätze, Dokumente*, 52-54. Siehe dazu Konrad H. Jarausch, Revising German History. Bethmann Hollweg Revisited, in *Central European History*, 21/3, 1988, 224-43.

63 Clark, *Die Schlafwandler*, 541f. und 810.

den Krieg mit der Triple Entente durchaus ein. Allein, er gesteht Bethmann bei dieser Entscheidung eine gewisse Berechtigung als Präventivkrieg zu, allerdings nicht als Verteidigung gegen einen unmittelbar bevorstehenden Angriff, wohl aber als genau kalkulierten Entschluss, einer als fatal eingeschätzten künftigen Entwicklung vorgreifen zu müssen, wodurch freilich der Unterschied zwischen einem Defensivkrieg und einem Angriffskrieg verwischt wird. Dabei stützt sich Münkler ebenfalls in erster Linie auf die nachträglichen Blockblätter-Aufzeichnungen Riezlers. Er beharrt auf der alten apologetischen These, dass Bethmann Hollweg erst während der Julikrise die Entscheidung für den Krieg getroffen habe, und zwar deshalb, weil der britische Außenminister Sir Edward Grey Verhandlungen über eine Marinekonvention mit Russland abgestritten hatte, von deren Existenz der Kanzler jedoch durch einen deutschen Spion an der russischen Botschaft in London genau Bescheid wusste. Dies sei, laut Münkler, „eine Schlüsselpassage des Riezlerschen Textes". Sie zeige, dass der allzu „vertrauensselige" deutsche Botschafter in London, Fürst Karl Max Lichnowsky, sich von den Engländern hatte hereinlegen lassen und daher als Vermittler nicht mehr zu gebrauchen war. Mit den englisch-russischen Verhandlungen habe sich der Einkreisungsring um Deutschland geschlossen. Deshalb habe sich der Kanzler quasi aus Notwehr gegen eine weitere friedliche Zusammenarbeit mit den anderen europäischen Großmächten entschieden und das Signal zum Krieg nun doch gegeben, wie Moltke es schon länger verlangt hatte. Weit entfernt, die Aufzeichnungen Riezlers über seinen Aufenthalt in Hohenfinow als suspekten Rechtfertigungsversuch zu verstehen, sieht Münkler in diesem Text „das letzte Zeugnis des Psychodramas", das Bethmann im Juli 1914 mit dem „Abzug der Libido vom Kooperationsprojekt" vollzogen habe.[64]

Was von diesem immer wieder als Alibi angeführten Vorfall zu halten ist, zeigt das „ganz vertrauliche" Gespräch, das der badische Gesandte Graf von Berckheim im Frühsommer 1914 mit dem Unterstaatssekretär Arthur Zimmermann führte. Wie Berckheim nach Karlsruhe meldete, habe ihm Zimmermann zynisch mitgeteilt, „daß für die Richtigkeit der gerüchtweise verbreiteten Nachricht, England und Rußland hätten sich über eine gemeinsame Flottenaktion im Falle eines Krieges verständigt keine Anhaltspunkte vorliegen. Bei der bedauerlichen Tatsache aber, daß Frankreich und Rußland Sir Edward Grey immer nachliefen, so dürfe man es nicht für ausgeschlossen betrachten, daß in London einmal auch über ein solches Projekt gesprochen wurde. Das hiesige Auswärtige Amt werde daher demnächst mit diesem Projekt in der Presse arbeiten, in der Zuversicht, damit die englischen Radikalen gegen Grey mobil zu machen. Der englische Radikale sei allerdings ein Freund der Tripleentente, aber nur in dem Sinne, daß in ihr England für den Weltfrieden arbeite. Solche Dinge, wie Konventionen über Kriegsprojekte, passen den radikalen Engländern nicht."[65]

Im Gegensatz zu den nachträglich verfassten Blockblättern sind die beinahe täglichen Briefe, die Riezler seit dem 17. August 1914 aus dem Großen Hauptquartier

64 Herfried Münkler, Der Reichskanzler war kein verantwortungsloser Hasardeur, *Frankfurter Allgemeine Zeitung*, 8. Juli 1914, Nr. 155, 13.

65 Berckheim, Politischer Bericht, o. D. [Juni] 1914; Generallandesarchiv Karlsruhe 49 Nr. 2047.

erst in Koblenz, dann in Luxemburg und schließlich in Charleville-Mézières an seine Verlobte Käthe Liebermann richtete, bestechend gerade durch ihre Spontaneität. Rasch hingeworfen nach einem Tag weltbewegender Entscheidungen im sogenannten Wanderbüro des Auswärtigen Amtes bieten sie einen ungeschminkten Eindruck nicht nur vom Ablauf der deutschen Feldzüge in Belgien, Luxemburg und Frankreich sowie (indirekt) in Ostpreußen und Polen, sondern auch und vor allem von den Motiven und Erwartungen, die zu dem Überfall auf die Nachbarstaaten im Westen und Osten geführt hatten. Gerade in den ersten Tagen und Wochen der Invasion, als alles noch generalstabsmäßig nach dem Schlieffenplan lief und die Kapitulation Frankreichs in greifbarer Nähe zu sein schien, sind die intimen Rückblicke Riezlers auf die Zeit, die er im Sommer 1914 mit Bethmann Hollweg in Hohenfinow zugebracht hatte – er nannte diese „seltsamen“ Tage ausdrücklich die „Zeit der Vorbereitung“ – verräterisch in ihrer Offenheit. Es sei „so eine schwere schwüle Stimmung da draussen“ in Hohenfinow gewesen, teilte er Käthe Liebermann rückblickend mit, „in den heissen Tagen, mit dem Nichtwissen, ob es zum Kriege führt oder nicht und das ewige Telegrammieren nach und von allen Seiten.“[66] Käthe solle aber nicht denken, fügte er hinzu, dass Deutschland unversehens in den Krieg hineingeschlittert wäre. Nein, Bethmann Hollweg sei doch ein „sehr guter Kopf“, versicherte er ihr, und seine „Inszenierung“ des Krieges zum „günstigsten Moment“ sei doch „sehr gut“ gewesen.[67] Fast wortgleich sollte Kurt Riezler noch im Sommer 1916 dem Chefredakteur des *Berliner Tageblatts* Theodor Wolff gegenüber eingestehen, „Bethmann habe das Risiko sehr wohl erwogen“ und „die Frage von allen Seiten beleuchtet“; er sei auch nicht von anderen Leuten in den Krieg geschoben worden, wie manche vermuteten, denn dazu sei der Kanzler „viel zu klug“.[68]

Riezler wusste sehr wohl, welchen Quellenwert seine Brautbriefe einst neben seinen Tagebüchern vielleicht haben könnten. Als der Staatssekretär des Auswärtigen Amtes, Gottlieb von Jagow, ihn in Charleville bei der Arbeit am Tagebuch ertappte, bat Riezler seine Verlobte in Berlin, seine Briefe als Gedankenstützen gut aufzubewahren. „Der Staatssekretär [...] fragt mich, ob ich immer noch an meinem 5bändigen Roman schreibe. Er sagt Roman, meint Memoiren, vor denen er Angst hat (von wegen der Geschichten). Hebe bitte die wenigen meiner Briefe auf, in denen zufällig etwas steht; man kann nicht wissen, ob man nicht einmal später ein Hilfsmittel der Erinnerung wünscht“, schrieb er ihr am 8. Januar 1915.[69]

Wie wir zeigen werden, wird dieses Urteil Riezlers durch zahlreiche Quellen bestätigt, die seit der Fischer-Kontroverse und der Herausgabe der Riezler-Tagebücher ans Licht gekommen sind. An erster Stelle sind die Tagebücher Theodor Wolffs zu nennen, des Chefredakteurs des *Berliner Tageblatts*, der die Entscheidungsträger vom Juli 1914, dar-

66 Kurt Riezler an Käthe Liebermann, 27./28 Oktober 1914, unten Brief Nr. 60.

67 Kurt Riezler an Käthe Liebermann, 22. August 1914, unten Brief Nr. 6.

68 Theodor Wolff, Tagebuch vom 24. Mai 1916, Bernd Sösemann, Hg., *Theodor Wolff. Tagebücher 1914-1919. Der Erste Weltkrieg und die Entstehung der Weimarer Republik in Tagebüchern, Leitartikeln und Briefen des Chefredakteurs am ‚Berliner Tageblatt' und Mitbegründers der ‚Deutschen Demokratischen Partei'*, 2 Bde., Boppard am Rhein 1984. Nr. 365.

69 Riezler an Käthe Liebermann, 8. Januar 1915, unten Brief Nr. 96.

unter Gottlieb von Jagow, Wilhelm Freiherr von Stumm, Fürst Karl Max Lichnowsky und auch Kurt Riezler, immer wieder über ihre Vorstellungen in jenem Sommer ausgefragt hat.[70] Von hervorragender Bedeutung sind auch die von Holger Afflerbach herausgegebenen Tagebücher der beiden bedeutendsten Militärs in der Umgebung Kaiser Wilhelms II., des Chefs des Militärkabinetts Moriz Freiherr von Lyncker und des langjährigen Generaladjutanten Hans von Plessen.[71] Ferner besitzen wir die aufschlussreichen Kriegstagebücher des Chefs des Marinekabinetts Admiral Georg Alexander von Müller und des Tirpitz-Mitarbeiters Admiral Albert Hopman.[72] Die Tagebuchbriefe, die der Chef des Zivilkabinetts Rudolf von Valentini aus dem Großen Hauptquartier an seine Frau richtete, sind im Bundesarchiv Koblenz einzusehen. Die Berichte des Generalleutnants Karl Ritter von Wenninger, der als Militärbevollmächtigter des Königreichs Bayern ebenfalls mit dem Großen Hauptquartier an die Front fuhr, wurden nach 1919 „angesichts des unglücklichen Ausgangs des Krieges“ sistiert und kamen erst 1974 wieder ans Licht.[73] Die Korrespondenzen anderer Schlüsselfiguren – Falkenhayn, Hindenburg, Ludendorff, Mackensen, von der Goltz, auch Kaiser Wilhelm II. selber – sind in quellengesättigten Biographien aufgearbeitet worden.[74] Schließlich können zur Vervollständigung des Bildes die sehr umfangreichen Tagebücher des internationalen Kunstmäzens Harry Graf Kessler herangezogen werden, der sowohl Bethmann Hollweg als auch Kurt Riezler persönlich kannte und der mit seinem kritischen Urteil über beide nicht zurückhielt. Mit diesen und zahlreichen anderen Archivquellen können die von Guenther Roth in Baltimore aufgefundenen Briefe an Käthe Liebermann zu einem neuen Porträt des rätselhaften Reichskanzlers von Bethmann Hollweg zusammengefügt und Antworten auf alte Fragen geboten werden. Welches Erbe trat er an, als er am 14. Juli 1909 von Kaiser Wilhelm II. überraschend zum Nachfolger Bülows zum Reichskanzler ernannt wurde? Welche Ziele verfolgte er in der Außenpolitik vor dem Krieg, und wie groß waren die Gestaltungsmöglichkeiten des „*Civil*kanzlers“ (wie

70 Sösemann, *Theodor Wolff. Tagebücher*, wie Anm. 68.

71 Holger Afflerbach, Hg., *Kaiser Wilhelm II. als Oberster Kriegsherr im Ersten Weltkrieg. Quellen aus der militärischen Umgebung des Kaisers 1914-1918*, München 2005.

72 Walter Görlitz, Hg., *Regierte der Kaiser? Kriegstagebücher, Aufzeichnungen und Briefe des Chefs des Marine-Kabinetts Admiral Georg Alexander von Müller 1914-1918*, Göttingen 1959. Die Ausgabe ist unvollständig, die Originaltagebücher sind aber erhalten und werden im Bundesarchiv-Militärarchiv Freiburg (künftig: BA-MA Freiburg) aufbewahrt. Michael Epkenhans, Hg., *Albert Hopman. Das ereignisreiche Leben eines ‚Wilhelminers‘. Tagebücher, Briefe, Aufzeichnungen 1901 bis 1920*, München 2004.

73 Bernd F. Schulte, Neue Dokumente zu Kriegsausbruch und Kriegsverlauf 1914, in: *Militärgeschichtliche Mitteilungen* 1/79, 123-185.

74 Holger Afflerbach, *Falkenhayn. Politisches Denken und Handeln im Kaiserreich*, München 1994; Wolfram Pyta, *Hindenburg. Herrschaft zwischen Hohenzollern und Hitler*, München 2007; Manfred Nebelin, *Ludendorff. Diktator im Ersten Weltkrieg*, München 2010; Theo Schwarzmüller, *Zwischen Kaiser und „Führer“. Generalfeldmarschall August von Mackensen. Eine politische Biographie*, Paderborn, München, Wien, Zürich 1995; Carl Alexander Krethlow, *Generalfeldmarschall Colmar Freiherr von der Goltz Pascha. Eine Biographie*, Paderborn, München, Wien, Zürich 2012; John C. G. Röhl, *Wilhelm II.*, 3 Bde., München 1993-2008. Ferner Annika Mombauer, *Helmuth von Moltke and the Origins of the First World War*, Cambridge 2001.

Wilhelm ihn noch in der Julikrise verächtlich nannte) in seinem ständigen Kampf mit den Hofgenerälen und Großadmiral von Tirpitz um das letztlich ausschlaggebende „Allerhöchste Vertrauen" des Monarchen? Mit welchen Erwartungen zog Kurt Riezler zusammen mit Bethmann Hollweg, Jagow und Stumm, Moltke und Falkenhayn, Lyncker und Plessen, Tirpitz und Müller, Wahnschaffe und Valentini in den Krieg, als er am 16. August 1914 am Potsdamer Bahnhof im kaiserlichen Hofzug die Reise nach Koblenz antrat? Und wie sah der „Siegespreis" aus, an dessen Formulierung Riezler im Großen Hauptquartier in Koblenz, Luxemburg und Charleville in vertrautester Zusammenarbeit mit dem Reichskanzler arbeitete? Paradoxerweise gab Riezler auf diese Frage eine deutliche Antwort, als er am 27. Oktober 1914 den Fehlschlag des deutschen Vormarsches in Flandern einsehen musste und schrieb. „Der Traum eines Sieges nach allen drei Seiten ist jedenfalls aus – mit dem Versuch, Deutschland an die erste Stelle zu bringen, ist es auch nichts."[75]

Der Erste Weltkrieg war weder ein unbeabsichtigter Betriebsunfall der Großen Politik der europäischen Kabinette noch das Ergebnis einer plötzlichen Eingebung von Bethmann Hollweg im Juli 1914, sondern er wurde bewusst herbeigeführt nach einem langen Entscheidungsprozess, an dem alle Machtinstanzen in Berlin – der Kaiser und sein Hof, die Generalität, die Flottenführung und die Wilhelmstraße – seit vielen Monaten unter Zustimmung der ganzen politischen Elite und zu guter Letzt auch der breiteren Öffentlichkeit, das jüdische Großbürgertum nicht ausgenommen, beteiligt waren; der einzige unter den deutschen Eingeweihten, der die Katastrophe zu verhindern suchte, war Lichnowsky. Erst Wochen später erwies sich der Krieg auch in den Augen Bethmann Hollwegs und Kurt Riezlers als ein abgründiges Desaster sowohl für Deutschland als auch für die ganze Welt. Wie es zu dieser fatalen Fehlentscheidung kommen konnte, soll anhand der jetzt verfügbaren Quellen skizziert werden.

3. Bethmann Hollweg und die Vorgeschichte des Weltkriegs

Als Bethmann Hollweg im Juli 1909 von Wilhelm II. zum Reichskanzler ernannt wurde, steckte das Deutsche Kaiserreich in einer fast unlösbaren Dauerkrise. Das völlig unzeitgemäße System des „persönlichen Regiments im guten Sinne", das der Kaiser seit der Ernennung Bernhard von Bülows erst zum Staatssekretär des Auswärtigen Amtes im Sommer 1897 und dann zum Reichskanzler im Oktober 1900 geführt hatte, war im Innern wie nach außen in die Sackgasse geraten. In der *Daily Telegraph*-Krise vom November 1908 hatte der Reichstag tumultuarisch ein Ende der desaströsen Eingriffe Wilhelms II. in die Politik gefordert. Mit der lügenhaften Behauptung vor dem Parlament, er habe das „horrende" Kaiser-Interview in der Londoner Zeitung nicht vorher gekannt, hatte Bülow das „Allerhöchste Vertrauen" für immer verspielt, und der Kaiser, der daraufhin einen regelrechten Nervenzusammenbruch erlitt, hatte ernsthaft mit dem Gedanken

75 Kurt Riezler an Käthe Liebermann, 27. Oktober 1914, unten Brief Nr. 61.

seiner Abdankung gespielt.[76] Bethmann Hollweg, zur Zeit des „Novembersturms" noch Staatssekretär des Reichsamts des Innern, war fassungslos über diese beinahe revolutionsartige Erschütterung der Hohenzollernmonarchie. Sein Kollege, der preußische Kriegsminister General Karl von Einem, erinnerte sich, dass Bethmann nach der einstimmigen Verurteilung des „Persönlichen Regiments" im Reichstag am 10. und 11. November 1908 „zusammengeklappt" und „flügellahm geschossen" war und nur noch stammeln konnte: „Noch ein solcher Tag, und wir haben die Republik."[77]

Nach seinem „Verrat an der Krone" waren Bülows Tage als Reichskanzler gezählt. Das seltsame innige Freundschaftsverhältnis, das seit 1897 die Grundlage des Zusammenwirkens zwischen dem Kaiser und seinem „Bülowchen" gebildet hatte, war restlos zerstört. Als der Reichstag am 24. Juni 1909 die Reichsfinanzreform ablehnte und Bülow um seine Entlassung bat, nahm Wilhelm diese umgehend an, und zwar trotz der offenkundigen Gefahr, damit den Anschein eines halbparlamentarischen Vorgangs zu erwecken. Die Ernennung des neuen Reichskanzlers und preußischen Ministerpräsidenten zeigt dahingegen in erschreckender Deutlichkeit, dass die Macht der Krone in dieser entscheidenden Hinsicht noch ungebrochen war.

Seit dem Novembersturm hatte Wilhelm sieben Monate Zeit gehabt zu erwägen, wen er in das oberste Staatsamt im Deutschen Reich berufen sollte. Zeitweilig dachte er an seinen Generaladjutanten Alfred Loewenfeld, dann an den bayerischen Gesandten Graf Hugo von Lerchenfeld, dann wieder an den Botschafter in Paris, Fürst Hugo von Radolin. Im April 1909 versprach er dem Grafen Anton Monts, dem Botschafter in Rom, ihn zum Nachfolger Bülows zu ernennen. Dies redete ihm der scheidende Bülow mit dem sonderbaren Argument aber wieder aus, in den kommenden Jahren würden die Hauptschwierigkeiten nicht in der Außenpolitik, sondern in der inneren Politik liegen, und dafür wäre Bethmann Hollweg geeigneter als ein Diplomat. Doch als der Chef des Zivilkabinetts Rudolf von Valentini am 3. Juli 1909 auf der kaiserlichen Jacht *Hohenzollern* in Kiel Bethmann Hollweg in Vorschlag brachte, lehnte ihn der Kaiser mit der bezeichnenden Begründung ab: „Ich kenne ihn ganz genau, er ist ein überheblicher Schulmeister u. Dickschädel; ich kann mit ihm nicht arbeiten."[78] Der Kaiserin war Bethmann, den sie als „zu sehr philosophisch, weltfremd und spintelierend" bezeichnete, ebenfalls unsympathisch.[79] Drei weitere Kandidaten, die Brüder August und Botho zu Eulenburg und der Statthalter in Elsaß-Lothringen, General Graf Carl von Wedel, lehnten den Reichskanzlerposten ab, worauf der preußische Finanzminister Georg Freiherr von Rheinbaben ins Gespräch kam. Als sich Valentini am 7. Juli 1909 aber mit diesem Vorschlag auf der *Hohenzollern* meldete, war Wilhelm inzwischen auf den

76 Grundlegend zur Krise vom November 1908 Peter Winzen, *Das Kaiserreich am Abgrund. Die Daily-Telegraph-Affäre und das Hale-Interview von 1908. Darstellung und Dokumentation*, Stuttgart 2002.

77 Karl von Einem, *Erinnerungen eines Soldaten 1853-1933*, Leipzig 1933, 120f.

78 Rudolf von Valentini, Aufzeichnung Bülows Sturz, Bethmanns Ernennung Juni/Juli 1909, zitiert in John C. G. Röhl, *Wilhelm II. Der Weg in den Abgrund*, München 2008, 794f.

79 Dr. Alfred Haehner, Tagebucheintragung vom 26. Oktober 1920 über ein Gespräch mit Kaiserin Augusta Viktoria in Doorn, zitiert ebenda, 795.

General Colmar Freiherr von der Goltz Pascha gekommen – der in Konstantinopel die türkische Armee reorganisierte und dessen Ernennung zum Reichskanzler faktisch den Krieg bedeutet hätte![80] Der Kaiser befahl dem Chef des Zivilkabinetts, „sogleich mit dem Orientexpress nach Konstantinopel zu fahren!", um Goltz die Kanzlerschaft anzubieten. Während Valentini das Kursbuch studierte, rief ihn der Kammerdiener nochmals zum Kaiser. „Der hohe Herr hatte sich inzwischen zum Tennisspiel umgekleidet und empfing mich zwischen Tür und Angel: er habe sich die Sache nochmals überlegt; er könne es den Türken nicht antun, ihnen jetzt den General, der dort eine wichtige Mission zu erfüllen habe, fortzunehmen; er sei mit Bethmann einverstanden, und ich solle nun alles Nötige schnell besorgen!" So konnte der Kaiser endlich seine alljährliche Nordlandreise antreten. Am 14. Juli 1909 nahm der auf diese Weise „erkorene" Theobald von Bethmann Hollweg das dornenreiche höchste Staatsamt an.[81] Dem in der Großen Politik der europäischen Kabinette vollkommen unerfahrenen Kanzler des Deutschen Reiches sollte das Los beschieden sein, fünf Jahre später das Land in die Katastrophe des Weltkrieges zu führen.

Weist dieser blamable Hergang schon darauf hin, dass das Verhältnis Wilhelm II. zu dem neuen Reichskanzler nicht gerade ein vertrauensvolles sein würde, so lassen die Privatbriefe, die der Kaiser an seinen „kaisertreuen" Günstling Max Egon Fürst zu Fürstenberg in Donaueschingen richtete, erkennen, wie tief der Graben zwischen dem Monarchen und den zivilen Staatsmännern in der Wilhelmstraße 76 und 77 geworden war – von seiner geradezu hasserfüllten Abneigung gegenüber Presse und Parlament ganz zu schweigen. Die *Daily-Telegraph*-Krise und die Serie von Skandalprozessen gegen seine Intimfreunde Kuno Moltke, Philipp Eulenburg, Willi Hohenau und andere, die dem Novembersturm vorausgegangen waren, erklärte sich der Kaiser jetzt als eine von Bülow, dem ehemaligen Geheimrat Friedrich von Holstein und dem Publizisten Maximilian Harden geleitete jüdisch-demokratische Verschwörung, die „die Krone mit meterhohem Schmutz bedeckt, das altpreußische Königthum und den Glanz der Deutschen Kaiserkrone schwer geschädigt, dem Hohenzollernhause maaßlose Schmach und Schande und mir und der Kaiserin namenloses Weh und Leid gebracht" hätten. „Die Goldene Internationale hat unser Vaterland in ihrem Griff und spielt durch die von ihr geleitete Presse Fangball mit unseren heiligsten Gütern! Man wird allmählich zum überzeugten Antisemiten. Wenn das Deutsche Volk je aus seinem Dämmerzustand der von dieser Judenpresse erzeugten Hypnose erwachen sollte und sehend wird, dann kann es was nettes geben!"[82] Dass Harden noch lebe „nach dem was er mir angethan

80 Siehe Carl Alexander Krethlow, *Generalfeldmarschall Colmar Freiherr von der Goltz Pascha. Eine Biographie*, Paderborn, München, Wien, Zürich 2012. Ferner das Gespräch zwischen Goltz und Bethmann Hollweg vom 10. Dezember 1912, in welchem der Generalfeldmarschall den Kanzler zum Präventivkrieg „zum Segen des Vaterlands" aufgefordert hat, gedruckt in Bernd-Felix Schulte, *Vor dem Kriegsausbruch 1914. Deutschland, die Türkei und der Balkan*, Düsseldorf 1980, 156.

81 Valentini, Bülows Sturz, Bethmanns Ernennung, a. a. O., etwas abgemildert in Valentini, *Kaiser und Kabinettschef*, 121.

82 Kaiser Wilhelm II. an Max Egon II. Fürst zu Fürstenberg, 11. Januar 1909, zitiert in John C. G. Röhl, *Kaiser, Hof und Staat. Wilhelm II. und die deutsche Politik*, München 1987, 216.

ist merkwürdig! Kein Leutnant, keine Hofschranze, der uns von dieser Pestilenz zu befreien den Schneid gehabt zu schade!"[83] Das war der rasende, rachsüchtige Souverän, mit dem Bethmann Hollweg nun als Reichskanzler irgendwie auskommen musste, aber ein Vertrauensverhältnis zum Kaiser wie jenes, das der pomadige Bülow mit seinen unglaublichen „byzantinischen" Schmeicheleien hergestellt und im November 1908 verspielt hatte, konnte und wollte Bethmann nicht erreichen. Für die Höflingsmethoden seines Vorgängers empfand der karge neue Kanzler ohnehin nichts als Verachtung.[84]

Hatte Bülow seine Regierungsweise auf dem Grundsatz aufgebaut, „wenn ich nicht ständige (mündliche und schriftliche) Fühlung mit S.M. aufrechterhalte, geht der mühsam zusammengeleimte Status quo aus den Fugen"[85] und deshalb großen Wert auf den fast täglichen Kontakt zum Kaiser gelegt, so wurde das Verhältnis Bethmanns zu Wilhelm II. ein äußerst distanziertes. Die Zeitungen zählten besorgt die Tage, die seit dem letzten Vortrag des Reichskanzlers verstrichen waren.

Wilhelm II. machte aus seiner Verachtung für Bethmann kein Hehl. Im Januar 1912 erging er sich im Beisein der Kabinettschefs Georg Alexander von Müller und Rudolf von Valentini „in schärfsten Ausdrücken über Schlappheit u[nd] Angstmeierei" des Kanzlers und der Wilhelmstraße. „Er sei ohne alle Hülfe von diesem Reichskanzler und müsse seine Geschäfte mit [dem Chef des Admiralstabes August von] Heeringen, Tirpitz u[nd] Julius [Moltke] allein besorgen."[86] Dem ehemaligen Botschafter Ferdinand von Stumm erklärte der „Allerhöchste" rundheraus: „Ich will Ihnen was sagen, Ihr Diplomaten habt die Hosen voll, die ganze Wilhelmstraße stinkt nach --- ".[87] Der Kanzler sei ein energieloser „Bürokrat", „schlapp und umständlich", „eingebildet und piquirlich", schimpfte er im Frühjahr 1913, und er behalte ihn überhaupt nur im Amt, weil das Ausland Vertrauen zu ihm habe.[88] Der junge Kronprinz blies ins gleiche Horn und behauptete dem Kaiser gegenüber im November 1911, „daß es im ganzen Vaterlande keinen mehr belächelten und verspotteten Mann giebt wie unseren Reichskanzler. [...] Bethmann ist kein Mann,

83 Kaiser Wilhelm II. an Max Egon Fürst zu Fürstenberg, 1. Dezember 1909, zitiert in Röhl, *Abgrund*, 780.

84 Nach seiner Entlassung versicherte Bethmann einer Jugendfreundin, dass er nicht „wie mein Vorgänger Bülow um die Gunst der Parlamentarier buhle, indem ich ihren Frauen Blumen und Schokolade schicke!" Bethmann Hollweg an Elsbeth von Jasmund, 16. November 1917, Archiv des vormals regierenden preußischen Königshauses, Burg Hohenzollern.

85 Bülow an Karl von Lindenau, 20. November 1897, zitiert in Kathy Lerman, The Decisive Relationship. Kaiser Wilhelm II and Chancellor Bernhard von Bülow 1900-1905, in John C. G. Röhl und Nicolaus Sombart, Hg., *Kaiser Wilhelm II. New Interpretations*, Cambridge 1982, 223.

86 Admiral von Müller, Tagebucheintrag, 10. Januar 1912, BA-MA Freiburg, Nachlass Müller.

87 Ebenda, Tagebucheintrag vom 15. Januar 1912.

88 Kaiser Wilhelm II., Randbemerkungen vom März 1913, zitiert nach Hans-Günther Zmarzlik, *Bethmann Hollweg als Reichskanzler 1909-1914. Studien zu Möglichkeiten und Grenzen seiner innerpolitischen Machtstellung*, Düsseldorf 1957, 27f. und 30. Kaiser Wilhelm II. an Kronprinz Wilhelm, 22. November 1913, abgedruckt in Hartmut Pogge von Strandmann, Staatsstreichpläne, Alldeutsche und Bethmann Hollweg, in: Hartmut Pogge von Strandmann/ Imanuel Geiss, *Die Erforderlichkeit des Unmöglichen. Deutschland am Vorabend des ersten Weltkrieges*, Frankfurt a. M. 1965, 37-9.

das ist des Pudels Kern."[89] Zwei Jahre darauf schrieb der jüngere Wilhelm seinem Vater: „Was den leitenden Staatsmann anbetrifft so meine ich wäre die Hauptsache daß er ein ganzer Mann sein müßte, der den Tod und Teufel nicht fürchtet; der sowohl im Inneren wie im Äußeren feste durchgreift auch wenn dadurch andere auf die Füße getreten werden. Ich glaube daß das Vertrauen des Auslandes zu Bethmann weniger hoch einzuschätzen ist, als die Furcht vor einem wirklich starken Mann an seiner Stelle." Der präsumtive Thronfolger forderte auch die Ersetzung des Staatssekretärs Gottlieb von Jagow durch den schneidigeren bürgerlichen Unterstaatssekretär Arthur Zimmermann.[90]

Kein Wunder also, dass Bethmann Hollweg ständig unter dem Gefühl litt, das Allerhöchste Vertrauen nicht zu besitzen. Im Vergleich zu Bülow fiel er durch seine Zurückhaltung und Verschwiegenheit auf. In einem Brief an den demokratischen württembergischen Reichstagsabgeordneten Conrad Haußmann mokierte sich der inzwischen gestürzte Kaisergünstling Fürst Philipp zu Eulenburg-Hertefeld im Dezember 1909, „Bethmann Hollweg fliege wie ein alter Fasanenhahn nicht auf, der wisse, daß er nicht geschossen werden dürfe, solange er nicht fliege."[91] Bezeichnend war Bethmanns Bitte an den Chef des Marinekabinetts von Müller im Sommer 1911, ihm „doch einen Wink zu geben, wenn S.M. entschlossen sei ihn fallen zu lassen". Müller riet dem Kanzler, „sich nicht so viel von S.M. gefallen zu lassen".[92] Der Chef des Marinekabinetts musste den Monarchen jedoch bitten, den Kanzler für eine Nacht zur Jagd nach Hubertusstock einzuladen, damit die ewigen Krisengerüchte verstummten. Oft verlor Bethmann den Mut und dachte an Rücktritt. 1913 meinte er resigniert, dass es „sehr lange wohl nicht mehr gehen wird".[93] Im Februar 1914 berichtete der württembergische Gesandte Axel Freiherr von Varnbüler, der Bruder der durch ihr Tagebuch berühmten Baronin von Spitzemberg,[94] nach Stuttgart, es hielten sich immer noch die Gerüchte von der Amtsmüdigkeit Bethmanns, „die aber wohl weniger auf politische Schwierigkeiten, als auf den tiefen Kummer zurückzuführen ist, den ihm sein völlig entgleister Sohn bereitet." Varnbüler fuhr fort: „Des Allerhöchsten Wohlwollens scheint er sich nach wie vor zu erfreuen", auch wenn der Kaiser die auswärtige Politik nicht mit ihm, sondern mit Jagow mache.[95] Noch im Frühjahr 1914 diskutierten der Chef der Reichskanzlei, Arnold Wahnschaffe, und der Chef des Zivilkabinetts, Rudolf von Valentini, fast herablassend unter sich die Frage, ob denn Bethmann besser bleiben oder gehen sollte. „Ich glaube zwar nicht", meinte Wahnschaffe, „daß der Kanzler entschlossen ist zu gehen. Aber ich

89 Kronprinz Wilhelm an Kaiser Wilhelm II., 5. November 1911, zitiert in Röhl, *Abgrund*, 928.

90 Kronprinz Wilhelm an Kaiser Wilhelm II., o. D. [November 1913], zitiert ebenda, 1029.

91 Eulenburg an Haußmann, 31. Dezember 1909 mit Randbemerkung Haußmanns, gedruckt in John C. G. Röhl, Hg., *Philipp Eulenburgs Politische Privatkorrespondenz*, 3 Bde., Boppard-am-Rhein 1976-83, III, Nr. 1550.

92 Müller, Tagebuch vom 12. September 1911, BA-MA Freiburg, Nachlass Müller.

93 Bethmann Hollweg an Karl von Eisendecher, 2. Juni 1913, zitiert nach Thomas Lindemann, *Die Macht der Perzeptionen und Perzeptionen von Mächten*, Berlin 2000, 164f.

94 Rudolf Vierhaus, Hg., *Das Tagebuch der Baronin Spitzemberg, geb. Freiin von Varnbüler. Aufzeichnungen aus der Hofgesellschaft des Hohenzollernreiches*, Göttingen 1960.

95 Axel Freiherr von Varnbüler, Bericht an Karl Freiherr von Weizsäcker vom 22. Februar 1914, Hauptstaatsarchiv Stuttgart.

denke immer an Ihr Wort, das Sie mir einmal in diesem Winter sagten: ‚Lange wird er doch nicht mehr bleiben.' Ich fasse das nicht auf als einen Reflex der Stimmung Sr. Majestät, die ich für sehr vertrauensvoll halte. Ich bin überzeugt, wenn der Kanzler will, kann er noch sehr lange mit dem Kaiser zusammenarbeiten. Aber er ist jetzt 9 Jahre Minister, und ich habe doch häufig den Eindruck, daß diese Jahre ihn mächtig innerlich – körperlich geht es ihm gut – mitgenommen haben. Jetzt ist freilich auch die schlimmste Zeit am Ende dieses endlosen Winters; vielleicht frischt ihn der Sommer wieder auf. Wenn er mit Ew. Exzellenz über die Frage ‚bleiben oder nicht' spricht, würde ich raten, ihm die Pistole auf die Brust zu setzen u. ihm zu sagen, er müsse sich darüber klar entscheiden, daß er bleiben wolle. Er muß heraus aus der immer wiederkehrenden Abiturientenstimmung. Denn in ihr kann er ja gar keine Pläne machen."[96]

Mit diesem Kaiser (und mit einem Reichstag, der sich seit dem Zerfall des „Bülowblocks" im Juli 1909 selbst blockierte) war an eine Modernisierung des Verfassungssystems etwa durch eine Reform des Dreiklassenwahlrechts für den Preußischen Landtag nicht zu denken. Das Volk quittierte die Vereitelung seiner Erwartungen mit einer für die Hohenzollernmonarchie horrenden Wahlschlappe – im Januar 1912 votierten 35 Prozent der Wähler für die republikanisch-marxistische Sozialdemokratische Partei. Nicht zu Unrecht haben mehrere Historiker in diesem demokratischen Durchbruch ein zusätzliches Motiv der Herrschenden erblickt, die Flucht nach vorn in einen vermeintlich „frisch-fröhlichen Krieg" zu ergreifen. So schrieb der Kronprinz noch während des Wahlkampfes seinem Vater: „Ich persönlich hoffe auf einen Waffengang und nicht in frischer Rauflust sondern aus ruhiger und nüchterner Erwägung heraus. Das deutsche Volk ist an einem Wendepunkt angekommen, es geht entweder hinauf oder hinab. Der bekannte Platz an der Sonne soll uns nicht gegönnt werden und so müssen wir ihn uns erzwingen. Andererseits bin ich überzeugt, daß die durch innere Parteiinteressen zerrissene und verfahrene innere Politik sich mit einem Schlage bessern würde wenn alle Landeskinder für ihren Boden die Waffen ergreifen müßten, und ich bin überzeugt, das Ausland wird mit Schrecken und Erstaunen sich das aufgewachte starke und zum Kampf aufs Messer entschlossene Deutschland anstarren. Ich habe nur den einen Wunsch dann an der Spitze meines schönen Regiments Dir beweisen zu können, daß wir noch ebenso attackieren und sterben können wie zur Zeit des Großen Königs."[97]

Bethmann blieb nichts anderes übrig, als sich – wenn auch zähneknirschend – nach den Begebenheiten zu richten. Über die Nachgiebigkeit des Kanzlers der Krone gegenüber fällte der Staatssekretär des Reichsschatzamtes, Adolf von Wermuth, in seinen Memoiren ein vernichtendes Urteil: „Nicht was er wollte, sondern was er *nicht* durfte, war seine Hauptsorge. [...] Fürchtete er irgendwie Anstoß zu erregen, so blieb alles Drängen umsonst. An der Festigkeit seiner Stellung zum Kaiser war ihm im höchsten Maße gelegen. Es bildete die Wurzel seiner Kraft. [...] Geräuschlos sicherte er sich erst die Meinung des Kaisers. Dann erklärte er zuversichtlich, solange das Allerhöchste Vertrauen ihm zur

96 Wahnschaffe an Valentini, 9. April 1914, zitiert in Röhl, *Abgrund*, 1024, teilweise auch in Zmarzlik, *Bethmann Hollweg*, 129, Anmerkung 2.

97 Kronprinz Wilhelm an Kaiser Wilhelm II., 31. Dezember 1911, zitiert in Röhl, *Abgrund*, 928.

Seite stehe, gedenke er nicht zu weichen.“[98] Dieses System erreichte in der Zabernkrise ihren Tiefpunkt, als der Zivilkanzler seine Uniform als Reserveoffizier anzog und am 3. Dezember 1913 auf Befehl des Kaisers im Reichstag die brutalen Übergriffe der Armee auf die Zivilbevölkerung im Elsaß mit der Erklärung verteidigte, „der Rock des Königs muss unter allen Umständen respektiert werden.“ Mit 293 gegen 54 Stimmen sprach das Parlament sein Misstrauen gegen den Reichskanzler aus.[99]

In der Außenpolitik, die unausweichlich mit der Aufrüstung zu Land und zur See – beides unantastbare Heiligtümer des Obersten Kriegsherrn[100] – verkoppelt war, konnte der Reichskanzler in den ersten zwei Jahren überhaupt keine eigenständige Linie entwickeln. Dank des „uferlosen“ Tirpitz'schen Schlachtflottenbaus und der atemberaubenden „Weltpolitik“, die Wilhelm II., Bülow und Holstein in China 1897 und 1900, während des Burenkrieges 1899-1902, im Russisch-Japanischen Krieg 1904-05, in der Marokkokrise 1905 und zu guter Letzt noch in der Bosnischen Annexionskrise 1908-09 getrieben hatten, hatte sich das in seiner ozeanischen Weltmachtstellung herausgeforderte Großbritannien erst Frankreich und dann auch noch Russland einer Entente angeschlossen mit dem Erfolg, dass Deutschland „eingekreist“ war und sich nur noch auf sein Bündnis mit dem kriselnden Vielvölkerreich Österreich-Ungarn verlassen konnte.

Wie Bethmann Hollweg sich vorstellte, aus dieser von Bülow übernommenen außenpolitischen Zwangslage zu entkommen, erfahren wir durch ein denkwürdiges Gespräch, das der Kanzler im Februar 1911 mit dem Fürsten Karl Max Lichnowsky, dem nachmaligen Botschafter in London,[101] führte. Dem 2005 veröffentlichten Tagebuch des Grafen Harry Kessler zufolge erklärte Lichnowsky dem Kanzler nach einem Diner beim Grafen Harrach, mit dem sie beide verwandt waren[102]: „Ich betrachte unser Verhältnis zu England als den Hauptpunkt unserer ganzen auswärtigen Politik; Alles Andere ist nur Nebensache. Den Engländern *muss* unsere Weltstellung unbequem sein; das ist garnicht anders möglich. Allerdings werden sie uns auch nie den Krieg machen.“ Darauf habe jedoch der Reichskanzler entgegnet: „Die Hauptsache ist allerdings, dass die Engländer irgend einen *Druck* empfinden, der sie zwingt, sich mit uns zu vertragen. Von diesem Gesichtspunkt aus betrachte ich die Besserung unseres Verhältnisses zu Russland; es übt einen Druck auf England aus. Sie wollten uns zwischen Frankreich und Russland

98 Adolf Wermuth, *Ein Beamtenleben. Erinnerungen*, Berlin 1922, 287.

99 *Verhandlungen des Reichstags*, XIII. Legislaturperiode, 1. Session, 1913/14, Band 291, 6155ff. und 6197.

100 Siehe Eberhard von Vietsch, *Theobald von Bethmann Hollweg. Staatsmann zwischen Macht und Ethos*, Boppard am Rhein 1969, 165.

101 Im September 1912 versuchte Bethmann Hollweg die Ernennung Lichnowskys zum Botschafter in London, die sich der Kaiser in den Kopf gesetzt hatte, zu verhindern, doch gänzlich ohne Erfolg. Der Kaiser donnerte: „Ich schicke nur einen Botschafter nach London, der *Mein* Vertrauen hat, *Meinem* Willen parirt, *Meine* Befehle ausführt.“ Kaiser Wilhelm II., Randbemerkungen zum Immediatbericht Bethmann Hollwegs vom 3. Oktober 1912, zitiert in Röhl, *Abgrund*, 922-924.

102 Der Maler und Bildhauer Hans Albrecht Graf von Harrach (1873-1963) war mit Helene Maria, geb. Gräfin von und zu Arco-Zinneberg, der Schwester von Mechthilde Fürstin von Lichnowsky, verheiratet. Renata Gräfin von Harrach war die Ehefrau von Dietrich von Bethmann Hollweg, einem Vetter des Reichskanzlers.

wie zwischen den Schenkeln einer Zwickmühle halten; wenn der eine Schenkel fortfällt, so können sie auch durch den andren uns nicht mehr drücken." Zum Erschrecken Lichnowskys fuhr Bethmann fort: „Die Fortsetzung der Edwardschen Politik, der Einkreisung Deutschlands, *hätte notwendig einmal zum Krieg geführt.* [...] Irgendwo wäre einmal ein Druck entstanden, der uns, vielleicht übereilt, vielleicht zu unserem eigenen Nachteil, dazu gebracht hätte, loszuschlagen. Ich meine nicht die Wahrnehmung berechtigter Interessen uns gegenüber durch England, Frankreich, Russland; aber dieser Block, der uns, auch wo er garkeine Interessen hatte, überall in der Welt Opposition machte, nur um unsere Stellung zu schädigen. Das hätte notwendig über kurz oder lang einmal zum Kriege geführt. Ich betrachte es als erfreuliches Ergebnis unserer Annäherung an Russland, dass diese Politik vorläufig unmöglich geworden ist. [...] Sie [die Engländer] *müssen* sich recht ungemütlich fühlen; dann werden sie uns schon kommen. Das ist, worauf ich rechne. Der Engländer muss von sich aus den Wunsch bekommen, sich mit uns zu verständigen. Alles Andre ist wirkungslos."[103] In geradezu gespenstischer Weise nimmt diese Einschätzung Bethmann Hollwegs mit ihrer Mischung aus Drohung und achselzuckender Sorglosigkeit die katastrophale Entscheidung vom Sommer 1914 vorweg, die Lichnowsky vergeblich zu verhindern suchte.

Mit dieser unbekümmerten Haltung der englischen Gleichgewichtspolitik gegenüber stand der Reichskanzler aber keineswegs allein. Dem amerikanischen Botschafter erklärte der Kaiser 1910 rundheraus: Die Engländer seien schon auf dem absteigenden Ast, sein Reich auf dem Vormarsch. „Wir wollen weder ihre Kolonien noch die Herrschaft über die See, wir wollen nur, daß unsere Rechte anerkannt werden. Deutschland ist fast so reich wie England. [...] Was wir wollen, ist eine gleiche Chance. Sie haben versucht, uns als Bedrohung Europas hinzustellen, aber wir haben niemanden bedroht. Sie haben versucht, Europa gegen uns aufzustellen, aber ihre Entente lockert sich. So wie die Lateiner haben sie ihre Glanzzeit überschritten. Ich glaube nicht, daß die Slawen die Führer der Zukunft sind. Die Vorsehung hat Pläne, und es wäre kein Kompliment für die Vorsehung zu denken, daß die Vorsehung die Slawen und nicht die germanische Rasse als Rasse der Zukunft betrachtet. Nein, es ist die germanische Rasse, – wir hier in Deutschland, die Engländer, die Amerikaner, – die die Zivilisation der Welt führen müssen."[104] Dem Prinzen Louis von Battenberg sagte Wilhelm II. am 20. Mai 1911 bei einem Besuch in London, er wünsche ernsthaft freundschaftliche Beziehungen zu England herzustellen, aber „Ihr dürft nicht jedes Gespräch mit dem Vorbehalt einleiten, daß Ihr nicht zu einer Verständigung über diesen oder jenen Gegenstand kommen könnt, falls er die Interessen Frankreichs oder Rußlands berühre." Den Einwand Battenbergs, das gute Verhältnis Großbritanniens zu diesen beiden Ländern sei doch „das natürliche & notwendige Gegengewicht gegen den Dreibund", wies Wilhelm vehement zurück. „Ihr in England müßt dazu gebracht werden zu verstehen, daß Deutschland der ein-

103 Harry Graf Kessler, Eintragung vom 11. Februar 1911, Jörg Schuster, Hg., *Harry Graf Kessler. Das Tagebuch Vierter Band 1906-1914*, Stuttgart 2005, 614-16.

104 David J. Hill, Aufzeichnung vom 4. Februar 1910, zitiert nach dem englischen Original in John C. G. Röhl, *Wilhelm II. Into the Abyss of War and Exile 1900-1941*, Cambridge 2014, 777f.

zige Gebieter über Frieden oder Krieg auf dem Kontinent ist. Wenn wir kämpfen wollen, werden wir das tun, mit oder ohne Eure Erlaubnis."[105] Solche Drohungen trugen nicht unwesentlich zum Entschluss der Londoner Regierung bei, sich schützend vor Frankreich zu stellen, als mit dem „Panthersprung" nach Agadir in Marokko im Juli 1911 die nächste Kraftprobe zwischen Gleichgewicht und Hegemonie auf dem Kontinent begann.

Nicht Kaiser Wilhelm II., und auch nicht Bethmann Hollweg, sondern der trinkfreudige und willensstarke Schwabe Alfred von Kiderlen-Waechter, seit 1908 Staatssekretär des Auswärtigen Amtes, hatte den kühnen Plan ersonnen, auf die französische Besetzung der marokkanischen Stadt Fes mit der Entsendung des Kanonenboots *Panther* nach Agadir zu antworten, um für Deutschland unter der Androhung eines Krieges Kompensationen herauszuschlagen. Kiderlens Endziel war aber nicht die Annexion Südmarokkos, wie er aus taktischen Gründen in der Öffentlichkeit verlauten ließ, sondern die Erniedrigung Frankreichs, um es von England abzuziehen, sowie die Errichtung eines riesigen deutschen „Mittelafrikas", das schließlich Deutsch-Südwestafrika, Deutsch-Ostafrika, Belgisch-Kongo, Französisch-Kongo, Kamerun und Togo, Angola und Moçambique umfassen würde.[106] So wenig sich der Kaiser auch für den Erwerb von weiteren Kolonien in Afrika begeisterte, klar ist, dass Wilhelm II. seit Mai 1911 über Kiderlens Zielsetzung informiert war und diese mehrmals gut geheißen hat. Weit entfernt, gegen die Aktion des Staatssekretärs Bedenken zu äußern, zeigte sich Wilhelm ungeduldig über den schleppenden Gang der Verhandlungen. Kiderlen wiederum, wohl in Erinnerung an den plötzlichen Rückzug, den der Kaiser Ende 1905 in der Ersten Marokkokrise vorgenommen hatte,[107] drohte mit seinem Rücktritt, falls

105 Prinz Louis of Battenberg, Notes of a statement made by the German Emperor on May 20th 1911, zitiert ebenda, 792-3.

106 Zu Kiderlen und seiner Taktik in der Zweiten Marokkokrise siehe Ralf Forsbach, *Alfred von Kiderlen-Wächter (1852-1912), ein Diplomatenleben im Kaiserreich*, 2 Bde., Göttingen 1997, besonders 411-555.

107 Ende Dezember 1905 hatte Wilhelm in seinem berüchtigten „Silvesterbrief" dem Reichskanzler Bülow gegenüber die Gründe aufgelistet, die fürs erste gegen die Entfesselung eines „Weltkrieges" – so der Kaiser wörtlich – sprächen. Er führte aus: „Wegen Marokko England den Gefallen tun, das Odium eines Angriffs gegen Frankreich auf uns zu nehmen, damit es dann endlich die ersehnte Gelegenheit hat, unter dem schönen Gewande ‚Unterstützung des überfallenen Schwachen' über uns herzufallen, das liegt nicht in unserem Interesse und ist auch kein Programm für die Begeisterung unseres Volkes. [...] Wenn Sie, lieber Bülow, mit der Aussicht einer Kriegsmöglichkeit [...] rechnen, so müßten Sie dann noch energisch sich nach unseren Verbündeten umsehen. Diese müßten unbedingt zur Mithülfe aufgefordert werden, denn ihre Existenz steht dann auch auf dem Spiel, da es ein Weltkrieg würde. Vor allem aber müßte sofort eine Alliance mit dem Sultan gemacht werden coûte que coûte, die die mohammedanischen Kräfte in weitester Weise – unter preußischer Führung – zu meiner Verfügung stellen, auch mit allen Arabischen Herrschern ebenso. Denn allein sind wir nicht in der Lage, gegen Gallien und England verbündet den Krieg zu führen. Das nächste Jahr ist besonders ungünstig, als wir gerade bei der Umbewaffnung unserer Artillerie mit einem neuen (Rohrrücklauf) Geschütz uns befinden, was ein Jahr dauern wird, bis es durchgeführt ist. Auch die Infanterie ist in der Umbewaffnung begriffen und erhält neue Gewehre und neue Munition. Bei Metz sind überall

ihm der Monarch im entscheidenden Augenblick das „Allerhöchste Vertrauen“ entziehen sollte.[108]

Wie eine „Ohrfeige“ empfanden der Kaiser, der Kanzler und die aufgebrachte national gesinnte deutsche Öffentlichkeit die Mahnung des britischen Schatzkanzlers David Lloyd George vom 21. Juli 1911, Großbritannien würde seinem Ententepartner zur Seite stehen, falls es über Marokko zum Krieg zwischen Deutschland und Frankreich kommen sollte. Wieder einmal stand Europa am Rande eines großen Krieges. Bei der Rückkehr der *Hohenzollern* nach Swinemünde hielt Kiderlen dem Kaiser einen „schnoddrigen Vortrag“, in dem er einräumen musste, wie Admiral von Müller notierte: „Krieg mit Frankreich jetzt sehr inopportun, da sicher England auf Seiten Frankreichs u[nd] dann unsere Bundesgenossen mehr oder weniger wertlos. S.M. sehr still. Stimmte aber zu.“[109] Erregt sprach Wilhelm von der „colossalen französischen Unverschämtheit“, die mit der „Würde des Deutschen Reichs u[nd] Volks“ nicht vereinbar sei. „Die Franzosen müssen so oder so den Graben springen, oder die Sporen kriegen“, erklärte er. Und falls die Engländer an der französischen oder belgischen Küste Truppen landen sollten, hätte Deutschland ja „Unterseeboote!“[110] Auch der Generalstabschef „Julius“ von Moltke klagte verbittert, er verzweifle an der Zukunft des Deutschen Reiches, wenn es sich „nicht zu einer energischen Forderung aufraffen“ könne, „die wir bereit sind, mit dem Schwert zu erzwingen“.[111] Der preußische Kriegsminister versicherte, die Armee sei „vollkommen auf den Fall eines Krieges mit Frankreich vorbereitet“, freilich ohne ihn direkt zu wünschen wie die jüngeren Offiziere und der Alldeutsche Verband es verlangten.[112] So rückte nach der kriegerischen Konfrontation mit Russland wegen Bosnien und der waghalsigen Bedrohung Frankreichs wegen Marokko das britische Weltreich, das sich in der Agadir-

---

noch unvollendete Forts und Batterien, die erst in Angriff genommen sind. Somit befinden wir uns militärtechnisch nicht in einem Stadium, in welchem ich als Oberster Kriegsherr einwilligen würde, ohne weiteres meine Armee leichten Herzens einzusetzen.“ Zur See grenze die Lage Deutschlands „geradezu fast an Ohnmacht“, weil der Reichstag jahrelang die Flottenverstärkung abgelehnt hatte, klagte der Kaiser. „Einer Comb[ination] Frankreich – Englandflotte sind wir absolut wehrlos gegenüber.“ Sodann fuhr Wilhelm fort: „Also ich möchte dringend rathen, die Sachen so zu dirigieren, daß, soweit als irgend möglich uns für jetzt die Kriegsentscheidung erspart werde. Zudem kann ich in einem solchen Augenblick wie jetzt, wo die Sozialisten offen Aufruhr predigen und vorbereiten, keinen Mann aus dem Lande ziehen, ohne äußerste Gefahr für Leben und Besitz seiner Bürger. Erst die Sozialisten abschießen, köpfen und unschädlich machen – wenn nötig per Blutbad – und dann Krieg nach außen! Aber nicht vorher und nicht a tempo.“ Kaiser Wilhelm II. an Bülow, 31. Dezember 1905, zuerst veröffentlicht im *Berliner Tageblatt*, Nr. 487, 14. Oktober 1928. Siehe Röhl, *Abgrund*, 366f. und 458f.

108 Kiderlens Rücktrittsgesuch vom 17. Juli 1911 ist abgedruckt in Ernst Jäckh, Hg., *Kiderlen-Wächter der Staatsmann und der Mensch: Briefwechsel und Nachlaß*, 2 Bde., Berlin 1924, II, 128ff.

109 Müller, Tagebucheintragungen vom 29. und 30. Juli 1911, BA-MA Freiburg, Nachlass Müller; Jäckh, *Kiderlen-Wächter*, 497f.

110 Kaiser Wilhelm II., Randbemerkungen vom 3. und 17. August 1911, *Große Politik*, XXIX, 10637 und 10712.

111 Helmuth von Moltke, *Erinnerungen, Briefe, Dokumente, 1877-1916*, Stuttgart 1922, 362.

112 Karl Freiherr von Bienerth an Franz Conrad von Hötzendorf, 10. Oktober 1911, Kriegsarchiv Wien, zitiert in Röhl, *Abgrund*, 860.

Krise wieder einmal als Garant des bestehenden europäischen Staatensystems erwiesen hatte, als Hauptfeind der wilhelminischen Weltmachtpolitik ins Visier.

Bethmann Hollwegs Hoffnung, den Einkreisungsring durch eine (allerdings halbwegs erpresste) deutsch-englische Annäherung lockern zu können, war mit Kiderlens „Panthersprung" nach Agadir gescheitert. Überhaupt hatte der Reichskanzler in der Zweiten Marokkokrise eine geradezu klägliche Rolle gespielt. Er bestand darauf, die Eingaben, die Kiderlen für den Kaiser anfertigte, selber zu unterzeichnen, um den Anschein zu erwecken, als ob er und nicht der Staatssekretär die Außenpolitik des Reiches leitete. In Wirklichkeit wusste er nicht einmal, ob Kiderlen es auf einen Krieg mit Frankreich abgesehen hatte oder nicht. In einer entlarvenden Tagebucheintragung Kurt Riezlers vom 30. Juli 1911, die in einer von Walter Riezler angefertigten Abschrift überliefert ist, sind die lachhaften Sätze zu lesen: „Gestern Bethmann und Kiderlen zusammen abends allein. Bethmann wollte viel trinken und trinken machen um Kiderlen zum Reden zu bringen. Was der aber sagte war sehr ernst, sodass der Kanzler glaubt, K[iderlen] ziehe nicht nur den Krieg in Betracht, sondern wolle es darauf anlegen. [...] Bethmann wird nicht vollkommen informiert. Kiderlen lässt sich von niemandem hineinsehen, sagt der Kanzler solle sich einen anderen suchen wenn er ihm nicht traue."[113] Nach einer „schlaflosen Nacht" gestand Bethmann Hollweg in einem Gespräch mit Otto Hammann, Riezlers Vorgesetztem bei der Pressestelle des Auswärtigen Amtes, er sei besonders beunruhigt durch die Bemerkung Kiderlens, das deutsche Ansehen im Ausland sei „heruntergewirtschaftet, wir müssen fechten". Daraus habe der Kanzler den Verdacht entnommen, dass Kiderlen auf den Krieg zusteuere, selbst auf die Gefahr hin, dass England und Russland an der Seite Frankreichs teilnehmen würden. Hammann hielt fest: „Dennoch stellte ich dem tief erregten Kanzler vor: das Schlimmste sei jetzt Schlappheit; die nächste Aufgabe sei, den Kaiser ruhig zu halten. Sonst könne leicht eine innere Situation entstehen, beinahe so unheilvoll wie ein Krieg. Kiderlen gehe bestimmt nicht auf Krieg aus, jetzt ihn wegen seines Eigensinns und seiner Verschlossenheit fallen zu lassen, werde den schlechtesten Eindruck machen."[114]

Wie sollte das Reich auf diese weitere Befestigung der anglo-französisch-russischen Entente reagieren? Während Bethmann Hollweg seine Bemühungen um eine Verständigung mit England intensivierte, bestanden der Kaiser und Tirpitz gegen den Widerstand des Kanzlers und der Diplomaten auf einer massiven Beschleunigung des Schlachtflottenbaus in dem Kalkül, die Engländer würden dadurch über kurz oder lang gezwungen werden, sich von Frankreich und Russland abzuwenden und Deutschland in einem Neutralitätsvertrag freie Hand auf dem Kontinent zuzugestehen. Das aber bedeutete für das Britische Empire den Fehdehandschuh – eine existentielle Bedrohung, auf die London versucht sein musste, in einem Präventivschlag die deutsche Flotte zu versenken, ehe diese kampfbereit war. Selbst Tirpitz musste einräumen, dass seine Flotte gegen die Royal Navy vorerst kaum Chancen haben würde. Der jetzige Augenblick

113 Kurt Riezler, Tagebucheintragung vom 30. Juli 1911, Erdmann Nr. 512.

114 Otto Hammann, Aufzeichnungen, in: *Archiv für Politik und Geschichte*, 4. Bd. (1925), 547f., zitiert in Erdmann, 178f.

sei „so ungünstig wie möglich", jedes weitere Jahr bringe Vorteile. Die Frage, wann der geeignete Zeitpunkt für das große Wagnis eines Weltkriegs erreicht sein würde, rückte somit in den Mittelpunkt der Erörterungen. Tirpitz zählte die Maßnahmen auf, die durchgeführt werden müssten, um zu einer günstigeren Ausgangslage zu kommen: „Helgoland, Kanal, Dreadnoughts, U-Boote usw."[115] Ausgerechnet der deutsche Admiralstab und die Flottenchefs an der „Front" plädierten für die Vermeidung einer Provokation des ozeanischen Weltreichs wenigstens bis der Kaiser-Wilhelm-Kanal für Großkampfschiffe der *Dreadnought*-Klasse passierbar sein würde, d. h. bis zum Sommer 1914. Doch Wilhelm II., angefeuert durch Tirpitz, bestand mit Macht auf dem Bau von drei Schlachtschiffen und drei Großen Kreuzern pro Jahr, koste was es wolle. Bei der geforderten Flottenvermehrung handele es sich „nicht nur um eine Lebensfrage für die weitere Entwickelung der Marine, sondern um eine Lebensfrage für die zukünftige äußere Politik des Reiches".[116] Wunschziel der äußerst riskanten Flottenpolitik war nicht etwa, einen Krieg mit England herbeizuführen, sondern im Gegenteil den Durchbruch zur Weltmacht, wenn möglich, ohne Krieg zu forcieren. Ein erzwungenes Bündnis mit England, das die deutsche Vorherrschaft in Europa mit einem großen Kolonialreich in Übersee dauerhaft gewährleistete, wäre geradezu der „Schlußstein unserer Flottenpolitik", erklärte Tirpitz im Oktober 1911.[117]

Bethmann Hollweg, Kiderlen-Waechter, die Diplomaten an der Londoner Botschaft und Adolf Wermuth, der Staatssekretär des Reichsschatzamts, wehrten sich hartnäckig gegen die als halsbrecherisch empfundene, vom Kaiser unterstützte Politik von Tirpitz und fanden Verbündete sowohl innerhalb der Marine als auch in der Armee. Eine Entscheidung zwischen Tirpitz und Bethmann wurde für den Kaiser unumgänglich, doch er zögerte, unwillig, den Rücktritt des einen oder des anderen zu riskieren. Mitte Oktober 1911 klagte er über den Reichskanzler: „Er steckt voller Bedenken u[nd] ist ganz von der Angst vor England beherrscht. Aber ich lasse mir nicht durch England diktieren, was ich tun und lassen soll. Ich habe dem R.K. gesagt, er solle daran denken, daß ich ein Enkel des Gr[oßen] Kurfürsten u. Friedr[ich] d[es] Gr[oßen] sei, die nicht lange gezögert haben zu handeln, wenn es ihnen an der Zeit schien. Ich habe dem Reichskanzler auch gesagt, er müsse doch auch die göttliche Vorsehung mit in Rechnung stellen, die werde schon dafür sorgen, daß ein Volk, das so viel auf dem Kerbholz hat, wie die Engländer, auch einmal klein würde."[118] Die Krise zog sich über den Winter 1911/12 hin. Dem Kanzler gelang es schließlich, die vom Kaiser und Tirpitz

115 Alfred von Tirpitz an Eduard Capelle, 12. August 1911, gedruckt in Tirpitz, *Der Aufbau der deutschen Weltmacht*, Stuttgart, Berlin, 1924, 203-6.

116 Müller, Entwurf zu einem Handschreiben Kaiser Wilhelms II. an Bethmann Hollweg vom 26. September 1911, Ausfertigung verschickt am 2. Oktober 1911, ausführlich zitiert in Röhl, *Abgrund*, 870-3.

117 Admiral Harald Dähnhardt, Aufzeichnung vom 16. Oktober 1911, zitiert in Michael Epkenhans, *Albert Hopman. Das ereignisreiche Leben eines ‚Wilhelminers'. Tagebücher, Briefe, Aufzeichnungen 1901 bis 1920*, München 2004, 163, Anmerkung 43.

118 Müller, Tagebucheintragung vom 14. Oktober 1911, BA-MA Freiburg, Nachlass Müller, zitiert in Röhl, *Abgrund*, 879f.

geforderte Flottennovelle auf die Hälfte zu reduzieren, doch selbst in dieser Form wirkte die Beschleunigung des Schlachtflottenbaus auf London als eine nicht hinnehmbare Provokation. Der neuernannte Erste Lord der Admiralität, Winston Churchill, verdoppelte den Etat für die Royal Navy und verlegte die im Mittelmeer stationierten Schiffe in die Nordsee. Da Großbritannien damit den Schutz Frankreichs im Atlantik übernahm und Frankreich die Vertretung britischer Interessen im Mittelmeer zusicherte, nahm die Entente Cordiale zwischen den beiden Ländern immer mehr den Charakter eines Bündnisses an. Fortan traf sich der britische General Henry Wilson regelmäßig mit seinen französischen Kollegen, um die Landung britischer Truppen an der französisch-belgischen Grenze abzusprechen.[119] Ende 1911 sagte der britische Admiral Sir John Fisher voraus, dass der Entscheidungskampf „im September 1914" beginnen würde, und zwar, weil dann der Kaiser-Wilhelm-Kanal für deutsche Großkampfschiffe passierbar sein würde.[120] Beide Länder mit ihren Verbündeten torkelten jetzt schon am Rande eines Weltkrieges, und hüben wie drüben wurde die Frage lebhaft erwogen, wann der „günstigste" Zeitpunkt für eine Herbeiführung eines immer unausweichlicher erscheinenden Konflikts gekommen sein würde.

Worum es in dem deutsch-britischen Antagonismus letztendlich ging, wurde im Verlauf der Verhandlungen deutlich, die der britische Kriegsminister Lord Haldane im Februar 1912 in Berlin mit dem Reichskanzler einerseits und mit Tirpitz und Kaiser Wilhelm andererseits führte. Die Initiative zu dem Treffen hatten in Deutschland der Hapag-Direktor Albert Ballin und in England der deutsch-britische Finanzier Sir Ernest Cassel ergriffen. Als die Engländer ihre Gesprächsbereitschaft signalisierten, sah sich Wilhelm II. in seiner Überzeugung bestätigt, dass London nur aus Angst vor seinem Flottenbau eingelenkt hätte. Seine schönsten Hoffnungen schienen in Erfüllung zu gehen. Am 10. Januar 1912 setzte ihm Bethmann Hollweg auseinander, dass eine Verständigung mit Großbritannien dem Deutschen Reich „ein großes Kolonialreich" mit den portugiesischen und niederländischen Kolonien sowie dem belgischen Kongo bringen würde. Noch wichtiger: ein deutsch-englisches Abkommen würde „einen Keil in die Tripleentente einschlagen" und somit die deutsche Vorherrschaft auf dem europäischen Festland sichern. Der Kaiser jubelte und sah sich, wie Admiral von Müller am 7. Februar 1912 notierte, „schon als Leiter der Politik der Vereinigten Staaten von Europa" mit einem deutschen Kolonialreich „quer durch Central Afrika".[121] Wilhelm II. teilte

---

119 Am 29. August 1911 schrieb General Wilson an Winston Churchill: "In my opinion a war between ourselves and Germany is as certain as anything human can be. If it does not come today it will come tomorrow or the next day, and in all probability it will come at a time which suits Germany and not us." Gedruckt in Annika Mombauer, *The Origins of the First World War. Diplomatic and Military Documents*, Manchester und New York 2013, Nr. 7. Siehe Allan Mallinson, *1914: Fight the Good Fight. Britain, the Army & the Coming of the First World War,* London 2013, 127f. und 149ff. Ferner Max Hastings, *Catastrophe: Europe goes to war 1914*, London 2013, 39f.

120 Arthur J. Marder, Hg., *Fear God and Dread Nought. The Correspondence of Admiral of the Fleet Lord Fisher of Kilverstone*, 3 Bde., London 1952-9, II, 419.

121 Müller, Tagebucheintragung vom 7. Februar 1912, BA-MA Freiburg, Nachlass Müller, zitiert in Röhl, *Abgrund*, 895; vgl. Walter Görlitz, Hg., *Der Kaiser...Aufzeichnungen des Chefs des Marinekabinetts Georg Alexander v. Müller über die Ära Wilhelms II.*, Göttingen 1965, 112.

Walther Rathenau mit, sein Ziel sei die Schaffung der „Vereinigten Staaten von Europa gegen Amerika. [...] Fünf Staaten (inkl. Frankreich) könnten dann etwas ausrichten."[122] Tirpitz dagegen witterte hinter der überraschenden Annäherung Albions nichts als den perfiden Versuch, seine Schlachtflottenpläne zu torpedieren, durch die allein England auf Dauer gezwungen werden könne, die deutsche „Gleichberechtigung" in der ganzen Welt anzuerkennen.[123] Wieder einmal befand sich der Kaiser in der höchst unbequemen Lage, zwischen Bethmann und dem Großadmiral zu vermitteln.

Fieberhaft verfasste Wilhelm II. eigenhändig das Dokument, das als Grundlage für die Verhandlungen mit Haldane dienen sollte. Voller Misstrauen gegen Bethmann und die Wilhelmstraße wies er darauf hin, dass, während die britische Regierung aus einem Gremium bestehe, die Regierung „hier von *1 Mann* – dem Kaiser – geführt werde, also der Kanzler in seinem Namen spräche" und dieser daher vorerst nichts Verbindliches mit Haldane abmachen könne.[124] Der Monarch ließ es sich auch nicht nehmen, bei den entscheidenden Verhandlungen zwischen Haldane und Tirpitz, an denen der Reichskanzler nicht teilnehmen durfte, die führende Rolle zu spielen. Im Kern sollten die Engländer als Gegenleistung für eine Verlangsamung im Tempo des deutschen Schlachtflottenbaus ein auf 20 Jahre gedachtes politisches „Agreement" mit dem Kaiserreich eingehen, das England vertraglich zur Neutralität in jedwedem europäischen Krieg sowie zur Beihilfe bei dem Erwerb von Kolonien in Übersee verpflichten würde. Ein solches, auf der Grundlage einer Erpressung erzwungenes Abkommen war aber für Großbritannien völlig unannehmbar. Es hätte dem Kaiserreich freie Hand gelassen, Frankreich nach Belieben zu überfallen beziehungsweise dieses Land, nunmehr ohne den Schutz der Royal Navy, in einen Kontinentalbund mit den Mittelmächten und Russland zu zwingen. Das Britische Empire wäre dann nicht nur in der Nordsee und im Atlantik, sondern auch im Mittelmeer, in Persien und Indien sowie im Fernen Osten bedroht.

Als die Weigerung Englands bekannt wurde, auf die deutsche Forderung nach der bedingungslosen Neutralität in einem Krieg auf dem europäischen Festland einzugehen, kannte die Bitterkeit Kaiser Wilhelms II. keine Grenzen. „Meine und des Deutschen Volkes Geduld ist zu Ende", verkündete er.[125] Mehr denn je hielt er sich seinem Kanzler und den Ministern überlegen, die den Engländern „aufgesessen" wären. „Ich hoffe, daß sich meine Diplomatie hieraus die Lehre ziehen wird, in Zukunft mehr auf ihren Herren und seine Befehle und Wünsche zu horchen als bisher, besonders wenn es gilt, mit England Etwas zu Wege zu bringen, das sie noch nicht zu behandeln versteht; während

---

122 Walther Rathenau, Tagebucheintragung vom 13. Februar 1912, in Hartmut Pogge von Strandmann, Hg., *Walther Rathenau, Tagebuch 1907-1922*, Düsseldorf 1967, 157.

123 Tirpitz, Niederschrift über die Unterredung mit Haldane am 9. Februar 1912, BA-MA Freiburg, Nachlass Tirpitz. Vgl. Tirpitz, *Aufbau der deutschen Weltmacht*, 286-9.

124 Kaiser Wilhelm II., Notizen für Tirpitz vom 6. Februar 1912, ebenda 283f. Nach dem Original gedruckt in Röhl, *Abgrund*, 898f.

125 Kaiser Wilhelm II. an Metternich, 5. März 1912, gedruckt in Tirpitz, *Aufbau der deutschen Weltmacht*, 317.

ich es gut kenne."[126] Der Chef des Marinekabinetts erschrak über die „unglaublichen Grobheiten", die sich der Kaiser in seinen Depeschen an den Kanzler und den Londoner Botschafter Graf Metternich erlaubte und nahm an, er wolle sie beide zum Rücktritt provozieren.[127]

Tatsächlich hat Bethmann Hollweg aus Protest gegen den kriegerischen Kurs, den der Kaiser unter Ausschaltung seiner verantwortlichen Ratgeber befolgte, am 6. März 1912 sein Abschiedsgesuch eingereicht. Darin wies der Kanzler auf die Notwendigkeit hin, England den Schwarzen Peter für das Scheitern der Verhandlungen zuzuschieben. „Tun wir das nicht, so wird nicht nur unser Verhältnis zu England in verhängnisvoller Weise verschärft, sondern es wird auch der in Frankreich schon jetzt scharf angefachte Chauvinismus zu den kühnsten Hoffnungen ermutigt. Frankreich wird so herausfordernd und übermütig werden, daß wir gezwungen sind, es anzugreifen. In einem solchen Kriege wird Frankreich automatisch die Hilfe Rußlands und zweifellos auch Englands haben, während für unsere Bundesgenossen der Bündnisfall nicht eintritt, wir vielmehr genötigt sind, uns ihre Hilfe oder Neutralität zu erbitten. Ich kann es nicht verantworten, unsererseits auf eine solche Situation hinzuarbeiten. Wird uns der Krieg aufgenötigt, so werden wir ihn schlagen und mit Gottes Hilfe nicht dabei untergehen. Unsererseits aber einen Krieg heraufbeschwören, ohne daß unsere Ehre oder unsere Lebensinteressen tangiert sind, würde ich für eine Versündigung an dem Geschicke Deutschlands halten, selbst wenn wir nach menschlicher Voraussicht den völligen Sieg erhoffen könnten. Aber auch das ist, jedenfalls zur See, nicht der Fall."[128] In der Julikrise 1914 sollte es Bethmann Hollwegs Hauptanliegen sein, Russland den Schwarzen Peter zuzuschieben, nicht zuletzt deshalb, weil dann Österreich-Ungarn in der vordersten Reihe stehen würde und somit nicht erst von Deutschland um Hilfe gebeten werden müsste.

Theobald von Bethmann Hollweg blieb in seinem schweren Amt und arbeitete gemeinsam mit der Armeeführung an einer Umorientierung der strategischen Planung, die, statt wie bisher den Krieg gegen die beiden Westmächte in Erwartung der russischen Neutralität, nunmehr den Krieg gegen die Landmächte Frankreich und Russland in der Hoffnung auf die Neutralität Englands zur Grundlage hatte. Enorme Summen sollten vom Reichstag für eine Vergrößerung der Armee auf Kosten des Tirpitz'schen Schlachtflottenbaus gefordert werden. Welche Rolle Großbritannien in einem Konflikt zwischen den Mittelmächten und dem russisch-französischen Zweibund einnehmen würde, stand freilich weiterhin in den Sternen. Immerhin hegte Bethmann eine gewisse Hoffnung, dass sich London, falls der Krieg im entfernten Balkan ausbrechen sollte, wenigstens am Anfang zurückhalten würde.

---

126 Kaiser Wilhelm II., Randbemerkungen vom 31. März 1912 zum Immediatbericht Bethmann Hollwegs vom 28. März 1912, Anlage, *Große Politik*, XXXI, Nr. 11422.

127 Müller, Tagebucheintragung vom 5. März 1912, BA-MA Freiburg, Nachlass Müller. Vgl. Görlitz, *Der Kaiser*, 116.

128 Bethmann Hollweg an Kaiser Wilhelm II., 6. März 1912, gedruckt in Tirpitz, *Aufbau der deutschen Weltmacht*, 318–20.

Eine Verlagerung des europäischen Krisenherdes von West nach Ost entstand ohnehin durch den rapiden Verfall des Osmanischen Reiches. Die Jungtürkische Revolution, die Bosnische Annexionskrise, die Absetzung des Sultans Abdülhamid II. 1909 sowie der Übergriff der Italiener auf Libyen und das südliche Ägäische Meer 1911 hatten auch unter den kleineren Staaten auf dem Balkan Hoffnungen auf Gebietserwerb auf Kosten der Türken geweckt, die Ende September 1912 mit dem Angriff Montenegros, Serbiens, Bulgariens und Griechenlands auf die Türkei zum Ausbruch des Ersten Balkankrieges führten. Kaiser Wilhelm II. bejubelte den Vormarsch der Balkanländer und verspottete die Diplomaten, die den Frieden wiederherzustellen suchten, als „Eunuchen". „Zivilisten", bramarbasierte er, könnten die Lage nicht beurteilen, „das ist Sache der Militärs."[129] Am 4. Oktober 1912 rief er aus: „Die Orientfrage muss mit Blut und Eisen gelöst werden! Aber in einer für uns günstigen Periode! Das ist jetzt."[130]

Der Kaiser träumte davon, dass sich die vier christlichen Balkanstaaten zu einem „4Bund" zusammenschließen würden, um dann „als 7te Großmacht" in das „Europ[äische] Conzert" aufgenommen zu werden, und zwar „angelehnt an Oesterreich und den Dreibund!" Österreich-Ungarn müsse „die Bildung der ‚Vereinigten Staaten des Balkans' [...] flott unterstützen", forderte er. „Denn als solche werden sich die Balkanstaaten bald in Gegensatz zu Russland stellen, und dadurch ganz von selbst auf Oesterreich angewiesen sein und damit auf den Dreibund, für den sie eine sehr erwünschte Verstärkung bilden werden, und eine Offensivflanke gegen Russland."[131] Als ihm am 1. Dezember 1912 während der Fuchsjagd bei Max Egon Fürst zu Fürstenberg in Donaueschingen die (falsche) Nachricht von einem Bündnisangebot Bulgariens an die Türkei erreichte, sah sich Wilhelm schon als Herr eines gewaltigen Weltreiches. Er richtete das wahrhaft schwindelerregende Telegramm an das Auswärtige Amt: „Österreich muß mit Turko-Bulgarien ein Militärbündnis machen und wir mithelfen, die beiden zu stärken und zu regenerieren. Griechenland und sogar Serbien werden durch dieses Mächtegewicht rettungslos an Österreich herangetrieben. So wird Österreich die Vormacht im Balkan und östlichen Mittelmeer, mit Italien gemeinsam sowie der regenerierten beziehungsweise neu zu bauenden turko-bulgarischen Flotte ein mächtiges Gegengewicht gegen England, dessen Weg nach Alexandrien bedroht werden könne. Rußland ist dann im Balkan erledigt und Odessa bedroht. Dann sind die Dreibundmächte die Präponderanten im Mittelmeer, haben die Hand auf dem Kalifen, damit auf die ganze mohammedanische Welt! (Indien)."[132]

Des Kaisers Weltmachtträume wurden von den Österreichern nicht geteilt, die mit wachsender Sorge auf die Vergrößerung Serbiens blickten, und auch nicht von seinem eigenen Generalstab und der Wilhelmstraße, die in dem Spannungsverhältnis zwi-

129 Kaiser Wilhelm II., Randbemerkungen zur Depesche Bethmann Hollwegs vom 1. Oktober 1912, *Große Politik*, XXXIII, Nr. 12192.

130 Kaiser Wilhelm II. an Kiderlen-Waechter, 4. Oktober 1912, gedruckt in Jäckh, *Kiderlen-Wächter*, II, 189f.; *Große Politik*, XXXIII, Nr. 12225.

131 Kaiser Wilhelm II., Randbemerkungen zum Immediatbericht Kiderlen-Waechters vom 3. November 1912, *Große Politik*, XXXIII, Nr. 12320.

132 Kaiser Wilhelm II. an Auswärtiges Amt, 1. Dezember 1912, ebenda, Nr. 12468.

schen Österreich-Ungarn und Serbien eine Gelegenheit erblickten, mit Russland und Frankreich abzurechnen, noch ehe der Vielvölkerstaat an der Donau handlungsunfähig wurde. Bis zum 9. November 1912 stemmte sich der Kaiser gegen das Drängen nicht nur seiner Militärs, sondern auch bemerkenswerter Weise der zivilen Ratgeber, den Österreichern die deutsche Unterstützung zuzusichern, falls ihr beabsichtigter Angriff auf Serbien den Konflikt mit Russland (und das hieß immer auch mit Frankreich) heraufbeschwören sollte. An den Staatssekretär von Kiderlen-Waechter depeschierte er, er habe dem Reichskanzler neulich während der Jagd in Letzlingen „bestimmt" erklärt, dass er „unter *keinen Umständen* gegen *Paris und Moscau marschieren* werde", um den serbischen Vormarsch bis zur Adria aufzuhalten.[133] Doch noch im Verlauf dieses Tages vollzog der Kaiser eine vollständige Kehrtwende. Offenbar von seiner Umgebung zu der Überzeugung gebracht, dass die öffentliche Meinung in Europa den Angriff Österreich-Ungarns auf Serbien jetzt doch als gerecht empfinden würde, billigte Wilhelm die kriegsbereite Haltung, die ihm von Moltke, Bethmann Hollweg und Kiderlen-Waechter schon länger nahegelegt wurde. Am 19. November konnte Kiderlen den Österreichern durch Wilhelms Freund Fürst Fürstenberg die Zusicherung übermitteln, dass das Deutsche Reich „keinen Moment vor Erfüllung unserer Bündnispflichten zurückweichen" werde.[134] Zwei Tage darauf versicherte Kaiser Wilhelm II. dem österreichischen Militärattaché Freiherr Karl von Bienerth, „daß Österreich-Ungarn auf den Beistand des Deutschen Reiches unbedingt rechnen könne". Der Deutsche Kaiser gebrauchte dabei die Wendung „Deutschlands Schwert sitze schon locker in der Scheide, auf Uns können Sie zählen."[135] Es sei dies auch für Deutschland „ein Augenblick tiefsten Ernstes", schrieb der Oberste Kriegsherr auf einen Bericht aus Wien. Klar erkannte er: „Es kann der Europ[äische] Krieg werden und für uns event[uel]l ein Existenzkampf mit 3 Großmächten."[136]

Am 22. November 1912 traf Feldmarschall Blasius Schemua, vorübergehend Franz Conrad von Hötzendorfs Nachfolger als Chef des österreichisch-ungarischen Generalstabes, zu geheimen Gesprächen mit dem Kaiser und Moltke in Berlin ein. Wieder versprachen der Oberste Kriegsherr und der deutsche Generalstabschef, dass die Österreicher „absolut auf Deutschlands Unterstützung rechnen dürfen, wenn Russland uns bedroht und dass es ja auch für Deutschland ein eminentes Interesse sei, dass wir [Österreicher] nicht geschwächt werden." Die russische Armee sei noch lange nicht kampfbereit, die Franzosen friedfertig und die Italiener erklärtermaßen willig, ihre im Dreibund übernommenen Pflichten treu zu erfüllen. Moltke setzte dem Kollegen aus Wien auseinander: „Der Ernst der Situation sei ihm klar. Die Mobilisierung Deutschlands hat automatisch jene Frankreichs zur Folge und ein Nebeneinander mobilisierter Armeen sei eine unhaltbare Situation, die unbedingt

133 Kaiser Wilhelm II. an Kiderlen-Waechter, 9. November 1912, ebenda, Nr. 12348.

134 Kiderlen-Waechter an Heinrich von Tschirschky, 19. November 1912, ebenda, Nr. 12397.

135 Karl Freiherr von Bienerth an Generalstabschef Blasius Schemua, 4. Dezember 1912, zitiert in Günther Kronenbitter, *‚Krieg im Frieden'. Die Führung der k. u. k. Armee und die Großmachtpolitik Österreich-Ungarns 1906-1914*, München 2003, 397.

136 Kaiser Wilhelm II., Randbemerkungen zur Depesche Tschirschkys vom 21. November 1912, *Große Politik*, XXXIII, Nr. 12404-5.

den Zusammenstoß zur Folge haben müsse. Dann aber sei naturgemäß die erste Absicht, den Gegner im Westen zuerst niederzuwerfen – was er in 4 bis 5 Wochen hoffe – und dann den Überschuss an Kraft nach Osten einzusetzen."[137] Im Anschluss an das schicksalsschwangere Treffen mit dem österreichischen Generalstabschef reiste Kaiser Wilhelm II. zur Jagd mit seinem Freund, Erzherzog Franz Ferdinand, nach Springe, an der auch Bethmann Hollweg, Moltke und Tirpitz teilnahmen.

Die Bedeutung dieser Ereignisse als Vorentscheidung für den Entschluss zum Weltkrieg anderthalb Jahre später kann kaum überschätzt werden, auch wenn der Balkankonflikt zunächst wieder beigelegt wurde. Bereits am 21. November 1912 hatte der Kaiser, ahnend, was auf dem Spiel stand, angeordnet, „daß *sofort* die Botschafter in *Paris* und *London*, Befehl erhalten, *einwandfrei und klar* zu constatiren und mir zu melden, ob *Paris* unter solchen Umständen unbedingt sogleich mit Russland geht, und auf welche Seite England sich stellt."[138] Nicht allein der impulsive Oberste Kriegsherr mit seinen „Getreuen von Heer und Flotte", wie Bethmann Hollweg sie höhnisch nannte, sondern der Reichskanzler selber und mit ihm die gesamte zivile Reichsleitung und sogar die führenden Staatsmänner der deutschen Mittelstaaten fassten im November 1912 gemeinsam den Entschluss, Österreich-Ungarn die bedingungslose Unterstützung des Deutschen Reiches zuzusichern, sollte dessen unmittelbar bevorstehender Einmarsch in Serbien zum Krieg gegen Russland und aller Wahrscheinlichkeit nach auch gegen Frankreich führen. In der Überzeugung, die Großmachtstellung der verbündeten Donaumonarchie gegen „slavische Anmaßungen" unter allen Umständen verteidigen zu müssen, um nicht die eigene künftige Weltmachtstellung zu gefährden, zogen sie einen Strich in den Sand, der nicht überschritten werden dürfe – und legten somit die Entscheidung über Krieg und Frieden in die Hände der Machthaber in Wien.

Am 28. November 1912 traf in Berlin anlässlich der Eröffnung des Reichstages der Bundesratsausschuss für die auswärtigen Angelegenheiten zusammen.[139] An ihm nahmen Bethmann Hollweg als Reichskanzler, Kiderlen-Waechter als Staatssekretär des Auswärtigen Amtes, Clemens Delbrück als Staatssekretär des Reichsamts des Innern und Stellvertreter des Reichskanzlers, sowie Unterstaatssekretär Arnold Wahnschaffe als Chef der Reichskanzlei teil. Zur Sitzung nach Berlin waren die Premierminister Bayerns, Sachsens, Württembergs, Badens und Mecklenburgs angereist, und die Bundesratsbevollmächtigten dieser Königreiche und Großherzogtümer nahmen ebenfalls an den Verhandlungen teil – insgesamt also ein Areopag der vierzehn leitenden Staatsmänner des Kaiserreiches. Noch vor der Sitzung hatte Delbrück den Besuchern den Ernst der Lage mit der Bemerkung verdeutlicht, er habe „sehr große Arbeit mit

---

137 Blasius Schemua, ‚Bericht über meinen Aufenthalt in Berlin am 22. d. M.', gedruckt in E. C. Helmreich, An unpublished report on Austro-German military conversations of November, 1912, *Journal of Modern History*, Bd. V (1933), 205-7.

138 Kaiser Wilhelm II. an Kiderlen-Waechter, 21. November 1912, hier zitiert nach dem Original im Geheimen Staatsarchiv Berlin, BPHA Rep. 53J Lit. K Nr. 5. Siehe Röhl, *Abgrund,* 947. Vgl. *Große Politik*, XXXIII, Nr. 12405.

139 Siehe Ernst Deuerlein, *Der Bundesratsausschuss für die auswärtigen Angelegenheiten 1870-1918*, Regensburg 1955.

Abb. 3 Kaiser Wilhelm II. mit Erzherzog Franz Ferdinand bei der Jagd in Springe, November 1912.

der Vorbereitung einer etwaigen Mobilmachung" gehabt. Eine Rede des Reichskanzlers ließ dann keinen Zweifel mehr daran, dass Deutschland entschlossen war, seinem Verbündeten an der Donau „voll und ganz" beizustehen, sollte Serbien in der kommenden militärischen Auseinandersetzung Hilfe aus Russland erhalten. Sich auf eine Anzahl diplomatischer Aktenstücke stützend, die er vor sich liegen hatte, führte Bethmann Hollweg in einem etwas zögerlichen Exposé aus, weswegen die Reichsleitung zu diesem Grundsatzentschluss gelangt sei.

Dem offiziellen Redetext zufolge, der am folgenden Tag an die Regierungen der deutschen Bundesstaaten verteilt wurde, sagte der Reichskanzler wörtlich: „Für unsern Bundesgenossen Österreich-Ungarn [...] stehen ernste Lebensfragen auf dem Spiel. Dabei haben wir ihm weitgehende diplomatische Unterstützung zuteil werden lassen und werden das auch ferner tun. Die schliessliche Geltendmachung seiner Ansprüche werden wir unserm Bundesgenossen selbst überlassen müssen. Sollte es aber, was wir nicht hoffen, bei dieser Geltendmachung seiner vitalen Interessen, auf die es ohne Minderung seiner Grossmachtstellung slavischen Anmassungen gegenüber nicht verzichten kann, von Russland angegriffen werden, so werden wir in unserem allereigensten Interesse unsere ganze Macht für Erfüllung unserer Bundespflichten einsetzen müssen. Es ist vielfach gesagt worden, Deutschland brauche nicht für albanische oder adriatische Interessen Österreichs oder gar für den Hafen von Durazzo zu fechten. Darum handelt es sich aber nicht. Der Zweck unseres Bündnisses ist, dass die grosse mitteleuropäische Monarchie neben uns in ihrer Grossmachtstellung unangetastet erhalten bleibt, damit wir uns nicht eines Tages, wie sich Fürst Bismarck ausdrückte, nez à nez mit Russland befinden, mit Frankreich im Rücken. Muss also Österreich, gleichgültig aus welchem Grunde, um seine Grossmachtstellung fechten, so müssen wir an seine Seite treten, damit wir nicht nachher neben einem geschwächten Österreich allein fechten müssen. Dies hat uns nicht gehindert und wird uns auch ferner nicht hindern, unsern ganzen Einfluss zur Milderung der Gegensätze einzusetzen. Die Grenze dafür ist, dass wir unserm Bundesgenossen keine Demütigung zumuten dürfen. Wir wollen den Krieg vermeiden, solange es in Ehren geht; erweist sich das als unmöglich, ihm ruhig und fest ins Auge sehen."[140] Vier Tage später erklärte Bethmann Hollweg in einer Rede im Reichstag, die ihm Moltke praktisch in die Feder diktiert hatte, vor aller Welt die Bereitschaft Deutschlands, Österreich-Ungarn in einem Konflikt mit Serbien zur Seite zu stehen.[141]

Die Reaktion des europäischen Staatensystems auf diesen deutsch-österreichischen Vorstoß im Winter 1912 war so spontan, so einmütig und so unzweideutig, dass es einem schwer fällt, zu glauben, dass dieselben deutschen Staatsmänner wirklich mit der Möglichkeit einer Lokalisierung des Konflikts gerechnet haben könnten, als sich 1914 nach dem Attentat von Sarajevo exakt die gleiche Situation wiederholte. Nicht zuletzt auf Grund der Berichterstattung des notorischen Spions Oberst Alfred Redl („Agent 25") wusste der russische Generalstab von dem Ausmaß der österreichischen Mobilmachung nicht nur gegen Serbien, sondern auch in Galizien gegen Russland, und erkannte die tödliche Gefahr für das Zarenreich, sollte auch Deutschland in den Krieg eintreten.[142] In Paris teilte Raymond Poincaré, zu dieser Zeit noch Ministerpräsident, dem russischen Botschafter Alexander Iswolsky mit, er habe nicht den geringsten Zweifel, dass Deutschland die Gelegenheit des Balkankonflikts zum sofortigen Überfall auf Frankreich mit allen Kräften ergreifen würde; der Krieg könne unmöglich lokalisiert werden.[143] Am 3. Dezember 1912, dem Tag nach Bethmann Hollwegs Reichstagsrede,

140 Bethmann Hollweg, Rede vor dem Bundesratsausschuss für die Auswärtigen Angelegenheiten, 28. November 1912, Generallandesarchiv Karlsruhe, 233/34815. Die hier zitierte endgültige Ausarbeitung der Rede wurde im Auswärtigen Amt fertig gestellt und am folgenden Tag an die Bundesregierungen verteilt. Es ist also durchaus denkbar, dass Kurt Riezler an der Redaktion des Textes mitgewirkt hat.

141 Bethmann Hollweg, Rede vom 2. Dezember 1912, *Stenographische Berichte über die Verhandlungen des Reichstags*, 13. Legislaturperiode, Bd. 286, 2472ff. Zur Rolle Moltkes bei der Formulierung siehe Bienerths Bericht vom 4. Dezember 1912, Röhl, *Abgrund*, 955.

142 Siehe die durchdringende Analyse des strategischen Dilemmas Russlands in der Vorkriegszeit in Bruce Menning, Russian Military Intelligence, July 1914: What St. Petersburg Perceived and Why it Mattered, in *The Historian*, vol 77, no. 2 (Summer 2015), 213-68. Zur Rolle Alfred Redls vgl. Verena Moritz und Hannes Leidinger, *Oberst Redl. Der Spionagefall, der Skandal, die Fakten*, St. Pölten, Salzburg, Wien 2012.

143 Friedrich Stieve, *Der Diplomatische Schriftwechsel Iswolskys, 1911-1914*, 3 Bde., Berlin 1924, II, Nr. 620; August Bach, Die November- und Dezemberkrise 1912. Ein Vorspiel zum Weltkrieg,

berief Poincaré das französische Kabinett ein und bat den französischen Botschafter in London, Paul Cambon, dem britischen Außenminister Sir Edward Grey die folgenden kritischen Fragen zu stellen: Was gedenke die britische Regierung zu tun, sollte Österreich-Ungarn Serbien angreifen, Russland in den Konflikt hineingezogen werden, Deutschland Österreich-Ungarn gegen Russland zu Hilfe kommen und Frankreich sich schließlich genötigt sehen, Russland zu unterstützen? [144] Am 4. Dezember 1912 traf das britische Kabinett zusammen und autorisierte Außenminister Grey, wie der Premierminister Asquith anschließend dem König mitteilte, dem neuernannten deutschen Botschafter Fürst Lichnowsky ernsthaft die Frage zu stellen, was von den Äußerungen des Kanzlers im Reichstag denn eigentlich zu halten sei.[145] Und sowohl Lord Haldane als auch Sir Edward Grey machten Lichnowsky gegenüber kein Hehl aus der Entschlossenheit Großbritanniens, seinen beiden Ententepartnern in einem solchen Konflikt beizustehen. Das Prinzip des Gleichgewichts der Kräfte sei eben ein „Axiom“ der britischen Politik und habe auch zu der Anlehnung Englands an Frankreich und Russland geführt, betonte Haldane. „England würde daher unter keinen Umständen eine Niederwerfung der Franzosen dulden können, die er, ein großer Bewunderer unseres Heerwesens und unserer militärischen Einrichtungen, mit Sicherheit voraussieht.“[146] In seinem Gespräch mit Lichnowsky hob Außenminister Grey die Unmöglichkeit für Russland hervor, nach der Erniedrigung in der Bosnischen Annexionskrise 1909 bei einem erneuten Vorstoß Österreichs am Balkan neutral zu bleiben; gedrängt von einer aufgebrachten öffentlichen Meinung werde es bestimmt in Galizien einmarschieren. Dann aber würde Deutschland der Donaumonarchie zu Hilfe kommen und Frankreich in den Krieg hineingezogen werden. Und für Großbritannien sei es eben eine „vital necessity to prevent that country from being crushed by Germany.“[147]

Parallel zu diesen Verhandlungen auf Regierungsebene sondierte Prinz Heinrich von Preußen auf Befehl seines kaiserlichen Bruders die königliche Verwandtschaft in London über die Haltung, die England in einem Konflikt auf dem Festland einnehmen würde – auch diese *Démarche* sollte sich Ende Juli 1914 genau wiederholen![148] Am 4.

Berliner Monatshefte, Februar 1935, 117.

144 *Documents diplomatiques françaises, 1871-1914*, 41 Bde., Paris 1929-36, IV, Nr. 612.

145 Asquith an King George V, 5. Dezember 1912, zitiert in Keith Wilson, The British *Démarche* of 3 and 4 December 1912, in Keith Wilson, *Empire and Continent. Studies in British Foreign Policy from the 1880s to the First World War*, London 1987, 143.

146 Lichnowsky, Bericht vom 3. Dezember 1912, *Große Politik*, XXXIX, Nr. 15612, erstmals veröffentlicht in Tirpitz, *Aufbau der deutschen Weltmacht*, 361f. Auf Befehl Kaiser Wilhelms II. wurde der Bericht an den Generalstab, den Admiralstab und das Reichs-Marine-Amt weitergeleitet.

147 Lichnowsky, Bericht vom 4. Dezember 1912, *Große Politik*, XXXIII, Nr. 12481. Siehe Prince Karl Max von Lichnowsky, *Heading for the Abyss: reminiscences*, New York 1928, 167f. Vgl. Greys Schilderung der Begegnung in *British Documents on the Origins of the War, 1898-1914*, Bd. IX, Part II, Nr. 327. Grey sandte seinen Bericht an den König und das Kabinett, sowie auch an die Botschafter in Berlin, Sankt Petersburg, Paris und Wien. Siehe Keith Wilson, The British *Démarche* of 3 and 4 December 1912, a. a. O., 141-8.

148 Zur zweiten Mission Prinz Heinrichs nach London vom 25. bis 27. Juli 1914 siehe Röhl, *Abgrund*, 1122-26.

Dezember 1912 fragte Prinz Heinrich seinen Schwager den Ersten Seelord Prinz Louis of Battenberg in London rundheraus, ob England neutral bleiben würde. Aufgeschreckt schrieb Battenberg umgehend an seinen Vetter König George V., augenscheinlich begriffen Heinrich und Wilhelm nicht, „daß wir, falls ein Krieg zwischen Deutschland & Österreich gegen Rußland & Frankreich ausbricht, nicht zulassen könnten, daß eines der letzteren Länder, insbesondere Frankreich, niedergeworfen wird – folglich *könnten* wir unter gewissen Umständen *nicht* außen vor bleiben."[149] Fast wörtlich gab der König dem Preußenprinzen dieselbe Antwort, als ihm Heinrich am 6. Dezember 1912 in Sandringham die gleiche Gretchenfrage stellte. Dem Außenminister Grey teilte George V. anschließend mit, Prinz Heinrich habe ihn gefragt, „ob, falls Deutschland und Österreich Krieg gegen Rußland und Frankreich führten, England den beiden letzteren Mächten zur Hilfe kommen würde. Ich antwortete, ‚zweifellos, Ja – unter gewissen Umständen'. [...] Natürlich muß Deutschland wissen, daß wir nicht zulassen werden, daß unsere Freunde niedergeworfen werden."[150] In vermutlich wohlmeinender, aber doch unverantwortlicher Weise hat Heinrich diese klare Aussage des Königs verfälscht an den Kaiser weitergeleitet: England sei friedliebend und wünsche jeden Konflikt mit Deutschland zu vermeiden.[151]

Im Gegensatz zu Prinz Heinrich schenkte Fürst Lichnowsky, der von Anfang an dringend vor einer deutschen Unterstützung der Belange Österreichs am Balkan gewarnt hatte,[152] den Machthabern in Berlin reinen Wein ein. Kaiser Wilhelm II. fand den Bericht Lichnowskys über sein Gespräch mit Haldane am Sonntagmorgen, den 8. Dezember 1912, vor, als er von der Jagd in Bückeburg nach Berlin zurückkehrte. In heftigen Randbemerkungen äußerte er seine Wut über die britische Gleichgewichtspolitik, die „England ewig zu unserem Feinde machen" werde. In dem bevorstehenden „Endkampf der Slaven und Germanen" würden sich „die Angelsachsen auf Seiten der Slaven und

149 Prince Louis of Battenberg an King George V, 5. December 1912, Royal Archives (RA) GV/M 520 A/1; zitiert in Röhl, *Into the Abyss of War and Exile*, 902; deutsche Übersetzung in Röhl, *Abgrund*, 956. Heinrichs Frau Irène war die Schwester der Prinzessin Victoria of Battenberg und auch der Zarina Alexandra von Russland. Siehe Rainer Hering und Christina Schmidt, Hg., *Prinz Heinrich von Preussen. Großadmiral, Kaiserbruder, Technikpionier*, Neumünster 2013.

150 King George V an Sir Edward Grey, 8. Dezember 1912, gedruckt in Sir Harold Nicolson, *King George the Fifth. His Life and Reign*, London 1952, 206.

151 Prinz Heinrich von Preußen an Kaiser Wilhelm II., 11. Dezember 1912, zitiert in Röhl, *Into the Abyss of War and Exile*, pp. 903f.; deutsche Übersetzung in Röhl, *Abgrund*, 956.

152 Ende November 1912, kurz nach seiner Ernennung zum Botschafter in London, schrieb Lichnowsky dem Kaiser: „Ob im Falle eines allgemeinen Krieges, den wir auch dem deutschen Volke wegen Serben und Albaner nicht gut zumuten können, die hiesige Regierung eingreifen würde, ist eine schwer zu beantwortende Frage und hängt wohl in erster Linie von den geheimen Abmachungen ab, die zwischen den Ententemächten bestehen. Nach meinen hiesigen Eindrücken aber glaube ich nicht, daß England sich zu einem aktiven Vorgehen entschließen würde, falls irgendwie die Möglichkeit bestünde, sich aus dem Streite herauszuhalten." Karl Max Fürst von Lichnowsky an Kaiser Wilhelm II., 23. November 1912, zitiert nach dem Original im Geheimen Staatsarchiv Berlin-Dahlem in John C. G. Röhl, *Zwei deutsche Fürsten zur Kriegsschuldfrage. Lichnowsky und Eulenburg und der Ausbruch des 1. Weltkrieges. Eine Dokumentation*, Düsseldorf 1971, 17.

Gallier" befinden und „Parteigänger der Gallo-Slaven gegen die Germanen!" sein, entrüstete er sich.[153] Dem bayerischen Gesandten Graf Lerchenfeld setzte Wilhelm auseinander, es gehe „vielleicht bald um das Ganze für Deutschland. Von drei Seiten bedroht, müssen wir auf alles gefaßt sein und dürfen nichts versäumen, um Armee und Flotte stark zu machen." Wenn der Reichskanzler ihm Schwierigkeiten machen sollte, müsse er gehen. Neben den Armee- und Flottenvorlagen müsse Deutschland „überall Bündnisse suchen".[154] An den Generaldirektor der Hapag Albert Ballin schrieb der Kaiser in unverminderter Aufregung, in der Auseinandersetzung zwischen Österreich und Serbien handele es sich um einen „*Rassenkampf* [...] der Germanen gegen die übermütig gewordenen Slawen", also um eine „*Existenzfrage* für die *Germanen* auf dem europäischen Kontinent. [...] Da nun der Krieg gegen Rußland sofort den Kampf mit *Frankreich* bedeutete, so war es von Interesse zu wissen, ob in diesem – rein *kontinentalen* Falle – England nicht seine, uns im Februar vorgeschlagene Neutralität ganz gut erklären könnte." Stattdessen habe nun Haldane erklärt: „Falls Deutschland mit Rußland und Frankreich in einen Krieg verwickelt würde, werde England *nicht neutral* bleiben, sondern *sofort* Frankreich beispringen! Die Begründung dafür lautete: England könne und werde es *niemals dulden*, daß wir eine Vormachtstellung auf dem Kontinent einnähmen, unter der sich der Kontinent einigen könnte."[155]

Die extravagante Sprache, die Kaiser Wilhelm II. hier in seiner Aufregung über den Zusammenhalt der Triple Entente zur Vereitelung seiner Hegemonieansprüche gebrauchte, sollte uns nicht von der Erkenntnis ablenken, dass diese Grundanschauungen von der ganzen militärischen und zivilen Reichsführung inklusive Bethmann Hollweg vollauf geteilt wurden. Eine Unterredung, die der Reichskanzler am 27. Januar 1914 bei einem Diner zur Feier des Kaisergeburtstags ausgerechnet mit dem französischen Botschafter Jules Cambon (dem Bruder des Botschafters in London) hatte, zeigt deutlich das vermeintliche Anrecht der „verspäteten Nation" auf Expansion in der ganzen Welt. Bethmann Hollweg ließ auch durchblicken, dass diese Abkehr des wilhelminischen Kaiserreichs von dem bismarckschen Grundsatz der Saturiertheit zum Krieg führen könnte, sollte sich Europa gegen die natürliche Suprematie des immer stärker werdenden Deutschlands stemmen. Seit vierzig Jahren habe Frankreich eine grandiose Politik betrieben, habe der Kanzler laut Cambon ausgeführt. „Es hat sich in der Welt ein immenses Reich gesichert. Es ist überall." Deutschland sei dahingegen inaktiv gewesen und habe jetzt „das Bedürfnis nach einem Platz an der Sonne." Als Cambon ihm entgegenhielt, dass Deutschland doch in den letzten vierzig Jahren enorm viel geleistet habe, nämlich seine politische Einheit gegründet und seine wirtschaftliche

---

153 Kaiser Wilhelm II., Randbemerkungen vom 8. Dezember 1912 zum Bericht Lichnowskys vom 3. Dezember 1912, *Große Politik*, XXXIX, Nr. 15612; Tirpitz, *Aufbau der deutschen Weltmacht*, 361f.

154 Lerchenfeld an Hertling, 14. Dezember 1912, in: Ernst Deuerlein, Hg., *Briefwechsel Hertling-Lerchenfeld. Dienstliche Privatkorrespondenz zwischen dem bayerischen Ministerpräsidenten Georg Graf von Hertling und dem bayerischen Gesandten in Berlin Hugo Graf von und zu Lerchenfeld*, Boppard am Rhein 1973, 2 Bde., I, 189ff.

155 Kaiser Wilhelm II. an Albert Ballin, 15. Dezember 1912, zitiert in Bernhard Huldermann, *Albert Ballin*, Oldenburg 1922, 273f.

Macht aufgebaut, Leistungen, für die Frankreich mehrere Jahrhunderte benötigt habe, bekräftigte der Reichskanzler das Recht des deutschen Volkes auf Expansion. Jedes Jahr nehme Deutschlands Bevölkerung, seine Marine, sein Handel und seine Industrie unvergleichbar zu. „Wenn Sie ihm das verweigern, was jedem wachsenden Wesen rechtmäßig zusteht, werden Sie sein Wachstum nicht aufhalten, sondern überall auf seine Konkurrenz stoßen. [...] Glauben Sie mir, tragen Sie den Tatsachen Rechnung und schaffen Sie weg, was uns entzweit. Wenn nicht, dann wird's gefährlich." Der Botschafter erkannte sofort die Bedeutung dieser Äußerungen. „Durch seine Ernsthaftigkeit, durch die Freiheit, mit der der Kanzler von sich selbst sprach, durch die Darstellung seiner Ideen, die darauf gerichtet waren, dem deutschen Drang einen notwendigen Raum für Expansion zu sichern, Ideen die offenbar die des Kaisers sind, erinnerte mich dieses Gespräch an gewisse Gespräche, die ich Anfang 1911 mit ihm geführt habe", also kurz vor der zweiten Marokkokrise. Bethmanns Ausführungen müsse man daher enorme Bedeutung beimessen.[156]

Für den Augenblick sah sich Wilhelm durch Lichnowskys Klarstellung der britischen Bereitschaft, sich für den Erhalt Frankreichs als Großmacht auch militärisch einzusetzen, gezwungen, seine am 9. November 1912 zugesagte Rückendeckung eines österreichischen Angriffs auf Serbien wieder zurückzunehmen. Der umstrittene „Kriegsrat" seiner führenden Generäle und Admiräle, den der Oberste Kriegsherr am 8. Dezember 1912 einberief, markiert den Moment, in dem er gegen den Rat Moltkes, der sofort losschlagen wollte, sich auf die Seite von Tirpitz schlug, der (wie Admiral von Müller in seinem Tagebuch festhielt) „gern das Hinausschieben des großen Kampfes um 1½ Jahre sehen würde."[157] Die Versammlung im Berliner Schloss an jenem Sonntagmorgen stellt somit ein klassisches Beispiel für den von Norbert Elias herausgearbeiteten „Königsmechanismus" dar, wonach dem Monarchen das Recht (und die Pflicht) zukam, die endgültige Entscheidung zwischen zwei oder mehr divergierenden Ratschlägen zu treffen. Als bloße Zivilisten waren weder der Reichskanzler noch der Staatssekretär des Auswärtigen Amts eingeladen, an dem kaiserlichen Areopag teilzunehmen. Bezeichnend war die Wortwahl, die der Chef des kaiserlichen Marinekabinetts in der lapidaren Note gebrauchte, die er noch am gleichen Tag an den Reichskanzler richtete: Gelegentlich einer Besprechung der „militärpolitischen Lage" habe der Kaiser unter anderem befohlen, „durch die Presse das Volk darüber aufzuklären, welche großen nationalen Interessen auch für Deutschland bei einem durch den Österreichisch-Serbischen Konflikt entstehenden Krieg auf dem Spiele ständen. Das Volk dürfe nicht in die Lage versetzt werden, sich erst bei Ausbruch eines großen europäischen Krieges

---

156 Jules Cambon an Premierminister Gaston Doumergue, Secret, 28. Januar 1914, *Documents diplomatiques françaises, 1871-1914*, 3ième Série, Bd. 9, Nr. 177, 209-211. Zitiert in Fritz Fischer, *Krieg der Illusionen. Die deutsche Politik von 1911 bis 1914*, Düsseldorf 1969, 642-4. Siehe Margaret MacMillan, *The War that ended Peace. How Europe Abandoned Peace for the First World War*, London 2013, 252.

157 Müller, Tagebucheintragung vom 8. Dezember 1912, gedruckt in John C. G. Röhl, An der Schwelle zum Weltkrieg. Eine Dokumentation über den ‚Kriegsrat' vom 8. Dezember 1912, in: *Militärgeschichtliche Mitteilungen*, 1977/1, Dokument Nr. 4.

Abb. 4 Kaiser Wilhelm II. mit Großadmiral von Tirpitz und Generalstabschef von Moltke.

die Frage vorzulegen, für welche Interessen Deutschland in diesem Kriege zu kämpfen habe. [...] Da es sich hier um eine rein politische Maßnahme handelt, beehre ich mich Ew. Exzel[lenz] von dem vorstehenden Allerhöchsten Befehl g[anz] erg[ebenst] in K[enntnis] zu setzen, indem ich das Weitere ebenmäßig anheimstelle."[158] Nicht die „militärpolitische" Entscheidung zwischen Krieg und Frieden, sondern allein die „rein politische" Pressepropaganda oblag nach der Auffassung am kaiserlichen Hofe den Zivilisten in der Wilhelmstraße.

Die Abschreckung, die die anglo-französisch-russische Triple Entente bewirken sollte, hatte also wieder einmal funktioniert. Angesichts der drohenden Gefahr einer englischen Intervention wurde am 8. Dezember 1912 der bereits so gut wie beschlossene Kontinentalkrieg um ein paar Jahre vertagt, bis die Armee vergrößert, der Kaiser-Wilhelm-Kanal erweitert, der U-Boot-Hafen auf Helgoland befestigt wären und (irgendwie) vertraulichere Beziehungen zu England hergestellt werden konnten. In der Zwischenzeit sollten laut Befehl des Kaisers weitere Bündnispartner (Bulgarien und Rumänien) gesucht und das eigene Volk propagandistisch auf den Krieg vorbereitet werden. Vorerst mussten die Österreicher aber von ihrem beabsichtigten Angriff auf Serbien

158 Müller an Bethmann Hollweg, 8. Dezember 1912, gedruckt ebenda, Dokument Nr. 5.

wieder abgebracht werden, eine heikle Aufgabe, die der Kaiser[159], Prinz Heinrich[160], Generalstabschef von Moltke[161] und der Reichskanzler selbst[162] auf sich nahmen. Der deutsche Rückzug zeitigte sofortige Wirkung: am 11. Dezember 1912, also drei Tage nach dem Berliner „Kriegsrat", entschied sich Kaiser Franz Joseph in Wien gegen den Krieg und für eine diplomatische Lösung des Konflikts mit Serbien.[163]

Die Schlüsselfigur der deutschen Außenpolitik war weiterhin nicht der Reichskanzler, sondern Kaiser Wilhelm II. mit seinen „Getreuen von Heer und Flotte", und er ließ in Wien keine Zweifel aufkommen, dass der Kontinentalkrieg nur aufgeschoben, nicht aufgehoben sei. Drängte er Erzherzog Franz Ferdinand noch im Februar 1913 zum Einlenken Russland gegenüber – Moltke teilte dem österreichischen Militärattaché mit, bei dem „Hinausschieben der großen Entscheidung" wirke der Gedanke mit, das 25-jährige Regierungsjubiläum des Kaisers in Frieden begehen zu wollen[164] – so schlug Wilhelm bereits im April wieder martialische Töne an, als sich um die albanische Stadt Skutari (Shkodra) ein neuer Konflikt zwischen Österreich und Serbien abzeichnete. Deutschland müsse seinen Bundesgenossen zu einem Erfolg gegen Serbien verhelfen „coûte que coûte", rief Wilhelm II. aus, „auch mit der Waffe in der Hand!".[165] Bei ihm wie in der Wilhelmstraße setzte sich wieder einmal die fatale Überzeugung durch, dass sich England aus einem europäischen Krieg heraushalten würde, vorausgesetzt, dass Russland dazu gebracht werden könnte, sich ins Unrecht zu setzen. „Es ist für uns sehr wichtig, die Rolle des Provozierten zu haben, da ich glaube, daß England dann – aber wohl auch nur dann – neutral bleiben kann", erklärte Gottlieb von Jagow, den der Kaiser (*nota bene* nicht der Reichskanzler) zum Staatssekretär des Auswärtigen Amts ernannt hatte, nachdem Kiderlen-Waechter am 30. Dezember 1912 plötzlich gestorben war.[166] In

159 Kaiser Wilhelm II. an Erzherzog Franz Ferdinand, 9. Dezember 1912, gedruckt ebenda, Dokument Nr. 8.

160 Korvettenkapitän Hieronymus Graf Colloredo-Mannsfeld, Bericht vom 25. Januar 1913 über ein Gespräch mit Prinz Heinrich von Preußen. Ein Krieg im gegenwärtigen Augenblick wäre für Deutschland „außerordentlich unerwünscht", da „England den der deutschen Regierung gegebenen Erklärungen zufolge unbedingt zu Rußland und Frankreich halten und aktiv eingreifen" würde, sollte der Dreibund mit kriegerischen Absichten hervortreten. Bis zur Fertigstellung des Kaiser-Wilhelm-Kanals seien die Chancen der deutschen Flotte in einem Krieg gegen England auch aussichtslos. Zitiert in Röhl, *Abgrund*, 974f.

161 Moltke an Conrad von Hötzendorf, 10. Februar 1913, gedruckt in Franz Freiherr Conrad von Hötzendorf, *Aus meiner Dienstzeit*, 5 Bde., Wien 1921-5, III, 144-7.

162 Bethmann Hollweg an Berchtold, 10. Februar 1913, *Große Politik*, XXXIV/1, Nr. 12818. Siehe Hugo Hantsch, *Leopold Graf Berchtold. Grandseigneur und Staatsmann*, 2 Bde., Graz-Wien-Köln 1963, I, 388.

163 Günther Kronenbitter, *„Krieg im Frieden". Die Führung der k. u. k. Armee und die Großmachtpolitik Österreich-Ungarns 1906-1914*, München 2003, 401f.

164 Freiherr von Bienerth, Bericht über eine Unterredung mit Moltke, 26. Februar 1913, zitiert in Röhl, *Abgrund*, 979f.

165 Kaiser Wilhelm II., Randbemerkung zum Bericht des deutschen Militärattachés in Wien Karl Graf Kageneck vom 5. April 1913, *Große Politik*, XXXIV/2, Nr. 13095.

166 Gottlieb von Jagow an Heinrich von Tschirschky, 28. April 1913, zitiert nach Fritz Fischer, *Krieg der Illusionen*, 298.

Berlin trat am 5. Mai 1913 wieder eine Art Kriegsrat zusammen; um ein Haar wäre es auch jetzt wieder zum Ausbruch eines großen Krieges gekommen. Moltke versicherte dem österreichischen Militärattaché Karl von Bienerth anschließend, die diplomatische Lösung der Skutarifrage sei „nur ein Aufschub“ gewesen, daher die Stärkung der deutschen Wehrmacht,[167] und auch Kaiser Wilhelm äußerte sich in gewohnter Weise nassforsch über den bevorstehenden Rassenkrieg: „Der Kampf zw[ischen] Slawen und Germanen ist nicht mehr zu umgehen er kommt sicher. Wann? Das findet sich.“[168]

Je weiter die 1913 bewilligte deutsche Armeeverstärkung voranschritt, je näher das Ende der Erweiterungs- und Vertiefungsarbeiten am Kaiser-Wilhelm-Kanal rückte, desto bestimmter wurden die Forderungen Wilhelms II. und des Generalstabschefs nach einer energischen Aktion Wiens. Während der Manöver in Schlesien im September 1913 zeigte sich der Kaiser dem österreichischen Generalstabschef Franz Conrad von Hötzendorf gegenüber ungehalten, da er noch immer nicht in Serbien eingerückt sei. „Warum ist es nicht geschehen?“, fragte er ihn, „Es hat Sie niemand verhindert!“[169] Moltke versicherte seinem österreichischen Kollegen: „Die Schwüle der jetzigen Zeit drängt zur Entladung. [...] Nur das weiß ich, daß, wenn es zum Schlagen kommt, der Dreibund seine Schuldigkeit tun wird.“ Allerdings warnte er Conrad erneut, dass Deutschland, „wenn es zum Kriege käme, mit den Hauptkräften Frankreich angreifen und sich dann ehestens gegen Osten wenden“ könne. Zwar stünden ihm 113 Divisionen zur Verfügung, aber „wir müssen an die Engländer denken, die sicher auf französischer Seite stehen werden.“[170] Als Österreich im Oktober 1913 wieder ein Ultimatum an Serbien stellte mit der Forderung, seine Truppen binnen acht Tagen aus Albanien zurückzuziehen, konnte Wien sich auf die bedingungslose Unterstützung des Deutschen Reiches verlassen. „Seine Majestät der Kaiser und König haben die Mitteilung, daß Österreich-Ungarn diesmal fest entschlossen ist, Serbien nicht nachzugeben, mit großer Befriedigung begrüßt“, meldete Botho Graf von Wedel, der Vertreter des Auswärtigen Amts im kaiserlichen Gefolge.[171]

Ende Oktober 1913 traf der Kaiser in Wien mit dem österreichisch-ungarischen Außenminister Graf Leopold von Berchtold zusammen und setzte ihm auseinander: Sollten die Serben die Unterordnung unter Kaiser Franz Joseph verweigern, „so wird Belgrad bombardiert und so lange okkupiert, bis der Wille Seiner Majestät [Franz Joseph] erfüllt ist.“ „Und das können Sie sicher sein, daß ich hinter Ihnen stehe und bereit bin, den Säbel zu ziehen, wann immer Ihr Vorgehen es nötig machen wird.“ Diese Worte habe der Kaiser „mit einer Handbewegung nach dem Säbel“ begleitet, hielt Berchtold in seinem Protokoll über die Unterredung fest. Der Außenminister fuhr fort:

167 Bienerth an Conrad von Hötzendorf, 20. Mai 1913, Conrad, *Aus meiner Dienstzeit*, III, 328.

168 Kaiser Wilhelm II., Schlussbemerkung zum Bericht Pourtalès' vom 6. Mai 1913, *Große Politik*, XXXIV/2, Nr. 13282.

169 Franz Conrad von Hötzendorf, Aufzeichnung über sein Gespräch vom 8. September 1913 mit Kaiser Wilhelm II., in Conrad, *Aus meiner Dienstzeit*, III, 431f.; Conrad an Kaiser Franz Joseph, 20. September 1913, ebenda, Anhang 4, 720-3.

170 Moltke an Conrad, 29. Juni 1913, ebenda, III, 424-6.

171 Botho Graf von Wedel an Auswärtiges Amt, 17. Oktober 1913, *Große Politik*, XXXVI/1, Nr. 14172.

„So oft sich während der fünfviertelstündigen Unterredung die Gelegenheit ergab, das Bundesverhältnis zu streifen, benützte Seine Majestät ostentativ den Anlaß, um zu versichern, daß wir voll und ganz auf Ihn zählen können. Dies war der rote Faden, der sich durch die Äußerungen des höchsten Herrn durchzog, und als ich beim Abschiede dies hervorhob und dankend quittierte, geruhte mich Seine Majestät zu versichern, daß, was immer vom Wiener Auswärtigen Amte komme, für Ihn Befehl sei."[172] In einem Bericht an Bethmann Hollweg bestätigte der Botschafter in Wien, Heinrich von Tschirschky und Bögendorff, der Kaiser habe Berchtold in aller Deutlichkeit zu verstehen gegeben, die Doppelmonarchie müsse sich „Serbien *unter allen Umständen* auf irgendeine Weise, besonders auf militärischem Gebiet angliedern und sich dadurch zum mindesten die Garantie verschaffen, daß sie *im Falle eines Konfliktes mit Rußland* die serbische Armee nicht gegen sich, sondern auf ihrer Seite haben würde."[173] Deutlicher hätte der Kaiser nicht sprechen können; und als die Österreicher acht Monate später nach dem Attentat in Sarajewo um die deutsche Rückendeckung baten, falls sich ihr Angriff auf Serbien zum Kontinentalkrieg ausweiten sollte, brauchten sie über die Antwort nicht im Zweifel gewesen sein.

Mögen die Machthaber in Deutschland mit erstaunlicher Gelassenheit von der Möglichkeit eines Krieges mit Russland wegen des österreichisch-serbischen Gegensatzes gesprochen haben, so dürfen wir die Tatsache nicht aus den Augen verlieren, dass dieser Krieg zwangsläufig mit einem Überfall des deutschen Heeres auf Frankreich durch Belgien und Luxemburg beginnen würde. Der Ostaufmarschplan, der die Alternative zum Moltke-Schlieffen-Plan gebildet hätte, war seit 1913 vom Generalstab nicht mehr bearbeitet worden, und das Chaos, das entstanden wäre, wenn die Offensive nicht wie vom Generalstab geplant im Westen, sondern gegen Russland im Osten eingeleitet worden wäre, sollte sich bekanntlich in der dramatischen Szene im Berliner Schloss in der Nacht vom 1. August 1914 zeigen: Als der Kaiser in der Illusion, die Engländer damit neutral halten zu können, befahl „Also wir marschieren einfach mit der ganzen Armee im Osten auf!", erlitt Moltke (verständlicherweise) seinen ersten Nervenzusammenbruch.[174]

Natürlich registrierten die französischen und belgischen Militärattachés und zahlreiche andere Agenten die Bedeutung der Heeresvergrößerung und die Intensivierung der Vorbereitungen für einen Angriff im Westen.[175] Im November 1913 führte der belgische

172 Leopold Graf Berchtold, Aufzeichnung über sein Gespräch vom 26. Oktober 1913 mit Kaiser Wilhelm II., *Österreich-Ungarns Außenpolitik von der Bosnischen Krise bis zum Kriegsausbruch 1914. Diplomatische Aktenstücke des österreichisch-ungarischen Ministeriums des Äußeren*, 9 Bde., Wien-Leipzig 1930, VII, Nr. 8934.

173 Tschirschky an Bethmann Hollweg, 28. Oktober 1913, Hervorhebung im Original, zitiert nach Fischer, *Krieg der Illusionen*, 317.

174 Siehe Moltke, *Erinnerungen, Briefe, Dokumente*, 19ff.; Mombauer, *Moltke*, 216ff.; Lyncker, Tagebuch vom 1. August 1914, Afflerbach, *Oberster Kriegsherr*, Nr. L 8; Müller, Tagebuch vom 1. August 1914, in Görlitz, *Regierte der Kaiser?*, 38f., Röhl, *Abgrund*, 1159-66.

175 Beispielhaft ist der Bericht des französischen Militärattachés Serret vom 3. April 1913, der klar erkannte, dass man sich „ab 1914" auf einen „guerre vigoureuse" gefasst machen müsse und dass Frankreich die Hauptlast zu tragen haben werde. Siehe dazu die im Entstehen begriffene Forschungsarbeit von Dr. Ragnhild Fiebig-von Hase, Bochum.

König Albert bei einem Besuch im Potsdamer Neuen Palais Gespräche mit Wilhelm II. und Moltke, die deren Entschlossenheit klar erkennen ließ, in Kürze über sein Land und Frankreich herzufallen. Der Krieg gegen Frankreich sei unausweichlich und unmittelbar bevorstehend, erklärte der Kaiser seinem verdutzten Gast. Angesichts der erdrückenden Überlegenheit seiner Armee sei sich Deutschland des Sieges sicher und der König der Belgier täte gut daran, sich dem deutschen Vormarsch nicht zu widersetzen. Moltke unterstrich diese Drohung mit den Worten. „Eure Majestät werden sich gewiß vorstellen können, was für ein unwiderstehlicher Enthusiasmus das ganze deutsche Volk an diesem Tag mitreißen wird. [...] Nichts wird dem furor teutonicus widerstehen können, wenn er erstmal entfesselt ist." Der Generalstabschef drohte mit schlimmen Folgen, sollte sich das kleine Nachbarland dem Angriff in den Weg stellen. „Die kleinen Staaten haben einen großen Vorteil mit uns zu gehen, denn die Konsequenzen werden hart sein für jene, die gegen uns sein werden."[176] Die Drohungen des Kaisers und Moltkes gingen wie ein Lauffeuer um die Welt – sie spielten 1919 bei der Formulierung des scharfen Kriegsschuldparagraphen des Versailler Vertrags noch eine Rolle. Dass sie ernst gemeint waren, das beweisen die zahlreichen kriegerischen Randbemerkungen, die Wilhelm II. in diesen Tagen gegen Frankreich krakelte: „Sie sollen uns nur kommen! Dann werden wir mit Gottes Hülfe *endgültig* mit ihnen *abrechnen*!",[177] oder auch: „Es handelt sich um unser Ansehen in der Welt gegen das von allen Seiten gehetzt wird! also Nacken steif und Hand ans Schwert!"[178]

Trotz der bitteren gegenteiligen Erfahrungen in der Agadirkrise 1911 und zuletzt noch in der Adriakrise vom Winter 1912/13 wiegten sich die Entscheidungsträger in Berlin in der Illusion der englischen Neutralität zumindest zu Beginn eines europäischen Konflikts. Voller Zuversicht, dass der machtpolitische Hebel seines Schlachtflottenbaus endlich sein Wunder wirke, jubelte Wilhelm II. im Oktober 1913: „England *kommt uns*, nicht trotz, sondern *wegen Meiner Kaiserlichen Marine*!!"[179] Es ist nicht ohne Ironie, dass Tirpitz gerade in diesem Augenblick erkennen musste, dass sein jahrelang befolgtes Ziel, die Engländer durch seinen forcierten Schlachtflottenbau in die Knie zu zwingen, wegen der großen Heeresvermehrung und des erbitterten Widerstands Bethmann Hollwegs gescheitert war. Trotzdem – oder gerade deswegen – setzte auch er seinen immensen Einfluss für die baldige Herbeiführung eines Krieges ein. Im Oktober 1913 setzte er seinen engsten Mitarbeitern in einer Ansprache im Reichs-Marine-Amt auseinander: „Die Frage, [...] ob Deutschland seine Weltstellung wenn nötig England gegenüber erkämpfen soll – mit dem großen Einsatz, den dieser Kampf in sich schließt – oder ob es sich

176 Baron Beyens, *Deux années à Berlin, 1912-1914*, 2 Bde., Paris 1931, II. 39f. Siehe dazu die Analyse dieses wichtigen Dokuments in Jean Stengers, Guillaume II et le roi Albert à Potsdam en novembre 1913, *Bulletin de la Classe des Lettres et des Sciences Morales et Politiques*, Bd. 6 (1993), 234f.

177 Kaiser Wilhelm II., Randbemerkung vom 26. November 1913 zum Bericht Wilhelm von Schoens aus Paris, *Große Politik*, XXXIX, Nr. 15658.

178 Kaiser Wilhelm II., Randbemerkung vom 13. Dezember 1913 zum Bericht Friedrich von Pourtalès' aus St. Petersburg, *Große Politik*, XXXVIII, Nr. 15483.

179 Kaiser Wilhelm II., Randbemerkung vom 10. Oktober 1913 zum Bericht Richard von Kühlmanns aus London, *Große Politik*, XXXIX, Nr. 15577.

auf die Stellung als europäische Kontinentalmacht zweiter Ordnung von vorn herein beschränken soll, diese Frage ist letzten Endes Sache des politischen Glaubens. Schließlich scheine es einer großen Nation würdiger, um das höchste Ziel zu kämpfen und vielleicht ehrenvoll unterzugehen als ruhmlos auf die Zukunft zu verzichten.“[180]

Diese zahlreichen teils neu entdeckten aber größtenteils längst bekannten Belege für einen stark wachsenden Kriegsdrang innerhalb der gesamten Berliner Machtelite lange vor dem Attentat von Sarajevo weisen auf die Kontinuität zwischen der deutschen Vorkriegspolitik, Bethmanns Taktieren in der Julikrise und der Annexionspolitik im Kriege hin, auf der Fritz Fischer in seinem zweiten großen Band *Krieg der Illusionen* bestanden hat. Die im vorliegenden Buch veröffentlichten Briefe Kurt Riezlers an Käthe Liebermann aus dem Großen Hauptquartier in den ersten Kriegsmonaten verdeutlichen ebenfalls diese Kontinuität im Weltmachtstreben des Kaiserreichs. Seine Briefe führen uns besonders eindrucksvoll vor Augen, dass der Überfall auf Belgien und Frankreich zu einer *dauerhaften* Umgestaltung der internationalen Staatenordnung zu Deutschlands Gunsten führen sollte. Wie Riezler glaubten viele andere Mitglieder der deutschen Führungselite, dass im Frühsommer 1914 der „günstigste Moment“ für den Durchbruch des Deutschen Reiches zur Weltmacht gekommen sei. Alle waren sich einig, dass der aktuelle Status des preußisch-deutschen Kaiserreiches „als europäische Kontinentalmacht zweiter Ordnung“ ungerecht und nicht länger hinnehmbar sei, und dass der Zeitpunkt endlich gekommen war, den „Griff nach der Weltmacht“ zu wagen.

Nicht nur im militaristischen Königreich Preußen, sondern auch unter den führenden Staatsmännern der süddeutschen Mittelstaaten setzte sich zunehmend die Überzeugung von der Erforderlichkeit eines großen Krieges durch.[181] Unter den ständigen Vertretern Bayerns, Sachsens, Württembergs und Badens in Berlin, die in Hof- und Armeekreisen sowie im Auswärtigen Amt ein- und ausgingen, ist seit Anfang 1914 eine Frustration über die immer noch zögernde Haltung der zivilen Entscheidungsträger nicht zu verkennen. Im Februar 1914 klagte Axel Freiherr von Varnbüler in einem Bericht an den württembergischen Ministerpräsidenten Dr. Karl von Weizsäcker nach Gesprächen mit dem Unterstaatssekretär Arthur Zimmermann und dem Botschafter in Konstantinopel Hans von Wangenheim über die offenbare Unentschlossenheit sowohl des Reichskanzlers als auch des Kaisers. Zwar sei der Außenstaatssekretär Gottlieb von Jagow willens, der Entente endlich „energisch die Zähne zu zeigen“, meinte Varnbüler, er werde aber „zu sehr gehemmt durch den Reichskanzler, der vor lauter Bedenken und Verantwortlichkeitsgefühl zu keinem energischen Entschluss mehr komme“. Zimmermann habe auch über den Kaiser geklagt, der „seinen Ruhm so sehr in der Erhaltung des Weltfriedens“ sehe, „dass er zu der ultima ratio regum wohl nur im alleräussersten Falle der Notwehr greifen werde.“ Alle drei – Varnbüler, Zimmermann und Wangenheim – drängten auf einen Krieg mit dem Argument, dass weder Frankreich noch Russland kriegsbereit seien. Varnbüler führte

180 Korvettenkapitän Max Schulz, Aufzeichnung der Rede Tirpitz' vom 9. Oktober 1913, gedruckt in Epkenhans, *Albert Hopman*, 343, Anmerkung 261.

181 Vgl. Holger Berwinkel, Martin Kröger und Janne Preuß, Hg., *Die Außenpolitik der deutschen Länder im Kaiserreich. Geschichte, Akteure und archivische Überlieferung (1871-1918)*, München 2012.

aus: „Es sieht beinahe danach aus, als ob der Anlass dazu [Krieg gegen Frankreich und Russland], so wenig wir ihn suchen, uns bald einmal aufgedrängt werden könnte. Zwar nicht direkt von unserem westlichen Nachbar. Im Auswärtigen Amt, wo man überhaupt die Lage noch optimistischer ansieht als in diplomatischen und militärischen Kreisen, ist man vielmehr der Ansicht, dass die kriegerische Stimmung in Frankreich [...] sehr im Abflauen begriffen ist." Es sei eher die provokative Haltung Russlands, die in Zimmermanns Augen den Krieg erforderlich mache. Zwar sei Russland „militärisch noch garnicht fertig", doch „die bisherige schonende Tactik [Deutschlands] der russischen Regierung gegenüber [sei] jetzt nicht mehr angezeigt und das Auswärtige Amt auch entschlossen, ihr bei nächster Gelegenheit energisch die Zähne zu zeigen. Man könne dies um so eher risquiren, als Frankreich z.Zt. [...] durchaus nicht auf Krieg brenne und England sich hüten werde, eine russische Offensive zu unterstützen, die im letzten Ende doch immer auf die Dardanellen gerichtet sei." In seinem Bericht vom 22. Februar 1914 fuhr Varnbüler fort, er habe bei den Trauerfeierlichkeiten für seine Schwester Hildegard von Spitzemberg auch öfter mit Hans von Wangenheim, dem Botschafter in Konstantinopel, der mit seiner Nichte Johanna von Spitzemberg verheiratet war, die internationale Lage besprochen. Auch Wangenheim sei der Ansicht, „dass jetzt der günstige Moment wäre, vielleicht der letzte, ehe Russland militärisch noch mehr erstarke, sein Eisenbahnnetz mit französischem Gelde an unserer Ostgrenze ausgebaut habe, es energisch am Kopf zu fassen und so einen Keil in die Tripleentente zu treiben."[182]

Der fast an Ungeduld grenzende Kriegswille, der in Varnbülers Berichterstattung zum Vorschein kommt, wird in einem Bericht seines badischen Kollegen Sigismund Graf von Berckheim vom 11. März 1914 ebenfalls deutlich. Darin schildert der langjährige Gesandte und Bundesratsbevollmächtigte des Großherzogtums in Berlin einen Monolog, den Kaiser Wilhelm am Vortag im kleinen Kreis gehalten hatte. Anwesend seien noch der renommierte Berliner Jurist Professor Josef Kohler, der preußische Justizminister Dr. Maximilian von Beseler und der sächsische Gesandte Ernst Freiherr von Salza und Lichtenau gewesen. In seiner Bestandsaufnahme der internationalen Lage habe der Oberste Kriegsherr deren Entspannung hervorgehoben, die vor allem durch die bürgerkriegsähnlichen Unruhen in Nordirland entstanden sei. Die konfessionelle Krise in Ulster, so meinte der Kaiser, würde England dazu zwingen, sich von seinen Ententepartnern Frankreich und Russland wieder abzuwenden. Die beiden unmittelbaren Nachbarstaaten Deutschlands seien des Kaisers Meinung nach aber ebenfalls alles andere als kriegsbereit. Frankreich stecke mitten in einer schweren Finanzkrise und sei durch die Einführung der dreijährigen Militärdienstzeit, die das Land auf Dauer nicht würde aufrechterhalten können, nicht in der Lage, Krieg zu führen. Noch weniger kriegsbereit sei der russische Koloss im Osten, habe Wilhelm II. geurteilt. Zwar spreche der russische Generalstab seine strategischen Pläne alljährlich mit dem französischen Alliierten genau ab, doch für die nächsten Jahre drohe Deutschland von Russland her keine unmittelbare Gefahr, da es mit seinen Truppenaufstellungen und

182 Axel Freiherr von Varnbüler, Bericht vom 22. Februar 1914, Nachlass Varnbüler, Hauptstaatsarchiv Stuttgart. Ich danke Herrn Till Knobloch für den Hinweis auf diese aussagekräftige Quelle.

mit dem Bau der strategischen Eisenbahnen noch lange nicht fertig sei. Hinzu komme nach der Überzeugung des Kaisers der Umstand, dass Zar Nikolaus II. sehr wohl wisse, welche revolutionären Folgen ein Krieg für sein Reich und sein Haus zeitigen würde. Schon aus diesem Grunde würde der Zar den Frieden wahren wollen und müssen. In seinem Bericht nach Karlsruhe mokierte sich der badische Gesandte über das halbstündige Selbstgespräch des Monarchen, teilte aber offensichtlich dessen optimistische Einschätzung der militärischen Lage, in der sich das Deutsche Reich gegenüber der Triple Entente augenblicklich angeblich befand. Um so größer war seine Ungläubigkeit also, als der Oberste Kriegsherr nach dieser positiven Lagebeurteilung rundheraus erklärte, dass *„die größte Zurückhaltung und Vorsicht die allgemeine Richtlinie“* für die deutsche Politik sein müsse; er, der Kaiser, *„werde einen Präventivkrieg niemals* führen“.[183]

Mit seinem Staunen über diese friedfertige Einstellung des Kaisers und Königs, dem die Entscheidung über Krieg und Frieden letztendlich oblag, stand der Vertreter des Großherzogtums Baden keineswegs allein. Noch am gleichen Abend brachte Berckheim bei einem Diner beim Hausminister und Oberzeremonienmeister Graf August zu Eulenburg seine Verwunderung über die „Allerhöchsten Auslassungen“, wie er sie ironisch nannte, zum Ausdruck und fand dabei volles Verständnis bei keinem Geringeren als beim Chef des kaiserlichen Militärkabinetts General Moriz Freiherr von Lyncker. Auch dieser bedauerte ausdrücklich „diese Abneigung Seiner Majestät, den nach Ansicht der Militärs jetzt noch günstigen Moment zur Austragung des unausbleiblichen Konflikts zu benützen“.[184]

Mit der Aussage vom März 1914, der jetzige Moment sei wegen der Kampfunfähigkeit Großbritanniens der „günstigste“ für den „unausbleiblichen“ Krieg gegen Frankreich und Russland, sprach Lyncker – neben Moltke und Falkenhayn der wohl einflussreichste General im Kaiserreich – die Überzeugung aus, die wie ein Echo durch die Quellen über die deutsche Motivation im Frühsommer 1914 hallt. Wie erwähnt hat Kurt Riezler sowohl in seinen Briefen an Käthe Liebermann als auch in seinem Tagebuch und in Gesprächen mit Theodor Wolff die Haltung Bethmann Hollwegs während der „Zeit der Vorbereitung“ in Hohenfinow mit dieser Wendung erklärt. Unter dem 13. September 1914 schildert Riezler in seinem Tagebuch die denkwürdige Auseinandersetzung, die in seiner Anwesenheit im Großen Hauptquartier in Luxemburg zwischen dem Reichskanzler und Wilhelm von Stumm, dem Leiter der Politischen Abteilung des Auswärtigen Amts, stattgefunden hat. „Neulich bezeichnete Stumm den Zeitpunkt des Krieges als den günstigsten, worauf ihm der Kanzler ins Wort fiel – Sie meinen den am wenigsten ungünstigen. Er glaubt es nicht selber, redet aber immer so, aus Gewohnheit aus Manie und hofft, man widerspricht.“[185]

Aber auch Wilhelm von Stumms Onkel, der ehemalige Botschafter Ferdinand Freiherr von Stumm, inzwischen Vorsitzender des Aufsichtsrats der Gebrüder Stumm,

183 Sigismund Graf von Berckheim an Alexander Freiherr von Dusch, 11. März 1914, Generallandesarchiv Karlsruhe 233/34815. Siehe John C. G. Röhl, Jetzt gilt es loszuschlagen!, in *Die Zeit*, Nr. 22, 22. Mai 2014.

184 Ebenda.

185 Riezler, Tagebucheintrag vom 13. September 1914, Erdmann Nr. 557.

hatte keinen Zweifel, dass Bethmann Hollweg den Weltkrieg mit Absicht und zum bestmöglichen Zeitpunkt (und natürlich in der Hoffnung, dass England anfangs außen vor bleiben würde) herbeigeführt hatte. In einer Unterredung mit Harry Graf Kessler meinte Ferdinand Stumm am 22. September 1916: „Vor der Geschichte [...] würden wir mit der Schuld dieses Krieges belastet dastehen. Denn es *sei* ein Präventivkrieg gewesen. Wir hätten ihn herbeigeführt, indem wir Österreich vorschoben oder losliessen. Allerdings hätte Jeder in Bethmanns Stellung so handeln müssen; denn der Krieg wäre in zwei Jahren sicher gekommen, und dann hätten uns die Russen und Franzosen erdrückt. Also hätte Bethmann richtig gehandelt, indem er den Krieg herbeiführte, aber die Schuld werde doch an ihm haften bleiben.“[186] Aufgrund solcher Mitteilungen über die Vorgänge in der Julikrise, die von Walther Rathenau noch bestätigt wurden, kam Kessler zu der Einsicht, dass Lichnowskys wütende Anschuldigungen gegen Bethmann, die er bislang für eine „Narrheit“ gehalten hatte, doch gerechtfertigt gewesen seien.[187] Dennoch konnte Kessler seinen Ohren nicht trauen, als er im Januar 1917 in der Schweiz von dem französischen Diplomaten Emile Haguenin vernahm, in Frankreich halte man Bethmann Hollweg „für den Erz-Lügner und Betrüger“, dem man als Kriegsverbrecher den Prozess machen werde. „Ich musste lachen und sagte H.“, notierte Kessler, „in diesem Punkte sei er wirklich auf dem Holzwege. Wenn es einen ehrlichen, bis zur Naivität ehrlichen Staatsmann gebe, sei es Bethmann.“[188]

Theobald von Bethmann Hollweg hat im Sommer 1914 keine eigenständige Außenpolitik betrieben. Die besondere Hervorhebung seiner Motive und Taktik hatte ihren Ursprung in dem apologetischen Versuch anlässlich der Fischer-Kontroverse, von dem allgemeinen Kriegsdrang des kaiserlichen Deutschland abzulenken und wurde dann durch die Kontroverse um die Tagebücher Kurt Riezlers kräftig geschürt. Der Reichskanzler hat zwar eine genau berechnete Politik durchgeführt, aber diese Politik war bereits seit Monaten von allen Entscheidungsträgern in Berlin, den militärischen wie den staatlichen, erörtert worden und verfolgte mit Absicht das Ziel, den Krieg gegen Frankreich und Russland unter den vermeintlich günstigsten Bedingungen – vor allem in der Hoffnung auf die britische Neutralität – herbeizuführen. Ebenso wenig wie die Generalität sind die Zivilisten in der Wilhelmstraße wie Schlafwandler unversehens in den Krieg hineingeschlittert. Nach den Erfahrungen in der Adriakrise vom November/Dezember 1912, als sich Großbritannien, Frankreich und Russland schnurstracks gegen einen österreichischen Einmarsch in Serbien zusammenschlossen, können Bethmann Hollweg, Jagow und Stumm nach dem Attentat von Sarajewo kaum damit gerechnet haben, dass die beabsichtigte und von ihnen mehrmals geforderte militärische Niederringung Serbiens durch den Verbündeten an der Donau glimpflich mit einem

186 Kessler, Tagebucheintragung vom 22. September 1916, in Günter Riederer, Hg., *Harry Graf Kessler. Das Tagebuch Sechster Band 1916-1918*, Stuttgart 2006, 82f.

187 Ebenda. Zu Rathenaus (teilweise falschen) Angaben über den Kriegsausbruch siehe Kessler, Tagebucheintragung vom 23. Juli 1916, in Günter Riederer und Ulrich Ott, Hg., *Harry Graf Kessler. Das Tagebuch Fünfter Band 1914-1916*, Stuttgart 2008.

188 Kessler, Tagebucheintragung vom 9. Januar 1917, in Kessler, *Tagebuch Sechster Band 1916-1918*, 131ff.

Nachgeben Russlands und einem Auseinanderbrechen der Triple Entente enden würde. Selbst wenn ein derartiges Ergebnis der Julikrise ihr eigentliches Wunschziel gewesen wäre, was anhand zahlreicher Quellen bezweifelt werden kann,[189] bleibt es mehr als fraglich, ob Moltke, Falkenhayn, Lyncker, Waldersee, Wild von Hohenborn und die anderen Generäle, die seit Monaten den Sommer 1914 als den günstigsten Zeitpunkt für den „Befreiungsschlag" gegen Frankreich und Russland identifiziert hatten, einen auch noch so großen diplomatischen Ausgang der Krise hingenommen hätten. Gegen den überwältigenden Einfluss der Militärs, der obersten Marineführer um Tirpitz und der gesamten höfischen und staatlichen Elite waren die Gestaltungsmöglichkeiten eines Reichskanzlers in dem System der Persönlichen Monarchie, das Kaiser Wilhelm II. seit der Entlassung Bismarcks etabliert hatte, viel zu gering.

Nach den Buchstaben der Bismarckschen Reichsverfassung mag der Reichskanzler die Verantwortung für die deutsche Politik getragen haben, in Wirklichkeit war seine Stimme nur eine der vielen, die am Hofe der Hohenzollernschen Militärmonarchie um das Ohr des Obersten Kriegsherrn buhlen mussten, der stets das letzte Wort zu sprechen hatte. Kein anderer als der langjähriger Botschafter der verbündeten Großmacht Österreich-Ungarn Graf Szögyény hat noch im August 1913 seinem Außenminister Graf Berchtold auf die berühmte Frage „Wer regiert eigentlich in Berlin?" die unzweideutige Antwort gegeben, „dass weder Herr von Bethmann Hollweg noch Herr von Jagow sondern Kaiser Wilhelm selbst die Leitung der Auswärtigen Politik in Händen hat, und dass in dieser Beziehung der Reichskanzler und der Staatssekretär nicht in der Lage sind, auf Seine Majestät einen entsprechenden Einfluss auszuüben."[190] Nichtsdestotrotz sollte es Bethmann Hollweg in Übereinstimmung mit den Generälen am kaiserlichen Hof nach der Überreichung des fatalen Blankoschecks an Österreich-Ungarn gelingen, den unberechenbaren Kaiser auf seine alljährliche Nordlandreise zu schicken, um während der „Zeit der Vorbereitung" in Hohenfinow relativ ungestört den längst vor Sarajevo als unausweichlich angesehenen Krieg einzuleiten.

Im Sommer 1914 waren die Vertreter der deutschen Mittelstaaten wieder bestens informiert über die Absichten der Entscheidungsträger in Berlin, den europäischen Krieg zu diesem für Deutschland vermeintlich vorteilhaften Zeitpunkt auszulösen. Am 16. Juni 1914 – zwölf Tage *vor* dem Attentat in Sarajewo – rief Generalquartiermeister Georg Graf von Waldersee die Militärbevollmächtigten der Königreiche Bayern, Württemberg

---

189 Siehe die recht zweideutigen Äußerungen Jagows und Stumms an Theodor Wolff vom 25. Juli 1914, in Bernd Sösemann, Hg., *Theodor Wolff. Tagebücher 1914-1919. Der Erste Weltkrieg und die Entstehung der Weimarer Republik in Tagebüchern, Leitartikeln und Briefen des Chefredakteurs am ‚Berliner Tageblatt' und Mitbegründers der ‚Deutschen Demokratischen Partei'*, 2 Bde., Boppard am Rhein 1984, I, Nr. 3. Einige Monate später räumte Stumm in einem Gespräch mit Wolff ein, Deutschland habe im Juli 1914 den Krieg gewollt. „Wir haben nicht geblufft. Wir waren darauf gefaßt, daß wir den Krieg mit Rußland haben würden. Aber Oesterreich mußte seine Sache mit Serbien doch endlich einmal austragen. Wenn der Krieg nicht jetzt gekommen wäre, hätten wir ihn unter schlechteren Bedingungen in zwei Jahren gehabt. [...] Niemand habe voraussehen können, daß militärisch nicht alles so klappen werde, wie man geglaubt." Wolff, Eintrag vom 17. Februar 1915, ebenda I, Nr. 95.

190 Szögyény an Berchtold, 12. August 1913, *Österreich-Ungarns Außenpolitik*, VII, 116-18.

Abb. 5 Reichskanzler von Bethmann Hollweg (in Uniform) mit Staatssekretär von Jagow und Karl Helfferich, Direktor der Deutschen Bank, seit Februar 1915 Staatssekretär des Reichsschatzamts.

und Sachsen zu sich in den Großen Generalstab und legte ihnen nahe, fortab keine schriftlichen Berichte mehr nach München, Stuttgart beziehungsweise Dresden zu richten; ein Generalstabsoffizier sei zur jeweiligen Hauptstadt unterwegs, um die Gründe für diese Geheimhaltung zu erläutern. Die Unterrichtung des bayerischen Kriegsministers erfolgte durch Oberst Krause vom Großen Generalstab am 25. Juni 1914.[191] Vom Kalkül Helmuth von Moltkes in der Julikrise wusste der Militärbevollmächtigte Bayerns, General Karl Ritter von Wenninger, zu berichten: „Der Chef des Generalstabs [...] setzt seinen ganzen Einfluß darein, daß die selten günstige Lage zum Losschlagen ausgenützt werden solle; er weist darauf hin, daß Frankreich geradezu in militärischer Verlegenheit sich befinde, daß Rußland militärisch sich nichts weniger als sicher fühle; dazu die günstige Jahreszeit, die Ernte großenteils geborgen, die Jahresausbildung vollendet.“[192] Ähnlich fasste Graf Hugo von Lerchenfeld-Köfering, seit Bismarcks Zeiten Gesandter des Königsreichs Bayern in Berlin, die Überlegungen der Generalität folgendermaßen zusammen: „In hiesigen militärischen Kreisen ist man des besten Mutes. Schon vor Monaten hat der Generalstabschef Herr von Moltke sich dahin ausgesprochen, daß der Zeitpunkt militärisch so günstig sei, wie er in absehbarer Zeit nicht wiederkehren kann.“ Im Generalstab sehe man dem Krieg mit Frankreich „mit grosser Zuversicht entgegen“, meldete er nach München, man rechne damit, „Frankreich in 4 Wochen niederwerfen zu können.“[193] So ist es denn gar nicht erstaunlich, dass auch der sächsische Militärbevollmächtigte in Berlin, General Traugott Freiherr Leuckart von Weißdorf, nach einem Gespräch mit General von Waldersee bei der Trauerfeier für Erzherzog Franz Ferdinand am 3. Juli 1914 nach Dresden zu melden wusste, dass man es im Großen Generalstab „als ganz günstig ansieht, wenn es jetzt zu einem Kriege käme. Besser würden die Verhältnisse und Aussichten für uns nicht werden.“[194]

So genau Bethmann Hollweg das Risiko auch erwogen und „die Frage von allen Seiten beleuchtet“ haben mag, wie Kurt Riezler ihm 1916 in einem Gespräch mit Theodor Wolff attestierte,[195] die Entscheidung für den Krieg im Sommer 1914 war dennoch ein gewagter „Sprung ins Dunkle“ und ließ viele Fragen von welthistorischer Bedeutung

---

191 Karl Ritter von Wenninger an den bayerischen Kriegsminister Kress von Kressenstein, 16. Juni 1914, Bayerisches Hauptstaatsarchiv München, Abt. IV, Mkr. 41, siehe in Röhl, *Abgrund*, 1074.

192 Wenninger an Kress von Kressenstein, 29. Juli 1914, auszugsweise gedruckt in Bernd-Felix Schulte, Neue Dokumente zu Kriegsausbruch und Kriegsverlauf 1914, *Militärgeschichtliche Mitteilungen*, 25, 1979, Dokument Nr. 1.

193 Lerchenfeld an Hertling, 31. Juli 1914, gedruckt in Imanuel Geiss, Hg., *Julikrise und Kriegsausbruch 1914*, 2 Bde., Hannover 1963-4, II, Nr. 916 und Nr.918. Am 5. August 1914 teilte Moltke Lerchenfeld direkt mit, „Man könne es als ein Glück betrachten, dass durch den Mord in Sarajewo die von den drei Mächten [Russland, Frankreich und England] angelegte Mine schon in einem Zeitpunkt aufgeflogen sei, in dem Russland noch nicht fertig, und die französische Armee sich in einem Übergangsstadium befinde.“ Lerchenfeld an Hertling, 5. August 1914, gedruckt in Pius Dirr, Hg., *Bayerische Dokumente zum Kriegsausbruch und zum Versailler Schuldspruch*, München 1922, Nr. 83.

194 Leuckart von Weißdorf an den sächsischen Kriegsminister Adolf von Carlowitz, 3. Juli 1914, Geiss, *Julikrise und Kriegsausbruch*, I, Nr. 15.

195 Wolff, Eintrag vom 24. Mai 1916, Sösemann, *Theodor Wolff Tagebücher*, Nr. 365. Siehe oben S. 37.

offen. Würde es ihm gelingen, das zaristische Russland als Angreifer hinzustellen und somit das deutsche Volk für einen angeblich gerechten Verteidigungskrieg zu gewinnen? Welchen Widerstand würde die belgische Bevölkerung der deutschen Armee entgegensetzen? Würde das verbündete Italien mitmachen oder sich mit dem Argument herausreden, der casus foederis des Dreibundvertrages trete doch nur bei einem wirklichen Verteidigungskrieg ein? Vor allem: wie werde sich Großbritannien angesichts der kritischen Lage in Nordirland verhalten? Selbst eine abwartende Haltung des Inselreiches würde die deutsche Flotte daran hindern, den an die flandrische Küste vordrängenden deutschen Truppen Unterstützung zur See zu gewähren.[196] Träte England aber sogleich in den Krieg, würde dies nicht nur eine Verstärkung der französischen Front durch ein Expeditionskorps von 100 000 britischen Elitesoldaten bedeuten – Truppen aus Kanada, Australien, Neuseeland, Indien und Afrika könnten in den Kampf geworfen werden. Die Wirkung auf die Haltung neutraler Staaten wie Griechenland, Rumänien und Schweden sowie auch auf Italien wäre unkalkulierbar. Und was wäre, wenn Japan, Englands Bündnispartner im Fernen Osten, die Gelegenheit der britischen Kriegserklärung zum Vorwand nehmen sollte, um die deutsche Kolonie Kiautschou auf dem chinesischen Festland an sich zu reißen? Würde es gelingen, wie der Kaiser mehrmals gefordert hatte und noch Ende Juli 1914 aufgeregt wiederholte, das türkische Reich für den Kriegseintritt sowohl gegen England als auch gegen Russland zu gewinnen und die ganze islamische Welt zum Aufstand zu bringen?[197] Und, allen anderen Fragen voran: Werde die Armee ihr Versprechen halten können, Frankreich mit der „Dampfwalze" des Moltke-Schlieffen-Planes binnen vierzig Tagen plattzudrücken, damit die deutschen Truppen zusammen mit den österreichisch-ungarischen Kameraden den Sieg auch über Russland erringen könnten? Erst dann werde man sich genauer über die Einzelheiten des „Siegespreises" (sowie möglicherweise über die Fortführung des Krieges gegen Großbritannien) Gedanken machen können, der aber – soviel stand schon als „allgemeines Ziel des Krieges" fest – die „Sicherung des Deutschen Reiches nach West und Ost auf erdenkliche Zeit" würde gewährleisten müssen.[198]

Zwei Wochen nach dem Beginn des Weltkriegs, als Kurt Riezler mit dem Reichskanzler und einer Abteilung des Auswärtigen Amtes im Hofzug an die Westfront nach Koblenz fuhr, war die Begeisterung in den Straßen allenthalben zu spüren.[199] Die Regierung hatte in der Tat eine „glückliche Hand gehabt, uns als die Angegriffenen hinzustellen", wie

---

196 Siehe die Randbemerkung Kaiser Wilhelms II. zum Artikel „Was wird England tun?" im *Berliner Tageblatt* vom 2. August 1914, Kautsky, *Deutsche Dokumente*, Nr. 661

197 Randbemerkung Kaiser Wilhelms II. zur Depesche Pourtalès' aus St. Petersburg vom 30. Juli 1914, Kautsky, *Deutsche Dokumente*, Nr. 401.

198 Bethmann Hollweg an Clemens Delbrück, 9. September 1914, Fritz Fischer, *Griff nach der Weltmacht. Die Kriegszielpolitik des kaiserlichen Deutschland 1914/1918*, Düsseldorf 1961, 110-112.

199 Siehe zum Beispiel die Eintragungen Harry Graf Kesslers vom 28. Juli bis 4. August 1914, Kessler, *Das Tagebuch Vierter Band*, 916-920. „Alles ist sich klar darüber, dass dieser Krieg Deutschland die Weltherrschaft oder den Untergang bringen muss. Seit Napoleon ist kein so hohes Spiel gespielt worden."

Admiral von Müller am 1. August anerkennend in sein Tagebuch notierte.[200] Nicht gelungen war es Bethmann hingegen, England zur Neutralität zu bewegen. Sein Angebot, im Falle eines siegreichen Krieges die territoriale Integrität Frankreichs in Europa (nicht aber im Übersee) wiederherzustellen und diejenige Belgiens nach dem Krieg zu „achten", immer vorausgesetzt, dass Belgien *nicht* gegen Deutschland Partei ergreife, wurde in London als schandhaftes Eingeständnis der deutschen Eroberungsabsichten aufgefasst.[201] „So war der Krieg mit England da. Er ist gekommen, weil unsere Politiker keine Ahnung von der Bedeutung der überlegenen Seemacht haben", urteilte Müller und fuhr fort: „Eine furchtbare Prüfung für Deutschland. Wie soll das enden?"[202] Die befürchteten diplomatischen Folgen des britischen Kriegseintritts ließen nicht lange auf sich warten: „Die Verbündeten fallen schon vor dem Krieg von uns ab wie die faulen Äpfel!", schimpfte Wilhelm II. am 4. August, als die Nachricht von der Neutralität Griechenlands und Rumäniens eintraf. Das sei ein „totaler Niederbruch der Ausw. Deutschen bezw. Österreich. Diplomatie. Das hätte vermieden werden müssen und können."[203] Weiterhin offen war Mitte August 1914 die Frage, welche Haltung Japan, Italien und die Türkei einnehmen würden. Trotz allem aber überwog feste Zuversicht in die unaufhaltsame „Dampfwalze" des deutschen Heeres, als Riezler von seiner Verlobten Käthe Liebermann Abschied nahm, um am 16./17. August mit dem Großen Hauptquartier an den Rhein zu fahren.

4. Mit dem Großen Hauptquartier an die „Front"

Um 7.53 Uhr am 16. August 1914, einem sonnigen Sonntagmorgen, gut zwei Wochen nach der Kriegserklärung an Russland und Frankreich und dem Einfall des kaiserlichen Heeres in Luxemburg und Belgien, der die Kriegserklärung Englands nach sich gezogen hatte, verließ der kaiserliche Hofzug mit dem Großen Hauptquartier den Potsdamer Bahnhof.[204] Trotz der höchsten Geheimhaltungsstufe kam die Kaiserin zum Abschied an die Bahn. Die Reise an die „Front" nahm ganze 24 Stunden in Anspruch. Um die

200 Müller, Tagebucheintragung vom 1. August 1914, BA-MA Freiburg, Nachlass Müller. Entstellt wiedergegeben in Görlitz, *Regierte der Kaiser?*, 38.

201 Sir Edward Goschen an Sir Edward Grey, 29. Juli 1914, Geiss, *Julikrise und Kriegsausbruch 1914*, II, Nr. 745.

202 Müller, Tagebuch vom 4. August 1914, BA-MA Freiburg, Nachlass Müller.

203 Kaiser Wilhelm II., Randbemerkung vom 4. August 1914 zum Telegramm Waldthausens aus Bukarest, Kautsky, *Deutsche Dokumente*, Nr. 811. Siehe ferner ebenda, Nr. 794, Nr. 795, Nr. 854 und Nr. 868.

204 Der Chef des Marinekabinetts Admiral von Müller hielt die Abreise an diesem Tag für „unsinnig früh in Anbetracht der vielen, am besten in Berlin zu erledigenden Fragen", Müller, Tagebucheintrag vom 12. August 1914, in: Walter Görlitz, Hg., *Regierte der Kaiser? Kriegstagebücher, Aufzeichnungen und Briefe des Chefs des Marine-Kabinetts Admiral Georg Alexander von Müller 1914-1918*, Göttingen 1959, 46. Auch Bethmann Hollweg plädierte für ein späteres Datum. Am 7. August meldete der bayerische Militärbevollmächtigte General von Wenninger dahingegen das Gerücht, dass das Große Hauptquartier „möglicherweise schon am 9. abends von hier nach

Aufmarschpläne nicht zu stören, die die Eisenbahnabteilung des Großen Generalstabes nach der letzten Armeevermehrung vom Frühjahr 1913 in monatelanger Fleißarbeit hatte umrechnen müssen,[205] und auch um den Feind über das Ziel der Reise irrezuführen, nahm der Sonderzug fernab von allen Schnellzuggleisen den weiten Umweg über Erfurt, Würzburg und Mainz.[206] Erst um 8.21 Uhr am nächsten Morgen traf der Zug in Koblenz ein. Bei jedem Aufenthalt ging der Kaiser auf dem Bahnsteig auf und ab; nach den aufregenden Ereignissen der letzten Wochen hatte er sich ins Bett legen müssen und auch jetzt noch hatte er einen mysteriösen „Pollen" an der Stirn, der nicht heilen wollte.[207] Besorgt hatte die Kaiserin der engeren Umgebung einen Brief mitgegeben, den der Kaiser beim Erreichen des Bestimmungsortes vorfinden sollte. „Gott wird Dich gesund zu mir zurück führen, das musst Du Dir immer sagen, wenn Deine armen Nerven u. Dein armes Herz sich so bedroht fühlt", versicherte sie ihm darin. „Nimm Dir nicht alles so zu Herzen, Du mein Liebling, Du stehst so klar u. gerecht vor der Welt. Dein Land schlägt sich in Ruhe für seine heiligen Güter, dem wird der Herr auch weiter helfen."[208]

Bereits im Frühjahr 1913 hatte der Generalstab bestimmt, wer vom Heer und wer von der Marine zur ersten Staffel des Großen Hauptquartiers gehören sollte – und damit wer vorerst in der Hauptstadt zurückbleiben musste.[209] Trotzdem gab es im August 1914

Westen abgehen werde." Gedruckt in Bernd-Felix Schulte, Neue Dokumente zu Kriegsausbruch und Kriegsverlauf 1914, *Militärgeschichtliche Mitteilungen*, 1/1979, Nr. 14.

205 In seinen unveröffentlichten Erinnerungen schrieb Hermann von Santen, seit 1913 in der von Oberstleutnant Wilhelm Groener geleiteten Eisenbahnabteilung des Generalstabes tätig: „Mit dem Beginn des Jahres 1914 war die Hälfte der arbeitsreichen Zeit bereits überschritten: drei Monate angestrengter und aufreibender Tätigkeit lagen hinter uns, mit dem Ende Februar würden die Mobilmachungs- und Aufmarscharbeiten im wesentlichen abgeschlossen sein." Den Befehl zur sofortigen Rückkehr nach Berlin erhielten Santen und die übrigen Offiziere der Eisenbahnabteilung am 28. Juli 1914 nachmittags. Hermann von Santen, Erinnerungen, Band X, 359ff. und 371, Privatbesitz der Familie von Santen, Wennigsen am Deister.

206 Wenninger, Tagebuch vom 16. August 1914, Schulte, Neue Dokumente, Nr. 18.

207 Siehe das Tagebuch Erich Koch-Wesers vom 22. Dezember 1914, in Walter Mühlhausen und Gerhard Papke, Hg., *Kommunalpolitik im Ersten Weltkrieg. Die Tagebücher Erich Koch-Wesers 1914 bis 1918*, München 1999, 178-82. Koch-Weser gibt darin sein Gespräch mit dem Bildhauer Hans Albrecht Graf von Harrach wieder, der über seine Eindrücke im Großen Hauptquartier erzählte. Der Kaiser sehe angegriffen aus, und sein Haar sei stark ergraut, berichtete Harrach, sonst sei er aber frisch und spreche mit großer Bestimmtheit. An dem törichten Gerede, dass Wilhelm II. unter der Last des Feldzuges zusammenbräche, sei nicht das Geringste wahr. Ähnlich wie Harrach schilderte Karl Freiherr von Plettenberg den Gesundheitszustand des Kaisers zu dieser Zeit. Plettenberg an seine Gattin, 8. November 1914, Nachlass Plettenberg, Privatbesitz Essen. Siehe ferner die Notiz Theodor Wolffs vom 5. Dezember 1914, Bernd Sösemann, Hg., *Theodor Wolff. Tagebücher 1914-1919. Der Erste Weltkrieg und die Entstehung der Weimarer Republik in Tagebüchern, Leitartikeln und Briefen des Chefredakteurs am ‚Berliner Tageblatt' und Mitbegründers der ‚Deutschen Demokratischen Partei'*, 2 Bde., Boppard am Rhein 1984, I, Nr. 61.

208 Kaiserin Auguste Viktoria an Kaiser Wilhelm II., „geschrieben des Nachts v. 12. Aug. 1914", Abschrift vom 17. August 1942 im Archiv des vormals regierenden preußischen Königshauses, Burg Hohenzollern.

209 Pohl an Müller, 2. Mai 1913; Müller an Pohl, 28. Mai 1913, BA-MA Freiburg RM2/v 1816; Ulrich Freiherr von Marschall an Müller, 24 Mai 1913, ebenda, RM5/v 1828. Siehe John C. G. Röhl,

bis zum letzten Moment Versuche, die Zusammensetzung des für die Front bestimmten höchsten Führungszirkels zu ändern. Gegen den entschiedenen Widerstand des Reichskanzlers und des Auswärtigen Amtes setzten die Kabinettschefs von Müller und von Valentini mit Hilfe des Generaladjutanten Hans von Plessen durch, dass Tirpitz „mit ins Hauptquartier kommt als Gegengewicht gegen Bethmann Hollweg" – eine Entscheidung, die Müller später als großen Fehler eingestehen musste.[210] Der Vorgang verdeutlicht wieder einmal die engen Grenzen, die der Gestaltungsmöglichkeit des Kanzlers vor allem in Personalfragen gezogen wurden. Tirpitz wiederum wollte den Kaiser und am liebsten auch den Kanzler vorerst in Berlin zurücklassen und Jagow im Großen Hauptquartier durch den schneidigeren Unterstaatssekretär Arthur Zimmermann ersetzen, doch diese Versuche scheiterten am Widerspruch Moltkes, der seit der Ausrufung des „Zustandes der drohenden Kriegsgefahr" am 31. Juli in solchen „militärpolitischen" Fragen erst recht das Sagen hatte.[211] Der seit Jahren währende Konflikt zwischen dem zivilen Reichskanzler und Tirpitz, dem „Vater der Lüge" wie Riezler ihn nannte, sollte sich am Rhein, in Luxemburg und in den Ardennen fortsetzen. Noch am 16. August konnte Theodor Wolff, der sonst so wohl informierte Chefredakteur des *Berliner Tageblatts*, der in der Julikrise mit dem Auswärtigen Amt eng zusammengearbeitet hatte, in sein Tagebuch eintragen, dass der Reichskanzler in der Hauptstadt zurückbleiben würde.[212] Wäre dies der Fall gewesen, wäre Kurt Riezler möglicherweise auch in Berlin geblieben. Tatsächlich aber reiste Riezler mit Bethmann Hollweg und dem gesamten „Großen Hauptquartier Seiner Majestät des Kaisers und Königs" mit an die Westfront und hielt dort in seinen Tagebüchern und seinen in diesem Band jetzt abgedruckten Briefen an Käthe Liebermann seine unmittelbaren Eindrücke fest.

Während der Fahrt nach Koblenz saßen somit die höchsten Entscheidungsträger des Kaiserreiches im Sonderzug zusammen: der Kaiser als Oberster Kriegsherr, sein engeres Gefolge angeführt vom langjährigen Generaladjutanten Hans von Plessen, der Chef des Militärkabinetts Moriz Freiherr von Lyncker mit seinem Stellvertreter Ulrich Freiherr von Marschall, der Chef des Marinekabinetts Admiral Georg Alexander von Müller, der Chef des Zivilkabinetts Rudolf von Valentini, der Generalstabschef Helmuth von Moltke und der preußische Kriegsminister Erich von Falkenhayn. Ebenfalls im kaiserlichen Sonderzug befand sich die zivile Reichsleitung, allen voran der Reichskanzler Theobald von Bethmann Hollweg, der Chef der Reichskanzlei Arnold Wahnschaffe, der Staatssekretär des Auswärtigen Amtes Gottlieb von Jagow und der Leiter der Politischen Abteilung der Wilhelmstraße Wilhelm August von Stumm. Zum sogenannten „Wanderbüro des Auswärtigen Amtes" gehörten neben Riezler als Pressereferent

Wilhelm II. Der Weg in den Abgrund 1900-1941, München 2008, 1054-5.

210 In einer nachträglichen Notiz Müllers heißt es: „Bethmann Hollweg und Tirpitz zusammen im Hauptquartier, [...] das konnte nicht gehen. Und es ging auch nicht." Görlitz, *Regierte der Kaiser?*, 46.

211 Einzelheiten im Tagebuch des Admirals von Müller vom 15. August 1914, in Görlitz, *Regierte der Kaiser?*, 47f.

212 Theodor Wolff, Tagebuchnotiz vom 16. August 1914, Sösemann, *Theodor Wolff. Tagebücher 1914-1919*. I, Nr. 10.

ferner der Vortragende Rat Wilhelm von Radowitz, der Vortragende Rat Gerhard von Mutius (ein Vetter des Reichskanzlers) und der Legationsrat Freiherr von Grünau, der dem Vertreter des Kanzlers and des Auswärtigen Amts beim Kaiser, Karl Georg von Treutler, zugeteilt war.[213] Als Vertreter der österreichischen Obersten Heeresleitung im deutschen Hauptquartier reisten der österreichische General Karl Graf Stürgkh und der k. u. k. Militärattaché Freiherr Karl von Bienerth im Hofzug mit.[214] Der überaus kriegslustige Militärbevollmächtigte Bayerns, Generalleutnant Karl Ritter von Wenninger, war ebenfalls dabei und führte über die (wie er meinte) „lukullische“ Beförderung des „wohlbehüteten“ Hauptquartiers in den Krieg ein sarkastisches Tagebuch. Und auch der Staatssekretär des Reichs-Marine-Amtes Großadmiral Alfred von Tirpitz, zusammen mit seinem aufgeklärten Abteilungschef Vize-Admiral Albert Hopman und dem Chef des Admiralstabes Hugo von Pohl, nahmen an der Reise des Großen Hauptquartiers nach Koblenz teil.

Da fast alle diese Entscheidungsträger in diesem weltgeschichtlichen Augenblick, in dem die eisernen Würfel des Krieges gefallen waren, Tagebuch führten beziehungsweise tagebuchähnliche Briefe nach Hause schickten, sind wir über ihre Stimmung auf der Fahrt an den Rhein ungewöhnlich gut informiert – bezeichnenderweise viel besser als über ihre Einstellung in der unmittelbaren Vorkriegszeit, zumal einige einschlägige Quellen aus der Zeit vor Juli 1914, wie oben gezeigt wurde, nach dem Schuldspruch von Versailles beseitigt oder umgeschrieben wurden.[215] In keinem einzigen der authentisch überlieferten Zeitzeugnisse aus der obersten militärpolitischen Führungsspitze im Sommer 1914 ist Erstaunen oder Bestürzung darüber zu vernehmen, dass ein lokaler Konflikt zwischen Österreich-Ungarn und Serbien auf dem Balkan zu einem Krieg zwischen den europäischen Großmächten eskaliert war. Es ist nirgends auch nur andeutungsweise die Rede davon, dass sich das Kaiserreich gegen einen unmittelbar bevorstehenden russischen Angriff zu wehren hatte, wie es die Regierungspropaganda sehr wirksam behauptete. Natürlich herrschte tiefe Betroffenheit namentlich beim Kaiser[216] über die Kriegserklärung Englands und die unsichere Haltung Italiens,[217] doch davon abgesehen wurde der Kriegsausbruch von keinem dieser höchsten Entscheidungsträger im Sonderzug als ein versehentlich durch Missverständnisse oder diplomatisches Ungeschick heraufbeschworenes Unglück vernommen. Vielmehr ist Zufriedenheit über die glücklich verlaufene Inszenierung des lange erwarteten und exakt vorbereiteten Krieges der überwiegende Tenor dieser zeitgenössischen Niederschriften der Eingeweihten, und erst viel später, als sich die Kriegsauslösung im Sommer 1914 als

213 Zimmermann an die Legationskasse, 31. August 1914, Politisches Archiv des Auswärtigen Amtes, Berlin R 138930.

214 Josef Graf Stürgkh, *Im Deutschen Großen Hauptquartier*, Leipzig 1921.

215 Siehe oben Abschnitt 2.

216 Müller, Tagebucheintrag vom 8. August 1914, BA-MA Freiburg, Nachlass Müller; Görlitz, *Regierte der Kaiser?*, 45.

217 Müller empfing die besonders für die Seekriegführung schlimme Nachricht von der Neutralitätserklärung Italiens mit der bitteren Bemerkung: „Diese Bundesbrüder.“ Tagebucheintrag vom 3. August 1914, BA-MA Freiburg, Nachlass Müller; nicht in Görlitz, *Regierte der Kaiser?*, 40.

unvorstellbare Katastrophe – nicht zuletzt auch für Deutschland – erwiesen hatte, begannen die Versuche, die seinerzeit entstandenen Tagebücher und Briefe zu retouchieren oder gar zu vernichten.

Typisch für die Haltung der Armeespitze sind die begeisterten, ungeduldig zum Krieg drängenden Eintragungen im Tagebuch des Generals von Wenninger, der die Abfahrt von Potsdam mit dem Jubel begrüßte: „Endlich geht es los! Die Zeit ist vorbei, wo man die Augen niederschlug vor all den fragenden Blicken: was tust du noch hier?"[218] Gut zwei Wochen zuvor, als am 31. Juli der Zustand der drohenden Kriegsgefahr ausgerufen wurde, notierte Wenninger nach seinem Besuch im preußischen Kriegsministerium: „Überall strahlende Gesichter, – Händeschütteln auf den Gängen; man gratuliert sich, daß man über den Graben ist. Gerüchte von dem Ultimatum auch an Frankreich – einer meint, ob dies denn nötig sei, sich auch Frankreich aufzupacken, das sich doch wie ein Karnickel drücke; General v. Wild [von Hohenborn] meint: ‚Nur wir möchten die Brüder doch auch dabei haben'."[219] Jetzt, nach der nächtlichen Fahrt nach Koblenz, trug Wenninger zufrieden in sein Tagebuch ein: „Der Bierabend im leeren Speisewagen, der als Büro dienen sollte, war sehr gelungen; bis nach 11 Uhr saßen hier Kriegsministerium und Militärkabinett, fürstliche Adjutanten, Generalstäbler, hohe Diplomatie und Marine beisammen – alle die Stellen, die in den letzten 14 Tagen sich gegenseitig beargwöhnten und oft befehdeten."[220] Darüber, dass man richtig gehandelt hatte, herrschte Einhelligkeit. Es ist unverständlich, weshalb derartige vielfach überlieferte Quellen, die der internationalen Fachwelt seit Jahrzehnten bekannt sind und die ein untrügliches Zeugnis von der „fabelhaften Zuversicht" geben, mit der die deutsche Generalität 1914 in den Krieg zog, in der gegenwärtigen öffentlichen Debatte über die angebliche „Unschuld" des Kaiserreichs so wenig Beachtung finden.

Überall während der Fahrt des Hofzuges nach Koblenz am 16./17. August 1914 war die Siegeserwartung zu spüren. „Die Reise war sehr interessant, Kanzler u[nd] Generalstab aßen immer mit", schrieb der Chef des Zivilkabinetts von Valentini bei der Ankunft in Koblenz an seine Frau. „Die ruhige Zuversicht der Militärs war doch sehr erfrischend."[221] Sein Kollege General Moriz von Lyncker berichtete am gleichen Tag an seine Frau: „Im gr[oßen] Hauptquartier herrscht eine ruhige zuversichtliche Stimmung, besonders bei den Generalstäblern."[222] Nirgends wird in den Tagebüchern der Anwesenden ein Dissens zwischen den Militärführern und der zivilen Reichsleitung vermerkt. Alle teilten die „fabelhaft zuversichtliche Stimmung des Chefs des Generalstabes", wie Admiral von Müller noch in der Nacht zum 17. August in seinem Tagebuch festhielt.[223]

---

218 Wenninger, Tagebuch vom 16. August 1914, Schulte, Neue Dokumente, Nr. 18.

219 Wenninger, Tagebucheintrag vom 30. und 31. Juli 1914, Schulte, Neue Dokumente, Nr. 6. Afflerbach, *Falkenhayn*, 161.

220 Wenninger, Tagebucheintrag vom 16. August 1914, Schulte, Neue Dokumente, Nr. 18

221 Valentini an seine Gattin, 17. August 1914, Nachlass Valentini, Bundesarchiv Koblenz, Kl. Erw. Nr. 341-4.

222 Lyncker an seine Gattin, 17. August 1914, Afflerbach, *Oberster Kriegsherr*, Nr. L 9.

223 Görlitz, *Regierte der Kaiser?*, 48. Ähnlich die Tagebucheintragungen Hopmans vom 16. und 17. August 1914, in Epkenhans, *Albert Hopman*, 408-10.

Spätestens seit Ende 1912 war „je eher desto besser!" die Losung des Generalstabschefs Helmuth von Moltke gewesen.[224] Seine bittere Enttäuschung darüber, dass es nicht schon 1911 in dem Marokkokonflikt mit Frankreich zum Äußersten gekommen war[225] und dann darüber, dass Deutschland in der Balkankrise vom Winter 1912/13 aus Angst vor der englischen Einmischung erneut einen schmählichen Rückzieher gemacht hatte,[226] war jetzt überwunden. Das Heer war 1913 vergrößert worden, wenn auch nicht in dem von ihm und Ludendorff geforderten Ausmaß, und zahlreiche ortskundige Offiziere waren monatelang heimlich speziell für den Handstreich auf die Festung Lüttich ausgebildet worden.[227] Alles Menschenmögliche zur Herbeiführung einer schnellen Entscheidung im Westen war geleistet worden. Seit dem Frühjahr 1914 hatte der Generalstabschef, darin sekundiert vom Chef des Militärkabinetts von Lyncker, dem preußischen Kriegsminister von Falkenhayn und dem Generalquartiermeister Graf Georg von Waldersee, auf die baldige Herbeiführung eines sogenannten „Präventivkriegs" gedrängt.[228] Dem Staatssekretär des Auswärtigen Amtes erklärte Moltke am 19. Mai 1914, wie Jagow nach dem Zusammenbruch des Hohenzollernreiches vor dem Untersuchungsausschuss des

---

224 Siehe John C. G. Röhl, Der militärpolitische Entscheidungsprozeß in Deutschland am Vorabend des Ersten Weltkrieges, in ders., *Kaiser, Hof und Staat. Wilhelm II. und die deutsche Politik*, München [5]2002, 175-9.

225 Im Sommer 1911 hatte Moltke angesichts der Agadir-Krise den bekannten Stoßseufzer von sich gegeben: „Wenn wir aus dieser Affäre wieder mit eingezogenem Schwanz herausschleichen, wenn wir uns nicht zu einer energischen Forderung aufraffen können, die wir bereit sind mit dem Schwert zu erzwingen, dann verzweifle ich an der Zukunft des Deutschen Reiches. Dann gehe ich." Moltke an seine Frau, 19. August 1911, in: Eliza von Moltke, Hg., *Generaloberst Helmuth von Moltke, Erinnerungen, Briefe, Dokumente 1877-1916*, Stuttgart 1922, 362.

226 Röhl, Der militärpolitische Entscheidungsprozeß, 175-9. Ferner John C. G. Röhl, *Wilhelm II. Der Weg in den Abgrund*, München 2008, 963-6. Nach der im Dezember 1912 beschlossenen Vergrößerung der Armee um 115 000 Mann erschien der Aufschub eines Krieges bis etwa Frühjahr 1914 ohnehin geraten.

227 Nach seiner Entlassung wurde Moltke vom Generalstab aufgefordert, das Scheitern seines Planes zur Niederwerfung Frankreiches durch den Einfall in Belgien zu erklären. In seiner Rechtfertigung vom 16. Juli 1915 ging Moltke ausführlich auf die Planungen ein, stellte aber vielsagend die Erwägung anheim, „ob es angesichts der, von unseren Gegnern in der ganzen Welt verbreiteten Behauptung: Deutschland habe den jetzigen Krieg seit langem vorbereitet und gewollt und nur Deutschland habe ihn herbeigeführt, angezeigt erscheint zu sagen, daß seit vielen Jahren der Einmarsch in Belgien vom Generalstabe bearbeitet sei." Helmuth von Moltkes an General Freytag von Loringhofen, 26. Juli 1915, BA-MA Freiburg, W 10/51063.

228 Kurz vor Kriegsausbruch berichtete rückblickend der langjährige bayerische Gesandte in Berlin, Hugo Graf von Lerchenfeld-Köfering: „In hiesigen militärischen Kreisen ist man des besten Mutes. Schon vor Monaten hat der Generalstabschef Herr von Moltke sich dahin ausgesprochen, daß der Zeitpunkt militärisch so günstig sei, wie er in absehbarer Zeit nicht wiederkehren kann." Lerchenfeld an Hertling, 31. Juli 1914, in Imanuel Geiss, Hg., *Julikrise und Kriegsausbruch 1914*, 2 Bde., Hannover 1963, II, Nr. 918. Zu Lynckers Drängen auf Krieg siehe den Bericht Graf Berckheims vom 11. März 1914, Generallandesarchiv Karlsruhe, zitiert oben S. 69 f. Zum Kriegswillen Falkenhayns ausführlich Afflerbach, *Falkenhayn*, 147ff. Georg Graf von Waldersee, Denkschrift über Deutschlands militärische Lage Mai 1914, 18. Mai 1914, zitiert in Röhl, *Abgrund*, 1070.

Reichstags einräumte: „Es bliebe seiner [d. i. Moltkes] Ansicht nach nichts übrig, als einen Präventivkrieg zu führen, um den Gegner zu schlagen, solange wir den Kampf noch einigermaßen bestehen können. Der Generalstabschef stellte mir demgemäß anheim, unsere Politik auf die baldige Herbeiführung eines Krieges einzustellen."[229] Im Mai und Juli hatte Moltke gleich zweimal in Karlsbad eine Kur gemacht, um sich für die gewaltige Kraftprobe eines Weltkrieges zu rüsten. Überwunden schien der Nervenzusammenbruch zu sein, den Moltke am 1. August 1914 erlitten hatte, als ihm der Kaiser (in der durch eine Depesche Fürst Lichnowskys erweckten Hoffnung auf die Neutralität Englands) befahl: „Also wir marschieren einfach mit der ganzen Armee im Osten auf!"[230] Ungläubig rief der Generalstabschef in diesem Schreckensmoment aus, in dem er erleben musste, wie alle seine Pläne über den Haufen geworfen wurden: „Jetzt fehlt nur noch, daß auch Rußland noch abschnappt."[231] Doch nunmehr, mit dem Großen Hauptquartier im Hofzug unterwegs an die Front, hatte seine Stunde geschlagen. „Wir sind bereit, und je eher, desto besser für uns", hatte er wenige Tage *vor* dem Attentat von Sarajevo erklärt.[232]

Vier Wochen darauf brach Moltke nach dem Rückschlag an der Marne bekanntlich ein zweites Mal zusammen, wie Lyncker schon länger befürchtet hatte. „Schwarzseher als Soldaten und gar als Chef des Generalstabes sind unmöglich", urteilte am 12. September 1914 der kaiserliche Generaladjutant Hans von Plessen.[233] Doch auch nach diesen militärischen und persönlichen Desastern ließ sich Moltke die herausragende Rolle, die er bei der Herbeiführung des Weltkrieges gespielt hat, nicht nehmen. „In diesem Kriege, den ich vorbereitet und eingeleitet habe, zur Untätigkeit verdammt zu sein, ist grausam", klagte er 1915 in einem eigenhändigen Schreiben an den Generalfeldmarschall Colmar Freiherr von der Goltz,[234] der (wie er wusste) seine geostrategischen und kulturpessimistischen Beweggründe für die Entfesselung des Krieges vollauf teilte. An den General Bruno von Mudra schrieb Goltz beim Kriegsausbruch: „Ja, jetzt geht's aufs Ganze! Schade, daß es so spät kam; gut daß es nicht später gekommen ist. Ich habe festes Vertrauen auf unseren Sieg, mag auch eine blutige und dornenvolle Bahn vor uns liegen."[235] Und am 16. August 1914 jubelte er: „Mit gewaltiger Faust hat das Schicksal es [d. i. Deutschland] aus dem Taumel des Materialismus gerissen und wieder fest auf seine Füße gestellt. [...] Die Schlacken werden abfallen und ein gesunder edler Kern zum

229 Moltkes Gespräch mit Gottlieb von Jagow vom 19. Mai 1914, zitiert nach Egmont Zechlin, Motive und Taktik der Reichsleitung 1914, *Der Monat*, Bd. 209, Februar 1966, 92.

230 Eliza von Moltke, *Generaloberst Helmuth von Moltke*, 19ff.; Annika Mombauer, *Helmuth von Moltke and the Origins of the First World War*, Cambridge 2001, 216ff.; Röhl, *Abgrund*, 1159-66.

231 Müller, Tagebucheintrag vom 1. August 1914, BA-MA Freiburg, Nachlass Müller, nicht in Görlitz, *Regierte der Kaiser?*, 39f.

232 Afflerbach, *Falkenhayn*, 147.

233 Hans von Plessen, Tagebuch vom 12. September 1914, Afflerbach, *Oberster Kriegsherr*, Nr. P 33.

234 Moltke an Colmar von der Goltz, 14. Juni 1915, BA-MA Freiburg, Nachlass Colmar von der Goltz, N737 Nr. 22.

235 Goltz an Bruno von Mudra, 15. August 1914, zitiert in Carl Alexander Krethlow, *Generalfeldmarschall Colmar Freiherr von der Goltz Pascha. Eine Biographie*, Paderborn, München, Wien, Zürich 2012, 421.

Vorschein kommen."[236] Auf Moltkes Vorschlag hin stellte der Kaiser am 23. August 1914 in Koblenz den seit 1913 pensionierten Generalfeldmarschall Colmar Freiherr von der Goltz Pascha an die Spitze des Generalgouvernements von Belgien.[237]

Um einen Krieg entfesseln zu können musste natürlich die Zustimmung des Obersten Kriegsherrn „extrahiert" und auch die zivilen Staatsmänner der Wilhelmstraße 77 und 76 mussten für das ungeheure Wagnis gewonnen werden. Im Verein mit dem Chef des österreichischen Generalstabes Franz Freiherr Conrad von Hötzendorf, mit dem Moltke am 12. Mai 1914 während seiner Kur in Karlsbad zusammengetroffen war, beschloss dieser, die etwa noch vorhandenen Bedenken der beiden Kaiser und der ausschlaggebenden Staatsmänner – Bethmann Hollweg, Jagow, Zimmermann und Stumm in Berlin, Berchtold und Tisza in Wien beziehungsweise Budapest – durch vollendete Tatsachen zu überwinden.[238] Ob es bei dem Attentat von Sarajevo eine Komplizenschaft des einen oder des anderen Generalstabs gegeben hat, kann weder bewiesen noch ausgeschlossen werden, aber an Hinweisen auf eine mögliche Mitwisserschaft der Berliner Behörden fehlt es nicht. Wie wir bereits gesehen haben, bestellte der Oberquartiermeister Graf von Waldersee, Moltkes Stellvertreter während der Kur in Karlsbad, die drei Militärbevollmächtigten Sachsens, Bayerns und Württembergs am 16. Juni 1916 – also zwölf Tage *vor* dem Attentat in Bosnien – zu sich in den Generalstab und legte ihnen nahe, fortab keine schriftlichen Berichte mehr an ihre jeweiligen Kriegsminister zu richten; Offiziere des Großen Generalstabes seien mit den notwendigen Informationen nach Dresden, München und Stuttgart unterwegs.[239] Da heute bekannt ist, dass Gavrilo Princip und seine jungen Mitstreiter von der nationalistischen Bewegung *Mlada Bosna* Belgrad bereits am 28 Mai verlassen hatten und am 4. Juni in Sarajevo angekommen waren in der Absicht, Franz Ferdinand bei seinem Besuch in der bosnischen Hauptstadt am 28. Juni zu töten, wäre es nicht verwunderlich, wenn Graf Waldersee am Berliner Königsplatz von dem geplanten Attentat Wind bekommen hätte.[240]

---

236 Goltz an Angelina Krause, 16. August 1914, zitiert ebenda, 422. Bereits 1907 hatte Goltz Hungersnot und Krieg herbeigesehnt. Dem deutschen Vaterland wünsche er „völlige Verarmung und einen mehrjährigen, harten Krieg", schrieb er. „Dann würde sich das Deutsche Volk vielleicht noch einmal wieder erheben und für Jahrhunderte vor moralischer Auflösung schützen." Goltz an Mudra, 24. August 1907, zitiert in Krethlow, *Goltz*, 390.

237 Vor der Abfahrt aus Potsdam hatte der Kaiser Goltz zum General-Gouverneur für die Provinzen Posen und Schlesien ernannt. Lyncker an Colmar von der Goltz, 15. August 1914, BA-MA Freiburg, Nachlass Colmar von der Goltz, N737 Nr. 17. Nach dem Kriegseintritt der Türkei wurde Goltz Führer der türkischen 6. Armee.

238 Waldersee an Karl Graf Kageneck, 31. Mai 1914, in: Günther Kronenbitter, Die Macht der Illusionen, *Militärische Mitteilungen*, 57, 1998, 525f. Siehe dazu Franz Freiherr Conrad von Hötzendorf, *Aus meiner Dienstzeit*, 5 Bde., Wien 1921-5, III, 597.

239 Wenninger an den bayerischen Kriegsminister, 16. Juni 1914, John C. G. Röhl, Vorsätzlicher Krieg? Die Ziele der deutschen Politik im Juli 1914, in Wolfgang Michalka, Hg., *Der Erste Weltkrieg. Wirkung, Wahrnehmung, Analyse*, München 1994, 209. Siehe oben S. 74.

240 Zum politischen Hintergrund siehe jetzt Dušan T. Bataković, The Young Bosnia and the „Black Hand", in: Dragoljub R. Živojinović, Hg., *The Serbs and the First World War 1914-1918, Proceedings of the International Conference held at the Serbian Academy of Sciences and Arts Belgrade, June 13–15,*

In der Julikrise hatte sich der Oberste Kriegsherr fest entschlossen gezeigt, solange er glaubte, es mit einem auf dem Balkan lokalisierten Konflikt zwischen Österreich-Ungarn und Serbien zu tun zu haben. Aber auch den vom Generalstab längst geplanten und bis ins kleinste Detail vorbereiteten Kontinentalkrieg gegen Frankreich und Russland, beginnend mit dem Überfall auf das neutrale Belgien, hielt Wilhelm durchaus für erforderlich und eigentlich überfällig, hatte er doch wiederholt in den letzten Monaten vor dem Kriegsausbruch damit renommiert, Österreich-Ungarn „Mit der Waffe in der Hand" auch in einem Krieg mit Russland zu unterstützen. „Auf uns können Sie zählen", „Jetzt oder nie!", „Ich gehe mit Euch!" hatte er den Österreichern mit Blick auf den „unumgänglichen Kampf zwischen Slawen und Germanen" versprochen.[241] „Diesmal falle ich nicht um!", hatte er noch Anfang Juli zu Beginn seiner Nordlandreise versichert.[242] Schwankend wurde er erst, als er am 28. Juli 1914 bei der Rückkehr nach Potsdam die Gefahr der englischen Intervention erkannte. Und da war es der Kriegsminister Erich von Falkenhayn, der den Monarchen wieder auf Kriegskurs brachte. Falkenhayns Tagebücher für den Zeitraum vom 26. Juli bis zum 4. August 1914 sind von seinem Biographen Holger Afflerbach ausgewertet worden.[243] Darin äußert er sich unter dem Datum vom 28. Juli über den Kaiser: „Er hält wirre Reden, aus denen nur klar hervorgeht, daß er den Krieg jetzt nicht mehr will und entschlossen ist, um diesen Preis selbst Österreich sitzen zu lassen. Ich mache ihn darauf aufmerksam, daß er die Angelegenheit nicht mehr in der Hand hat."[244] Erleichtert konnte der Kriegsminister am folgenden Tag vermerken. „Bei S.M. Stimmung wieder umgeschlagen. Glaubt, wie er sagt, daß Kugel, die ins Rollen gekommen, nicht mehr aufzuhalten ist."[245] Vier Monate später, als der Moltke-Schlieffen-Plan gescheitert und die Front auch im Osten festgefahren war, erinnerte sich der Reichskanzler bitter in einem Gespräch mit Kurt Riezler in Charleville-Mézières daran, wie Falkenhayn noch am 4. August 1914 ausgerufen hatte: „Wenn wir auch darüber zu grunde gehen, schön war's doch."[246]

Nicht nur die Generäle, auch Wilhelms Bruder Prinz Heinrich von Preußen, der Kronprinz und die anderen Söhne des Kaisers sowie die Kaiserin selbst hatten dem Kaiser in den letzten Tagen der Krise den Rücken gestärkt,[247] die Kaiserin sogar mit einem Appell an seine Mannhaftigkeit. Der Generaladjutant und Kommandeur des Gardekorps, Karl Freiherr von Plettenberg, schildert in seinen unveröffentlichten Erinnerungen: „Schließlich war es Ihre Majestät die Kaiserin, die, gewiß blutenden

---

2014. Scientific Meetings, Volume CXLIX, Department of Historical Sciences, Book 36, Belgrad 2015, 139-152.

241 Siehe Röhl, *Abgrund*, 943ff., 958ff., 981ff., 1003ff.

242 Ebenda, 1067ff.

243 Afflerbach, *Falkenhayn*, 147ff., hier 155.

244 Falkenhayn, Tagebuch vom 28. Juli 1914, Afflerbach, *Falkenhayn*, 154.

245 Falkenhayn, Tagebuch vom 29. Juli 1914, ebenda, 155.

246 Riezler, Tagebucheintragung vom 22. November 1914, *Tagebücher* Nr. 228.

247 Nach der Abendtafel im Freien im Potsdamer Neuen Palais hatte Valentini unterm 30. Juli 1914 notiert: „Prinzen Heinrich, Adalbert, Eitel, Joachim und Kronprinz dort. Alle voll Kriegslust." Tagebuch Valentinis, Abschrift im Bundesarchiv Koblenz, Nachlass Thimme Nr. 26.

Herzens, geglaubt hat, Se. Majestät zu einem Entschluß drängen zu müssen. Als wieder ein Telegramm unseres von der englischen Diplomatie umgarnten Botschafters Lichnowsky einging, aus dem Se. Majestät Hoffnungen zur Erhaltung des Friedens glaubte schöpfen zu können, sagte die Kaiserin vor Zeugen: ‚Jetzt bleibt nur der Krieg und mein Mann und meine 6 Söhne gehen mit.‘ (Die Ausdrucksweise war sogar etwas drastischer)“, erinnerte sich der General.[248] Als es dann am 31. Juli so weit war und der Kaiser in Anwesenheit Prinz Heinrichs, Bethmann Hollwegs, Moltkes, Plessens und Lynckers unter Tränen der Rührung den unwiderruflichen Schritt zum Krieg vollzog, konnte Falkenhayn in seinem Tagebuch jubeln: „Seine Haltung und Sprache hier würdig eines deutschen Kaisers! würdig eines preußischen Königs.“[249] Weniger würdig war sein Ausspruch, als der Adjutant des Reichskanzlers, Ulrich Freiherr von Sell, ihm Unterlagen zur Unterzeichnung vorlegte: „Und jetzt wollen wir sie dreschen!“[250] Wie wir noch sehen werden, nahm Max Liebermann diesen Kaiserspruch zum Thema einer seiner patriotischen Lithographien, die amtlich als Kriegsflugblätter verteilt wurden.[251]

Die Einhelligkeit, die auf der Reise nach Koblenz (noch) unter den Generälen herrschte, fehlte (wie eh und je) in der obersten Marineführung. Freilich hatten auch Tirpitz, Müller und der Chef des Admiralstabes, Hugo von Pohl, direkt an der Entscheidung zum Krieg teilgenommen und, wie Albert Hopman in seinem Tagebuch festhielt, den Befehl des Kaisers vom 5. Juli ausgeführt, heimlich „eine Mobilmachung der Flotte vorzubereiten“.[252] In seiner bereits zitierten kriegswilligen Rede vom Oktober 1913 hatte Tirpitz erklärt, dass Deutschland bald das Wagnis eines Weltkrieges eingehen müsste, wollte es sich nicht mit dem Rang einer europäischen Kontinentalmacht zweiter Ordnung abfinden. „Ob Deutschland seine Weltstellung wenn nötig England gegenüber erkämpfen soll – mit dem großen Einsatz, den dieser Kampf in sich schließt – oder ob es sich auf seine Stellung als europäische Kontinentalmacht zweiter Ordnung von vornherein beschränken soll“, das sei die Frage. Ihm selber scheine es aber „einer großen Nation würdiger, um das höchste Ziel zu kämpfen und vielleicht ehrenvoll unterzugehen als ruhmlos auf die Zukunft zu verzichten.“[253]

In dieser Weise zeigte sich der Großadmiral mit der Bismarcknatur ähnlich kriegslustig wie Falkenhayn. Aber anders als die Armee, die nach der großen Heeresvermehrung von 1913 inzwischen wieder kriegsbereit war, war die Flotte von 60 Schlachtschiffen, die Tirpitz seit 1897 für den Entscheidungskampf gegen England etwa im Jahre 1920 aufgebaut hatte,[254] 1914 immer noch nicht „fertig“, und Tirpitz hatte sich damit trös-

248 Karl Freiherr von Plettenberg, Erinnerungen, zitiert in Röhl, *Abgrund*, 1150f.

249 Falkenhayn, Tagebuch vom 31. Juli 1914, Afflerbach, *Falkenhayn*, 160f.

250 Sybille Niemoeller-von Sell, *„Furchtbar einfach, wird gemacht!“ Erinnerungen*, Frankfurt, Berlin 1994, 42. Sells Tochter Sybille wurde später die Ehefrau Pastor Martin Niemoellers.

251 Siehe unten, Riezlers Brief Nr. 43 vom 7. Oktober 1914.

252 Hopman, Tagebuch, 6. Juli 1914, Epkenhans, *Albert Hopman*, 382-4.

253 Korvettenkapitän Max Schulz, Aufzeichnung der Rede Tirpitz’ vom 9. Oktober 1913, gedruckt in Epkenhans, *Albert Hopman*, 343 Anmerkung 261, zitiert oben S. 67 f.

254 Grundlegend dazu Volker R. Berghahn, *Der Tirpitzplan. Genesis und Verfall einer innenpolitischen Krisenstrategie unter Wilhelm II.*, Düsseldorf 1971. Dazu jetzt: Matthew S. Seligmann, Frank

ten müssen, dass wenigstens die Erweiterungsarbeiten am Kaiser-Wilhelm-Kanal rechtzeitig zum Abschluss gekommen waren: ausgerechnet am 25. Juli 1914 hatte nämlich das Großkampfschiff *Kaiserin* die Probefahrt durch den Kanal mit Erfolg unternommen.[255] Als der Kaiser auf seiner Heimkehr von Norwegen nach Kiel die Rückkehr der Schlachtflotte in die Heimat, die Beschießung der russischen Kriegshäfen Libau (Liepāla) und Reval (Tallinn) und die Absperrung der östlichen Ostsee befahl, zeigte Tirpitz deutlich seine Nervosität. „Jetzt spielt er Soldaten!", rief er irritiert über diesen „militärischen Unsinn" des „krankhaften" Obersten Kriegsherrn aus.[256] In der richtigen Erkenntnis, dass Wilhelm II. sich weigern würde, „seine" Flotte in einer direkten Konfrontation mit der Royal Navy aufs Spiel zu setzen, hatte Tirpitz schon im Frühjahr 1913 versucht, den Chef der Admiralität von Pohl, der ebenfalls das Ohr des Kaisers hatte, von der Teilnahme an der Fahrt des Großen Hauptquartiers auszuschließen.[257] Angesichts der scharfen Kämpfe, die Tirpitz in Koblenz, Luxemburg und Charleville nicht nur dem Monarchen, der Admiralität und dem Marinekabinett, sondern auch und vor allem dem Reichskanzler und dem Auswärtigen Amt lieferte, bereute Müller es im Nachhinein bitter, Tirpitz ins Große Hauptquartier mit aufgenommen und ihm zudem eine leitende Rolle eingeräumt zu haben.[258]

Bereits nach wenigen Wochen reiste „der Vater der Lüge", wie Riezler den Großadmiral höhnisch nannte, ab nach Kiel und Berlin und suchte sich mit dem Argument aus der Verantwortung zu stehlen, Bethmann Hollweg habe den Krieg gegen den falschen Feind eingeleitet – Deutschland hätte *mit* Russland gegen England kämpfen müssen. Diese Ansicht hatte er jahrelang und zuletzt noch Ende Juli 1914 vertreten, als Prinz Heinrich ihn in St. Blasien besuchte. Sie bildete auch den Hauptvorwurf, den Tirpitz nach seiner Entlassung 1916 in zahlreichen Schriften gegen Bethmann erhob.[259] Damit räumte er freilich indirekt ein, dass dieser 1914 wohl den Krieg eingeleitet hatte, wenn auch zur falschen Zeit und in der falschen Kombination der angreifenden Kriegsparteien. Bestanden der Reichskanzler, Riezler und Stumm (wie auch Moltke) immer wieder darauf, dass der Krieg doch zum „günstigsten Moment" gekommen sei, so war das nicht zuletzt auch eine Rechtfertigung gegen den Vorwurf, man hätte ihn früher oder später einfädeln sollen.

Anders als Tirpitz war Admiral von Müller, im Weltkrieg dessen erbitterter Kontrahent, der Überzeugung, der Krieg hätte eigentlich schon Ende 1912 während der Balkankrise, als Österreich-Ungarn zum ersten Mal in Serbien einmarschieren wollte, eingeleitet werden sollen. Wie bekannt hatte Müller an dem berüchtigten vom Kaiser zusammengerufenen „Kriegsrat" vom 8. Dezember 1912 teilgenommen, auf dem

Nägler und Michael Epkenhans, Hg., *The Naval Route to the Abyss*, London 2015.

255 Pohl an Tirpitz, 3. Juli 1914; Capelle an Delbrück, 9. Juli 1914; Reichsmarineamt an Flottenkommando, 22. und 23. Juli 1914; Marinekommissar für den Kaiser-Wilhelm-Kanal an Reichsmarineamt, 25. Juli 1914, BA-MA Freiburg, RM5/v 1926. Siehe Röhl, *Abgrund*, 1080.

256 Hopman, Tagebuch vom 27. Juli 1914, Epkenhans, *Albert Hopman*, 399-401.

257 Siehe oben S. 34 ff., Röhl, *Abgrund*, 1054f.

258 Görlitz, *Regierte der Kaiser?*, 43. Siehe oben S. 78.

259 Siehe oben S. 30.

der Generalstabschef von Moltke im Namen der Armee den sofortigen Krieg gegen Frankreich und Russland gefordert hatte und Admiral von Tirpitz dagegen hielt, dass die Marine lieber ein „Hinausschieben des großen Kampfes um 1½ Jahre“ sehen würde, bis wenigstens der Nord-Ostsee-Kanal fertig sei. In seinem Tagebuch, das in den 1960er Jahren in ganz entstellter Form veröffentlicht wurde, uns jedoch im Original vollständig erhalten geblieben ist, machte Müller kein Hehl aus seiner Enttäuschung darüber, dass dieser Areopag der höchsten Generäle und Admiräle unter dem Vorsitz des Obersten Kriegsherrn aus Angst vor der Intervention Englands vom damals bereits als unausweichlich angesehenen Eintritt in den Krieg dennoch nochmals abzusehen bereit war. In einem Passus, der in der gedruckten Fassung des Tagebuchs ausgelassen wurde, schrieb der Chef des kaiserlichen Marinekabinetts an jenem Sonntag im Dezember 1912: „Der Chef des gr. Generalstabes sagt: Krieg je eher je besser aber er zieht nicht die Konsequenz daraus, welche wäre: Rußland oder Frankreich oder beide vor ein Ultimatum zu stellen, das den Krieg mit dem Recht auf unserer Seite entfesselte.“[260]

Während der Nordlandreise des Kaisers im Juli 1914, die Müller (wie Lyncker) mitgemacht hatten, brachte der Chef des Marinekabinetts die Absicht der deutschen Regierung mit dem Satz auf den Punkt: „Tendenz unserer Politik: Ruhige Haltung, Rußland sich ins Unrecht setzen lassen, dann aber Krieg nicht scheuen.“[261] Am 31. Juli hatte er mit Zufriedenheit notiert, dass der Krieg „endlich“ entschieden sei, und er gratulierte dem Reichskanzler zu seinem großen Erfolg, mit seiner Taktik die gesamte Nation von der Erforderlichkeit des Krieges überzeugt zu haben. „Stimmung glänzend“, notierte Müller am 1. August 1914 in sein Tagebuch. „Die Regierung hat eine glückliche Hand gehabt, uns als die Angegriffenen hinzustellen.“ Auch dieser Satz wurde in der 1965 veröffentlichten Fassung in sein Gegenteil verkehrt: „In beiden Ansprachen [des Kaisers und des Reichskanzlers] wird durchaus und mit Recht der Anspruch vertreten, daß wir die Angegriffenen sind“, heißt es in der verfälschten gedruckten Version.[262]

Vize-Admiral Albert Hopman, Tirpitz' rechte Hand im Reichs-Marine-Amt, befand sich auf der Fahrt des Obersten Hauptquartiers nach Koblenz ebenfalls im Hofzug. Auch er führte ein ausführliches Tagebuch, das uns ungekürzt und unretouchiert in einer von Michael Epkenhans hervorragend besorgten Edition vorliegt. Darin hielt Hopman mit seinem überaus kritischen Urteil an der Politik Bethmann Hollwegs, Jagows und Stumms in der Julikrise nicht zurück. Er teilte weitgehend die Überzeugung des Fürsten Lichnowsky, den er Anfang September im Hauptquartier in Luxemburg sprach, dass die

260 Siehe John C. G. Röhl, Admiral von Müller and the Approach of War, 1911-1914, *The Historical Journal*, xii, 4 (1969), S. 651-673; ders., An der Schwelle zum Weltkrieg. Eine Dokumentation über den ‚Kriegsrat' vom 8. Dezember 1912, *Militärgeschichtliche Mitteilungen* 21, 1977; ders., Der militärpolitische Entscheidungsprozess in Deutschland am Vorabend des Ersten Weltkriegs, in John C. G. Röhl. *Kaiser, Hof und Staat. Wilhelm II. und die deutsche Politik*, München 1987, 175-202. Vgl. dazu Görlitz, Hg., *Der Kaiser*, 124f.

261 Müller, Tagebucheintrag vom 31. Juli 1914, BA-MA Freiburg, Nachlass Müller N 159. Siehe Röhl, Admiral von Müller, 669, Anm. 96.

262 Müller, Tagebucheintrag vom 1. August 1914, BA-MA Freiburg, Nachlass Müller N 159. Siehe Röhl, a. a. O., 670, Anm. 99. Die entstellte Version in Görlitz, *Regierte der Kaiser?*, 38.

deutsche Entscheidung, den Österreichern freie Hand zu ihrem Vorgehen gegen Serbien zu lassen, den Weltkrieg herbeigeführt hätte. Auch schon das Verhalten Deutschlands vor dem Krieg hätte dazu geführt, dass Deutschland „jetzt in der ganzen Welt als die Friedensstörer und Kriegshetzer" gelte und „ein furchtbares Odium" zu tragen habe. Die Diplomaten der Wilhelmstraße, darin waren sich Hopman und Lichnowsky einig, „hätten schrecklich versagt. Reichskanzler non valeur. Jagow Schlafmütze, Stumm Narr."[263] Das vernichtende Urteil Hopmans wurde durch ein Gespräch mit dem Gesandten und Marineoffizier Paul von Hintze bestätigt, als dieser tags darauf ins Hauptquartier kam. „Auffallende Übereinstimmung unserer Auffassungen über die Lage: Krieg sei lediglich eine geradezu unglaubliche Dummheit unserer Diplomaten", notierte Hopman und fuhr fort: „Ich gestehe ihm daß es mir ebenso gehe, daß ich schon seit Jahren, je mehr ich von unserer Regierung und namentlich von S.M. persönlich gesehen und gehört hätte das Gefühl gehabt hätte, wir gingen einem Abgrund entgegen und jetzt den Absturz vor mir sähe."[264]

Erschütternde Kritik an der Politik der Wilhelmstraße übte schließlich Admiral von Müller selbst, als er im Oktober in Charleville mit Hopman über die Entstehung des Krieges sprach und sich dabei rückschauend indirekt auf den „Kriegsrat" vom Dezember 1912 bezog. Hopman notierte über das Gespräch: „Die augenblickliche Situation betrachtet Admiral v. Müller auch als wenig hoffnungsvoll, bezeichnet den Krieg und die Art, wie er herbeigeführt ist, als gänzlich unüberlegt und verfahren und die augenblickliche Lage als sehr ernst. Sagt ferner, unsere Gegner hätten guten Grund, uns die Absicht, es zum Kriege zu bringen, unterzuschieben. Denn sie könnten es sich nicht erklären, daß wir Österreich derartig blind plein pouvoir gegeben hätten, nachdem wir uns in der letzten Balkankrise doch zurückgehalten hätten."[265]

Unter den deutschen Mitwissenden übte Fürst Karl Max von Lichnowsky, der letzte Londoner Botschafter des Kaiserreichs, die schärfste Kritik an der Politik der Wilhelmstraße. In persönlichen Gesprächen unter anderen auch mit Theodor Wolff,[266] in Vorträgen vor geladener Prominenz[267] und schließlich in einer Anklageschrift, die 1918 mit dem Titel *Deutschlands Schuld am Weltkrieg* in der ganzen Welt veröffentlicht wurde,[268] warf er seinen Vorgesetzten – „diese Hunde", wie er sie mit „unauslöschlichem

263 Hopman, Tagebucheintragung vom 16. September 1914, Epkenhans, *Albert Hopman*, 436f.

264 Hopman, Tagebucheintragung vom 17. September 1914, ebenda, 440.

265 Hopman, Tagebucheintragung vom 27. Oktober 1914, ebenda, 477.

266 Wolff, Tagebucheintragungen vom 20. und 21. August 1914, Sösemann, *Theodor Wolff, Tagebücher 1914-1918*, I, Nr. 14 und Nr. 15.

267 Siehe den aufschlussreichen Bericht des britischen Gesandten in Stockholm, Sir Esme Howard, vom August 1916 über eine geheime Versammlung von rund 60 prominenten Personen, darunter hochgestellte Armeeoffiziere, im Hause Lichnowskys. Howard wertete die Versammlung als Symptom einer wachsenden Wut in der Bevölkerung gegen die eigene Regierung, vor allem aber gegen den Kronprinzen. National Archives, Kew, Cabinet Print Nr. 174096, zitiert in John C. G. Röhl, *1914, Delusion or Design? The testimony of two German diplomats*, London 1973, 46f.

268 Die ursprüngliche Fassung der später weltbekannten Denkschrift Lichnowskys datiert vom Januar 1915 und ist abgedruckt in John C. G. Röhl, *Zwei deutsche Fürsten zur Kriegsschuldfrage. Lichnowsky und Eulenburg und der Ausbruch des 1. Weltkriegs*, Düsseldorf 1971, Nr. 1. Vgl. den

Gram“ nannte – vor, im Sommer 1914 eine Politik der verbrecherischen Dummheit betrieben zu haben. „Sein brennender Haß galt dem Reichskanzler Bethmann Hollweg“, stellte Golo Mann nach Kriegsende bei einem Besuch der Familie Lichnowsky im böhmischen Kuchelna fest. Bethmann sei ein „Kleber“ gewesen, habe der Fürst verbittert ausgerufen, „einer, der nichts dachte, als wie er sich im Amte halten könnte“.[269]

Innerhalb der politischen und intellektuellen Führungsschicht Deutschlands, die dank ihrer engvernetzten Beziehungen Einblicke in die Vorgänge hinter den Kulissen hatte, setzte sich das vernichtende Urteil Lichnowskys über die zivilen Staatsmänner, die bei der Kriegseinfädelung die diplomatische und innenpolitische Feinarbeit geleistet hatten, immer mehr durch. Sie mögen in ihren Charaktereigenschaften recht unterschiedlich gewesen sein – Zimmermann und Stumm galten als kriegslustige Kraftmenschen,[270] der körperbehinderte Jagow als fein besaiteter Diplomat, der Reichskanzler schwerfällig und mit der notorischen Angewohnheit belastet, Schlechtes an die Wand zu malen in der Erwartung auf Widerspruch[271] – doch sie hatten sich alle von der verbreiteten „Jetzt-oder-nie!“-Stimmung der Militärs mitreißen lassen und ihre Politik im Sommer 1914 auf die Auslösung eines angeblich notwendigen großen Krieges angelegt.[272]

Am 5. Juli 1914, eine Woche nach dem Attentat von Sarajevo und sechs Wochen vor der Abfahrt des Großen Hauptquartiers nach Koblenz, war Graf Alexander Hoyos im Auftrag des österreichischen Außenministers Graf Berchtold heimlich nach Berlin gereist, um die bekannten zwei Schriftstücke für Kaiser Wilhelm II. mit der Bitte um Deutschlands Unterstützung zu überbringen, aber auch um dem Reichskanzler und dem Auswärtigen Amt mündlich die Absicht Wiens mitzuteilen, Serbien als Staat auszulöschen – Serbien müsse, wie Hoyos Bethmann informierte, „zwischen uns, Bulgarien und Rumänien aufgeteilt werden“.[273] Die Reaktionen Zimmermanns und Bethmann Hollwegs – Jagow kam erst abends hinzu – auf diese in der Wilhelmstraße durchaus erwünschte Nachricht hielt Hoyos in einer von Fritz Fellner auf Schloss Schwertberg aufgefundenen Denkschrift fest. Der forsche Unterstaatssekretär Zimmermann erkannte sofort die

Kommentar des württembergischen Ministerpräsidenten Karl Freiherr von Weizsäcker in einem Brief an Axel Varnbüler vom 11. März 1915, der in dem Urteil gipfelt, der Grundirrtum in den Ausführungen Lichnowskys sei, „daß er davon ausgeht, wir haben uns in einer glänzenden internationalen Lage befunden!“ Ebenda, 24. Also hielt auch Weizsäcker die Einfädelung des Krieges im Sommer 1914 für gerechtfertigt.

269 Golo Mann, *Erinnerungen und Gedanken: Eine Jugend in Deutschland*, Frankfurt am Main 1986, 177.

270 Bezeichnend für das burschikose Temperament Arthur Zimmermanns ist seine „lachende“ Klage von Ende September 1914, „im Hauptquartier sei man manchmal etwas schnell deprimirt, Bethmann, Jagow u. Stumm seien drei Melancholiker, die Zusammensetzung sei schlecht.“ Wolff, Eintrag vom 28. September 1914, Sösemann, *Theodor Wolff Tagebücher*, Nr. 31.

271 Siehe die Äußerung Otto Hammanns Wolff gegenüber vom 28. September 1915, Sösemann, *Theodor Wolff Tagebücher*, Nr. 223.

272 Britta Gillessen/ Gerd Krumeich, Kaiser Wilhelm Notate. Muss – bald – aufräumen, in: FAZ v. 9. Dez. 2015, Nr. 286, S. N 3.

273 Graf Alexander Hoyos, Meine Mission nach Berlin, gedruckt in Fritz Fellner, Die „Mission Hoyos“, in Wilhelm Alff, Hg., *Deutschlands Sonderung von Europa 1862-1945*, Frankfurt am Main – Bern – New York 1984, 312.

Abb. 6 Fürst Lichnowsky nach dem Scheitern seiner Mission in London.

Tragweite des Wiener Vorhabens und erklärte rundheraus: „Ja, 90 % Wahrscheinlichkeit für einen europäischen Krieg, wenn Sie etwas gegen Serbien unternehmen.“[274] Bei einer derartig klaren Einschätzung der Folgen des Einmarsches in Serbien lässt sich kaum noch von einer Politik des kalkulierten Risikos sprechen, und auch die von Theodor Wolff vermutete Interpretation, dass die leitenden Beamten der Wilhelmstraße nur im „Unterbewusstsein“ den Krieg „gewollt“ hätten, scheint zu kurz zu greifen.[275]

In seiner Denkschrift gab Hoyos auch die Unterredung wieder, die er am folgenden Tag, dem 6. Juli, mit Bethmann Hollweg, Zimmermann und Jagow führte. „Auch hier war in keiner Weise das Bestreben der deutschen Herren wahrnehmbar, mäßigend auf uns einzuwirken, oder die Aktion auf das diplomatische Gebiet zu beschränken“, notierte er. Im Gegenteil, Bethmann Hollweg habe ihm versichert, Deutschland „werde uns mit seiner ganzen Macht den Rücken decken und seine Bündnispflichten in jeder Weise erfüllen, wenn wir für nötig finden, gegen Serbien vorzugehen. Wollte ich seine persönliche Ansicht hinsichtlich der Opportunität des Zeitpunktes wissen, so könne er mir nur sagen, wenn der Krieg unvermeidlich wäre, sei der jetzige Zeitpunkt günstiger als ein späterer.“[276]

Die Belege dafür, dass diese Sätze Bethmann Hollwegs das Leitmotiv der zivilen Reichsleitung im Sommer 1914 wahrheitsgetreu wiedergeben, sind ganz überwältigend, und es ist schwer erklärlich, weshalb sie in der neuerlichen Auseinandersetzung über die Entstehung des Ersten Weltkriegs so wenig Beachtung gefunden haben. In seinen penetranten Gesprächen mit dem ehemaligen Reichskanzler Fürst Bülow, mit Botschaftern a. D. wie Paul Graf Wolff-Metternich zur Gracht, Ferdinand Freiherrn von Stumm und dem Fürsten Lichnowsky selber, mit dem liberalen Grandseigneur Fürst Hermann von Hatzfeldt-Trachenberg, der im September 1914 das Militärsanitätswesen leitete,[277] mit dem Hamburger Reeder und Kaiserfreund Albert Ballin,[278] mit dem international bestens verbundenen Kunstmäzen Grafen Harry Kessler und zahlreichen anderen gut

274 Graf Alexander Hoyos, Meine Mission nach Berlin, ebenda, 309-16. Ähnlich die Erklärung Zimmermanns dem Chef der Auslandsabteilung im Admiralstab, Graßhof, gegenüber: Komme es zum Einmarsch österreichischer Truppen in Serbien und gelinge es nicht, Russland darüber zurückzuhalten, werde es „zum großen Kontinentalkriege“ kommen, bei dem Deutschland damit rechnen müsse, „daß England auf unserer Gegenseite steht“. Albert Hopman an Tirpitz, 9. Juli 1914, Volker R. Berghahn und Wilhelm Deist, Hg., Kaiserliche Marine und Kriegsausbruch 1914. Neue Dokumente zur Julikrise, *Militärgeschichtliche Mitteilungen*, 1, 1970, Nr. 4.

275 Siehe Wolffs Gespräch mit Bülow vom 11. Mai 1916, Sösemann, *Theodor Wolff Tagebücher*, Nr. 357.

276 Hoyos, Meine Mission nach Berlin, 312f.

277 Fürst Hatzfeldt wurde als möglicher Nachfolger Bethmann Hollwegs gehandelt. Im Dezember 1914 erklärte er, er habe den Krieg „nicht gewollt“, sondern „dringend abgeraten“. Also muss er von der Absicht, den Krieg einzufädeln, gewusst haben. Sösemann, *Theodor Wolff Tagebücher*, I, Nr. 65.

278 Am 3. Juli 1915 schrieb Ballin an Jagow einen Brief, der mit dem Satz endete, der Staatssekretär habe „die entsetzliche Verantwortung zu tragen […] für die Inscenierung dieses Krieges, der Deutschland Generationen prächtiger Menschen kostet und es für 100 Jahre zurückwirft.“ Zitiert in Sösemann, *Theodor Wolff. Tagebücher*, 343 Anm. 9.

informierten Personen zeichnete Theodor Wolff in seinen Tagebüchern ein erdrückendes Gruppenporträt der leitenden Staatsmänner der Wilhelmstraße im Sommer 1914.

Kurz bevor er nach Rom fuhr in dem Versuch, Italien doch noch zum Kriegseintritt auf Deutschlands Seite zu bewegen, sagte Bülow zu Wolff: „Je mehr ich in diesen Tagen hier in Berlin gehört habe, desto unverständlicher, desto furchtbarer finde ich, was man gemacht hat. Dieser fünfte Juli war ein schlimmer Tag für Deutschland. [...] Wie konnte Bethmann das tun! Ich begreife ihn nicht, er ist ein edler Mensch, ein Schulmeister, wie Ballin sagt, aber gerade darum doch gewissenhaft. Wie will er vor dem Jüngsten Gericht antworten, wenn man ihn fragt: Hast Du das oesterreichische Ultimatum vorher gekannt? Ja? – und dann hast Du nicht begriffen, daß es zum Krieg führen mußte und hast nicht die gefährlichsten Punkte entfernt? – Nein? – und warum hast Du Dich nicht darum gekümmert, wie konntest Du 67 Millionen Deutsche mit ihrem Gut und Blut dann engagiren, wie konntest Du das Deutsche Reich auf diese Karte setzen?“[279] Als er im Januar 1916 im Hotel Adlon erneut mit Wolff zusammentraf, stöhnte Bülow über die Unerfahrenheit des Reichskanzlers sowie über die gefährlichen Charakterschwächen seiner engsten Berater Jagow und Stumm. „Dieser brave Bethmann, der keine Ahnung von der Welt draußen hat, dieser erbärmliche Jagow, der sich mit kleinen Malicen behilft und nie Frankreich, nie Rußland, nie England nie den Orient gesehen hat, und dieser Stumm, der geisteskrank ist, ein Halbverrückter, haben das Unheil heraufbeschworen.“[280] In einem weiteren Gespräch vom Mai 1916 erklärte der ehrgeizige Altreichskanzler, er halte es fast für unmöglich, dass man in der Wilhelmstraße das österreichische Ultimatum nicht vorher gekannt habe; ja, er meine, „daß es wohl schon bei der Potsdamer Konferenz vom 5. Juli vorgelegen habe.“ [281] Zwar wurde das Ultimatum selbst erst in den nächsten Tagen und Wochen mühsam zusammengesetzt, wie man jetzt weiß, aber grundsätzlich war die Absicht Wiens, Serbien als Staat auszulöschen seit der „Mission Hoyos“ vom 5./6. Juli in der Wilhelmstraße (sowie im Neuen Palais, in der Armee und der Marine) bekannt.[282]

In der Tat legte Wilhelm Freiherr von Stumm, Leiter der einflussreichen Politischen Abteilung des Auswärtigen Amts, der (anders als Zimmermann) am 16. August zusammen mit dem Reichskanzler, dem Staatssekretär, Graf Radowitz, Freiherr von Grünau und Riezler mit dem Großen Hauptquartier nach Koblenz reiste, eine bedenkliche, von zahlreichen Zeitgenossen beobachtete Kriegsentschlossenheit an den Tag. Seine Begeisterung für den Krieg war umso bedeutsamer, als er einen großen Einfluss auf Jagow ausübte.[283] Lichnowsky bezeichnete ihn als „bösen Geist“ – er sei „ein patho-

279 Wolff, Eintrag vom 15. Dezember 1914, ebenda, Nr. 66.

280 Wolff, Eintrag vom 31. Januar 1916, ebenda, Nr. 297.

281 Wolff, Eintrag vom 11. Mai 1916, ebenda, Nr. 357.

282 Am 16. Juli 1914 bestand die Wilhelmstraße darauf, dass Österreich-Ungarn den „*vollständigen* Sieg“ über Serbien erringen müsse. Johannes Markgraf von Pallavicini an Berchtold, 16. Juli 1914, zitiert in Marvin Benjamin Fried, *Austro-Hungarian War Aims in the Balkans during World War I*, London 2014, 31.

283 Im Dezember 1914 fällte Fürst Hatzfeldt Wolff gegenüber ein „sehr abfälliges Urteil über Jagow, der ganz von Stumm geleitet worden sei.“ Wolff, Eintrag vom 11. Dezember 1914, ebenda, Nr. 65.

logischer Mensch, der Jagow völlig beherrsche“.[284] Mehrere Zeugen stellten fest, während der Julikrise habe Stumm beim Kartenspiel erklärt, „in drei Tagen zwinge ich die Russen auf die Kniee...“[285] Stumm war es, der Theodor Wolff am 24. Juli mit einer dringenden Depesche ins Auswärtige Amt gebeten hatte und ihm auseinandersetzte: „Bei einem Krieg mit Rußland würde man etwas erleben: Revolution in Finnland und in Polen – und man werde sehen, daß alles gestohlen ist, sogar die Schlösser der Gewehre, und daß keine Munition da sei.“ Die Zustände in der französischen Armee seien seiner Meinung nach so desolat, daß Frankreich keinen Krieg wollen könne. „Eine so gute Situation komme nicht wieder.“[286] Selbst nach dem Scheitern des Moltke-Schlieffen-Plans und den endlosen blutigen Schlachten gegen die Russen im Osten blieb Stumm bei der Überzeugung, im Juli 1914 richtig gehandelt zu haben: „Wir haben nicht geblufft. Wir waren darauf gefaßt, daß wir den Krieg mit Rußland haben würden. Aber Oesterreich mußte seine Sache mit Serbien doch endlich einmal austragen. Wenn der Krieg nicht gekommen wäre, hätten wir ihn unter schlechteren Bedingungen in zwei Jahren gehabt.“[287] Ohne Zweifel drückte er damit eine Überzeugung aus, die von den übrigen zivilen Staatsmännern auf der Fahrt des Hofzuges nach Koblenz geteilt wurde.

Unsere etwas „pointillistische“ Skizze von der Stimmung im „Großen Hauptquartier Seiner Majestät des Kaisers und Königs“ in der Nacht vom 16./17. August 1914 hat bei allen Unterschieden in der Einstellung der Armee und der Flotte doch eine frappierende Einstimmigkeit gezeichnet. Wie man das Blatt auch wendet, befürwortend oder skeptisch, alle wussten genau, dass der Große Krieg von Deutschland, und speziell vom Reichskanzler und der Wilhelmstraße, herbeigeführt worden war. Bei den Gesprächen im kaiserlichen Salonwagen, als Wilhelm II., Moltke, Falkenhayn und Bethmann Hollweg stundenlang zusammen saßen, herrschte über diesen Punkt Einmütigkeit, sonst hätte irgend einer der zahlreichen Mitreisenden, die Tagebuch führten oder täglich nach Hause schrieben, gewiss von einer solchen brisanten Auseinandersetzung berichtet. Die Flottenführer, die aus guten Gründen Bedenken gegen den Krieg vor allem zu diesem Zeitpunkt gegen England hegten, waren sich genauso einig wie die Militärs und das kaiserliche Gefolge, dass der Krieg absichtlich von Berlin und Wien eingeleitet worden war. Alle waren geradezu begeistert von der euphorischen Stimmung der Nation, die durch Bethmanns Taktieren in der Julikrise erzeugt worden war. Natürlich war die Kriegserklärung Englands vom 4. August ein herber Rückschlag nicht nur für die Flotte gewesen, aber zum Trost war wenigstens der Kaiser-Wilhelm-Kanal nun von den Großkampfschiffen befahrbar. Zwar hatte sich Italien (noch) nicht für die Teilnahme an der Seite seiner beiden Dreibundpartner erklärt, aber durch weitreichende territoriale Konzessionen der Wiener Regierung an Rom würde man auch das vielleicht noch hinkriegen können. Mit dem baldigen Kriegseintritt der Türkei und der Revolutionierung der islamischen Welt gegen die feindlichen Reiche England, Frankreich und Russland

---

284 Wolff, Eintrag vom 16. Oktober 1914, ebenda, Nr. 37.
285 Wolff, Eintrag vom 11. Mai 1916, ebenda, Nr. 357.
286 Wolff, Eintrag vom 25. Juli 1914, ebenda, Nr. 3.
287 Wolff, Eintrag vom 17. Februar 1915, ebenda, Nr. 95.

Abb. 7 Wilhelm von Stumm, seit 1911 Dirigent der Politischen Abteilung des Auswärtigen Amts. In der Julikrise 1914 soll er beim Kartenspielen im Klub erklärt haben: „In drei Tagen zwinge ich die Russen auf die Kniee ...".

rechneten sie alle. Bei der Ankunft in Koblenz sprach der Chef des Zivilkabinetts Rudolf von Valentini zwar ahnungsvoll von der „dunklen Wolke der schweren Zeit“, die angebrochen war, doch auch er teilte die Erwartung auf einen Durchbruch zur weltpolitischen Größe seines Landes. „Siegen wir nur gegen Frankreich ordentlich, so können wir überhaupt noch Wunderbares erleben. Alle Nachrichten gehen dahin, daß es im Innern Rußlands schlimm aussieht u[nd] daß dieser Koloß vielleicht eher zusammenbricht als man ahnt. Wollte Gott unserer gerechten Sache beistehen! Dann kann uns Allen aus diesen schweren Tagen noch wieder ein Glück erblühen.“[288] Erst mit dem Rückzug der deutschen Armee während der Schlacht an der Marne, beginnend am 5. September 1914, änderte sich allmählich das Bild. Der dann aufkommende Zweifel, ob man im Juli richtig gehandelt hatte, darf nicht darüber hinwegtäuschen, dass der Erste Weltkrieg vorsätzlich herbeigeführt worden war. Wie Kurt Riezler in einem Brief an Käthe Liebermann aus dem Großen Hauptquartier in Koblenz vom 22. August über seine eigene Rolle an der Seite des Reichskanzlers während der „schwülen Tage in Hohenfinow“ einräumte: Der Krieg war „doch berechnet“ gewesen und außerdem „im günstigsten Moment ausgebrochen.“[289] Aber warum? Was war die Berechnung? Schließlich handelte es sich nicht um eine kurze Strafexpedition, sondern um den gewaltigen Versuch, die Machtverhältnisse in der ganzen Welt „auf erdenkliche Zeit“ zu Deutschlands Gunsten zu verändern. Bethmann Hollwegs Bewunderer Theodor Heuss hat rückblickend gemeint, der Kanzler sei doch kein Trottel gewesen und werde sich im Juli 1914 schon etwas gedacht haben. Aber was?[290] Bei der Beantwortung dieser Frage spielen seit einem halben Jahrhundert die umstrittenen Tagebücher Riezlers eine entscheidende Rolle, die nun durch die einhundert Brautbriefe des jungen Bethmann-Vertrauten ergänzt werden können.

288 Rudolf von Valentini an seine Gattin, 19. August 1914, Bundesarchiv Koblenz, Kl. Erw. Nr. 341-4.
289 Kurt Riezler, Brief Nr. 6 vom 22. August 1914, unten.
290 Joachim Radkau, *Theodor Heuss*, München 2013, 83-89.

III. Militärpolitische Briefthemen: Die Realitäten des Krieges

In Koblenz nahm Kaiser Wilhelm II. mit Generaladjutant von Plessen und zwei der Flügeladjutanten Quartier beim Oberpräsidenten der Rheinprovinz, Freiherr von Rheinbaben, während das übrige Gefolge, die Kabinettschefs und der Reichskanzler im königlichen Schloss unterkamen. Der Generalstab bezog das naheliegende Städtische Kaiser Wilhelm Realgymnasium. Andere Offiziere und Hofbeamte wohnten im Monopolhotel und im Hotel zum Coblenzer Hof. Der Kaiser, die Kabinettschefs und das Gefolge – rund 25 Personen – nahmen im Gartenstock des Schlosses die Mahlzeiten ein. „Der Kanzler, Moltke, Kriegsminister pp. essen *nicht* mit uns, nur wenn sie hin u. wieder eingeladen werden", berichtete Rudolf von Valentini, Chef des Zivilkabinetts, seiner Frau. Bei den Immediatvorträgen, die dem Kaiser oft im Schlossgarten gehalten wurden, müsse „Alles Morose vermieden werden", um die labile Stimmung des Monarchen nicht zu trüben, fügte er hinzu. Abends rauche man noch mit dem Kaiser auf der Schlossterrasse eine Zigarre, doch „in tiefster Dunkelheit" wegen der Fliegergefahr. „Nach 10 Uhr darf überhaupt in der ganzen Stadt kein nach Außen sichtbares Licht mehr brennen."[1] Das „Wanderbüro des Auswärtigen Amtes"[2] mit dem jungen Kurt Riezler als Vertreter des Pressereferats wurde zunächst nach Bad Ems in das Hotel Königliches Kurhaus ausgelagert – von hier aus richtete er seinen ersten Brief aus dem Großen Hauptquartier an Käthe – , doch bereits am folgenden Tag wurden die Diplomaten nach Koblenz zurückversetzt. Kanzler, Staatssekretär von Jagow und seine Diplomaten, alle in Uniform, bearbeiteten die brisanten politischen Themen, die sich durch die sich rapide entwickelnde militärische Lage stellten. „Wir sitzen hier alle um einen hufeisenförmigen Gerichtstisch, arrangieren Revolutionen entwerfen neue Staaten etc", berichtete Riezler seiner Verlobten aus dem Koblenzer Schloss am 21. August 1914 (Brief Nr. 5).

1. Das Echo der Kriegsbereitschaft

Bei seiner Ankunft im Großen Hauptquartier wurde Riezler von der Siegessicherheit seiner hohen Umgebung mitgerissen, aber gleich schon auch irritiert. „Es wird hier furchtbar politisiert, zumal von den Generalen und die wildesten Pläne propagiert – aber die Ereignisse können auch wirklich zu den tollsten Dingen führen" (Brief Nr. 4

1 Rudolf von Valentini an seine Gattin, 19. August 1914, Bundesarchiv Koblenz, Kl. Erw. Nr. 341-4.

2 Zu den Beamten des Auswärtigen Amts, die dem Großen Hauptquartier im August 1914 zugeteilt wurden, zählten außer Riezler der Staatssekretär von Jagow, die Vortragenden Räte von Stumm und von Radowitz, der Botschaftsrat von Mutius und der Legationsrat Freiherr von Grünau. Hinzu kamen fünf Chiffreure, ein Kanzleisekretär und sieben Kanzleidiener. Als ständiger Hilfsarbeiter erhielt Riezler 500 Mark monatlich als Kriegszulage und ein einmaliges Mobilmachungsgeld in Höhe von 700 Mark. Zum Vergleich: Als Kriegszulage bezog der Staatssekretär 3000 Mark monatlich sowie eine einmalige Mobilmachungssumme von 4200 Mark. Politisches Archiv des Auswärtigen Amtes Berlin R 23090.

vom 19. August). „Die Hofgenerale reden mit Vorliebe von unserer Armee als von einer Dampfwalze, die Frankreich und Russland niederbügeln wird. Da nun von so fröhlichen Siegen die Rede ist, möchte ich noch lieber vorne sein – aber das ist von hier aus schwer zu machen" (Brief Nr. 5 vom 21. August).

Auch in dieser hochgespannten Atmosphäre war sich Riezler bewusst, dass die Kritik an Bethmann Hollweg und dem Auswärtigen Amt nicht verstummt war, die schon vor dem Krieg vom Kaiser bis zu Maximilian Harden gereicht hatte.[3] Angesichts ständiger Anfeindungen wegen Zögerlichkeit und Bedenklichkeit fand Riezler zur Verteidigung des Kanzlers eine zweideutige Formulierung, halb Verschleierung und halb Eingeständnis: „Der Reichskanzler ist doch sehr guter Kopf – und die Leute müssen doch wenigstens zugeben, dass die Inszenierung sehr gut war. Im übrigen war der Krieg zwar nicht gewollt, aber doch berechnet und ist im günstigsten Moment ausgebrochen" (Brief Nr. 6 vom 22. August). Ersteres bezog sich darauf, dass der Kanzler die deutsche Öffentlichkeit erfolgreich getäuscht und von einer russischen Bedrohung überzeugt hatte. Letzteres versucht, zwischen Wollen und Kalkulieren zu unterscheiden.

Ende Oktober 1914 erinnerte sich Riezler in Charleville, wohin das Große Hauptquartier verlegt worden war, an die entscheidenden Wochen der Julikrise zurück: „Gestern musste ich lange mit dem Kanzler spazierengehen und über die seltsame Situation sprechen; das musste ich in Hohenfinow auch immer, in der Zeit der Vorbereitung. Ich werde Dir einmal mündlich erzählen, wie seltsam das war. Es war so eine schwere schwüle Stimmung da draussen, in den heissen Tagen, mit dem Nichtwissen, ob es zum Kriege führt oder nicht" (Brief Nr. 60 vom 27./28. Oktober). Wenig später wurde er deutlicher: „Ich bin in meiner bisherigen Stelle in den letzten Monaten unmöglich geworden, weil ich durch Hohenfinow und die ganze Vorbereitung der Krise meinen bisherigen Kollegen und Vorgesetzten (Hammann) in der Stellung beim Kanzler derartig vor die Nase gerückt bin, dass das schon in den letzten Tagen im August nicht mehr funktionierte" (Brief Nr. 64 vom 31. Oktober). Was war die Vorbereitung der Krise? Eine Situation zu schaffen, in welcher Russland entweder zurückweichen oder mobilisieren musste. Käme es zum Weltkrieg, so lautete das Leitmotiv der Politik Bethmann Hollwegs in der Julikrise, müssten die Deutschen unbedingt „als die zum Kriege Gezwungenen dastehen" und die Schuld den Russen in die Schuhe geschoben werden. Deutschland wolle Österreich keineswegs zurückhalten, hatte der Reichskanzler noch am 28. Juli 1914 betont. „Es handelt sich lediglich darum, einen Modus zu finden, der die Verwirklichung des von Österreich-Ungarn erstrebten Ziels, der großserbischen Propaganda den Lebensnerv zu unterbinden, ermöglicht, ohne gleichzeitig einen Weltkrieg zu entfesseln, und wenn dieser schließlich nicht zu vermeiden ist, die Bedingungen, unter denen er zu führen ist, für uns nach Tunlichkeit zu verbessern."[4]

3 Vgl. Wilhelms Drohrede an die Diplomaten nach dem Fall von Antwerpen (siehe Brief Nr. 45, zitiert in der Fußnote nach Tirpitz, *Erinnerungen*, 417f.).

4 Bethmann Hollweg an Tschirschky, 28. Juli 1914, Kautsky, *Deutsche Dokumente*, Nr. 323; Geiss, *Julikrise und Kriegsausbruch*, Nr. 592.

Bethmann „wollte“ also den Großen Krieg nicht, den die Generäle wollten, war aber bereit, sich schieben zu lassen und ihn zu riskieren. Der Kanzler ließ sich schließlich von den Kalkulationen des Generalstabschefs Moltke und seinen Versprechungen („Wir werden es schaffen“) überreden, dass ein Krieg gegen Frankreich in wenigen Wochen gewonnen werden könne. Die Militärs hatten keine prinzipiellen Bedenken gegen einen Präventivkrieg und viele hielten den Zeitpunkt für richtig. Die Diplomaten übten Doublespeak. Der Staatssekretär Gottlieb von Jagow erklärte dem Londoner Botschafter Karl Max Fürst von Lichnowsky am 18. Juli: „Ich will keinen Präventivkrieg, aber wenn der Kampf sich bietet, dürfen wir nicht kneifen.“[5] Davor warnte Lichnowsky wiederholt, zuletzt in seiner berühmten Depesche vom 26. Juli: „Ich möchte dringend davor warnen, an die Möglichkeit der Lokalisierung auch fernerhin zu glauben, und die gehorsamste Bitte aussprechen, unsere Haltung einzig und allein von der Notwendigkeit leiten zu lassen, dem deutschen Volke einen Kampf zu ersparen, bei dem es nichts zu gewinnen und alles zu verlieren hat.“[6] Diese Haltung wurde von Riezler (siehe seinen Brief an Käthe vom 10. September 1914) mit Verachtung aufgenommen, der bereits am 27. Juli in sein Tagebuch geschrieben hatte: „Lichnowsky hat völlig die Haltung verloren“, und am 15. August hinzufügte: „Lichnowsky zitternd wie Espenlaub, nur Verständnis für die englische These und ohne Haltung ohne Würde“ (Tagebücher, S. 192 und S. 194).

Trotzdem scheint Riezler nur mit Ambivalenz an die Vorgeschichte gedacht zu haben und wurde fatalistisch: „Ich habe gewiss Anlage, die Grossartigkeit dieses Krieges, der Anstrengung, überhaupt der Zeit zu empfinden. Man muss aber noch überdies hart genug sein, um die enorme Macht des Zufalls und die Sinnlosigkeit des Geschehens zu ertragen, wenn man in der Notwendigkeit ist, hinter die Einzelheiten der Vorgeschichte zu gucken. Man muss eben schliesslich sein Schicksal lieben, so wie es kommt“ (Brief Nr. 38 vom 30. September).

Erst nach seinem Sturz gab der Kanzler gegenüber Conrad Haußmann am 18. Juli 1918 zu: „Ja, Gott, in gewissen Sinn war es ein Präventivkrieg. Aber wenn der Krieg doch über uns hing, wenn er in zwei Jahren noch viel gefährlicher und unentrinnbarer gekommen wäre, und wenn die Militärs sagen, jetzt ist es noch möglich, ohne zu unterliegen, in zwei Jahren nicht mehr! Ja, die Militärs!”[7]

Viele Jahre später, 1930, wiederholte Riezler die Apologie Bethmann Hollwegs und konzedierte gegenüber Theodor Wolff: „Es ist ganz zweifellos, dass Deutschland und insbesondere der Generalstab die Mobilisierungsbereitschaft Russlands unterschätzt hat. Die Furcht vor der zukünftigen militärischen Entwicklung Russlands war gross, die Meinung über die damalige militärische Macht, über die getroffenen Vorbereitungen, die herrschende Ordnung, die Bereitschaft, das mutmassliche Tempo der Mobilisierung zweifellos zu gering. Die Meinung der politischen Stellen hierüber kann nur auf militä-

5 Jagow an Lichnowsky, 18. Juli 1914, Kautsky, *Deutsche Dokumente*, Nr. 72; Geiss, *Julikrise und Kriegsausbruch*, Nr. 135.

6 Lichnowsky an Jagow, 26. Juli 1916, Kautsky, *Deutsche Dokumente*, Nr. 236; Geiss, *Julikrise und Kriegsausbruch*, Nr. 432.

7 Zitiert in Wolfgang Steglich, *Die Friedenspolitik der Mittelmächte 1917/18*, Wiesbaden 1964, I, 418, Anm. 3.

rischen Berichten beruhen. Deutschland hat zweifellos eine riskante Partie aus Furcht gespielt. Dass diese Furcht begründet war, kann, glaube ich, nicht mehr bestritten werden. Es ist sehr gut möglich, dass die Partie infolge Unterschätzung der russischen Bereitschaft für weniger riskant gehalten wurde, als sie war."[8]

Die Furcht war nur insoweit begründet, als Russland militärisch erstarkte, aber daraus auf eine akute Bedrohung des Kaiserreichs ohne konkrete Beweise zu schließen, wurde Bestandteil der Kriegsbereitschaft. Dass gleichzeitig das Risiko im Sommer 1914 unterschätzt wurde und die zivile Regierung vom militärischen Urteil abhängig gewesen war, bedeutet ein Eingeständnis der deutschen Verantwortlichkeit.

Nicht ohne Ironie ist, dass die Kriegsentscheidung Riezlers Theorie zuwiderlief, mit der er 1914 unter dem Pseudonym J. J. Ruedorffer hervorgetreten war. In seinem Buch *Grundzüge der Weltpolitik in der Gegenwart* (Stuttgart, Berlin) argumentierte er, dass die internationale wirtschaftliche Verflochtenheit und das Wettrüsten Kriege immer weniger wahrscheinlich machten: „Die Kriege werden zwar nicht mehr gefochten, aber kalkuliert – und das Ergebnis der Kalkulationen entscheidet heute, wie früher das Ergebnis der Schlachten, über die Vorteile, die der eine erringt, oder die Beeinträchtigung, die der andere auf sich nehmen muss" (219). Riezler hielt es für einen „äusserst seltenen Fall [...] dass die Kalkulation die Nützlichkeit eines Krieges ergibt" (221). Aber so kalkulierte die deutsche Führung im Juli 1914 – und focht im August! Dennoch ließ Riezler sein Buch 1915 unverändert erscheinen.[9]

2. Walther Rathenau, Mitteleuropa und das Septemberprogramm

Der Brief Nr. 6 vom 22. August, in dem Riezler den Kanzler und das Auswärtige Amt verteidigt, beginnt mit einem Ausfall gegen Walther Rathenau, Käthes Cousin (2. Grades): „Dein Vetter Walther macht sich kolossal dick, er meint er hätte weiss Gott was für Ideen, dabei ist alles schief. [...] Über das Auswärtige Amt ist leicht zu schimpfen. [...] Aber es ist ein Geschäft, das sehr schwierig ist, und in das ein jeder hineinreden zu können glaubt, z. B. besagter Vetter Walther hält sich für sehr geschickt darin und ist es nicht." Riezler fühlte sich offenbar irritiert wegen Rathenaus Mitteleuropaplänen, denen der Kanzler mit einigem Interesse begegnete. Schon 1912 hatte Rathenau während eines Besuchs in Hohenfinow dem Reichskanzler und dem Chef der Reichskanzlei Arnold Wahnschaffe seine „politischen Ziele" dargelegt. Seinem eigenen Tagebuch zufolge entwickelte er im Laufe einer längeren Auseinandersetzung folgendes Programm: „1. wirtschaftl[iche] Zollunion mit Österreich, Schweiz, Italien, Belgien, Niederlande etc, gleichzeitig mit engerer Assoziation. 2. Äußere Politik. Ihr Schlüssel: Der Konflikt Deutschland—Frankreich, der alle Nationen bereichert. Schlüssel: England. Heute Abrüstung unmöglich, Situation zunächst weiterspannen – obgleich gefährlich –, ferner Englands Position im Mittelmeer verderben. Dann Bündnis. Ziel: Mittelafrika, Kleinasien. 3. Inneres.

8 Kurt Riezler an Theodor Wolff, 21. März 1930, Sösemann, Hg., *Theodor Wolff. Tagebücher*, II, 950f.

9 Alle Zitate nach der Auflage von 1915; 1920 erschien die letzte.

Veredelung der Parlamente. Wahlrecht Preußen. Wahlkreise Reich. Proporz. Alles Wege zum Parlamentarismus. Bethmann allgemein einverstanden."[10]

Hartmut Pogge von Strandmann skizziert den weiteren Verlauf der Entwicklung: „Kurz nach Kriegsausbruch und vermutlich vor Bethmanns Abreise nach Koblenz am 16. August hatte Rathenau anscheinend zwei Gespräche mit ihm, welche Pläne über das zukünftige Mitteleuropa einschlossen. Offenbar schickte er auch ein Memorandum über eine Zollunion zwischen Deutschland und Österreich. [...] Am 7. September sandte Rathenau auf Bethmanns Aufforderung via Mutius einen längeren Brief. [...] Bethmann las ihn nicht vor dem 11. September, zwei Tage nachdem er die Kriegszielerklärung an Delbrück gesandt hatte. Aber man kann als sicher annehmen, dass Bethmann die beiden früheren Briefe Rathenaus gelesen hatte und dass sie bei der Abfassung der Kriegsziele ins Gewicht fielen."[11] Hier scheint der Grund für Riezlers Ressentiment zu liegen. Denn am 7. September (Brief Nr. 18) entwarf er ein konkurrierendes Programm: „Muss ein grosses Memorandum machen über die Siegespreise, das morgen für den Kaiser fertig sein muss."[12] Ein Kerngedanke der sog. Septemberdenkschrift war die Schaffung „eines mitteleuropäischen Wirtschaftsverbandes durch gemeinsame Zollabmachungen, unter Einschluß von Frankreich, Belgien, Holland, Dänemark, Österreich-Ungarn, Polen und eventuell Italien, Schweden und Norwegen. Dieser Verband, wohl ohne gemeinsame konstitutionelle Spitze, unter äußerlicher Gleichberechtigung seiner Mitglieder, aber tatsächlich unter deutscher Führung, muß die wirtschaftliche Vorherrschaft Deutschlands über Mitteleuropa stabilisieren."[13] Schon am 1. September 1914 hatte Riezler in sein Tagebuch notiert: „Ein grosses mitteleuropäisches Wirtschaftssystem muss um uns herum crystallisiert werden, desgl[eichen] ein loser Verband mit Schutz- und Trutzbündnissen. Das ist die Hauptsache."[14]

Riezlers Verärgerung führte ihn schon am 27. August 1914 dazu, sich über Rathenau zu mokieren, er „solle sich doch jetzt seiner schönen Theorie von der blonden Bestie erinnern und trachten, die Nerven seines Ideals zu haben. Das Elend mag sehr schlimm sein – muss aber in Ruhe durchgehalten werden, vielleicht England gegenüber sehr lange"

10 Rathenau, Tagebucheintragung vom 25. Juli 1912, zitiert nach Hartmut Pogge von Strandmann, Hg., *Walther Rathenau. Tagebuch 1907-1922*, Düsseldorf 1967, 168-70.

11 Siehe Pogge von Strandmann, Hg., *Walther Rathenau, Industrialist, Banker, Intellectual, and Politician*, Oxford 1985, 184f. (Übersetzt) Siehe demnächst Andreas Gestrich und Hartmut Pogge von Strandmann, Hg., Bid for World Power? New Research on the outbreak of the First World War, Oxford 2016, Introduction.

12 Das Kriegszielmemorandum Bethmann Hollwegs vom 9. September 1914 war zum Teil maschinenschriftlich, zum Teil von der Hand Kurt Riezlers geschrieben. Der vollständige Text wurde erstmals 1962 von Werner Basler veröffentlicht in seinem Buch *Deutschlands Annexionspolitik in Polen und im Baltikum 1914-1918*, Berlin 1962, 381ff. Seit der ersten Bekanntmachung durch Fritz Fischer in der *Historischen Zeitschrift* 1959 steht das Dokument im Mittelpunkt der Kontroverse über die Ursachen des Ersten Weltkriegs.

13 Basler, *Deutschlands Annexionspolitik*, 112.

14 *Tagebücher* Nr. 554.

(Brief Nr. 10).[15] Rathenau hegte sehr realistische Sorgen über die Gefährdung der deutschen Auslandsinvestitionen und Auslandsmärkte. Er behielt durchaus seine Nerven, als er bei Kriegsbeginn sofort die katastrophale Rohstoffsituation des Reiches erkannte und schon im August die Einrichtung einer Kriegsrohstoffabteilung im preußischen Kriegsministerium erreichte, die er bis zum Frühjahr 1915 mit großem Erfolg führte. Rathenau, der sich bei Kriegsbeginn sogleich dem Kanzler zur Verfügung gestellt hatte, tat in den folgenden Jahren sein Bestes, die Kriegswirtschaft zu stärken. Er glaubte jedoch keineswegs der amtlichen Version vom überfallenen Reich. Im Juli 1916 teilte er dem Grafen Harry Kessler – grundsätzlich wahrheitsgetreu trotz einiger Fehler– mit: „Der Krieg sei hervorgerufen worden durch das plein pouvoir zu einem Ultimatum an Serbien, das wir ihm in einer am 4 Juli 5 Uhr Nachmittags abgehaltenen Konferenz in Berlin gegeben hätten. Gegenwärtig bei dieser Konferenz seien gewesen der Kaiser, Bethmann, Conrad, aber *nicht* Moltke und Jagow. Der Kaiser habe nach dem Grundsatz der ‚Nibelungentreue' Österreich ein Blankett gegeben, Jagow sei erst am nächsten Tag von der Hochzeitsreise zurückgekommen und entsetzt gewesen; er habe in der nächsten Zeit fortwährend versucht, den Text des österreichischen Ultimatums zu erfahren, aber nie bekommen können."[16]

Als Riezler in seinem Brief vom 22. August konstatiert, die deutsche Kultur vertrüge keine Weltherrschaft, bemerkte er selber, er falle „beinahe in den Ton besagten Vetters", denn in dieser Hinsicht stimmten sie überein. Nach dem Zusammenbruch schrieb Rathenau an Gottlieb von Jagow: „Deutschland war inner- und ausserpolitisch infolge seiner Mentalität und Charakterrichtung so wenig zur Grossmacht geeignet, dass der Kollaps zwar aufgehalten, jedoch nicht vermieden werden konnte. Unsere Mission liegt auf anderem Gebiete. Die Bismarcksche Episode ist für alle Zeiten vorüber, und es bleibt uns die Aufgabe, die unseren Fähigkeiten entspricht, mit geistigen Waffen für die Gerechtigkeit der Welt zu kämpfen. Ein Herrenvolk war Deutschland nie."[17]

3. Siegen und zu viel siegen – und verlieren

Das Septemberprogramm wurde noch in Erwartung eines schnellen Sieges geschrieben, sollte aber auch die schnell wuchernden Annexionsforderungen einschränken, denen Bethmann Hollweg jedoch später immer mehr nachgab. Schon am 25. August fürchtete Riezler: „Es wird schrecklich nach dem Kriege, bei dem Glauben an die Gewalt, der die Leute bei uns alle beherrscht und bei der hohlen Phrase, die dann aufkommen wird" (Brief Nr. 9). Und am 27. August: „Nach dem Krieg wird es furchtbar werden. Die blöde Soldateska, die nur zuschlagen kann und der alldeutsche Grössenwahn, der dann einsetzen wird, werden das politische Geschäft ganz unmöglich machen, und eine

15 Zu Rathenaus Rassentheorie, siehe Zur Kritik der Zeit (1912) in Ernst Schulin, Hg., *Hauptwerke und Gespräche*, München 1977, 70-76 und den Sammelband *Reflexionen*, Leipzig 1908, Nachdruck 1912.

16 Kessler, Tagebucheintragung vom 23. Juli 1916, in: Günter Riederer und Ulrich Ott, Hg., *Harry Graf Kessler. Das Tagebuch Fünfter Band 1914-1916*, Stuttgart 2008, 572f.

17 Rathenau an Jagow, 31. Mai 1919, Rathenau, *Briefe*, Bd. 5, Teilband 2: 1914-1922, Düsseldorf 2006, 2197.

Kultur für die und von der man leben [kann] wird es auch nicht mehr geben" (Brief Nr. 11). Riezler war ernstlich über einen zu großen Sieg besorgt: „An die deutsche Kultur glaube ich schon, und Dein Vater hat auch recht, dass der Krieg notwendig und erziehlich. Dazu darf nur nicht zu arg gesiegt werden. Sonst kommt Übermut und Tollheit. Eine deutsche Weltherrschaft allerdings verträgt diese Kultur nicht" (Brief Nr. 6 vom 22. August). Am 10. Oktober zitierte er Nietzsche: „Eigentlich glaube ich, dass wenn wir siegen das für Deutschland innerlich der Anfang vom Ende ist. Sein bestes ist ganz unpolitisch. Es verträgt die Weltherrschaft nicht. Die Reichsgründung war, wie Nietzsche sagte, auch schon ein Niedergang. Ich bin darin lächerlich altmodisch" (Brief Nr. 46). Anfänglich hatte Riezler sogar die deutsche Niederlage an der Marne begrüßt, aber dann etwas zurückgesteckt: „Ich gebe zu, dass die erzieherische Schlappe und unser Rückzug in seinen Wirkungen über das paedagogisch wünschenswerte hinausgeht – und dass etwas weniger Erziehung besser gewesen wäre."[18] Etwas widersprüchlich fügte er dann hinzu: „Ich bin überhaupt sehr dafür, dass wir möglichst schnell siegen und möglichst gründlich – trotz der zweifellos entsetzlichen Zeit die dann kommen wird, in der Deutschland auf das geistige Niveau des Lokalanzeigers herabsinken wird" (Brief Nr. 31 vom 21. September).

Vor der Niederlage an der Marne im September schien ein Siegfrieden in greifbarer Nähe, der neben Annexionen den Besiegten riesige Kontributionen auferlegt hätte. Danach schwankten die Friedensaussichten von Woche zu Woche. Je nach der letzten militärischen Entwicklung gingen Riezlers Hoffnungen auf und ab, wobei bemerkenswert ist, wie zögernd er seine Hoffnungen minderte. Wenn schon kein großer Sieg auf dem Schlachtfeld möglich war, so konnten, hoffte er, Frankreich und Russland irgendwie zusammenbrechen, bevor das morsche „österreichische Skelett" auseinanderfiel.

Vom ersten Tag an wurden dabei Kanzler, Auswärtiges Amt und Riezler durch die Geheimnistuerei der militärischen Führung im Dunkeln gelassen. Mehrmals beschwerte sich Riezler über die Geheimniskrämerei der Militärs, die den Kanzler und ihn zur Ignoranz und Fehlinformation verurteilten. Zur Zeit der Marnekrise: „Grosse Entscheidungen fallen und man erfährt wenig" (Brief Nr. 21 vom 9. September). Wenn auch die Militärs es unnötig fanden, die zivile Regierung auf dem Laufenden zu halten, so wurde es strategisch von höchster Bedeutung, dass die OHL selbst die Übersicht verlor und immer weniger wusste, was an den Fronten vor sich ging, besonders bei der am weitesten westlich vorrückenden Ersten Armee des eigenwilligen Generalobersten Alexander v. Kluck. Die längst bestehenden Eisenbahnen ließen sich für den Schlieffenplan ohne zu große Schwierigkeiten einplanen, für die Nachschubprobleme über die deutsche Grenze hinaus und für die Kommunikation vom Großen Hauptquartier fehlte dem Generalstab die technische Kompetenz.

18 „Nach der Marneschlacht war die Gefechtsstärke der deutschen Armeen in Ost und West bis zu 50 Prozent gesunken. Der September 1914 [...] brachte dem Heer des kaiserlichen Deutschland die höchsten blutigen Verluste des ganzen Krieges. Bis Mitte Dezember stiegen sie auf 800 000 Mann." Dieter Storz, Die Schlacht der Zukunft in Wolfgang Michalka, *Der Erste Weltkrieg*, München 1994, 252.

Dabei spielte die Privilegierung des Offizierskorps und besonders des Generalstabs eine Rolle. Eine relativ neue technische Entwicklung, das Automobil, wurde Offizieren zur Verfügung gestellt, um durch die Gegend zu brausen, während sich die Landser mit Pferd und Wagen abplagen mussten. Das wohlgenährte und sichere Leben im GHQ kontrastierte mit den furchtbaren Verhältnissen der Truppen in den Schützengräben. Riezler nahm an den Spaziergängen und Ausritten an der Maas teil, während die Kanonen in der Ferne donnerten. Er hatte darüber Schuldgefühle. Aber da er entschlossen war, Käthe zu heiraten, wollte er sein Leben nicht riskieren. Am 31. Oktober bemerkte er: „Man hört den ganzen Tag Kanonendonner, aber ich glaube nicht, dass wir durchbrechen können, ich habe kein Vertrauen mehr in die Führung" (Brief Nr. 65).

Mehr und mehr befielen Riezler Ahnungen, dass der Krieg verloren gehen könne. Schon am 27. September warnte er Käthe: „Aber man muss doch eigentlich auch für die Möglichkeit, dass die Sache schief geht, innerlich gewappnet sein. Das ist gar nicht so leicht – ein tüchtiges Volk als solches findet sich ja immer wieder zurecht, es hat ja Zeit – aber dann kommt zuhause eine Zeit der Krisen, die politisch natürlich noch mehr accapariert und noch tiefer in das persönliche Leben eingreift" (Brief Nr. 35 vom 27. September). Mit dem Schiefgehen der Sache meinte Riezler das Verfehlen der Kriegsziele: „Der Traum eines Sieges nach allen drei Seiten ist jedenfalls aus – mit dem Versuch Deutschland an die erste Stelle zu bringen, ist es auch nichts. [...] Sei nicht traurig, das gute deutsche Volk muss amor fati haben – und braucht nicht unterzugehen, wenn ihm das Danaergeschenk der Weltherrschaft nicht gereicht wird" (Brief Nr. 61 vom 27. Oktober).[19] Am 29. Dezember gab er zu, „eigentlich zum erstenmal wirklich trübe Gedanken über den Ausgang. Allgemeines Verbluten" zu haben (Tagebücher Nr. 586). Danach schrieb er Käthe vertraulich am 3. Januar 1915: „Wir müssen uns doch, zwar ganz unter uns, darauf gefasst machen, dass die Sache zwar nicht ganz schlecht, aber immerhin mau ausgehen kann. [. . .] Mein liebes Kätzchen, sag das alles niemand, es sind hochgefährliche Sachen. Das alles ist ziemlich ernsthaft aber nicht zum Verzweifeln. Völker sind ewig, kommen schon wieder auf. Und wir persönlich werden es schon auch aushalten" (Brief Nr. 92).

4. Gegen England und Tirpitz

Am Vorabend des Weltkriegs behauptete „J. J. Ruedorffer" in seinem Buch *Grundzüge der Weltpolitik in der Gegenwart* den rein defensiven Charakter der deutschen Flottenrüstung und leugnete Admiral Alfred von Tirpitz' geheime Intention, die eine militärische und wirtschaftliche Herausforderung Großbritanniens bezweckte: „Die deutsche Regierung hat bei ihren Flottenrüstungen immer wieder und nachdrücklich betont, dass diese Rüstungen rein defensiv gedacht sind, zum Schutze des wachsenden deutschen

19 Vgl. den langen Eintrag in *Tagebücher* Nr. 578 vom 22. Nov.: „Vielleicht ist der heroische Versuch dieses Krieges, uns eine unantastbare Weltmachtstellung ersten Ranges zu sichern, halb unmöglich und daher das Volk in seinem Drange so rührend und tragisch." Wichtig das Eingeständnis, dass „wenn wir den weltpolitischen Ehrgeiz aufgeben", die weltwirtschaftliche Abhängigkeit von England statt russischem Vasallentum für uns „erträglicher und für unsere Existenz ganz ungefährlich".

Überseehandels, und daher ihre Spitze gegen keine andere Macht kehren. [...] Diese Erklärungen haben auf die öffentliche Meinung Englands so gut wie keinen Eindruck gemacht; die englische Regierung hat im Gegensatz zu dieser deutschen Haltung ihre Flottenverstärkungen stets offen mit den deutschen Rüstungen begründet; und die öffentliche Meinung Englands hat kaum begriffen, dass die deutschen Rüstungen einen anderen Zeck haben können als einen Angriff auf die englische Seeherrschaft, da der Schutz des Handels und die Freiheit der Meere doch gerade durch diese britische Seeherrschaft am besten garantiert ist" (92f.). Als Riezler dies schrieb, stand er seit mehreren Jahren im Dienst des Auswärtigen Amtes und dem Kanzler nahe, der endlich der Heeresvermehrung den Vorrang gegenüber der Flottenrüstung geben konnte. Riezler wiederholte eine offizielle Presseversion, aber betonte richtig, dass daran in England niemand glaubte.

Die englische Kriegserklärung an das Kaiserreich machte den als Kontinentalkrieg beabsichtigten Krieg zum „Weltkrieg". In den Wochen der Siegessicherheit in Frankreich schien Riezler nur noch England ein Problem: „Es ist kein Grund mehr zum Pessimismus als die Schwierigkeit, England down zu kriegen und die Brotfrage – aber vielleicht werden die Kerle doch weich werden, wenn wir demnächst in Calais sitzen" (Brief Nr. 7 vom 24. August). Jedoch konnte weder in jenen Tagen noch mit Ludendorffs letzter Offensive 1918 Calais erobert werden. Es rächte sich, dass Riezler das englische Expeditionskorps als eine quantité negligeable betrachtete. Am 27. August: „Heute sollen die auf den Continent gesandten Engländer eingekreist und verhaftet werden. Wir werden wenn wir sie kriegen, sie nach Döberitz zusammen mit den Russen ohne Insektenpulver schicken" (Brief Nr. 10). Dieser kraftmeierische Zynismus wurde vom Kaiser brutal übertroffen.[20] Riezler erkannte jedoch unter demselben Datum: „Die Engländer werden allerdings wie Napoleon I gegenüber to the bitter end durchhalten, aber wir werden die Kontinentalsperre raffinierter machen als Napoleon I. Die englischen Zeitungen schreiben schon, England würde aushalten und wenn es viele Jahre dauert, solange bis Preussen hoffnungslos und fuer immer gebrochen ist und Wilhelm II als ewiger Gefangener auf St. Helena sitzt" (Brief Nr. 11 vom 27. August). Wenig später schrieb er besorgt: „England will ja 20 Jahre aushalten. Was machen wir dann?" (Brief Nr. 18 vom 7. September). Damit verschlechterte sich die Hoffnung auf „baldige Friedensaussichten" und wuchs die Notwendigkeit, Frankreich als Geisel zu behandeln, bis England Frieden macht (Brief Nr. 13 vom 31. August). „Wir müssen möglichst viel von der französischen Küste besetzen und dann warten, bis England weich wird, kann lange dauern" (Brief Nr. 22 vom 10. September).

Von vornherein bestanden Hoffnungen auf Aufstände in der islamischen Welt, besonders in Indien. Schon bei Kriegsbeginn wetterte Kaiser Wilhelm gegen die drohende Beteiligung Englands: „Und unsere Consuln in Türkei und Indien, Agenten etc müßen die ganze Mohamedan[ische] [sic] Welt gegen dieses verhaßte, verlogene, gewissenlose

20 Nach der Schlacht von Tannenberg notierte Admiral von Müller in sein Tagebuch: „S.M. sprach bei der Konversation nach Tisch die Ansicht aus: Die gefangenen 90 000 Russen sollten auf die Kurische Nehrung geschickt werden, wo man sie verhungern lassen sollte. Der sehr verständige Kriegsminister [Erich von Falkenhayn] verwahrt sich in guter Form dagegen." Müller, Tagebucheintragung vom 4. September 1914, Nachlass Müller, BA-MA Freiburg.

Krämervolk zum wilden Aufstande entflammen; denn wenn wir uns verbluten sollen, dann soll England wenigstens Indien verlieren."[21] Am 11. September schrieb Riezler, in Indien habe der Aufstand angefangen und am 13. trug er ins Tagebuch ein: „Endlich Kunde von einer indischen Revolution."[22] Aber die Hoffnungen auf nennenswerte Wirkungen wurden immer wieder enttäuscht. Kurz vor dem Eintritt der Türkei in den Krieg bemerkte Riezler, jetzt komme endlich „der grüne Fetzen des Propheten" und persiflierte Wilhelm II.: „Ich werde dann vorschlagen, dass der Kaiser ein grosses Telegramm loslässt in dem er „Freiheit dem Islam" schreit und mit seinem ganzen Volke zur Erledigung der verschiedenen konfessionellen Streitfragen zum Islam übertritt" (Brief Nr. 58 vom 24. Oktober).

Der Versuch, das britische Expeditionskorps (British Expeditionary Forces) entlang der Kanalküste von seinen Versorgungslinien abzuschneiden, misslang in der ersten Flandernschlacht, die vom 20. Oktober bis 18. November tobte und in einem Blutbad endete. Noch um den 19. Oktober hatte Riezler aufgrund ungenauer Information geschrieben: „Im Westen haben die Engländer gestern heftige Kloppe gekriegt. Sie schlagen sich sehr gut, aber ein wenig taprig sind sie" (Brief Nr. 53). Weder Kloppe noch Tapprigkeit trafen zu. Am 8. November gab er zu: „Wir haben entsetzliche Verluste im Nordwesten und kommen doch kaum vorwärts" (Brief Nr. 67). Kurz vor Neujahr wurde ihm klar, dass die Engländer eine große Armee aufbauten.

Riezlers Frustrationen richteten sich zunehmend gegen Tirpitz.[23] „Alles geht so seltsam: die U Boote zwingen die grossen Schiffe, sich zu verstecken – der Seekrieg wird unter der See geführt, und wir behalten recht gegen den 'Vater der Lüge' (Tirpitz), der mit seinen dummen Dreadnoughts an der ganzen Sache schuld ist, und die jetzt ebensowenig verwendet als die Engländer ihre" (Brief Nr. 33 vom 24. September). Ähnlich am 21. Oktober: „Der Vater der Lüge ist nach Berlin gereist und hat sicher eine besondere Bosheit vor. Ich glaube aber, er ist doch ziemlich erledigt, er hat zuviel gelogen. Nun stehen seine dummen dicken Schiffe, ohne die es gar nicht zum Krieg mit England, vielleicht überhaupt nicht zum Krieg [gekommen] wäre, unnütz im Hafen, und die Uboote und kleinen Kreuzer, die das Auswärtige Amt, das böse, immer an stelle der Dreadnoughts gewollt hat, sind das einzig nützliche" (Brief Nr. 55). Am 30. Oktober kritisierte Riezler auch Bülow: „Dass die Berliner meinen, Tirpitz und Bülow sollen den Frieden schliessen, ist ein guter Witz. Wenn es Schuldige an diesem Weltkrieg bei uns giebt, so sind es diese beiden und ihre Fehler. Die Koalition gegen uns hat sich doch unter Bülow gebildet und durch den Einfluss seiner Fehler, Burenrummel, Nichtausnutzung des russisch-japanischen Kriegs und das marokkanische Abenteuer" (Brief Nr. 63).

21 Wilhelm II., Schlussbemerkung zum Bericht Pourtalès' vom 30. Juli 1914, Karl Kautsky, Hg., *Die deutschen Dokumente zum Kriegsausbruch,* 4 Bde., Charlottenburg 1919, Nr. 401. Eine deutsche Expedition zur Aufwiegelung Indiens von Afghanistan reiste am 6. September 1914 nach Konstantinopel ab.

22 *Tagebücher* Nr. 557

23 Vor der Abreise ins Große Hauptquartier hatte Tirpitz versucht, den Kaiser und den Kanzler wenigstens in der ersten Zeit in Berlin zurückzulassen und Jagow durch den schneidigeren Unterstaatssekretär Arthur Zimmermann zu ersetzen (siehe oben S. 78). Wenn es zu dieser Verzögerung gekommen wäre, gäbe es wahrscheinlich weniger Briefe von Kurt Riezler und Käthe Liebermann.

Tirpitz, der weiterhin versuchte, Bethmann Hollweg zu stürzen, befürwortete einen Sonderfrieden mit Russland. „Es giebt hier und in Berlin bereits eine Menge Menschen, welche gerne nach einer Seite Frieden haben moegen, z. B. der Vater der Lüge und viele Konservative in Berlin, natürlich die meisten mit Russland“ (Brief Nr. 67 vom 8./9. November). Bald begann Tirpitz, sich aus der Mitverantwortung für den Krieg zu entziehen. Seinem Mitarbeiter Albert Hopman gegenüber klagte er: „Er sei doch letzten Endes der Urheber unserer Flottenpolitik, trage vor der Nation die Verantwortung und kann es nicht verantworten, dass in diesem Existenzkrieg die Flotte gar nicht zum Tragen komme. [...] Das sei eine stillschweigende Bankrotterklärung unserer gesamten Politik der letzten Jahrzehnte, die die Entwicklung Deutschlands als Welt- und Seemacht zum Ziel gehabt hätte.“[24] Doch Riezlers kritisches Urteil über Tirpitz wurde von den meisten Diplomaten und selbst von hohen Marineoffizieren durchaus geteilt. Als Hopman bei einem Besuch des Generalgouverneurs in Brüssel am 12. Oktober 1914 Graf Hatzfeldt und Oberst v. Lanken traf, schätzten beide Herren, wie er notierte, die „englische Macht gut ein und halten den ganzen Krieg ebenso wie ich für ein grosses politisches Verbrechen, das zu vermeiden war.“[25] Hopman begründete sein Urteil über den verfehlten Krieg und die Vorkriegsjahre ausführlich am 19. Oktober 1914. Sein Fazit: „Der Krieg ist und bleibt ein großes Unglück für Deutschland, er wird und kann nicht so enden, wie man es sich bei Beginn vorstellte und sich heute der größte Teil der Nation noch vorstellt, sondern als starker Rückschlag unserer weltpolitischen und weltwirtschaftlichen Stellung.“[26]

5. Unlösbar: Belgien und Polen

Der Krieg zog sich immer mehr in die Länge, nicht zuletzt weil es diplomatisch und militärisch keine Lösung für Belgien und Polen gab. Die beiden Länder wurden zu Territorien größter Verwüstung. Die Briefe belegen nicht nur die Kriegsverbrechen in Belgien, sondern auch eine zunehmende Bereitschaft auf Riezlers Seite, die völlige ökonomische Vernichtung von Frankreich und teilweise des wallonischen Belgiens zu befürworten. Riezler war anfänglich entsetzt und erschüttert und bedauerte die allgemeine Verrohung, erlag ihr aber selbst allmählich.

Am 29. August berichtete Riezler seiner Verlobten: „Wir haben so schreckliche Details von Belgien, das halbe Land ist niedergebrannt. [...] Wir werden nach diesem Krieg den Ruf der schlimmsten Barbaren haben und uns nirgends im Ausland mehr sehen lassen können“ (Brief Nr. 12). Am 2. September: „Wir fuhren heute nach Longwy, einem erober-

24 Albert Hopman, Tagebucheintragung vom 20. Okt. 1914, in Michael Epkenhans, Hg., *Albert Hopman. Das ereignisreiche Leben eines 'Wilhelminers'*, München 2004, 471. Riezler trug am 22. Oktober ein (*Tagebücher* Nr. 571): "Er möchte am liebsten mit England Frieden machen, möglichst bald ohne die Flotte zu riskieren, aber die Volksstimmung trotzdem gegen England dirigieren und dann eine grosse Flotte bauen. Er salviert sich natürlich, er wäre sehr bedenklich gewesen in bezug auf diesen Krieg, die Schwierigkeiten wären unterschätzt worden."

25 Hopman, Tagebucheintragung vom 12. Oktober 1914, in Epkenhans, 462.

26 Hopman, Tagebucheintragung vom 19. Oktober 1914, ebenda, 469.

ten Fort in Frankreich [...] die ganze Stadt ein Trümmerhaufen [...] dann über Belgien zurück, verbrannte Dörfer, in denen alle Männer standrechtlich erschossen waren, nur noch Frauen zu sehen" (Brief Nr. 14). Während Riezler die Zerstörung von Kathedralen und Kunstwerken bedauerte, erklärte er vor der Bombardierung von Antwerpen salopp, „da wird wieder ein grosses Kunstgeschrei losgehen" (Brief Nr. 42 vom 4. Oktober). Zwei Wochen später wurde er zynischer: „Ich bin für eine Art Tributärstaat, der äusserlich freibleibt, militärisch aber und wirtschaftlich zur Verfügung steht. Teilen geht nicht, da die Niederlande sicher nicht wollen und Frankreich zu stark wird, wenn es diese von fruchtbaren und rohen Völkerschaften besiedelten Gebiete bekommt. [...] Frankreich müssen wir überhaupt wirtschaftlich und finanziell so schädigen, dass ihm aus oekonomischen Gründen die Lust der Kindererzeugung vergeht – roh, aber das einzige Mittel" (Brief Nr. 53 vom 19. Oktober).

Angesichts von Verwüstung und Okkupation wurde die Nahrungslage in Belgien immer kritischer, bis die amerikanischen Lieferungen eintrafen (vgl. Brief Nr. 50 vom 16. Oktober und Tagebücher Nr. 570 vom 19. Oktober). Repressionen gingen weiter. Deportationen fanden statt, Intellektuelle wurden verhaftet; Henri Pirenne war vom März 1916 bis Kriegsende interniert. Massive Zwangsrekrutierungen begannen 1916 und Pläne für Zwangsumsiedelungen kursierten.[27] Riezler bemühte sich, in dem Konflikt zwischen Generaloberst von Bissing und Kardinal Mercier Verhaftungen von Bischöfen und Priestern zu vermeiden (Briefe Nr. 99 und Nr. 100).

Schon im August 1914 wurden in der militärischen und zivilen Regierung Pläne über Annexions- und Teilungspläne für Belgien diskutiert, als der Sieg sicher schien, aber bei der sich verschlechternden strategischen Situation konkurrierten schnell sich wandelnde Vorschläge miteinander. Bald jedoch wechselten auch die Pläne für Polen je nach den deutschen, österreichischen und russischen Erfolgen und Niederlagen, die sich einander ablösten. So kam ein unlösbares Problem zum anderen: „Es ist doch eigentlich tragisch: wir können Belgien nicht brauchen und müssen irgendwie die Hand darauf legen, denn sonst fällt es nach diesem Kriege ganz in Frankreichs Hände. Das ist doch eine Stärkung für die Franzosen, die wir doch nicht zugeben können. Ähnlich ist es mit Polen. Das ist auch eine unlösbare Frage, die akut wird und das schwierigste aller denkbaren politischen Probleme ist. Ein freies Polen wird ein fürchterlicher Staat" (Brief Nr. 48 vom 12. Oktober). Mittlerweile litten die polnische und jüdische Bevölkerung grausam. Am 25. November schreibt er: „Im Osten geht es wieder besser, es steht aber alles so kunterbunt durcheinander [...] Lodz selber, um das vielleicht 250 000 Russen herumstehen, hat schwere Cholera, nichts mehr zu fressen, kein Heizmaterial mehr, eine arme hungernde Bevölkerung, darunter 150 000 Juden, die schon in Friedenszeiten von den anderen totgeschlagen werden – es muss eine Hölle sein" (Brief Nr. 79).

27 Siehe *Tagebücher* Nr. 606 vom 16. Mai 1915: „Auf der Fahrt lange mit Helfferich über die Eventualität gesprochen, dass wir keinen Frieden mit England bekommen und auf dem Gebiet stehenbleiben müssen, ja auf die Enteignung des deutschen Eigentums in England etc mit der Austreibung der Belgier und Franzosen antworten müssen."

Da viele konservative Politiker und hohe Beamte schon im Herbst 1914 einen Sonderfrieden mit Russland forderten, blieb das Schicksal Polens offen: Sollte es beim kaiserlichen Russland unterdrückt bleiben oder unter deutscher und österreichischer Herrschaft scheinfrei werden? Reichskanzler und Auswärtiges Amt gerieten dabei in zunehmende Konflikte mit OberOst (Oberbefehlshaber Ost), der die 1915 eroberten polnischen und baltischen Gebiete beherrschte und die wirtschaftlichen Ressourcen und die Arbeitskräfte ausbeutete.

Mitte Januar 1915 offerierte sich Riezler dem Kanzler für eine „Spezialaufgabe geheimer Art" (Brief Nr. 98), die ihn schließlich am 22. Januar wieder nach Posen führte (Brief Nr. 108).[28] Er war bereits Mitte Dezember 1914 in Posen gewesen, wo er zusammen mit Wilhelm Solf, dem Staatssekretär des Reichskolonialamts, Gespräche mit Oberstleutnant Max Hoffmann als Vertreter Ludendorffs geführt hatte. Angesichts der äußerst schwierigen polnischen Problematik sollte er an Ort Informationen sammeln. Jetzt wiederholte er seine Erkundungsreise, vermutlich wieder mit Solf oder Helfferich, sprach mit Hindenburg und besichtigte die Front und Lodz.[29] Er verhandelte auch wieder mit Max Hoffmann, der immer einflussreicher und schließlich Chef des Generalstabs OberOst wurde; dieser erkannte, dass auch bei weiteren Niederlagen Russlands etwaige Verhandlungsposition stark bleiben würde. Riezler erörterte „Möglichkeit russischer Revolution, das loslassen der Lodzer Revolutionäre" (Tagebücher Nr. 593 vom 25. Januar 1915) und hatte schon am 20. Januar dem Kanzler „Vorschläge wegen Organisation russischer Meutereien durch procentuale Beteiligung polnischer Juden" gemacht (Tagebücher Nr. 592). Riezlers Tätigkeiten wurden von den Offizieren an der Ostfront als unwillkommene und militärisch unerlaubte Einmischung des Kanzlers empfunden. Aber hier lagen die Anfänge von Überlegungen und Entscheidungen, die am 17. Juni 1917 zur Ankunft von Lenin und seiner Genossen an der Finnland Station in Petersburg führen sollten. Riezler hatte mit Lenins Durchreise zu tun und wurde danach zum Vermittler großer Geldsummen an die Bolschewiken. Das deutsche Kalkül ging mit der Oktober-Revolution auf. Nach dem Siegfrieden von Brest-Litovsk ging Riezler als Legationsrat nach Moskau, worüber seine fünf erhaltenen Briefe an Käthe dramatisch berichten (Briefe Nr. 112-117 vom 25. April bis zum 9. Mai 1918).

6. Kurt Riezler und Bethmann Hollweg

Nach seiner Promotion im März 1905 in klassischer Philologie und Wirtschaftsgeschichte an der Universität München entschied sich Kurt Riezler gegen eine ihm offenstehende akademische Karriere. Ein Jahr danach arbeitete er für sechs Monate in der Redaktion der *Norddeutschen Allgemeinen Zeitung*, dem offiziösen konservativen „Regierungsblatt",

28 Damit schließt die reguläre Korrespondenz, da Riezler (am 25. Januar 1915) wieder nach Berlin zurückkehrte. Erhalten sind nur noch drei Briefe von einem Trip nach Charleville, 13., 16. April und 1. Mai 1915.

29 „Theo [Lewald] soll erzählt haben, in Lodz hungern 250 000 Menschen und das einzige noch blühende Gewerbe sei die Prostitution" (Brief Nr. 108 vom 22. Januar 1915).

bevor Otto Hammann ihn am 1. Oktober 1906 ins Pressereferat des Auswärtigen Amtes holte, weil er durch außenpolitische Aufsätze aufgefallen war, sogar auch dem Kaiser. Er arbeitete fast drei Jahre unter Kanzler Bernhard von Bülow, der ihn zunächst schätzte, ihm aber die Übertragung seiner Loyalität auf seinen Nachfolger und die Kritik seiner Politik in den *Grundzügen der Weltpolitik in der Gegenwart* sehr verübelte. In seinen Memoiren widmete er Riezler eine ganze Seite maliziöser Charakterisierung: „Das Beste an ihm war seine niedliche Frau, eine Tochter des Malers Liebermann" – ein zweideutiges Kompliment, das beide verunglimpfte.[30]

Nach Bethmann Hollwegs Ernennung zum Reichskanzler 1909 war Riezler allmählich sein „junger Mann" geworden – Theodor Wolff nannte ihn „Bethmanns Liebling und Sekretär."[31] Auch nach Kriegsbeginn verblieb er zunächst als ständiger Hilfsarbeiter und Legationsrat im Presseamt des Auswärtigen Amtes, wenn auch mit zunehmenden Schwierigkeiten wegen seiner Nähe zum Kanzler, bis er Mitte Oktober 1914 in die Reichskanzlei überwechselte. Er war nie des Kanzlers Privatsekretär (im gewöhnlichen Sinne), aber wurde sein vertrautes Faktotum. Der Kanzler, der von vielen hochrangigen Personen unterschiedlicher Loyalität ihm gegenüber umgeben war, wählte einen untergeordneten, aber hoch gebildeten und philosophisch versierten Beamten als seinen Vertrauten. Riezler wurde im April 1915 mit der Beförderung zum Wirklichen Legationsrat und Vortragenden Rat belohnt.

Für jemanden, der so jung war wie er, nahm Riezler eine ungewöhnliche Position ein, aber dies ließ seine zukünftige Karriere im Ungewissen. Im Großen Hauptquartier traf er den Kanzler fast täglich und oft allein. Als die Diskussionen über den „Siegespreis" schon angefangen hatten, bekannte er: „Es geht mir politisch sehr gut, weil wir hier sehr wenige sind und alles gemeinsam besprochen wird und weil ich den Kanzler vor- und nachmittag allein sehen und ihm alles sagen kann" (Brief Nr. 9 vom 25. August). Umgekehrt erzählt er „mir immer alles, holt mich überhaupt auf jede Weise ran – so dass es gar nicht leicht sein wird, mich von ihm zu lösen" (Brief Nr. 13 vom 31. August). Er war sich im Klaren: „Eigentlich habe ich politisch furchtbares Glück, komme so jung in Situationen und Aufgaben, wie sie einer der alle seine Leidenschaft an die Politik hängt, in 100 Jahren nicht erhält" (Brief Nr. 23 vom 11. September).

Riezler erkannte die schwachen Seiten des Reichskanzlers, die aber mit seinen Stärken verbunden waren. „Dieser Kanzler, der immer alles im ungünstigsten Licht sieht, immer ein düsteres langes Gesicht macht – aus Temperament, und dadurch den Soldaten auf die Nerven fällt, der eigentlich das Temperament eines ausgesprochenen Pechvogels hat, und dabei eigentlich viel mehr Glück hat als sein Vorgänger – dieser Mann mit *der* Ehrlichkeit in *der* Situation. Zu seltsam. Dabei funktioniert es sachlich desto besser, je schlechter die Lage ist. Aber die Ungeschicklichkeit seines persönlichen Benehmens ist grenzenlos" (Brief Nr. 24 vom 13. September).

Ambivalent reagierte Riezler, als er herausfand, „dass der Kanzler mich nach dem Kriege zu sich in die Reichskanzlei nehmen will – ich weiss nicht recht, wie ich mich

30 Bernhard Fürst von Bülow, *Denkwürdigkeiten*, 4 Bde., Berlin 1931, III, 24f.
31 Wolff, Tagebucheintragung vom 24. Mai 1916, *Tagebücher* Nr. 365.

dazu verhalten soll" (Brief Nr. 29 vom 19. September); er hat eben „einen politischen Narren an mir gefressen" (Brief Nr. 53 vom 19. Oktober). Riezler hielt es für unwahrscheinlich, „dass der Kanzler vor Friedensschluss stürzt – das wäre scheusslich, weil niemand da und er bei weitem der klügste ist" (Brief Nr. 56 vom 22. Oktober). Falls er doch stürzte, erhoffte Riezler sich eine gute diplomatische Auslandsposition, oder ich „verlege (...) mich auf Wälzer und Universitäten (sei nicht traurig darüber), dann giebt es aber bald wieder eine liberale Ära und dann komme ich wieder" (Ebenda).

Viele seiner Gegner trauten Bethmann Hollweg nicht zu, dass er einen vorteilhaften Frieden schließen könne, aber Riezler war überzeugt, dass er es „immer noch am besten" könne (Brief Nr. 64 vom 31. Oktober). Doch die immer mehr schwindenden Friedensaussichten belasteten ihn schwer: „Der Kanzler ist so ein schwerer Mensch, weisst Du, ohne Fatalismus mit zuviel Menschlichkeit und schwerem Blut, die Verantwortlichkeit, die freilich ungeheuer ist, zu tief empfindend und deswegen trotz grosser Zähigkeit und Kraft immer zentnerbelastet. Lies mal nach im Faust II. Teil, am Schluss, wie die Sorge den Menschen schildert, von dem sie Besitz ergriffen hat – das ist eine blutige Schilderung von ihm, wahr und doch ungerecht" (Brief Nr. 69 vom 11. November).

Kurz vor Weihnachten erfuhr der Kanzler von der tödlichen Verwundung seines Sohnes bei einem Kavallerieangriff im Osten – „ich ging mit ihm im Garten spazieren, er war schwer und beladen" (Brief Nr. 84 vom 24. Dezember 1914). Er trat jedoch gefasst bei der „Leute-Weihnacht" auf: „Die Soldaten sind so rührende Kinder. Der Kanzler macht es sehr gut, einfach, menschlich und vornehm" (Brief Nr. 85 vom 25. Dezember).

Bis zu Bethmann Hollwegs Rücktritt am 13. Juli 1917 blieb Riezler ihm loyal verbunden und verteidigte ihn auch späterhin. Der Kanzler erlag endlich dem Kesseltreiben seiner Gegner, allen voran Ludendorff, der sich seinerzeit zum kaum verhüllten militärischen Diktator aufgeschwungen hatte. Aber sogar der Kaiser, der so oft gegen den Kanzler gewettert hatte, wollte ihn nicht entlassen: „Und *den* Mann soll ich entlassen, der alle die anderen um Haupteslänge überragt!"[32] Am Tag nach dem Rücktritt traf Theodor Wolff einen verbitterten Kurt Riezler: „Er sagt von Bethmann: 'Ein Löwe, den die Mäuse anfallen.' Ich sage; 'Nein Löwe, das geht nicht.' Riezler: 'Ich weiss, Sie legen ihm den Krieg zur Last. Die Lichnowskysche Theorie.' Ich entgegne, dass ich dazu die Lichnowskysche Theorie nicht brauche. Die Angriffe gegen Bethmann seien hundsgemein, nur ein Löwe sei er nicht."[33] In einem ruhigeren Moment hatte Riezler erkannt, der Kanzler habe „nur sittliche Grösse, abgesehen von Klugheit. Aber er findet nicht die Geste der Zeit (S.M. steht übrigens auch in einem grotesken Gegensatz zu der Zeit). [...] Die Zeit verlangt eigentlich ein politisches Genie. Das giebt es aber weder bei uns noch anderswo" (Brief Nr. 64 vom 31. Oktober 1914).

---

32 Bernhard Schwertfeger, Hg., *Kaiser und Kabinettschef. Nach eigenen Aufzeichnungen und dem Briefwechsel des Wirklichen Geheimen Rates Rudolf von Valentini,* Oldenburg 1931, 161f.

33 Theodor Wolff, *Tagebücher*, Nr. 575, 14. Juli 1917, 516. Lichnowsky hatte Bethmann Hollweg vorgeworfen, den Österreichern einen blanken Scheck gegeben zu haben. Vgl. John C. G. Röhl, Hg., *Zwei Deutsche Fürsten zur Kriegsschuldfrage*, Düsseldorf 1971. Das Buch enthält Lichnowskys Memorandum „Wahn oder Wille? " vom Januar 1915.

IV. Die Briefe Riezlers aus dem Großen Hauptquartier, August 1914 – Mai 1915

Die ersten zwei überlieferten Briefe Kurt Riezlers stammen aus dem März 1914, als er im Auftrag des Auswärtigen Amts eine Reise nach dem Fernen Osten unternahm. Er war mit der Trans-Sibirischen Eisenbahn nach China gefahren und kehrte über den Suezkanal nach Berlin zurück. Zu diesem Zeitpunkt hatte sich Käthe Liebermann noch nicht bereit erklärt, den jungen und unbemittelten Diplomaten zu heiraten.

Brief Nr. 1

Kaiserlich Deutsches
Generalkonsulat
für China [Briefkopf]

Schanghai, den
8/3 [1914]

Liebes Fräulein Liebermann

Besten Dank für Ihren Brief. Ich hatte schon ganz vergessen, dass es einen Peter Pringsheim[1] und ein Bleibein[2] giebt – aber es that mir gut, an die beiden erinnert zu werden. Schade, dass Sie nicht hier sind! Es giebt keinerlei Snobismus hier, da die
5 Chinesen alles haben, worum sich Frau Aniela[3] vergeblich bemüht, und nur leise lächeln, wenn die über alles fremde, alte begeisterten Europäer schlechte Sachen kaufen. Was ich übrigens auch thue. Schade, ich würde so gerne Ihre erstaunte Seele beobachten.
Es ist schrecklich, man geht auf die andere Seite der Erdkugel und findet auch hier irgend jemand, der – ach der Arme – bis in die Ohren in Sie verliebt, mich mit Fragen über Sie
10 bestürmt, wofür ich, woran Sie nicht zweifeln werden, keinerlei Verständnis habe und zeige.
Schade, Sie sollen in das Innere Chinas, nach Tschung-king in der Provinz Setzschuan versetzt, und drei Jahre mit einem Mann, vor dem Sie ein wenig Angst haben, allein gelassen werden. Auch diese scheinbare Bosheit ist natürlich keine. Ich gehe nächste Woche nach Canton, dann Singapore Ceylon und Cairo, Ende April in Napoli. Bald
15 danach finde ich mich in Wannsee zu Ihren Füssen ein.

In Verehrung wie immer
Ihr getreuer
Kurt Riezler

1 Peter Pringsheim (1881-1963), zu dieser Zeit am Physikalischen Institut der Universität Berlin. Bruder von Katia Mann und Enkel der bekannten Feministin Hedwig Dohm. Im Ersten Weltkrieg wurde Pringsheim in Australien interniert, wo er jedoch seinen Forschungen nachgehen konnte. Er emigrierte 1933 und arbeitete bis 1937 an der belgischen Université Libre in Brüssel. Nach Verschleppung in das KZ Gurs 1940 entkam er in die USA, wo er bis 1954 forschte. Käthe Liebermann war über ihre Großmutter Ottilie Pringsheim weitläufig mit Peter Pringsheim verwandt.

2 Nicht identifiziert, ein Spitzname.

3 Aniela Natanson (1856-1915) war verheiratet mit dem Bankier Carl Fürstenberg und führte in Berlin einen großen Salon, in dem unter vielen anderen auch Walther Rathenau verkehrte.

Brief Nr. 2

Canton Club [Briefkopf]

27/3 [1914]

Liebes Fräulein Liebermann

Wie schade, dass ich Sie heute abend nicht zu dem grossen Chinesen Wes chao ping oder so ähnlich mitnehmen kann, bei dem ich zu Haifischflossen und Schwalbennestern – mit Stäbchen zu essen, wovor ich schreckliche Angst habe – eingeladen bin. Der Mann ist der grösste Sammler Südchinas, hat die besten Bilder, gegen die gehalten alles was in Europa ist Oeldruck ist; die werden nach Vertilgung der Haifischflossen aufgerollt. Ausserdem hat der Mann sechs Frauen, gegen deren Künstlichkeit die artificiellsten Mädchen Europas auf einer Gebirgswiese gewachsene Natürlichkeiten sind!

Wie schade und Sie hätten auf ein paar Wochen zu lachen genug.

Nun gehts südwärts nach den Philippinen. Ende April (26ten) wird in Neapel gelandet. Dann trägt Ihnen wieder, etwas seitwärts ausrangiert, die Schleppe

Ihr sehr ergebener
Kurt Riezler

Brief Nr. 3

Hotel „Königliches Kurhaus", Bad Ems [Briefkopf]

Montag [17. August 1914]

Meine liebe Käthe

Wir sind eben hier angekommen bis Coblenz 24 Stunden dann nach hier per Auto durch das Lahntal, alles sehr friedlich und sommerlich ruhig, ich sitze hier auf dem Balcon, vis à vis sind die Lahnhügel mit Burgen darauf, alles wie in den Wandgemälden der
5 Weinrestaurants. Vom Kriege merkt man hier nichts, ausser die bärtigen Landwehrmänner an den Strassen, die Aufschriften auf den Eisenbahnwagen wie „auf nach Paris zum Witwenball" und die eigene Kriegsbemalung mit ihrem Einfluss gesunder Rohheit auf das eigene Gemüt. SM[4] ist in Coblenz, 30 km weit weg, ein wahrer Segen. Vom Krieg sind bis jetzt nur gute Nachrichten da, die Soldaten sind rührend in ihrer Sicherheit und
10 Selbstverständlichkeit. Alle sind guten Muts. Was wirst Du in Wannsee machen? Dich jeden Morgen beim Aufwachen wundern über Deinen Entschluss. Ich muss mir immer noch Mühe geben, daran glauben zu können. Ich hatte das so oft gewünscht und immer wieder aufgegeben und aufgeben müssen – und immer geglaubt endgültig aufgegeben zu haben nun bin ich erstaunt und muss erst lernen glauben zu können.

15 *Nachmittag*

Kaum sind wir angekommen geht die Bewegung schon los,[5] kamen bei der ersten sachlichen Frage die ersten Kämpfe. Ich bin sehr traurig glaube der Krieg wird sich bis nach dem fernen Osten ausdehnen – das darf man aber noch nicht sagen – und dann noch viel erbitterter wohl auch langwieriger werden.[6] Dann wird es doch besser sein, wir lies-
20 sen uns nottrauen. Liebes schwarzes Mädchen, in was für eine Zeit bist Du geraten! Die halbe Welt wird aus den Fugen gehen, alles wird anders werden es ist noch gar nicht zu fassen, ich glaube wir müssen alle umlernen. Ob Deine Empfindungen für mich dieser Zeit standhalten werden? Sei nicht böse über die Zweifel. Aber es liegt auf der Hand, es wäre viel besser für Dich, Du hättest Dich nicht hineinverstrickt.[7] Aber ich bin froh

---

4 Seine Majestät Kaiser Wilhelm II., der Oberste Kriegsherr.

5 Zur Verstimmung unter den sich in Bad Ems „in die zweite Staffel zurückgeschoben" fühlenden Diplomaten, die mit dem Großen Hauptquartier in Koblenz vereint werden wollten, siehe die Eintragung im Tagebuch Riezlers vom 18. August 1914, *Tagebücher* Nr. 549.

6 Am 17. August 1914 wurde in Berlin das japanische Ultimatum überreicht mit der Forderung der sofortigen Zurückziehung aller deutschen Kriegschiffe aus ostasiatischen Gewässern und der bedingungslosen Übergabe von Kiautschou. Die Kriegserklärung Japans erfolgte am 23. August 1914.

7 Am Abend des 17. August hatte sich unter den Diplomaten in Bad Ems – Riezler nannte den Außenstaatssekretär von Jagow, den Direktor der Politischen Abteilung des Auswärtigen Amtes Wilhelm von Stumm sowie deren beide Mitarbeiter, den Vortragenden Rat Wilhelm von Radowitz und Werner Freiherr von Grünau – ein „langes Gespräch antisemitischen Inhalts" entsponnen, das Riezler, wie er notierte, zur „Einsicht in die Unhaltbarkeit meiner künftigen Situation" zwang. Riezler, Tagebucheintrag vom 18. August 1914,*Tagebücher* Nr. 549.

darum dass es ein wenig so ist – und ich wünschte ich wäre bei Dir. Aber zunächst hilft es nichts zu wünschen, nun ist alles persönliche so klein geworden. Aber mit allem was in mir frei ist, bin ich bei Dir. Dein

K

Brief Nr. 4

Auswärtiges Amt [Briefkopf]

19.8 [1914]
Coblenz

Meine liebe Käthe

Wir sind doch wieder hierher übergesiedelt weil die räumliche Trennung doch nicht für gut befunden wurde.[8] Hier ist viel Leben alles voll von Uniformen, französische Gefangene sind auch auf der Festung über dem Rhein. Man erfährt etwas mehr als in Berlin. Von meinem Regiment[9] sollen schon ein Drittel gefallen sein. Aber sonst geht alles gut. Die Englaender halten sich zurück, führen den Krieg nur wirtschaftlich und wollen uns aushungern wird aber nicht so schlimm werden, wenn der Kalif wirklich die grüne Fahne entfaltet und die Mohammedaner loslässt, und wir in Calais stehen, werden die Englaender schon etwas billiger werden.[10]
Es wird hier furchtbar politisiert, zumal von den Generalen und die wildesten Pläne propagiert--aber die Ereignisse können auch wirklich zu den tollsten Dingen führen.

Ich habe noch nichts von Dir, hoffe aber dass ich morgen oder übermorgen ein Wort bekomme. Mosel und Rhein fliessen hier so friedlich zusammen als ob alles seinen alten Gang ginge – ich wollte ich wäre weniger belastet und sässe irgendwo mit Dir allein in Ruhe– aber das ist ja der für Dich bekanntlich unerträgliche Gedanke. Verzeih, diese Velleität wird noch einige Male wiederkehren. Ich sage es natürlich nur, um Dich zu veranlassen, es zu bestreiten.

Ich bin hier noch immer in einem halbtraumhaften Zustand, die Welt ist so phantastisch geworden. Aber es liegt doch eine grosse Befreiung darin, weil überall ganz neue, schlafende Kräfte geweckt werden, andere freilich gänzlich zerstört, und die schliessliche Reaktion nach dem Frieden wird schlimm werden. Dein Vater soll nur ruhig weitermalen, als hätte sich nichts geändert.

Verzeih den Bleistift und die greuliche Pfote aber meine Installierung hier ist noch mangelhaft. Schreib mal bald ich warte so darauf.

Viel liebes Dein K

---

8 Siehe auch Riezler, Tagebucheintrag vom 19. August 1914, *Tagebücher* Nr. 550.

9 Das 2. kgl. bayerische Infanterieregiment.

10 Vgl. die Tagebuchnotiz Riezlers vom 18. August 1914: „Wie die Engländer sich täuschen, bilden sich wirklich ein, es würde sich in Berlin Revolution einstellen, sie könnten uns aushungern. Die Ununterrichtetheit des Insulaners“ (*Tagebücher* Nr. 549).

Brief Nr. 5

[Koblenz] 21/8 [1914]

Meine liebe Käthe

Endlich habe ich Nachricht von Dir bekommen – vom Mittwoch und heute ist Sonnabend, ich war schon unruhig geworden. Ich danke Dir sehr für alles, was Du sagst und habe grosse Freude darüber. – Du darfst nicht böse sein über meine Zweifel, sie sind nur Nachwirkungen früherer Gespräche und ziemlicher Qualen, die diese mir verursacht – Du weisst nicht wie wütend ich früher zeitweise gegen Dich war – und darf es nicht sagen, da doch alles derartige eingestandenermassen eine so erkältende Wirkung auf Dich ausübt. Nur aus Angst davor sage ich nichts mehreres darüber.

Bitte schreibe mir öfter und adressiere die Briefe an das Auswärtige Amt Berlin, von dort werden sie einer jede Menge abgehender Courirs mitgegeben, so gehen sie schneller.

Wir sitzen hier alle um einen hufeisenförmigen Gerichtstisch, arrangieren Revolutionen entwerfen neue Staaten etc überhaupt ein amüsantes Geschäft.[11] Vom Krieg sieht man gar nichts, nur Photographien von greulich zusammengeschossenen Forts etc. Die Hofgenerale reden mit Vorliebe von unserer Armee als von einer Dampfwalze die Frankreich und Russland niederbügeln wird.

Da nun von so fröhlichen Siegen die Rede ist, möchte ich noch lieber vorne sein – aber das ist von hier aus schwer zu machen.

Ich wäre furchtbar gerne bei Dir und strich über Deinen schwarzen Scheitel – habe auch schon dem Kanzler dargestellt, es wäre nötig dass ich nach Berlin führe, er meinte aber später vielleicht.

Die stillen Zeiten werden wiederkommen. Was nun die Zwischenzeit bringen wird? Die weite Perspective die alle kleinen [?] Fragen bekommen haben, macht mich so fatalistisch. Es ist eine elementare Gewalt am Werke und man kann nicht anders als sie noch lieben.

Empfehle mich Deinen Eltern herzlich, wenn Du das nicht unter den gegebenen Umständen für unschicklich hälst.

Ich habe ganz kindlich Deine Photos verstohlen aufgebaut--und wollt ich wäre bei Dir

Adio viel Liebes
K

---

11 Vgl. Riezlers Tagebuchnotizen von diesem Tag: „In tausend Details beginnen die Reibungen. Belgische Contributionen. Das Wüten der Militairs gegen die Dänen in Schleswig, wo doch Dänemark das einzige Zufuhrland ist. Die Verzweiflung in Berlin darüber. Die händeringenden Telegramme Loebells Delbrücks etc." (*Tagebücher* Nr. 551 mit Anmerkung 2).

Abb. 8 „Ich habe ganz kindlich Deine Photos verstohlen aufgebaut" (28. Aug. 1914).

Brief Nr. 6

Auswärtiges Amt [Briefkopf]

[Koblenz] Sonnabend [22. August 1914]

Meine liebe Käthe

Dein Vetter Walther[12] macht sich kolossal dick, meint, er hätte weiss Gott was für Ideen dabei ist alles schief. Heute sagt hier jemand, er gleiche einem Laden mit wundervoller Auslage und wenn man hineintritt findet man nichts gescheites.

Über das Auswärtige Amt ist leicht zu schimpfen, und zum Teil mit Recht. Aber die meisten Leute, die es tun, haben gar keine Ahnung. Das Amt selbst ist z. T. recht gut, schlecht sind nur eine Mehrzahl der Vertreter draussen, weil aus einer ganz kleinen Kaste stammend, in Hofluft aufgezogen, und dabei von schrecklichem Hochmut.[13] Einen haben wir heute endlich abgesägt. Aber es ist ein Geschäft, das sehr schwierig ist, und in das ein jeder hineinreden zu können glaubt, z. B. besagter Vetter Walther hält sich für sehr geschickt darin und ist es nicht.

Der Reichskanzler ist doch sehr guter Kopf[14] – und die Leute müssen doch wenigstens zugeben, dass die Inszenierung sehr gut war. Im übrigen war der Krieg zwar nicht gewollt, aber doch berechnet und ist im günstigsten Moment ausgebrochen. Für die oesterreichische Dummheit, die am Abfall Rumaeniens die Hauptschuld hat, können die Leute nichts.

Ruhige Zeiten sehe ich noch keine, sieht noch niemand hier. Der Friede ist ganz unschliessbar. Ausserdem haben sich die Regierungen solche Grobheiten an den Kopf geworfen, dass sie gar nicht mehr verhandeln können.

An die deutsche Kultur glaube ich schon, und Dein Vater hat auch recht, dass der Krieg notwendig und erziehlich. Dazu darf nur nicht zu arg gesiegt werden. Sonst kommt Übermut und Tollheit. Eine deutsche Weltherrschaft allerdings verträgt diese Kultur nicht.[15] Sie ist überhaupt mehr eine Kultur der Gedanken, der Pflicht und des Gemüts, und keins von den dreien hält die Politik aus.

---

12 Walther Rathenau (1867-1922) war ein Cousin zweiten Grades von Käthe Liebermann. Die gemeinsamen Urgroßeltern waren Joseph Liebermann (1783-1860) und Marianne Callenbach (1792-1864).

13 Bereits am 18. August 1914 hatte Riezler nach seinen Beobachtungen in Bad Ems im Tagebuch festgestellt: „Die Diplomaten entrinnen nie dem Gesichtskreis der äusseren Routine – alles als ob es nur Minister gäbe und alles andere tote Figuren, die sich lediglich auf dem Schachbrett schieben lassen. [...] Nirgends Perspective. [...] Das Geheimsystem beruht auf der Angst vor dem Hineinsehen in die Unfähigkeit" (*Tagebücher* Nr. 549).

14 Bei aller Anerkennung der geistigen Fähigkeiten Bethmann Hollwegs äußerte Riezler gerade am Tag davor Bedenken über die mangelnde politische Fähigkeit des Reichskanzlers, dem es an Gewandtheit fehle, „sich mit den Militairs zu stellen, ihnen zu imponieren, etwas zu erfahren. Der grosse Verstand und der Mangel an Machtroutine. Achtung aber keine Furcht flösst er ein. Und was das seltsame ist keine Wärme und Freundschaft" (*Tagebücher* Nr. 551).

15 Ähnlich heißt es im Tagebuch unterm 21. August 1914: „Die Schwierigkeit, die der Deutsche hat, sich an das Gesicht der Weltherrschaft zu gewöhnen, das er nach einem Siege zeigen muss. Wie uns seit Jahrhunderten die Bescheidenheit im Blute liegt!" (*Tagebücher* Nr. 551).

Ich verfalle beinahe in den Ton besagten Vetters. Mein böses schwarzes Mädchen, warum hast Du eigentlich einen so ungünstigen Zeitpunkt abgewartet! Nun muss ich Sehnsucht haben.

Dein K.

Brief Nr. 7

[Koblenz] 24/8 [1914]

Meine liebe Käthe

eben kam ein Brief von Dir, vielen Dank. Ich bin eigentlich sehr froh über diesen Weltkrieg, immer noch im Glauben, dass er es war, der Deine spröden Sinne gewandt hat. Verzeih. Ich hatte Dir so viel zu sagen. Wir haben eigentlich so wenig gesprochen, über alle möglichen Zukunftsdinge, ich wollte Dir noch so viel erzählen, und nun ist dieser Krieg und vorläufig sind die Probleme alle so ungeheuer, dass wirklich alles persönliche verschwindet und man so schwer Pläne machen kann für sein persönliches Leben, die man jetzt so gerne machen würde.

Es ist kein Grund mehr zum Pessimismus als die Schwierigkeit, England down zu kriegen und die Brotfrage – aber vielleicht werden die Kerle doch weich werden, wenn wir demnächst in Calais sitzen. Im Westen ist alles über Erwarten gut und Truppen werden bald frei für den Osten.

Ich war gestern im Auto in einer Sache den Rhein hinunter bis Cöln, wünschte nur ich hätte Dich mit im Wagen, war sehr schön.

Verzeih den Bleistift und die Eile. Hier ist viel zu thun und wirklich sehr reizvolle Probleme, auch der Kampf der Meinungen um die wünschenswerte Umgestaltung Europas geht schon los. Die Militairs sind natürlich ganz rabiat und wollen die halbe Welt annektiren.[16] Auch den verwundeten Kriegshelden giebt es bereits, der sein Monocle im Auge seine Heldentaten erzählt. Schrecklich.

Es geht wohl nächste Tage näher heran an die Grenze und noch weiter von Dir weg. Ich denke oft, es wäre doch das einfachste und beste, wenn wir uns nottrauen liessen

---

16 Bereits am 22. August 1914 hatte der Reichskanzler Riezler kommen lassen, um mit ihm die „Siegespreispläne" nach der Niederwerfung Frankreichs zu besprechen. Der Kaiser und die Militärs wollten ganz Belgien annektieren, notierte Riezler in seinem Tagebuch, Bethmann und Jagow befürworteten die Aufteilung des Landes zwischen Holland, Frankreich und Deutschland. Riezler sprach sich für die Errichtung eines belgischen Vasallenstaates aus. Dem Kanzler setzte er auseinander, dass eine derartige Begünstigung Frankreichs in der Erwartung einer Versöhnung illusorisch sei; durch die Einbeziehung eines Teils von Belgien wäre das Land noch stärker als zuvor. Riezlers eigene Lösung der belgischen Frage lautete: „Belgien ohne Lüttich bestehen lassen als deutschen Schutzstaat, ein Stück von Limburg an Holland, die Südecke an Luxemburg und Preussen, französisch Flandern zu Belgien und Belgien durch ein Schutz- und Trutzbündnis in loser Form an Deutschland gekettet," Tagebucheintrag vom 22. August 1914 (*Tagebücher* Nr. 552). Nach anfänglichem Zögern übernahm der Kanzler den Vorschlag Riezlers. So konnte dieser am 5. September 1914 – also kurz vor der Formulierung der Septemberdenkschrift Bethmann Hollwegs – an seinen Chef Otto Hammann in Berlin schreiben, der Kanzler neige jetzt dazu, „dass Belgien nur Lüttich verlieren, aber nicht annektiert werden, sondern unter Anschluß von franz. Flandern uns wirtschaftlich angegliedert und militärisch als Schutzstaat (Besatzungsrecht der Häfen) in der Macht behalten werden soll (gegen England), äußerlich aber bestehen bleiben soll." Riezler an Hammann, 5. September 1914, zitiert nach *Tagebücher* Nr. 552, Anm. 7.

(ohne Rücksicht auf das ridicule) aber wie soll man das machen. Ich komme nicht von hier weg.

Liebes schwarzes Mädchen sei guten Mutes und schreibe mir oft. Ich habe Dich lieb und nichts ist mir „unbequem".

5 Es kommen immerzu Leute. Wir haben lauter Karten vor uns auf denen die Welt verteilt wird. Denk an mich

Dein K.

Brief Nr. 8

[Koblenz] Dienstag [25. August 1914]

Meine liebe Käthe

Besten Dank für Deinen Brief. Ich bin froh, dass Deine Zweifel aufhören Dank auch für die Übermittlung von Theos[17] Sprüchen waren mir sehr wertvoll.

Eben kommt jemand und holt mich weg, muss also wieder so kurz sein, denn ehe ich zuende käme ist der Courir fort. Es wird überall gekämpft, in Ost und West und alles ist 5 in grösster Spannung. Mein Regiment ist bei dem Sturm auf die Sperrforts. Leb wohl, ich schreibe Dir bald länger

Dein K.

17 Theodor Lewald (1860-1947), seit 1894 Regierungsrat, seit 1910 Ministerialdirektor, seit 1917 Unterstaatssekretär im Reichsamt des Innern. Im Weltkrieg in hoher Position in der Verwaltung in Belgien und Polen.

Brief Nr. 9

Auswärtiges Amt [Briefkopf]

[Koblenz] 25/8 [1914]

Meine liebe Käthe

vielen Dank für Deinen Brief der ja schon etwas freudigere Stimmung wiedergiebt. Nun wird Deine Mutter auch wieder zu „heulen" aufhören.

Es ist spät abends, ich sitze in unserer jetzt verlassenen Gerichtsbude nach einem sehr aufgeregten Tag. Unsere Siege sind wider Erwarten gross und wenn in den nächsten Tagen noch alles so gelingt, so ist die Hauptarbeit nach Westen zu gethan und die französische Armee mit den 100 000 Englaendern ganz erledigt. Viele glauben, dass Frankreich dann um Frieden bettelt, ich glaube es noch nicht – jedenfalls sind wir, da vielleicht sehr schnell Entschlüsse von der grössten Tragweite gefasst werden müssen, bereits mitten drin in die Discussionen über den Siegespreis. Es geht mir politisch sehr gut, weil wir hier sehr wenige sind und alles gemeinsam besprochen wird und weil ich den Kanzler vor- und nachmittag allein sehen und ihm alles sagen kann. Das beweist aber gar nichts für die Zukunft. Es ist eigentlich sehr sehr schön mitten drin zu stehen für all die Fragen, die doch über die ganze Zukunft eines so tüchtigen und rührenden Volkes entscheiden aber ich glaube doch, es wird schrecklich nach dem Kriege, bei dem Glauben an die Gewalt, der die Leute bei uns alle beherrscht und bei der hohlen Phrase, die dann aufkommen wird. Vielleicht wird es dann doch wichtiger, anderes zu treiben als Politik.

Seit der Druck etwas gewichen ist, denke ich wieder mehr über unsere persönliche Zukunft nach, es lässt sich aber gar nichts kombinieren, es ist alles zu unsicher und ich möchte aber doch am liebsten, trotz der grossen Verführung durch die jetzige Arbeit, lieber heraus und meinen eigentlichen Weg gehen nur wird die Loslösung, wenn Bethmann bleibt, gar nicht so leicht sein. Wir gehen übermorgen, was indes geheim ist, nach Trier oder Luxemburg. Morgen muss ich zu meinem grossen Schmerz im Schloss zur Tafel weil der König von Bayern[18] da ist. So etwas ist schrecklich.

Vielleicht ist doch bald Friede. Leb wohl, ich denke an Dich. Es ist 10 Uhr, da müssen alle Lichter nach dem Rhein heraus verlöschen, der Flieger wegen, die die Rheinbrücke attackieren wollen.

Viel Liebes
K

---

18 Ludwig III., 1886-1913 Prinzregent, dann 1913-1918 König von Bayern, war vom 23. bis zum 27. August 1914 am Großen Hauptquartier anwesend. Moriz Freiherr von Lyncker, Tagebuch, Holger Afflerbach, Hg., *Kaiser Wilhelm als Oberster Kriegsherr im Ersten Weltkrieg. Quellen aus der militärischen Umgebung des Kaisers 1914-1918*, München 2005, Nr. L 17 – L 21.

Brief Nr. 10

[Koblenz] Donnerstag [27. August 1914][19]

Liebe Käthe

Besten Dank für Deinen Brief vom Montag, der also auf dem neuen Weg auch nicht viel schneller ankam. Ich bin sehr froh, dass Deine Weichheit andauert, übrigens ein grosser Irrtum, dass Dein Charme für mich auf dem Mangel an Weichheit beruht – viel eher auf der verdeckten Weichheit, was ich vor Jahrzehnten Dir schon in Gleichnissen gesagt habe. Wer hat Dir übrigens versetzt, dass ich im Gegensatz zu meinem Bruder einen so schlechten Charakter haben soll? Ist Unsinn, kommt alles von dem nach Vergangenheit und Neigungen überraschenden Gewerbe – bei dem angenommen wird dass man nur durch Charakterlosigkeit vorwärts kommt. Alle Leute halten mich für charakterlos, weil undurchsichtig und sogar meine gute Mutter, die als Klages[20] zu Besuch war, ihm die Handschrift meiner Schwester vorsetzte, die meine zurückhielt, aus Angst vor üblen Eröffnungen.

Walther Rathenau soll sich doch jetzt seiner schönen Theorie von der blonden Bestie erinnern und trachten, die Nerven seines Ideals zu haben.[21] Das Elend mag sehr schlimm sein – muss aber in Ruhe durchgehalten werden, vielleicht England gegenüber sehr lange. Denn alles Elend was über uns käme wenn wir weich werden, wäre viel viel grösser. Heute sollen die auf den Continent gesandten Englaender eingekreist und verhaftet werden [„verhaftet“ bezieht sich auf einen popularisierten Ausspruch Bismarcks]. Wir werden wenn wir sie kriegen, sie nach Doeberitz zusammen mit den Russen ohne Insektenpulver schicken.

Gestern war der wahnsinnig komische König von Bayern im Schloss zur Tafel, ich auch war froh, wie es vorüber war. Es waren vielleicht 20 Leute da. Die grüne Fahne kommt schon noch – hoffentlich, im übrigen schaffen wir es jetzt auch alleine.

Von dem Kommen nach Berlin ist leider noch nicht die Rede. Wäre gern bei Dir. Es wird jetzt wohl immer weiter nach Westen gehen und dann kommen wohl Präliminarverhandlungen wegen Friedensschlusses und dann geht es gar nicht mehr. Wird wohl bis in den Winter hinein dauern. Es soll furchtbar aussehen vor der Front unserer Truppen. Totenfelder von Tausenden Franzosen.

An die Front komme ich gegen Frankreich nicht mehr, höchstens später an die andere Seite.

Vergiss mich nicht und behalt die Weichheit bei

Viel liebes
K

---

19 Datierung nach dem Besuch des Königs von Bayern im Großen Hauptquartier.

20 Ludwig Klages (1872-1956), Graphologe und Lebensphilosoph.

21 Zu Rathenaus Rassentheorie siehe seine Schrift „Zur Kritik der Zeit“ (1912), in Ernst Schulin, Hg., *Hauptwerke und Gespräche*, München 1977, 70-76, auch *Reflexionen*, Leipzig 1908, Nachdruck 1912. Siehe auch Harry Graf Kessler, *Walther Rathenau. Sein Leben und Werk*. Berlin 1928; Wiesbaden 1962, 30f., mit einer Erinnerung an Rathenau von Hans Fürstenberg.

Brief Nr. 11

[Koblenz] 27/8 [1914]

Liebe Käthe

Ich habe Deinen Brief gar nicht „trübetümpelig" gefunden. Dass die Flüchtlinge aus Ostpreussen die Stimmung in Berlin verschlechtern, glaube ich gerne, man wird die weiteren auch nicht mehr nach Berlin lassen. Es geht alles gut, die Versorgungsfrage wird auch geregelt und verhungern werden wir nicht. Die Englaender werden allerdings wie Napoleon I gegenüber *to the bitter end* durchhalten, aber wir werden die Kontinentalsperre etwas raffinierter machen als Napoleon I.[22] Die englischen Zeitungen schreiben schon, England würde aushalten und wenn es viele Jahre dauert, solange bis Preussen hoffnungslos und für immer gebrochen ist und Wilhelm II als ewiger Gefangener auf St. Helena sitzt.

Gute Aussichten für uns. Aber vor Friedensschluss können wir nicht auswandern. Nottrauen hat auch nur Sinn, wenn ich vor dem Frieden wieder in Berlin zu thun kriege. So ein Krieg auf ein paar Monate mag gehen, auf Jahre entsetzlich lässt doch eine vollkommene intellectuelle Wüste zurück. Hoffentlich geben die Englaender doch baldigst nach. Ich bin auch oft recht traurig – fürchte immer noch, Du wirst beidrehen. Nach dem Krieg wird es furchtbar werden. Die blöde Soldateska, die nur zuschlagen kann und der alldeutsche Grössenwahn, der dann einsetzen wird, werden das politische Geschäft ganz unmöglich machen, und eine Kultur für die und von der man leben [kann] wird es auch nicht mehr geben. Das ist etwas zu schwarz. Aber da wir hier dauernd im Kampf mit der von den Soldaten propagierten Theorie der Dampfwalze liegen, ist die Stimmung begreiflich.

Täusche ich mich oder klingt aus Deinen Briefen eine Abnahme der Weichheit, parallel der Abnahme des über Europa liegenden Drucks – verzeih die Bosheit, aber ich kann sie natürlich nicht verkneifen.

Dein Vater soll nur in Ruhe weitermalen und Du lies schöne Bücher, damit Du mir dann wenn ich ganz verroht zurückkomme, erzählen kannst.

Adio, vergiss mich nicht und werde nicht wieder hart

Viel liebes Dein
K

22 Nach Gesprächen mit dem Direktor der Deutschen Bank Karl Helfferich (1872-1924) im Großen Hauptquartier am 27. August 1914 über die nach der Niederwerfung Frankreichs und Belgiens zu fordernden Kriegsentschädigungen und Kontributionen notierte Riezler, es sei auch die Möglichkeit einer „raffinierten Continentalsperre" gegen England erörtert worden (*Tagebücher* Nr. 553).

Brief Nr. 12

[Koblenz] 29/8 [1914]

Verzeih Eile und Fetzen, aber wir sind heute hier im Umzug, kommen näher an die Grenze, wohl nach Luxemburg.[23] Besten Dank für Deinen Brief. Ich freue mich dass ich jeden Morgen etwas von Dir habe. Ich habe Dir gestern so pessimistisch geschrieben. Wir haben so schreckliche Details von Belgien, das halbe Land ist niedergebrannt, es muss wohl sein, aber unter dem Herzog von Alba war es wohl noch besser, damals gab es weniger Menschen und der grössere Raum nährte die Obdachlosen. Es ist ganz furchtbar. Auch die Details von der Front sind entsetzlich. Du hast ganz recht, dass wir nichts annektieren sollen, aber die Leute sind wild und dumm. Wir thun unser möglichstes, dass alles vernünftig wird, aber nach beiden Seiten sichern müssen wir uns und die wirtschaftlichen Schäden wieder einholen. Leider ist es noch nicht so weit.

Wir werden nach diesem Krieg den Ruf der schlimmsten Barbaren haben und uns nirgends im Ausland mehr sehen lassen können. Friedlaender[24] hat ganz recht, aber wichtiger als der Untergang des kunsthistorischen Gewerbes scheint mir der der Kunst, die Tapisserien und Bauten in Löwen, alles ist verbrannt.[25] Wir thun das menschenmögliche dass es in Brügge und Gent nicht ebenso geht.

Mein armes schwarzes Mädchen, wirst Du auch aushalten in dieser rauhen Zeit?

Es wird ein grässlicher Übermut über Deutschland kommen, es wird seine Siege nicht vertragen, wird an ihnen zugrunde gehen. Es ist doch die Unbildung zu gross.

Schwarzes, sei nicht zu traurig und vergiss mich nicht. Dein K

Kennst Du eigentlich den Till Ulenspiegel und Lamme Goedsack von Coster, ich dachte jetzt oft daran.[26]

Adio.

---

23 Am 24. August hatte der Reichskanzler Bedenken gegen die Verlegung des Großen Hauptquartiers nach Luxemburg geltend gemacht, zum Teil, weil Luxemburg noch neutral war, zum Teil aber auch, weil die dortige Unterkunft ungeeignet sei. Der Generaladjutant Hans von Plessen bestand jedoch aus operativen Gründen auf dem Umzug. Siehe Plessen, Tagebucheintragung vom 24. August 1914, in Afflerbach, Hg., *Kaiser Wilhelm II. als Oberster Kriegsherr*, München 2005, Nr. P 14. Der Umzug erfolgte am 30. August 1914.

24 Max Jakob Friedländer (1867-1958), seit 1896 an der Berliner Gemäldegalerie, ab 1924 ihr Direktor. Obwohl Experte über die niederländische und flämische Kunst des 15. und 16. Jahrhunderts, schrieb Friedländer auch eine Monographie über den mit ihm befreundeten Max Liebermann, von dem er einige Gemälde besaß, und über Max Slevogt und die französischen Impressionisten. Er überlebte den Zweiten Weltkrieg in den Niederlanden, da besonders Hermann Göring seine Kenntnisse ausnutzen wollte.

25 Vgl. unten Brief Nr. 16 mit Anmerkung, sowie Brief Nr. 50.

26 Das Erfolgsbuch von Charles De Coster, *La légende d'Ulenspiegel* (1867), erzählt die Geschichte des Gauners Till Eulenspiegel, seiner Freundin Nele und seines Freundes Lamme Goedzak im Kampf der Flamen gegen König Philipp II. von Spanien im 16. Jahrhundert.

Brief Nr. 13

Luxemburg Montag [31. August 1914]

Meine liebe Käthe,

sind gestern hierher gefahren das Moseltal lang haben uns hier in einem alten Palais in einer engen Strasse installiert, haben aus sehr ziemperlichen Salons mauvais gout 1860 mit viel Nippsachen unsere Bureaus gemacht und die übrigen Zimmer verteilt.[27] Es ist sehr komisch, offenbar alles für alte Tanten gemacht, die uns ausgerissen sind. Nun stehen unsere in ganz dumme Uniformen gesteckten, dicken Kanzleidiener an den Thüren. Der Staatssekretär[28] den ich nicht leiden kann (beruht auf Gegenseitigkeit) ist ausserhalb, aber der Reichskanzler ist da. Er erzählt mir immer alles holt mich überhaupt auf jede Weise ran – so dass es gar nicht leicht sein wird, mich von ihm zu lösen. Wenn er fallen sollte, ergiebt sich allerdings wohl alles von selber. Vorläufig kann man allerdings nicht anderes thun, als alles sich historisch entwickeln lassen, dann kommen aber plötzlich eines Tages Entscheidungen, dann muss man sich selber als das Fatum betrachten.

Die Bevölkerung ist hier weder freundlich noch feindlich, immerhin thut man gut, bewaffnet auszugehen. Revolver habe ich noch keinen erwischt, da überall alles ausverkauft, werde aber wohl bald einen kriegen.

Was Du über die Vermeidung der Familienbeschnupperung sagst, leuchtet mir sehr ein. Vielleicht könnten wir doch, da man nicht weiss wie die Dinge laufen, die für eine Nottrauung nötigen Dokumente für alle Fälle bereithalten, ich weiss allerdings nicht, was nötig ist und wie ich das schaffen soll, ich weiss nicht, ob ich einen Geburtsschein habe und wo er ist. Wir gehen von hier aus wohl nach Frankreich hinein vielleicht beziehen wir Winterquartier vor Paris, vielleicht gehts wenn die Sache im Westen zu Ende ist, nach Osten, so dass wir Berlin passieren.[29]

Die baldigen Friedensaussichten sind schlecht, ich glaube die franz. Regierung geht nach Toulon,[30] die Englaender werden alles thun, damit Frankreich aushält, wenn unser islamitischer Arm nicht bis Indien reicht.

Es ist ganz irrig, was Du schreibst, dass ich offenbar immer noch Angst hätte, Du würdest mein Schicksal beeinflussen wollen. Ganz gewiss nicht, – nur vor Deiner Enttäuschung habe ich – für Dich Angst und daher das ganz begreifliche Bestreben, Dich nicht mit verbundenen Augen in ein Dir vielleicht unsympathisches Schicksal zu

---

27 Siehe dazu Riezler, Tagebucheintragung vom 1. September 1914 (*Tagebücher* Nr. 554).

28 Gottlieb von Jagow (1863-1935), 1907-09 Gesandter in Luxemburg, 1909-13 Botschafter in Rom, seit Januar 1913 als Nachfolger Kiderlen-Waechters Staatssekretär des Auswärtigen Amtes. Jagow und Riezler hatten eine gegenseitige Antipathie. In seinem Tagebucheintrag vom 30. Oktober bezeichnet Riezler seinen Vorgesetzten wiederholt abfällig als „klug, kahl verdorben, etwas mesquin und bösartig wie die körperlich benachteiligten, iudicium hat er. Zähigkeit auch" (*Tagebücher* Nr. 575).

29 Das Große Hauptquartier wurde erst im April 1915 nach Pless in Schlesien verlegt.

30 Am 3. September 1914 verlegte Frankreich den Regierungssitz nach Bordeaux.

führen. Ich will Dir keine Scheuklappen anbinden, bin aber sehr froh und glücklich, dass Du nicht scheust. Das ist alles.

Ich befand mich doch beinahe ein Jahrzehnt, was Dir gewiss nicht entging, in der bekannten Zwickmühle Dir gegenüber, dass aus äusseren und inneren Gründen eine etwaige unvernünftige Neigung von Dir für mich einzig Möglichkeit war, Du aber dieses Motiv immer von Dir wiesest und nur die bittere Notwendigkeit wolltest gelten lassen. Entschuldige diese Reminiszenz.

Und dann das etwas seltsame Fatum, das in meinem Weg liegt – und mir nicht möglich macht, wie dies üblich ist, Dir eine gerade und sichere Bahn meiner Zukunft zu zeigen.

Das ist alles, die ganze Quelle übrigens gewesener Bedenken. Misstrauen habe ich gar keines.

Mein Lieb, ich wär so froh, wenn Du da wärst. Es ist alles gar nicht abzusehen. Nun kommt noch die Türkei und der Balkan in Bewegung – das ist ganz gut, aber das Friedenschliessen wird noch schwieriger. Ob wir im Februar in den Bergen sein können? Schön aber unwahrscheinlich.[31]

Die von Dir vorgeschlagene Form des Friedens ist allgemeiner Wunsch – aber wahrscheinlicher ist, dass wir den Englaendern nicht an die Nieren können und dafür Frankreich als Geisel solange behalten müssen, bis England Frieden macht.

Der Hindenburg im Osten hat ein geniales Manöver gemacht, er hat wirklich gegen eine doppelte Übermacht 65000 Russen gefangen.[32]

Ich freue mich, wenn wir etwas näher herankommen, eine Schlacht möchte ich doch auch mitmachen, im Westen wirds aber bald keine mehr geben. Viel Liebes und baldigen Frieden. Dein Kurt

31 Mit einem Angriff auf Russland im Schwarzen Meer trat das Osmanische Reich, wie Riezler lange gehofft hatte, Ende Oktober 1914 auf Seiten der Mittelmächte in den Krieg.

32 In der Schlacht von Tannenberg vom 26.-30. August 1914 hatten Hindenburg und Ludendorff an der Ostfront einen großen Sieg errungen, bei dem 90 000 russische Soldaten in Gefangenschaft gerieten.

Brief Nr. 14

[Luxemburg] 2/9 [1914]

Meine liebe Käthe

Gestern war ich traurig weil kein Brief da war und ich mich nach Dir sehne, dafür fand ich eben, als ich von einer Autofahrt durch ein Stück Frankreich und Belgien zurückkam zwei vor und war sehr froh.

Ich muss mich wieder sehr dumm angestellt haben was das nachgerade berühmte „Beidrehen" betrifft – es ist wirklich gerade umgekehrt als Du meinst, und Dein Zweifel ist auch etwas ungerecht. Es hat sich ja nichts geändert in mir, oder vielmehr alles was sich innerlich und äusserlich geändert hat, hat sich nach der anderen Seite geändert als Du vermutest, nicht von Dir weg, sondern zu Dir hin.

Du sagst, Du machst mir immer den Hof und Liebeserklärungen etc und ich hätte keine Phantasie – ach nein – das ist doch nur, dass ich mir nicht recht traue, mit Phantasie zu leben. Ich kann nur sagen, dass ich froh wäre, ich hielte Dich fest bei mir und Krieg und Friedensschluss wären vorbei. Dass alle Deine Zweifel nicht treffen, kannst Du auch daraus ersehen, dass ich meinem Bruder[33] (übrigens ganz vertraulich) schrieb, er möchte sehen, ob und wo er die für eine Nottrauung nötigen Papiere auftreibt.

Schreib mir bitte, was Dein unwiderstehlicher Freund Theo für Aufteilungspläne hat; übrigens weiss er nichts und hat auch nichts zu sagen, das mit der Vogesengrenze verstehe ich nicht recht, kommt auch nicht in Frage.[34] Es hängt alles davon ab, ob wir England auf die Knie zwingen. Sage ihm einmal, Deine Spezialidee wäre ein mitteleuropäischer Zollverband unter deutscher Führung, da wirst Du sehen, was er für ein verdutztes Gesicht macht. Das ist das einzige von allen Plänen, wovon er weiss und womit er zu thun hat.

Wir fuhren heute nach Longwy, einem eroberten Fort, in Frankreich, in das man einige 1000 Granaten warf, dort ist kein Stein mehr auf dem anderen, die ganze Stadt ein Trümmerhaufen, die württembergische Besatzung die es gestürmt hatte[35], erzählte strahlend. Dann fuhren wir durch die Schlachtfelder, tote Pferde im Strassengraben, zerschossene Autos und tausende von französischen Tournistern und Ausrüstungen auf den Feldern, dann über Belgien zurück, verbrannte Dörfer, in denen alle Männer standrechtlich erschossen waren, nur noch Frauen zu sehen, darin unsere wirklich goldenen Soldaten mit einigen rothosigen Franzosen um aufgestellte Tische sitzen, trinken und rauchen – die Franzosen strahlend vor Freude über die gute Behandlung.

---

33 Walter Riezler.

34 In der bekannten Kriegszieldenkschrift vom 9. September 1914 heißt es zu diesem Punkt: „Von den militärischen Stellen zu beurteilen, ob die Abtretung von Belfort, des Westabhangs der Vogesen, die Schleifung der Festungen und die Abtretung des Küstenstrichs von Dünkirchen bis Boulogne zu fordern ist." Fritz Fischer, *Griff nach der Weltmacht. Die Kriegszielpolitik des kaiserlichen Deutschland 1914/18*, Düsseldorf 1961, 111.

35 Am 26. August 1914 hatten württembergische Einheiten die Festung Longwy eingenommen.

Kanonendonner ganz in der Ferne. Sonst haben wir nichts gesehen, nur aus einem Wald ein paar Schüsse, vielleicht auf uns, vielleicht auf ein Auto vorher, aber ich habe den Karabiner, den ich auf den Knieen hatte, doch nicht brauchen können.

Das mit Theo und den Rabbinern versetze ich heute abend dem Reichskanzler, in dem Grand Hotel des Brasseurs, wo wir immer um einen kleinen Tisch herum essen.[36] Adio mein liebes schwarzes Mädchen sei nicht böse über meine Reminiscenzen und erdrücke nicht in Dir den Anflug von Weichheit. Viel liebes

Dein K.

Ich habe heute zum erstenmal seit der Rückkehr von Hohenfinow wieder etwas an meiner philosophischen Sache gearbeitet und dabei ordentlich aufgeatmet.

36 Anekdote über Lewald und Rabbiner unklar. Die jüdische Marcusfamilie konvertierte 1831 unter dem Namen Lewald zum Protestantismus. Auch die Marckwaldfamilie, aus der Käthes Mutter stammte, hieß noch in der Napoleonischen Zeit Marcus.

Brief Nr. 15

[Luxemburg] o. D. [3. September 1914]

Heute komme ich nur in Eile zu ein paar Zeilen. Die Post hierher funktioniert schlecht, heute kam nichts von Dir. Die ersten Ulanen erscheinen heute vor Paris.[37] Trotzdem sieht es für baldigen Frieden nicht gut aus. Weiss der Himmel wie der Friede zustande kommen soll. Die Leute haben sich alle so beschimpft und missverstanden, niemand weiss mehr, wie es im anderen Lande aussieht, wie stark der andere ist, was man ihm zumuten darf.

Es war so seltsam gestern, so schöne Sonne und eine so stille weite Natur über den zerstörten Dörfern, als ginge das alles die Welt gar nichts an, Kleinigkeiten auf die es nicht ankommt, ist doch auch schliesslich gleichgültig weil vergänglich.

Mein schwarzer Liebling, ich sinne immer auf Möglichkeiten wie ich auf eine Woche zurückkommen und Dich mitnehmen kann, finde aber keine. Hier ist alles ein Feldlager.

Adio mein Lieb Dein Kurt.

37 Anfang September 1914 erschien Kavallerie der Armee v. Kluck vor Paris. Eine wohl im ersten Überschwang hergestellte Postkarte, ein Gemälde mit der Überschrift „Ulanen vor Paris", zeigt zwei berittene Ulanen mit Lanze und Karabiner vor der Kulisse von Paris mit vergrößertem Eiffelturm. Die Postkarte wurde 1915 in Paris nachgedruckt; ihr Verkauf sollte Invaliden zugute kommen. Ein Exemplar der Postkarte befindet sich in der flämischen Universität von Ghent.

Brief Nr. 16

[Luxemburg]
Freitag [4. Sept. 1914]

Liebe Käthe,

Heute kam ein Brief von Dir vom Mittwoch, aus dem ich, ich weiss nicht warum, die Empfindung hatte, Du seiest etwas böse auf mich. Wahrscheinlich weil ich zur Begründung meiner Zweifel [darüber "Beidrehen"] nochmal mit alten Zweifeln kam; sei nicht böse, wenn es auch etwas geschmacklos war, aber ich muss doch meine Angst vor Beidrehen begründen.

Heute sind lauter gute Nachrichten, und Löwen ist nicht so schlimm.[38] Das Rathaus steht, von der Kathedrale ist nur ein Turm eingestürzt. Die Soldaten hatten übertrieben. Wir haben heute die ersten Anzeichen, dass die Belgier zum Einsehen kommen, vielleicht weil es doch sinnlos ist, Antwerpen übergeben. Die Franzosen scheinen gar nicht auf Paris sondern nach dem Süden zurückzugehen. Die Türken kommen auch in Bewegung und im Islam fängt es langsam an sich zu rühren. Wenn der Krieg 100 Jahre dauert, musst Du ein Leben wie die Nele im Ulenspiegel auf Dich nehmen. Es ist doch auch sehr viel gutes in dem Buch, bei aller Roheit. Das mit der fehlenden deutschen Kultur ist eine andere Sache. Sie ist doch da oder war da, so tief wie nirgendwo anders, nur in einem ganz anderen Sinn, und eigentlich nicht für das Auge, wie die romanische. Adio, ich muss hinunter. Ich glaube, es geht nächstens in ein Feldlager. Wir haben schon einen Koch, einen Schlächtermeister und unzählige Konservenbüchsen beim Tross. Behalte mich ein wenig lieb, trotz der Bosheit. Herzlichst

K.

38 Nach der Einnahme der alten Universitätsstadt Ende August 1914 wurden 248 belgische Zivilisten getötet und ein Sechstel der Bauten zerstört. Die Universitätsbibliothek mit ihrer unersetzlichen Sammlung von Handschriften aus dem Mittelalter brannte völlig nieder. Etwa 10 000 Einwohner wurden aus der Stadt vertrieben, 1500 von ihnen in Viehwaggons nach Deutschland deportiert. Siehe P. Schöller, *Der Fall Löwen und das Weißbuch: Eine kritische Untersuchung der deutschen Dokumentation über die Vorgänge in Löwen vom 25. bis 28. August 1914*, Köln und Graz 1958; John Horne und Alan Kramer, *German Atrocities 1914. A History of Denial*, New Haven und London 2001. Siehe unten Brief Nr. 50.

Brief Nr. 17

[Luxemburg] 5/9 [1914]

Meine liebe Käthe

Besten Dank für Deinen Brief. Du musst meine Briefe meiner Berechnung nach doch regelmässig bekommen, ich habe, glaube ich, nur ein oder zweimal einen Tag ausgelassen. Der Kaiser ist heute wieder vor zur Front (d.h. hinter die Front), aber wir können
5 nicht mit. Ich sinne immer, wie ich einmal auswische aber es geht schwer.

Du schreibst immer so voll vom Krieg, scheinst eigentlich viel mehr davon erfüllt als ich. Ich habe mich schon daran gewöhnt und beginne mich wieder für mich selber zu interessieren.

Du schreibst, dass Du ziemlich down bist, bitte schreibe mir das inwiefern und wie-
10 so, ob moralisch oder physisch etc. Es thut mir sehr leid und ich bin besorgt.

Ein Ende ist noch nicht abzusehen. Die Franzosen gehen nicht nach Paris sondern nach dem Süden zurück, wollen von England und Russland angestachelt, aushalten. Dann müssen wir wohl Nordfrankreich und Belgien besetzt halten, den Krieg gegen Russland entscheiden und warten.[39]

15 Ich überlege mir immer, wie ich das anstelle um dann irgendwo eine Spezialaufgabe zu bekommen, bei der ich Dich mitnehmen kann, vielleicht in Frankreich, vielleicht in Polen, wird aber sehr schwierig sein, des Kanzlers wegen und nur gehen, wenn der nach Berlin zurückkommt.

Adio, denk an mich und schreibe mir wie es Dir geht. Es lastet eigentlich doch auf
20 mir, dass ich in der Arbeit und Hast der letzten Berliner Tage nicht zu Deinem Vater gehen konnte. Es wäre doch richtiger gewesen. Glaubst Du nicht? Ich denke mir, er wird sich doch darüber wundern und das wäre zu vermeiden gewesen. Schreibe mir bitte, ob er noch einmal etwas darüber gesagt hat. Viel liebes Dein

Kurt.

25 Die Münchener Regimenter haben so schwere Verluste, ich habe immer das Gefühl, ich müsste hin es geht aber nicht.[40]

39 Der Gegenangriff der Franzosen und Engländer, der den deutschen Vormarsch auf Paris zum Stillstand bringen sollte, begann am 5. September 1914.

40 Am 5. September 1914 wurden die bayerischen Regimenter von der Front in Lothringen zurückgezogen und nach Westen verlegt.

Brief Nr. 18

Auswärtiges Amt [Briefkopf]

[Luxemburg] Montag [7. September 1914]

Meine liebe Käthe

Vielen Dank für Deinen Brief. Ich konnte gestern nicht schreiben, war bei Stumm[41] im Saarrevier wegen Auskünften über das Erzbecken in franz. Lothringen, das abgetreten werden muss.

Was sind denn das für böse Hintergedanken, die Du mir unterlegst, wenn Du sagst, Du wüsstest warum ich von einer unvernünftigen Neigung sprach? Oder sind es keine bösen?

Muss ein grosses Memorandum machen über die Siegespreise, das morgen für den Kaiser fertig sein muss. Daher in Eile nur alles Gute und dass ich Dich lieb habe. Aber es ist noch gar keine Aussicht für den Frieden, England will ja 20 Jahre aushalten. Was machen wir dann? Leb wohl Dein Kurt.

Wir sind noch immer in dem Tantenheim. Ich bin sehr unglücklich darüber. Der Kaiser fährt immer vor und wieder zurück.

41 Seit dem Tod des Stahlmagnaten Carl Ferdinand Freiherr von Stumm-Halberg 1901 wurde das Eisenhüttenwerk in Neunkirchen als GmbH von den Generaldirektoren Theodor Ziliken und Fritz Horn geleitet. Der einflussreiche Diplomat Wilhelm von Stumm (1869-1935), 1911 bis 1916 Direktor der Politischen Abteilung des Auswärtigen Amtes, war Gesellschafter bei der Gebrüder Stumm GmbH. Als Ergebnis der Beratungen Riezlers im Saarrevier am 6. September beschloss Bethmann Hollweg in seiner Kriegszieldenkschrift, das Erzbecken von Briey „auf jeden Fall" zu annektieren.

Brief Nr. 19

[Luxemburg] o. D. [ca. 8. September 1914]

Meine liebe Käthe

Schreib mir doch bei welchem Regiment Paul Mendelssohn[42] und Tine[43] sind und wo sie stehen, vielleicht kann ich sie aufsuchen. Ich fahr wohl Ende dieser Woche westlich St. Quentin zu den Baiern auf zwei Tage.

5 Es sieht besser aus. Vorläufig praeoccupiert uns weniger die Kriegslage, als die Dampfwalztheoretiker mit ihrer Annexionswut und Geschimpfe auf die Diplomaten.[44] Der Kaiser ist natürlich ganz in deren Bann, hier unter den Eindrücken der Westfront, der Erzählungen über die grauenvollen Executionen in Belgien und dem jeder Beschreibung spottenden Krieg hier, mit Höllenmaschinen, Feuerbränden etc. Er ist 10 doch so impressionabel.[45]

Ich denke Du hast mich schon ganz vergessen. Adieu mein Lieb. Ich habe Sehnsucht K

---

42 Paul von Mendelssohn-Bartholdy (1875-1935), Sohn des Bankiers Ernst Mendelssohn-Bartholdy. Er war Mitbesitzer des Bankhauses Mendelssohn und Besitzer von Schloss Börnicke bei Berlin, sammelte u. a. Gemälde von Picasso und wurde 1909 von Max Liebermann porträtiert. Während Paul von Mendelssohn im Felde diente, ließ er sich eines der größten innerstädtischen Privathäuser in Berlin bauen. Siehe Thomas Köhler und Jan Maruhn, „...da Herr von Mendelssohn-Bartholdy im Felde steht", in *Berliner Lebensweisen der zwanziger Jahre*. Photographiert von Martha Huth, hrsg. vom Bauhaus-Archiv Berlin 1996, 108f. Paul v. Mendelssohn starb 1935 und wurde neben seinen Eltern auf dem Friedhof von Börnicke beigesetzt.

43 „Tine", Spitzname für einen engen Freund von Käthe Liebermann, dessen Vor- oder Nachname nie erwähnt wird. Zusammen mit Paul von Mendelssohn-Bartholdy diente er bei der preußischen Gardekavallerie. Siehe Brief Nr. 47 (11/10): „ganz am rechten Flügel bei den grossen Kavalleriekämpfen" und Brief Nr. 68 (10/11): „Die Gardedivision steht jetzt rückwärts nördlich von Thielt, kann also ausschnaufen."

44 Unterm 4. September 1914 klagte Riezler in seinem Tagebuch: „Die Menschen heute haben alle keine einzige, der Grösse der Zeit entsprechende Idee. Es ist doch der Untergang Europas, wenn Europa bei dieser Gelegenheit keine mögliche Form der Dauer und Gemeinsamkeit findet. Aber wie das machen – die Militairs haben den blinden Glauben an die Dampfwalze, ganz veraltete Annexionsideen, wirtschaftlich machen sie die haarsträubendsten Dinge; zerstören Städte und wollen dann Contributionen einziehen" (*Tagebücher* Nr. 555).

45 Siehe oben S. 107, Anm. 20.

Brief Nr. 20

[Luxemburg] o.D. [9. September 1914][46]

Meine liebe Käthe

Es thut mir sehr leid, dass Du so deprimiert bist. Es ist auch eine schlimme Zeit, wird aber alles vorübergehen. Hier ist es auch allmählich zum Auswachsen, abgesehen davon dass die Situation im Westen wenig Aussichten bietet und recht gefährlich ist. Im Osten hoffen wir wieder einmal auf einen Sieg – wenn das eintrifft, gehen die Dinge im Osten vielleicht schneller zu Ende als im Westen. Hier sind jetzt immer Gäste, heute mittag der alte Goltz,[47] gestern die österreichischen Militairs, schreckliche Kerle. Dieser Krieg wäre alles wunderschön, die ganze politische auch die militärische Rechnung, wenn nicht dieser schreckliche Zusammenbruch des absolut morschen oesterreichischen Staates alles über den Haufen geworfen.[48] Dieses Gebäude war durch einen Sieg zu retten, jetzt ist es erledigt. Da dieses Problem die Zukunft nach dem Krieg beherrschen wird glaube ich auch nicht an einen dauernden Frieden. Europa wird überhaupt eine etwas bewegte Sache werden.

Hier sucht mein intimer Feind[49] seit einigen Tagen eine besondere Annäherung was, weil ich noch nicht verstehe warum, ganz amüsant ist.

Mein liebes schwarzes Mädchen, Du schreibst schon wieder, Du denkst die Sache[50] thäte mir leid, sie wäre mir sicher sehr unbequem etc. Warum ist eigentlich dieser Glaube so hartnäckig. Denkst Du das ganz allgemein oder hast Du bestimmte äussere Seiten der Sache im Auge, bitte sag es ganz offen, dann kann ich antworten, wieso und warum es nicht so ist, wie Du denkst.

Ich denke mir viel eher, dass die Sache Dir eigentlich selbst recht fraglich erscheinen muss (und auch früher erschien) (verzeih die Bosheit), denn es ist eigentlich von Dir (und Deinen Eltern) viel verlangt, Dich auf diesem nicht nach bewährten Mustern gebauten Schiff auf eine vielleicht etwas bewegte Fahrt zu begeben. Politisch wird die Sache, je schlechter der Krieg ausgeht desto zweifelhafter, endet vielleicht mit einer, wenn auch nur vorübergehenden Ausschaltung – Ich glaube ja in meiner bekannten Einbildung an mein Talent (suche es allerdings nicht einmal auf dem Gebiet der Politik), aber ich kann doch kaum verlangen, dass Du diesen Glauben nüchtern teilst. So beschäftige ich mich

46 Datierung nach dem Besuch der österreichischen Delegation am 8. September 1914, Plessen Tagebuch, Afflerbach, *Oberster Kriegsherr*, Nr. P 28.

47 Colmar Freiherr von der Goltz-Pascha (1843-1916), Generalfeldmarschall, bis November 1914 Generalgouverneur von Belgien, danach Führer des Generalkommandos der türkischen Armee am Bosporus und im Irak.

48 Die österreich-ungarische Armee hatte Anfang September 1914 in den blutigen Kämpfen um Lemberg rund 300 000 Mann verloren und musste am 11. September den Rückzug antreten.

49 Gemeint ist der Staatssekretär des Auswärtigen Amtes Gottlieb von Jagow.

50 Die Verlobung.

eigentlich mit der umgekehrten Frage, darf es aber nicht sagen, weil Du sonst sagst, ich wollte Dir das Beidrehen (schönes lange nicht mehr verwendete Wort) suggerieren.

Adieu mein schwarzes Mädchen, ich wollte Dein Kopf läge an meiner Schulter und ich küsste den weissen Hals, den ich so gern habe, aber dann fällt mir wieder ein, dass
5 Krieg ist und Europa in Unordnung geraten ist und ich durch einen Zufall auch mit darüber nachdenken soll wie es wieder eingerichtet werden soll, was doch gar nicht geht. Seltsam, wenn ich mir wieder vorstelle, wie ich als 22jähriger Jüngling, leicht literarisch, Guitarre am himmelblauen Band, eigentlich arg allein, nach Berlin kam, um nach Russland zu fahren, auch ein Sprung ins Dunkle, komme ich mir sozusagen komisch
10 und romanhaft vor, so alte Zeit 1870 wo es noch Schicksale gab – ich erinnere mich, dass damals Berlin für mich die Atmosphäre hatte grosser Dinge und Entscheidungen die da vorgehen und concentriert sind, ich hatte so eine Art von politischem Ehrgeiz, von Macht und Freude an der Macht, so einen Geruch in der Nase, so à la Julien in dem ersten Band von Rouge et noir,[51] kurz und gut sehr komisch. Heute habe ich leider fast
15 nichts mehr von diesem Ehrgeiz, aus allerlei Gründen. Verzeih dies lange Gequatsche und behalte mich trotzdem ein wenig lieb

K

51 Stendhals Roman *Le rouge et le noir* war 1830 in Paris erschienen. – Über einen ersten Russlandaufenthalt Riezlers ca. 1904 ist sehr wenig bekannt. Der klassische Philologe an der University of Oxford, Cecil Maurice Bowra, der die Riezlers in den dreißiger Jahren in Berlin zusammen mit Ernst Kantorowicz kennenlernte, behauptet in seinen *Memories 1898-1939* (Cambridge, Mass. 1967), Riezler sei Hauslehrer bei einer russischen Familie gewesen and habe seither als Russlandexperte gegolten (292). Bowra nannte Käthe Riezler "a beautiful and delightful woman".

Brief Nr. 21

[Luxemburg] Mittwoch 9/9 [1914]

Meine liebe Käthe

Wir sind trüber Stimmung heute, haben schlechte Nachrichten politisch von den Oesterreichern, deren Dummheit es noch fertig bringt, die Rumänen auf die andere Seite zu lassen. Was die schlimmsten Rückwirkungen hat, weil dann unser türkisches Gebäude zusammenfällt und wir die Türkei doch brauchen England wegen. 5

Das mit der Vogesengrenze ist richtig. Theo ist doch ein etwas enger Geist. Er kann sein Denken nicht umstellen und meint immer noch es käme auf die Handelsinteressen seiner hamburgischen Dinerfreunde an. Wenn alles gut geht, giebts wirtschaftlich eine so grosse Umgestaltung, dass über solche Dinge hinweggegangen werden muss.[52]

Ich bin traurig, weil noch kein Ende abzusehen. Das glaube ich gern, dass die Suppenküche und die verschämten Armen kein guter Anblick. Aber ich hoffe, wenn der Krieg noch weiter entschieden ist, wird doch die Lage der Leute sich langsam bessern. 10

Nachmittag

Eben kam Dein Brief. Vielen Dank. Deines Vaters Wunsch betreff Monet ist schwer zu erfüllen, denn die Truppen wechseln ja immer und es nützt nichts wenn man es dem sagt, der gerade dort ist und wenn dort gekämpft wird, nutzt keine Fürsprache. Wenn nicht, passiert wohl nichts, denn der alte Monet wird hoffentlich keine franctireurs beherbergen. Ich werde aber schreiben, sowie ich erfahre, wer dort steht.[53] 15

Es ist schwüle Stimmung, grosse Entscheidungen fallen und man erfährt wenig. Unsere Truppen sind sehr erschöpft durch die Riesenmärsche. Die Franzosen kämpfen verzweifelt und ihr Generalissimus[54] ist gar nicht so dumm. Er soll nach der Devise attendre pour atteindre[55] handeln. Aber den Englaendern gegenüber geht es besser. Sie werden doch etwas unruhig und streben nach einer Seeschlacht. 20

52 Riezler hatte in seinen *Grundzüge der Weltpolitik* (1914) noch die Bedeutung der weltwirtschaftlichen Integration für die Erhaltung des Friedens betont, wandte sich aber bald nach Deutschlands Isolierung zunehmend dem Mitteleuropaprojekt und der (gemeinwirtschaftlichen) Integration von Staat und Wirtschaft zu. Siehe auch unten Brief Nr. 71 vom 16. November.

53 Die deutsche Armee erreichte nie das Haus und den Garten von Claude Monet in Giverny an der Seine, weil die geplante Umfassung von Paris am 30. August vom Kommandeur der Ersten Armee, Generaloberst Alexander von Kluck, aufgegeben wurde.

54 Joseph Joffre (1852-1931), seit dem 5. August 1914 französischer Oberbefehlshaber.

55 Warten, um überholen zu können.

Mein liebes schwarzes Mädchen, kann sein dass Arnhold[56] und Müller[57] recht haben, kann sein auch nicht. Wir sind immer erst am Anfang. Wenn es indes Jahre dauert, wird doch bald für den Continent ein Zustand leidlicher Ruhe eintreten mit einiger Rückgabe persönlicher Freiheit. Es ist alles ganz phantastisch, die Möglichkeit der weiteren Kriegführung, auch die Art Politik, die wir hier machen, Revolutionen an allen Ecken und Enden – die verschiedenen Kombinationen die vorkommen können. Das schwierigste ist den Frieden so zu machen, dass dieser Krieg keine Jungen kriegen kann. Die Gefahr ist sehr gross, vielleicht treten wir überhaupt in ein Zeitalter der Kriege.

Lebwohl und hab mich ein wenig lieb Dein K

56 Eduard Arnhold (1849-1925), Kohlenmagnat, Kunstsammler und Freund der Liebermanns, im Vorstand der Reichsbank, bei Agfa und AEG und Mitglied des Deutschen Kolonialvereins. Gründer der Villa Massimo in Rom.

57 Vermutlich Waldemar Mueller (1851-1924), 1890 bis 1896 Mitglied im Direktorium der Reichsbank, dann Wechsel in den Vorstand der Dresdner Bank. Seit 1914 im Aufsichtsrat des Bankhauses. Mitglied des Aufsichtsrats der Deutsch-Überseeischen-Elektricitäts-Gesellschaft.

Brief Nr. 22

[Luxemburg] Donnerstag [10. September 1914]

Meine liebe Käthe

Vielen Dank für Deinen lieben Brief, über den ich sehr glücklich war – zumal ich heute ohne dass bestimmte schlechte Nachrichten vorlagen, etwas schwermütig bin. Es ist so schwüle Atmosphäre. Die Oesterreicher sind mit Verblendung geschlagen. Wir sind immer noch hier und kommen nicht voran; in der schweren Stimmung von gestern habe ich einen erfolglosen Versuch gemacht, für ein paar Tage an die Front zu gehen. Sei nicht böse oder ängstlich darüber denn erstens glückte es nicht, und zweitens passiert mir doch nichts.

Wegen Monet habe ich das was möglich war gethan, es hilft aber nichts. Das beste wäre, Dein Vater schriebe ein paar Zeilen an Lichnowsky,[58] der ist beim *Stabe des Oberkommandos der I Armee* und in der Nähe. Der Trottel ist vielleicht wenigstens dazu zu brauchen.[59] Wenn ich ihm von hier aus schreibe, thut er sicher nichts.

Wir müssen möglichst viel von der französischen Küste besetzen und dann warten bis England weich wird, kann lange dauern. Aber da es keine Landwirtschaft hat, wird es doch vielleicht früher nachgeben als wir, die agrarischen Länder halten so etwas immer länger aus. Verzeih die schreckliche Pfote. Adieu mein Lieb, vergiss mich nicht herzlichst Dein K

58 Der letzte Botschafter des Deutschen Kaiserreichs in Großbritannien, Karl Max Fürst von Lichnowsky (1860-1928), wurde beim Ausbruch des Ersten Weltkrieges dem Stab der 1. Armee an der Westfront zugeteilt.

59 Als einziger in der deutschen politischen Führung hatte sich Lichnowsky in der Julikrise gegen die Unterstützung Berlins bei einem österreichischen Angriff auf Serbien ausgesprochen.

Brief Nr. 23

Auswärtiges Amt [Briefkopf]

[Luxemburg] Freitag [11. September 1914]

Meine liebe Käthe

Du kanzelst mich ja ordentlich ab wegen meiner Bemerkung betreffend des unterlassenen Besuchs bei Deinem Vater (den ich mir übrigens gar nicht feierlich in Cylinder respective den Zeitläuften angemessen Helm vorgestellt habe). Ditto ist Deine Bemerkung
5 betreffend der Erkundung nach den silbernen Löffel ein wenig bösartig. Es war übrigens bei mir nur eine flüchtige Empfindung hervorgerufen durch eine leise Reminiszenz. Im übrigen sind all die Sachen greulich, es ist ganz dumm von mir aber ich bin in einem Punkte, was ich schon einmal gestand, aus traditionellen Sitten mit einer gewissen Geniertheit darüber belastet, dass ich so eine „schlechte Partie" bin.

10 Heute geht es besser, im Westen noch nicht, wo die Truppen Ruhe brauchen, aber 1. im Osten,[60] 2. England gegenüber, in Indien hat der Aufstand angefangen.[61] Unter den deswegen nach Aegypten zur Verwendung in Europa ausgeschifften Truppen ist die Pest ausgebrochen, die liegen in Suez und England weiss anscheinend nicht, wohin damit. Die Japaner führen den Krieg halb, und verlangen von England unverschämte
15 Bedingungen für Hilfe in Indien, wollen sich vielleicht sogar eine Wendung ihrer Politik je nach Gang der Kriegsereignisse offen halten. Wenn England schwach wird, ist Friede in einigen Monaten wahrscheinlich. Aber ein schwacher Hoffnungsschimmer.

Heute früh 7 Uhr wollte mich ein bayer. General, der zu meinem Korps fuhr, aus dem Bett holen und mitnehmen – ich konnte aber nicht, da der Kanzler ausgeritten
20 war und ich ihn nicht mehr fragen konnte. Ich habe es ihm aber dann gesagt, er war furchtbar nett, und hat mir für die nächste Gelegenheit das Auswischen gestattet. Ich muss aber natürlich gleich wieder zurück. Es ist also keine Gefahr, und Du musst, wenn einmal zwei Tage kein Brief kommt, nichts gefährliches denken.

---

60 Am 11. September 1914 schrieb der Chef des Militärkabinetts Moriz Freiherr von Lyncker in sein Tagebuch: „Hindenburg drängt die Russen aus Ostpreußen heraus, verfolgt sie in Richtung auf Njemen, hoffentlich kann er sie noch fassen." Afflerbach, *Oberster Kriegsherr*, Nr. L 47.

61 Am 13. September 1914 trug Riezler in sein Tagebuch ein: „Endlich Kunde von einer indischen Revolution" (*Tagebücher* Nr. 557). Bekanntlich hatte Kaiser Wilhelm II. in einer hysterischen Schlussbemerkung gegen die drohende Beteiligung Englands am Krieg verfügt: „Und unsere Consuln in Türkei und Indien, Agenten etc müßen die ganze Mohamedan. [sic] Welt gegen dieses verhaßte, verlogene, gewissenlose Krämervolk zum wilden Aufstande entflammen; denn wenn wir uns verbluten sollen, dann soll England wenigstens Indien verlieren." Kaiser Wilhelm II, Schlussbemerkung zum Bericht Pourtalès' vom 30. Juli 1914, Karl Kautsky, Hg., *Die deutschen Dokumente zum Kriegsausbruch,* 4 Bde., Charlottenburg 1919, Nr. 401. Eine deutsche Expedition zur Aufwiegelung Indiens von Afghanistan aus war am 6. September 1914 nach Konstantinopel abgereist.

Nothing succeeds like success. Bolle[62] ist traurig, weil Italien sich verrechnet hat. Es dachte der Krieg würde unentschieden bleiben und Italien könnte auf einer Konferenz sich meistbietend verkaufen. Er hatte das richtige Gefühl vorher.[63] Der Rütlischwur in London zwischen den drei Mächten hat nicht viel Bedeutung.[64] Dass Goldschmidt[65] keine Nerven hat, glaube ich gern und freue Dich, dass Dein Vater ihn zugedeckt hat. Du musst die gefallenen Tangofreunde nach dem Procentsatz berechnen, da werden es weniger.

Ich sehne mich arg nach Dir und habe keine Zeit, mich mit Philosophie zu trösten. Eigentlich habe ich politisch furchtbares Glück, komme so jung in Situationen und Aufgaben, wie sie einer der alle seine Leidenschaft an die Politik hängt, in 100 Jahren nicht erhält, und kann mich gründlich couriren.

Adio viel Liebes und vergiss mich nicht Dein K.

62 Riccardo Bollati (1858-1939), 1913-1915 italienischer Botschafter in Berlin.

63 Im Juli 1914 hatte Bollati die Ansicht vertreten, Italien müsse an der Seite seiner Dreibundpartner Deutschland und Österreich-Ungarn in den Krieg treten, da es sonst seine Großmachtstellung verlieren würde. Siehe Holger Afflerbach, *Der Dreibund. Europäische Großmacht- und Allianzpolitik vor dem Ersten Weltkrieg,* Wien 2002, 843.

64 In einer Vereinbarung in London vom 5. September 1914 hatten sich Großbritannien, Frankreich und Russland verpflichtet, keine separaten Friedensverhandlungen mit den Mittelmächten aufzunehmen.

65 Adolph Goldschmidt (1863–1944), erster jüdischer Kunsthistoriker, der 1904 ein Ordinariat erhielt (Halle) und 1912 Nachfolger von Wölfflin in Berlin wurde. Goldschmidt teilte nicht die Kriegseuphorie seines Freundes Liebermann, der den Aufruf der 93 unterschrieb. Er beklagte den Verlust von rücksichtslos geopferten jungen Menschen, darunter von eigenen Doktoranden, und sorgte sich um die gefährdeten Kunstwerke in Belgien und Nordfrankreich. Siehe seine *Lebenserinnerungen*, Berlin 1989, 176. Käthe hatte offensichtlich über Goldschmidt berichtet. Kurt spielte die Verluste mit der Bemerkung über Tangofreunde und Prozente herunter. Aber am 10. November klagte er selbst über die nutzlosen entsetzlichen Verluste im Nordwesten (Langemarck); siehe Brief Nr. 67.

Brief Nr. 24

Auswärtiges Amt [Briefkopf]

[Luxemburg] Sonntag [13. September 1914]

Meine liebe Käthe,

Dein Freund Tropf, der so hässliche Wendungen gebraucht, sollte in solcher Zeit seine Marias etc im Stich lassen, eines seiner Rösser besteigen und sich ein Schwert umgürten. Es ist zu seltsam hier persönlich – Du kannst Dir gar nicht vorstellen.

5 Dieser Kanzler, der immer alles im ungünstigsten Licht sieht, immer ein düsteres langes Gesicht macht – aus Temperament, und dadurch den Soldaten auf die Nerven fällt, der eigentlich das Temperament eines ausgesprochenen Pechvogels hat, und dabei eigentlich viel mehr Glück hat als sein Vorgänger – dieser Mann mit *der* Ehrlichkeit in *der* Situation. Zu seltsam. Dabei funktioniert es sachlich desto besser je schlechter die 10 Lage ist. Aber die Ungeschicklichkeit seines persönlichen Benehmens ist grenzenlos.[66]

Abends kommen immer noch die Flügeladjutanten die an der Hoftafel keinen Cognac bekommen, grad ab Essen an unseren Tisch im hôtel.[67] Alle haben Achtung für den Kanzler aber keine Freundschaft. Er ist so ein spröder schwerer Mann.[68] Ich habe ihn aber eigentlich gern. Der eine von denen, ich glaube Pless[69] sagte heute, (was 15 mir noch in den Ohren liegt) der Feldzug gegen Russland könnte erst nächsten Sommer geführt werden. Widerhall vom Kaiser, plausibel wegen Winter und namentlich dann, wenn die Oesterreicher geschlagen werden. –

Eben kommt ein Bote und sagt mir, mein Regiment kommt heute abend durch, ich muss an die Bahn um zu fragen wann, vielleicht fahr ich die Nacht mit, das

66 An diesem 13. September trug Riezler die denkwürdige Charakterisierung Bethmann Hollwegs in sein Tagebuch ein: „Der Kanzler mit seinem ewigen Gejammer, ein zu eigentümliches Schauspiel. Neulich bezeichnete Stumm den Zeitpunkt des Krieges als den günstigsten, worauf ihm der Kanzler ins Wort fiel – Sie meinen den am wenigsten ungünstigen. Er glaubt es nicht selber, redet aber immer so, aus Gewohnheit aus Manie und hofft, man widerspricht. Nur in wirklich schlimmen Situationen hört er auf, das Handeln mit Gejammer zu begleiten" (*Tagebücher* Nr. 557). Siehe ferner die scharfe Kritik an der Persönlichkeit des Reichskanzlers am 23. September 1914 (*Tagebücher* Nr. 559).

67 Am 4. September 1914 hatte Admiral von Müller in seinem Tagebuch geklagt, dass der Kaiser befohlen habe, die drei Kabinettschefs sollten jeden Abend bei ihm essen. „Das Gespräch ist immer wenig auf der Höhe. Blutrünstige Einzelheiten von der Front, wenig Verständnis für den Ernst der Gesamtlage." Görlitz, Hg., *Regierte der Kaiser?,* Göttingen 1959, 54.

68 Am 13. September 1914 notierte Admiral von Müller in sein Tagebuch nach einem Gespräch mit Bethmann Hollweg: „Der Reichskanzler und der Staatssekretär des Auswärtigen v. Jagow ergeben ein trauriges Bild von Unentschlossenheit und Pessimismus. Sie sind sehr schlecht über die allgemeine Kriegslage orientiert, von der doch auch das Vorgehen im Orient abhängt. Es fehlt alles Zusammenarbeiten. Der Kaiser versagt völlig in dieser Beziehung" (Görlitz, *Regierte der Kaiser?,* 57).

69 Hans Heinrich XV. Fürst von Pless (1861-1938), der als Oberstleutnant à la suite der Armee zum Großen Hauptquartier gehörte, jedoch nicht Flügeladjutant des Kaisers war.

Korps wird auf den rechten Flügel geworfen, fährt, glaube ich, soweit man es bei der Geheimniskrämerei erfahren kann bis St. Quentin. Ich muss aber leider morgen zurück sein. Viel Liebes in Eile

Dein K

Brief Nr. 25

Auswärtiges Amt [Briefkopf]

[Luxemburg] Dienstag [15. September 1914]

Meine liebe Käthe

ich bin eben zurückgekehrt, war südlich Namur mit dem Truppentransport meines Corps. Die Leute waren alle sehr vergnügt, machen einen wilden und wurstigen Eindruck, einen hörte ich einem anderen, der in der anderen Colonne marschierte, 5 nachrufen, „Seppel auf Wiedersehn im Massengrab.“ Das ist so die Stimmung. Das Leben ist gar nichts mehr wert auf einmal.

Besten Dank für Deine beiden Briefe die ich eben vorfand. Es ist ein wahrer Segen, dass es im Westen nicht mehr vorwärts, sondern sogar zurück geht, sonst würde ja jede erzieherische Wirkung dieses Krieges auf die Berliner Nerven ausbleiben.

10 Es sieht wirklich mau aus, die Oesterreicher leisten nichts, die Rumaenen werden infolgedessen noch auf die Gegenseite gehen, weswegen die Türkei still bleiben wird. Joffre macht seine Sache sehr gut – aber wir werden schon wieder vorwärts kommen. Für einen baldigen Frieden sind freilich die Aussichten trüber denn je.

Beinahe alle Bekannten, nach denen ich in den vorbeiziehenden Regimentern frug, 15 sind gefallen oder verwundet, so auch Dein Freund Greulich (verwundet). Deinetwegen oder unsertwegen wünscht ich es wär zu Ende. Adieu mein Liebling, vergiss mich nicht –

Dein K

Brief Nr. 26

[Luxemburg] 16/9 [1914]

Meine liebe Käthe

Du bist ja, den Zeitumständen angemessen, von ganz kriegerischer Gesinnung beseelt, wie Deine neuerliche Polemik wegen der sittsamen Anfrage beim Vater beweist. Du bist ja direct giftig geworden. Schade, dass ich so wenig Erfahrung darin habe, sonst hätte ich vielleicht auch gelernt, meine Haare zu kämmen. 5

Wegen meiner Unkenntnis des Englischen habe ich keine Sorge mehr. In Zukunft wird der Gebrauch dieser Sprache verboten sein, bereits ihre Kenntnis bestraft werden. Theos Misstrauen ist komisch. Er will Dich sicher heiraten und hat trübe Ahnungen. Vielleicht überlegst Du Dirs noch. Aber bitte sage ihm nichts, namentlich nicht wenn Du mit ihm allein bist. Daraus kannst Du schliessen, dass ich von gewissen früheren 10 Theorien zurückgekommen bin.

Es geht wieder besser im Westen. Die Regimenter meines Corps haben durchschnittlich 40 % der Mannschaft und 60 % Offiziere verloren. Sie sind bis Namur gefahren worden, bis wohin ich mitfuhr, von da müssen sie Tag und Nacht marschieren, um noch rechtzeitig auf dem rechten Flügel, ich glaube südlich St. Quentin einzutreffen. Unsere 15 Stellung soll sehr stark sein. Es ist also alles gut. Die Rumaenen dagegen werden wohl nächstens über Oesterreich herfallen. Indische Truppen sind auch schon in Marseille gelandet. Aber es wird trotzdem gehen – vornehmlich weil es muss.

Ich möchte Dich eigentlich gern einmal wiedersehen. Es ist aber wenig Aussicht. Vergiss mich inzwischen nicht. 20

Herzlichst Dein
K.

Ich bin wirklich trüber Stimmung heute – verzeih den daemlichen Brief. Die Situation im grossen wie im kleinen ist schon ein bischen arg. In die Front kann ich nicht ein Ende ist nicht abzusehen und Dich überlasse ich so ungern den Conversationen Deiner 25 Wannsee Freunde von Theo bis zu der Cousine Grete,[70] welche gewiss demnächst eine Karikatur wird. Adio.

70 Grete Ring (1887-1952), Kunsthistorikerin und Galeristin. 1917 wurde sie die Patentante von Maria Riezler, dem einzigen Kind von Käthe und Kurt. Ihre Mutter Margarethe Ring, geb. Marckwald (1861-1921), war die Schwägerin von Max Liebermann. Victor Ring, Richter in Berlin, war der Schwager von Martha Liebermann. Nach dem Freitod Paul Cassirers 1926 übernahm Grete Ring dessen Galerie. In der Emigration wurde sie eine der letzten Hoffnungen der in Berlin verbliebenen Martha Liebermann im Zweiten Weltkrieg. Siehe Regina Scheer, *Wir sind die Liebermanns. Die Geschichte einer Familie*, Berlin 2008, 357.

Brief Nr. 27

[Luxemburg] 17/9 [1914)

Meine liebe Käthe

Paul Cassirer[71] begegne ich wohl nicht--er wird wohl gern weitergeschickt. Mein gestriger Brief muss sich noch mulmiger gelesen haben als meine Stimmung war. Heute ists besser--obwohl Du mir vormalst, wie Du an dem Knochen Theo nagst.

5 Heute war der neue Gesandte in Peking da, Hintze, früher Flügeladjutant Marinemensch.[72] Ich habe mir ihn angesehen, wegen der Pekinger Eventualität, ganz gescheit, sieht aber nicht so aus, als wäre er innerlich vornehm und zuverlässig.

Wir haben heute die ersten Anzeichen davon, dass die Einigkeit der Gegner wankt, wär aber zu schön, um es zu glauben.

10 Im Westen steht es besser, es scheint mir darauf anzukommen, wer den anderen draussen am westlichen Flügel zuerst mit neuen Truppen umklammern kann. Soweit ich in das Geheimnis eindringe, werfen wir alles in Eilmärschen dort hin – die sollen es aber nicht merken, ehe wir da sind.

Mein Lieb, meine Sehnsucht ist mindestens so gross wie Deine (und durch keinen 15 weiblichen Theo abgelenkt) Ich habe wirklich, trotz der Versuchung, mich an der Grösse der Ereignisse etc zu berauschen, den Wunsch fern von Krieg und Kriegsgeschrei irgendwo über Deine Haare zu fahren – obwohl mir eine solche Gesinnung weder steht noch liegt. Hoffentlich erschreckst Du nicht vor so wilden Gelüsten.

Im übrigen ist die Grösse der Ereignisse eine Frage der Perspective. Ich habe gar nicht 20 Sinn für das quantitativ imposante. Schliesslich kann alles kleine ebenso gross sein. Die Schönheit der Zeit liegt in der wilden Bewegung, die lauter verborgenes aufwühlt, und

71 Paul Cassirer (1871-1926) gründete mit seinem Cousin Bruno Cassirer die Galerie und Verlagsbuchhandlung B. u. P. Cassirer im Jahre 1898; beide wurden im Zusammenwirken mit Max Liebermann Sekretäre der neuen Berliner Secession. Sie machten den französischen Impressionismus in Berlin bekannt. Aber schon 1901 lösten sie ihre Partnerschaft auf. Paul, der die Galerie behielt, gründete 1914 das graphische Journal *Kriegszeit. Kriegsflugblätter.* Mit 43 Jahren wurde er Kriegsfreiwilliger und als „Depeschenreiter" mit Auto eingesetzt, aber ernüchtert ersetzte er die Zeitschrift 1916 durch den *Bildermann,* der, weil weniger kriegsfreudig, weniger erfolgreich war. Am 16. Nov. 1917 gründete Paul Cassirer die Rascher AG in der Schweiz, die französische und deutsche pazifistische Literatur bis zum Ende der Firma 1922 veröffentlichte. Unter den Autoren waren Karl Kautsky, Georg Lukács und Ferdinand Lassalle (Gesamtausgabe).

72 Paul von Hintze (1864-1941), erst 1908 nobilitiert, Marineoffizier und Diplomat, 1903-1908 Marineattaché für die Nordischen Reiche (Dienstsitz: St. Petersburg), 1908-1911 Militärbevollmächtigter in St. Petersburg, 1911-1914 Gesandter in Mexiko, abenteuerliche Rückreise im August und September 1914, Aufenthalt im GHQ vom 17. bis 21. September, Weiterreise als Gesandter nach Peking im Herbst und Winter 1914/15, Rückreise vom März bis Mai 1917, beides wieder unter abenteuerlichen Umständen, die ihn berühmt machten. Gesandter in Oslo (Christiania) Juni 1917-Juli 1918, letzte Position als Staatssekretär des Auswärtigen Amtes vom Juli bis Okt. 1918. Siehe Johannes Hürter, Hg., *Paul von Hintze. Marineoffizier, Diplomat, Staatssekretär. Dokumente einer Karriere zwischen Militär und Politik, 1903-1918*, München 1998.

ganz irrational ist, in dem Schauspiel der Vitalität, die das Leben nicht achtet. Das ist wirklich ernsthaft gesprochen wunderschön und auch heilsam, weil es alle ansteckt – und das ist eigentlich der Grund meiner hier unruhigen Stimmung darüber, dass ich nicht in der Front bin – denn es giebt wirklich eine Art Soldatenschönheit, gemischt aus Wille, Zorn und Gefahr. 5

Verzeih die philosophische Verbrämung, das ist bei mir immer so. Adieu Sphinx.

Dein K.

Verzeih die Anreden, die Du gewiss alle sehr dämlich findest, natürlich mit Recht.

Brief Nr. 28

[Luxemburg] Sonnentag [20. September 1914, ironisch gemeint?]

Meine liebe Käthe

Heute kam nichts von Dir und es regnet in Strömen. Die politischen Nachrichten sind schlecht – kurzum es sieht immer noch mulmig aus. Es steht alles auf einer Karte, nämlich der Sieg im Westen – und wenn der nicht kommt, dann giebt es eine schlimme Zeit. 5 Wenn es uns dann wenigstens möglich wäre, sich mit Russland zu verständigen, sur le dos de l'Autriche. Nächste Tage gehts fort, etwas mehr in die Mitte, wir kleben zu sehr am linken Flügel der Armee.

Ich möchte wissen, was kommt und ob wir je und wann an einem friedlichen Ort zusammen sitzen werden. Es kann lange dauern. Du wirst zwar nicht Zeit haben, graue 10 Haare zu kriegen, aber doch mich zu vergessen. Das will ich aber nicht. Denk ein wenig an mich und werde nicht hart. Herzlichst

Dein Kurt

Brief Nr. 29

Auswärtiges Amt [Briefkopf]

[Luxemburg] o. D. [19. September 1914][73]

Meine liebe Käthe

Heute kam nichts von Dir, ausserdem ist es kalt und unfreundlich hier. Gestern waren die Oesterreicher da der Botschafter und sein Gefolge.[74] Ein Gemisch von Bockbeinigkeit und Schlappheit – wir werden sie aber doch noch heraushauen müssen. Im Westen steht die Sache nicht ungünstig. Es wird schon werden, wenn unsere Bewegungen dem Feind entgehen. Die verfluchten Englaender haben sich sehr gut geschlagen, viel besser als die Franzosen.

Ich freue mich dass bei Euch gute Stimmung ist. Liest Du denn nicht ein paar gescheite Bücher? Heute habe ich herausgebracht dass der Kanzler mich nach dem Krieg zu sich in die Reichskanzlei nehmen will – ich weiss nicht recht wie ich mich dazu verhalten soll. Ich würde Dich viel lieber nach China entführen. Doch das ist noch weit hin.

Lass es Dir gut gehen und denke an mich. Hat sich Theo beruhigt? oder gahrt er weiter?

Adio ich habe Dich lieb K

73 Datierung nach dem Besuch des österreichisch-ungarischen Botschafters in Luxemburg.

74 Gottfried Prinz zu Hohenlohe-Schillingsfürst (1867-1932), österr.-ungarischer Generalmajor und Diplomat, 1902-1906 Militärattaché in St. Petersburg, 1907-1908 Legationsrat in Berlin, seit dem 20. August 1914 als Nachfolger Graf Szögyénys Botschafter in Berlin. Bei seinem Besuch im Großen Hauptquartier in Luxemburg wurde Hohenlohe begleitet von Friedrich Graf von Larisch-Mönnich, seit 1911 Legationssekretär an der österr.-ungarischen Botschaft in Berlin. Die Diplomaten wurden begleitet vom Feldmarschallleutnant Ferdinand Freiherr von Marterer, der um deutsche Hilfe an der Ostfront bat.

Brief Nr. 30

Auswärtiges Amt [Briefkopf]

[Luxemburg] Sonntag [20. September 1914]

Liebe Käthe,

Heute kam ein trauriger Brief von Dir, ich glaube schon dass die Stimmung schlecht ist in Berlin. Man hört zu wenig, und es wird noch 6-8 Tage dauern, bis sich eine neue Situation im Westen ergiebt. Im Osten sollen die Oesterreicher jetzt in gute Stellungen 5 sich rückwärts retiriert haben und die Russen sich rückwärts retiriert haben, sodass dort hoffentlich die Sache wenigstens zum Stehen kommt. Nächste Tage kommen ein paar Tausend Kanadier an. Das macht aber nichts aus.

Wir gehen nun endlich bald fort, hinter die Mitte der Linie. Übrigens soll Rheims in Flammen stehen. Hoffentlich bleibt wenigstens die Kathedrale stehen.[75] Kennst Du sie? 10 Sie soll sehr schön sein. Es ist ja schliesslich in der augenblicklichen Not gleichgültig, aber doch schade – oder glaubst Du, dass nach dem Krieg eine so kräftige Zeit kommen wird, die an stelle der alten neue schöne Sachen machen wird, ich nicht. Sei nicht traurig, es werden schon wieder bessere Zeiten kommen. Adieu mein Lieb. K.

---

75 Am 4. September 1914 hatten die deutschen Truppen die alte Königsstadt Reims besetzt, sich dann aber zurückziehen müssen. Der Beschuss der Stadt begann am 13. September 1914; am 19. September fielen 25 Granaten auf die Kathedrale und setzten sie in Brand. Der Beschuss der Kathedrale wurde von dem jungen Ernst Gall (1888-1958), einem nachmaligen prominenten Kunsthistoriker, von einem Fesselballon aus geleitet. Er hatte gerade bei Adolph Goldschmidt promoviert. Goldschmidt betrachtete die Bombardierung der Kathedrale als eine Katastrophe, im Gegensatz zu der Mehrheit der Kunsthistoriker und besonders dem Apologeten Paul Clemen, dem Leiter des sog. Kunstschutzes. Siehe Horst Bredekamp (Humboldt Universität Berlin), "Die Beschießung der Kathedrale von Reims im September 1914 und die Folgen," Ringvorlesung Kunsthistoriker und der Erste Weltkrieg, 15. Juli 2015.

Brief Nr. 31

Auswärtiges Amt [Briefkopf]

[Luxemburg] 21/9 [1914]

Heute kamen zwei kleine Briefe von Dir. Heymel[76] im Krieg ist sicher das beste an ihm. Du hast recht, dass ich ihn nicht sehr mag, eigentlich aber nur weil er so lärmend und unrythmisch ist und dann spricht er soviel von „Weibern" und das kann ich nicht ausstehen. Lass Dir nur viel von ihm erzählen, wenn er in Montmirail war, war er ganz vorn.

Der Sturm soll überall furchtbar gehaust haben, da sieht es wohl bei Euch in Wannsee aus, als hätten die Russen gehaust. 5

Warum hast Du eigentlich Angst vor mir, wenn ich nur das wüsste. Du hast mir das auch früher schon öfter gesagt. Wenn ich nur wüsste was ich thun soll, um diese Angst zu vertreiben. Ich habe immer das Gefühl gehabt, Du seiest wie eine schwarze Katze, welche schnell davon läuft, wenn man sie streicheln will. Ganz sicher bin ich ja jetzt 10 auch nicht, ob Du nicht doch wieder in dieser mir unerklärlichen Angst davonläufst – ich habe so das Gefühl, als hättest Du hie und da Stimmungen, in denen Du nicht übel Lust hättest – das wäre ja auch ganz natürlich – Du könntest es sogar zugeben. Wenn es aber nicht der Fall ist, so dementiere es bitte – denn wenn Furcht und Hoffnung auch die Liebe nähren, so hättest Du doch diese Taktik gar nicht mehr nötig, hast mich ja 15 auch lange genug sozusagen zwischen den beiden pendeln lassen und eigentlich doch gequält – mehr als ich Dir gesagt habe und sagen werde.

Ich gebe zu, dass die erzieherische Schlappe und unser Rückzug in seinen Wirkungen über das paedagogisch wünschenswerte hinausgeht – und dass etwas weniger Erziehung besser gewesen wäre. Ich bin überhaupt sehr dafür, dass wir möglichst schnell siegen 20 und möglichst gründlich – trotz der zweifellos entsetzlichen Zeit die dann kommen wird, in der Deutschland auf das geistige Niveau des Lokalanzeigers herabsinken wird.[77] Es wird wohl ein ganz langsames ausringen geben – und das ist schlimm.

Wenn die Oesterreicher geschlagen werden ist es leicht möglich das Russland Frieden anbietet, auf Kosten Oesterreichs. So können wir das ja nicht, so lange wir noch hoffen 25 können mit allen fertig zu werden. Wenn aber nicht – dann müssen wir eben sehen, wie wir heraus kommen.

---

76 Alfred Walter von Heymel (1878-1914), geb. Walter Hayes Misch, wurde 1880 von dem Großkaufmann Adolph Heymel, einem Onkel von Rudolf Alexander Schröder, adoptiert; bayerischer Adel von 1907 nicht geführt. Dichter, Kunstsammler und Mäzen, Gründer des Inselverlags. Seit 1904 verheiratet mit Gitta von Kühlmann, der Schwester des späteren Staatssekretärs des Auswärtigen Amtes Richard von Kühlmann. Mit Rathenau befreundet. Obwohl 1913 an Tuberkulose erkrankt, nahm Heymel als Leutnant der Reserve an dem Vorstoß der Oldenburger Dragoner zur Marne und am Rückzug teil. Er starb mit 36 Jahren am 26. November 1914 in Berlin.

77 Unterm 23. September 1914 bemerkte Riezler in seinem Tagebuch: „Das tragische in diesem heroischen Kampf des Deutschtums ist, dass uns beinahe nichts schlimmeres passieren könnte, als nach allen Seiten zu siegen – namentlich England gegenüber. Wir haben kein Talent, diese Erbschaft anzutreten und werden ekelhaft und dumm darüber werden" (*Tagebücher* Nr. 559).

Die anderen glauben dass wir so oder so bald Frieden haben – ich glaube es nicht.
Ende der Woche wird sich entscheiden, ob wir vorwärts kommen.
Hast Du wirklich ein klein wenig Sehnsucht?

Adio K

Brief Nr. 32

Auswärtiges Amt [Briefkopf]

[Luxemburg] 22/9 [1914]

Meine liebe Käthe

Ich bin ja ordentlich erleichtert, dass Du mit solcher Energie ablehnst auf Theo überzugehen.

Heut sieht es wieder besser aus – vor unseren stark befestigten Linien sollen sich Berge von Leichen häufen, wir werden auch wieder vorwärts kommen.

Neulich warf ich bei Tisch die Frage auf, wo wir Weihnachten wohl sein werden, Stumm meinte in Berlin bei Friedensverhandlungen, Theobald selbst meinte im Westen. Ich selbst glaube in Warschau. Es giebt so viele Eventualitäten. Nicht einmal Wahrscheinlichkeitsbetrachtungen kann man anstellen.

Wie lange bleibt ihr in Wannsee? Es muss jetzt eigentlich schön draussen sein, wenn leidlich Wetter sein.

Deine Cousine Grete finde ich ja ganz komisch – aber sehr gern mag ich sie nicht – sie hat so etwas unnatürliches, ohne künstlich zu sein worunter ich eine kunstvolle und reizende Verdeckung des nur natürlichen verstehe, aber nicht seine Abwesenheit und Ersetzung durch ein Unding – sie ist so komisch, ich glaube sie ist ein ganz hoffnungsloser Fall, von Natur und durch das Studieren gesteigert.

Nun sind es schon 6 Wochen, dass ich kein Civil mehr anhabe, kommt mir ewig lange vor, zumal ich ebenso lang Dich nicht mehr gesehen habe, entschieden arg, zumal es sicher länger und doppelt so lange noch dauert.

Ich habe wieder angefangen, an einem ganz abstrakten „Wälzer" zu schreiben, der in 10 bis 20 Jahren fertig sein soll (Es soll alles drin stehen, was ich mir nun einmal einbilde dass gerade ausgerechnet ich es sagen muss, scheusslich nicht wahr?) habe aber wenig Zeit. Ausserdem ist es doch so eine Art Lagerleben hier und man ist kaum allein. Dies ist das peinliche an dem hiesigen Leben.

Ich möchte eigentlich sehr gerne wissen ob Du noch weich bist oder (anders ausgedrückt) inzwischen wieder sehr viel Schnee über Dich gefallen ist. Adio viel liebes K.

Verzeih den ewigen Bleistift. Aber die Tintenfässer sind besetzt.

Brief Nr. 33

Auswärtiges Amt [Briefkopf]

[Luxemburg] 24/9 [1914]

Liebe Sphinx

ich muss dabei bleiben, denn Du kannst nicht in einem Atem Sphinxhaftigkeit bestreiten und die arge Drohung mit dem Vulkan, der noch aus Dir werden könnte aussprechen. Deine Drohung hat mich übrigens sehr gefreut. Ich habe furchtbar lachen müssen. Übrigens liegt zunächst noch eine dicke Schneedecke auf dem Vulkan.

Gestern kam nichts von Dir, ich konnte auch nicht schreiben, dafür kamen heute zwei Briefe.

Deinem Freunde Theo [Lewald] kann ich übrigens von hier aus ganz gut in die Karten gucken, unter uns gesagt, hie und da auch helfen aber manchmal auch in die Parade fahren. Der Geschäftsbetrieb ist überhaupt sehr ulkig – weil die Zeit doch so ungeheure Probleme stellt dass man sich eigentlich sehr schwer an die veränderte Perspektive, auch an den Stil der Zeit gewöhnt; niemand weder bei uns noch in den anderen Ländern findet die dazu gehörige Geste.

Es geht im Westen wieder besser, im Osten ists zur Stelle gekommen, Rumaenien aber kann schon gehalten werden.

Alles geht so seltsam: die U Boote zwingen die grossen Schiffe, sich zu verstecken – der Seekrieg wird unter der See geführt, und wir behalten recht gegen den „Vater der Lüge" (Tirpitz) der mit seinen dummen Dreadnoughts an der ganzen Sache schuld ist, und die jetzt ebensowenig verwendet als die Englaender ihre.

Die Kerle haben sich aber so verrannt, dass sie bis zum letzten durchhalten werden.

Aber eben – ich werde eben hier dauernd unterbrochen kommt ein Telegramm, dass doch noch keine Inder da sind und die auch nicht kommen wollen, und dass schon überall Meutereien sind, aber die Englaender gehen auf einem ganz schmalen Pfad.

Adio! ich habe doch Sehnsucht nach Dir. Übermorgen, Sonnabend früh gehts weg, nach Charleville Mézières (Geheim) per Autos. Das Gepäck und die Diener in einem Aboag (Orientexpress) und in einem „Käses Rundfahrten durch Berlin" Wagen. Eine sehr schöne Expedition.

Behalt mich ein wenig lieb. Dein K

Brief Nr. 34

[Luxemburg] Freitag, [25. September 1914]

Liebe Käthe

heute ist der letzte Tag hier, morgen mittag geht es weg. Die Sache mit Miff [?] ist nicht richtig. Dein mächtiger Onkel Theo hatte einen anderen Protegé (nämlich Borchardt Cairo,[78] vertraulich) sind ihm aber von hier aus in die Parade gefahren. Möglich dass er vorher MJF[79] gefragt hatte. 5

Wir sind heute vergnügter, der U Boote wegen und ihrem Einfluss in England. Ich glaube, es wird alles gehen, es wird nur schrecklich lange dauern. Jetzt geht bald wieder die innere Politik los, gegen den Winter, vielleicht muss ich da einmal nach Berlin. Es muss alles von Grund auf anders aufgezogen werden in Zukunft.[80] Das giebt einen furchtbaren Brei. Denke nur, den Skandal den die Leute machen, wenn es demnächst ungetaufte Reserveoffiziere geben wird. Auch der Kaiser hat ganz wild liberale Anwandlungen. Das neue Deutschland wird wenn es gut geht, sehr komisch werden. 10

Kannst Du nicht dem Tropf eine etwas grobe Antwort geben, es ist doch unerhört dass er die günstige Gelegenheit die ihm wieder Verdienst geben wird, ausnahmsweise einmal zu etwas nützlich zu sein, versäume und sich in völlige Stagnation versinken lasse. Die Zeit geht offenbar ganz an ihm vorbei. 15

Wir hoffen sehr es geht dieser Tage wieder vorwärts. Ich lese hier immer die Times, man wird ganz trübsinnig über das gegenseitige Geschimpfe. Es ist so ein schreckliches Niveau.

Ab morgen wird die Post wohl noch langsamer funktionieren als bisher. Traurig. Ich möchte wirklich wissen, wann endlich mein Sehnen aufhört und ich in Deinen Besitz gelangen soll. Ich fühle diese privaten Wünsche sachlichen politischen Wünschen vorgehen. Hast Du gelesen dass Paris nur noch 1.8 Millionen Einwohner hat, darunter doppelt soviel Frauen als Männer. Die Armen! Nämlich die Männer oder beide. Nachts solls ganz dunkel sein, und d'Annunzio[81] soll spazieren und notiert die Färbungen. Darüber ist er neulich als Spion verhaftet worden. 20 25

Ich möchte furchtbar gern wissen, wie es innerpolitisch dort aussieht, was übrigens auch des Friedens wegen wichtig wäre – und habe mich angeboten als Jesuit im Auto hinzufahren, wird aber nicht gestattet.

Lass es Dir gut gehen, ich wollte wir wären endlich zusammen, weiss Gott, wie lang das noch dauert. Adieu mein Liebling Dein K.

---

78 Vermutlich der Ägyptologe Ludwig Borchardt (1863-1938), bis 1914 Leiter der Ausgrabungen in Amarna.

79 Der Kunstexperte Max Jakob Friedländer.

80 Am 25. September 1914 notierte Riezler in sein Tagebuch: „Heute RK lange über den neuen Kurs der inneren Politik. Ganz ohne Vorurteile. Gegen den Kastengeist. Ich soll ein Exposé über die ganze Frage machen und brüte nun" (*Tagebücher* Nr. 560 mit Anm. 4).

81 Der italienische Dichter und Abenteurer Gabriele d'Annunzio (1863-1938).

Brief Nr. 35

Auswärtiges Amt [Briefkopf]

[Luxemburg] 27/9 [1914]

Meine liebe Käthe

Heute sollte es fortgehen, aber gestern abend hiess es auf einmal stoppen und wieder dableiben, anscheinend neue militärische Ereignisse, was natürlich übel aussah. Der Generalstab ist schon fort. Nur der Kaiser, die Hofleute und wir sind noch da. Der
5 Kaiser fährt nun heute nach Metz. Was eigentlich los ist, weiss ich nicht.[82] Ich glaube sie haben ganze Massen neuer Truppen angefahren, und unsre sind noch nicht alle da, kommen aber in den nächsten Tagen. Allzu schlimm kann es also nicht sein. Aber man muss doch eigentlich auch für die Möglichkeit dass die Sache schief geht, innerlich gewappnet sein. Das ist gar nicht so leicht – ein tüchtiges Volk als solches findet sich ja
10 immer wieder zurecht, es hat ja Zeit – aber dann kommt zuhause eine Zeit der Krisen, die politisch natürlich noch mehr accapariert und noch tiefer in das persönliche Leben eingreift. Gestern war Sven Hedin[83] zum Essen da – er kam von der Front, wohin wir ihn zu Propagandareden geschickt hatten, er erzählte schrecklich pathetisch aber ganz interessant über die rührende Einfachheit der Soldaten – das erste übrigens, was die
15 Kerle thun wenn sie gestürmt haben, ist in die Tornister der Franzosen nach Cigaretten suchen.[84]

82 Ein Brief des Kaisersohnes Prinz Eitel Fritz (Friedrich) (1883-1942) hatte von einer Fliegerbombe erzählt, die dicht beim 1. Garde-Regiment zu Fuß abgeworfen worden war. Daraufhin entschied der Generalstab, die für den 26. September geplante Abfahrt des Kaisers nach Charleville zu verschieben. Die Übersiedlung des Kaisers und seines Hofes fand am 28. September statt. Müller, Tagebucheintragungen vom 25.-28. September 1914, Görlitz, *Regierte der Kaiser?*, 61f.

83 Sven Hedin (1865-1952), schwedischer Topograph und Entdeckungsreisender, Verehrer Kaiser Wilhelms II. und später Hitlers, obwohl er zunehmend gegen die Judenverfolgung Stellung nahm. Vor und im Ersten Weltkrieg war Hedin in Schweden politisch einflussreich, konnte aber doch nicht Schwedens Eintritt in den Krieg auf Seiten der Mittelmächte erreichen. König Gustav V. hatte am 6. Februar 1914 eine von Hedin verfasste Rede zugunsten erhöhter Rüstung und Zusammengehens mit dem kaiserlichen Deutschland verlesen. Dies führte zu einer Verfassungskrise, weil der Ministerpräsident Karl Staaff die Rede nicht hatte gegenlesen können und deshalb zurücktrat.

84 Der Rest des Briefes fehlt.

Brief Nr. 36

[Luxemburg] Montag, [28. September 1914]

Meine liebe Käthe

Endlich gehts fort, ich sitze schon gerüstet. Es scheint also doch ungefährlich zu stehen. Was Deine Quelle von Krupp mit brachte, ist Gerede, bis auf die Sache mit der ersten Armee. Von [unleserlich] Einflüssen ist keine Rede. Die damit gemeinte Person hält sich ganz zurück und redet nicht dazwischen. Anscheinend hat man die gegen die Russen herausgezogenen Truppen von der falschen Stelle weggenommen, das muss der Generalstab allein ausbaden.

Mit der Charakterisierung Deiner Cousine Grete wirst Du wohl recht haben, das mit der sexuellen Erklärung aller Dinge ist eine schlimme Sitte und obendrein dumme Unsitte. Wie sollte ich darüber geschockt sein dass Du das aussprichst, unter vier Augen und zwei intimen Menschen bedarf es doch keiner solchen Hemmungen. Ich habe doch davon eine ganze Menge, aber eigentlich nur wenn mehr als zwei Menschen beteiligt sind. Es ist ja etwas traurig für mich, dass Dir das Heiraten ein doch eigentlich unangenehmer Ausweg ist, finde das aber ganz verständlich. Ich denke Du empfindest es als eine etwas unheimliche Sache, ist es auch.

Über meinen Wälzerspleen darfst Du ruhig ulken. Es liegt eine so eigentümliche Verkettung darin, dass ich eigentlich in die Politik geraten bin, weil ich damals begriff, dass es für besagten Wälzer zu früh ist, ich aber mich für ihn verderben würde, wenn ich aus ihm verwandten Dingen Geld verdienen wollte – heute aber liegt es so, dass meine politische Stärke (innerlich) auf der Liebe zu diesem Wälzer beruht, die mich persönlich von der Politik detachiert – und dies Detachement, was bei den Leuten die alle um die Macht buhlen, sehr selten ist, ist ein grosser Vorteil, wird sehr gewertet – denn schliesslich hört man mit weniger Misstrauen auf die Menschen, die sich nicht danach drängen gehört zu werden. Und die Objektivität ist in einer solchen von Misstrauen durchsetzten Atmosphäre doch alles.[85] Theo [Lewald] z. B. ist viel zu interessiert.

Hier wird eben laute Freude geäussert, über eine Zeitungsnachricht, dass in Tapiau[86] ein grosser Lovis Corinth verbrannt ist – der Staatssekretär[87] liest sie vor, wahrscheinlich kennt er keinen, sondern wittert in Lovis Levi. Es ist furchtbar komisch.[88]

Ich sitze am Fenster, draussen sammelt sich das Luxemburger Volk dicht gedrängt auf der Strasse, um uns abfahren zu sehen – wir sind die letzten und fürchten, sie werfen uns

---

85 Im Tagebuch heißt es unterm 25. September 1914: „Mein persönliches Schicksal doch furchtbar merkwürdig. Ich bin infolge der Philosophie doch entsetzlich blasiert in politischer Beziehung – eigentlich immer noch so träumerisch uninteressiert. [...] So gut das mit dem RK geht, so stoss ich mich doch immer an der kahlen Denkweise der anderen“ (*Tagebücher* Nr. 560).

86 Tapiau in Ostpreußen war die Heimat von Lovis Corinth (1858-1925).

87 Gottlieb von Jagow.

88 Ironischerweise malte der patriotisch gesinnte Lovis Corinth, der alle Feldherren portraitieren wollte, am 13. Feb. 1917 den Grossadmiral Tirpitz mit Gabelbart in seiner Uniform.

faule Eier nach. Adieu mon beau chat retiens les griffes de ta patte.[89] Ich habe zwar keinen Baudelaire mit, wie Du vermutest, aber die betreffende Stelle ist mir geläufig, und die andere, in der von einem dos électrique die Rede ist.[90] Adieu mein Liebling Dein K.

89 Zitat aus dem Gedicht Le Chat aus Baudelaires Les Fleurs du mal (1857).

90 In dem Gedicht Le Chat ist von einem „dos élastique“ und einem „corps électrique“ die Rede.

Brief Nr. 37

[Charleville] 29/9 [1914]

Meine liebe Käthe

Nur ein paar Zeilen in Eile. Wir sind seit gestern abend hier, nach einer schönen aber kalten Autofahrt über Sedans Notbrücken, Etappenlager, zerschossene Dörfer.

Hier ists sehr komisch, eine kleine Provinzstadt, Haus des reichsten Mannes Rentier. Mein Zimmer das Boudoir der Tochter. Alles in Eile verlassen und ungeordnet, Gebetbücher aber in den Ladeschuben [Schubladen] Cigaretten und zwischen einem Wust seidener Strümpfe weltliche Versbücher. Alles in hellblau. Ich sitze in dem Salon, der nach den Conversationen aussieht, die zwischen den zu diesem Städte[leben] gehörigen Damen gepflogen werden mussten.[91]

Ich habe indes ganz gut geschlafen in dem geschilderten Zimmer. Wir waren wieder alle zusammen. Militärisch nichts neues. Es wird sich noch hinziehen. Im Osten (Galizien) geht es wieder vorwärts.

Heute kam noch nichts von Dir. Die Post ist ziemlich gut, geht im Auto nach Luxemburg.

Adieu mein Liebling vergiss mich nicht

Dein K.

91 In Charleville-Mézières bezog der Kaiser die Villa eines Industriellen gegenüber dem Bahnhof. Die Chefs des Marine- und des Zivilkabinetts, Müller und Valentini, wohnten in einem kleineren Haus in derselben Straße. Auch sie fanden die Räume fluchtartig verlassen vor. „Alle Schränke mit Wäsche, Vorräten usw. standen offen und in ihnen wieder zahlreiche entleerte Schmuckkästchen." Müller, Tagebucheintrag vom 28. September 1914, Görlitz, *Regierte der Kaiser?*, 62.

Brief Nr. 38

[Charleville] o. D. [30. September 1914]

Meine liebe Käthe

Heute ist es wieder etwas mulmiger aber es wird schon gehen, freilich lange dauern. Im Osten bauen die Russen in Galizien weiter ab. Die Rumaenen werden wir wohl bei der Stange halten. Dieser Krieg ist eine wirklich scheussliche Sache, von hier aus zu sehen, wo man doch manchen zweifelnden Blick hinter die Güte der Führung thun muss. Dies aber unter uns. Dies ist auch der einzige Grund des Zweifels an dem schliesslichen Erfolg. Die Soldaten sind grossartig (plündern tun sie zwar auch).

Ich finde es noch nicht so schlimm mit der Lyrik, die Du so verabscheust. Ausserdem finde ich gar nicht, dass das, was Du schon Lyrik nennst, Dir absolut nicht liegen sollte. Ich bin ganz froh um das Stückchen. Ich wollt, es wäre alles aus und ich könnte dieses Stückchen pflegen.

Ich habe gewiss Anlage die Grossartigkeit dieses Krieges, der Anstrengung, überhaupt der Zeit zu empfinden. Man muss aber noch überdies hart genug sein, um die enorme Macht des Zufalls und die Sinnlosigkeit des Geschehens zu ertragen, wenn man in der Notwendigkeit ist, hinter die Einzelheiten der Vorgeschichte zu gucken. Man muss eben schliesslich sein Schicksal lieben, so wie es kommt.

Du siehst, ich bin sehr trübe. Das kommt von dem Hiersitzen und nicht viel thun können.

Lebwohl mein Liebling, werde mir nicht gram bis ich wiederkomme. Herzlichst Dein K.

Brief Nr. 39

[Charleville] 1/10/14

Meine liebe Käthe

Heute bekam ich zwei Briefe. Besten Dank. Gestern schrieb ich Dir in so schlechter Stimmung, Du musst immer etwas abziehen, denn da ich so ganz gerade hinschreibe und man hier, schon um auf die Menschen zu wirken, immer optimistisch etc äussern und alle Zweifel unterdrücken muss, kommt der Brief an Dich immer gerade in dem Schatten der Reaktion dagegen. Heute ist es natürlich wieder besser, ich war gerade im Auto in Sedan, auf den historischen Hügeln, wo jetzt wieder gekämpft wurde und noch Waffen etc herumliegen und Franzosengräber mit roten Keppies als Schmuck. Ein wundervoller Herbsttag, ringsherum die Ardennenwälder, es war sehr schön. Ich habe plötzlich sehr viel zu thun, schreibe daher immer in grosser Eile.

Kesten[92] thut mir leid. Er ist gescheit und weiss viel und wirklich angenehm, ich habe ihn immer als Wissensquelle ausgenutzt. Mein Regiment ist das 2. Inf. Regt. München, mein Kommandeur Prinz Franz[93] ist eben verwundet worden. Ich bin sehr traurig, dass ich nicht bei den Leuten bin, sie sind sehr nett.

Politisch gehts wieder besser, Rumaenien, Indien etc. Ich habe einen sehr dämlichen Brief von dem Pascha[94] bekommen, der nichts weiter atmet als Neid auf die deutsche Bank und Helfferich,[95] weil der mehr um Rat gefragt wird als der Pascha. Das ist des Paschas Hauptsorge. Ich warte schon immer auf eine ganz gute Nachricht, auf die hin ich Dich dann antelefonieren kann. Wenn wir jetzt nach beiden Seiten siegen, im Westen so halb und im Osten entscheidend, dann *kann* es sein, dass die Friedenspräliminarien beginnen.[96] Adieu, mein Lieb. Ich fass mich in Geduld und freue mich auf den Frieden K.

Lies doch Dostojewski – das ist doch wunderbar und auch so spannend, wie ein Detectivroman.[97]

---

92 Riezlers Freund Erich Kesten wurde am 24. September in Lihons, 32 Kilometer vor Amiens, verwundet und starb kurz darauf an seinen Verletzungen.

93 Franz Prinz von Bayern (1875-1957), zu Kriegsbeginn Kommandeur des 2. bayerischen Infanterie-Regiments, verwundet bei Vermandovillers.

94 Enver Pascha (1881-1922), türkischer Offizier und Politiker, Führer der jungtürkischen Bewegung, 1914-1918 osmanischer Kriegsminister.

95 Karl Helfferich (1872-1924), seit 1904 in der Kolonialabteilung des Auswärtigen Amtes, seit 1906 Direktor der Bagdadbahn in Konstantinopel, seit 1908-1915 Direktionsmitglied der Deutschen Bank, seit 1915 Staatssekretär des Reichsschatzamts, 1916-1917 Vizekanzler und Staatssekretär des Reichsamtes des Innern, Juli/August 1918 Gesandter in Moskau.

96 Vgl. Tagebucheintrag vom 1. Oktober 1914 (*Tagebücher* Nr. 562).

97 In seinen beiden Büchern *Die Erforderlichkeit des Unmöglichen* und *Grundzüge der Weltpolitik* beruft sich Riezler auf Dostojewski und zitiert in beiden aus den „Dämonen", wo einem Panslawisten in den Mund gelegt ist: „Vernunft und Wissen haben im Leben der Völker stets nur eine zweitrangige [...] Rolle gespielt – das wird ewig so bleiben. Von einer ganz anderen Kraft werden die Völker gestaltet. [...] Es ist die Kraft einer ungeheuren Bejahung des Lebens und zugleich einer ungeheuren Verneinung des Todes. [...] Ich sage einfach: es ist der Trieb zu Gott. Das ewige Ziel der ganzen Bewegung eines Volkes [...] liegt immer und einzig in seinem Suchen Gottes [...] nach seinem Gott, unbedingt nach seinem eigenen Gott" (*Grundzüge*, Stuttgart 1915, 5. Tausend, 9f.).

Brief Nr. 40

Auswärtiges Amt [Briefkopf]

[Charleville] 2/10 [1914]

Meine liebe Käthe

Heute ist gar nichts los. Es wird immer mehr ein Festungskrieg. Die Linie reicht schon bald bis ans Meer. Vielleicht bleibt die Sache im Westen so stehen. Dann müssen wir eben stehen bleiben, bis die Franzosen kriegsmüde sind und inzwischen Krieg gegen
5 England und Russland führen. Das ist nicht so ungünstig als es aussieht denn wir haben immerhin Belgien und ein Stück Frankreich als Verhandlungsbasis. In Galizien gehen die Russen zurück.

Weiss der Teuffel, wenn das so kommt, wie lange man den Kaiser hier lassen wird. Wir können doch nicht hier überwintern. Wir hoffen zwar alle noch dass es schliesslich
10 vorwärts geht, aber wer weiss?

Es ist alles so seltsam. Ich wollte Du wärst da. Du kommst mir so sehr weitweg vor, als wärst Du in einer ganz anderen Welt – trotzdem ich Deine Photos in meinem Mädchenzimmer aufgebaut habe. Verzeih das Gejammer.

Kannst Du mir nicht das als gut bezeichnete Kriegsgedicht von R A Schröder schi-
15 cken, der Kanzler bat mich darum?[98]

Vergiss mich nicht. Es muss ein Dreh gefunden werden für baldigen Frieden, damit ich Dir endlich habhaft werde. Gerade Theo[99] an Stelle Kraetkes,[100] das kann ich, glaube ich nicht befürworten, wird auch nichts.

Adio herzlichst Dein Kurt.
20 Verzeih das Gejammer

Einen der vielen Cassiber scheinen die Franzosen ja erwidert zu haben. Das mit den Juden in Polen und Galizien *kann* stimmen, ist auch bei den dortigen Verhältnissen ganz begreiflich.[101]

98 Die Kriegsgedichte Rudolf Alexander Schröders sind 1914 im Insel-Verlag unter dem Titel „Heiliges Vaterland" erschienen. Siehe unten Brief Nr. 46.

99 Theodor Lewald

100 Reinhold Krätke (1845-1934), 1901-1917 Staatssekretär des Reichspostamts.

101 Vgl. Brief Nr. 79 vom 25. Nov. 1914 über die Zustände in Lodz, besonders die Leiden der jüdischen Bevölkerung.

Brief Nr. 41

[Charleville] o. D. [Anfang Oktober 1914]

Meine liebe Käthe

Es ist alles noch unklar im Osten und heute sieht es so aus, als wärs gar nicht so schlimm – ich schreibe Dir immer auf den ersten Aspect der Sache hin ohne mir Zügel anzulegen – Du musst also meistens etwas abziehen. Man ist hier so à la merci der Ereignisse. Von nach Berlin kommen ist wieder nicht die Rede.

Es geht alles furchtbar langsam im Westen und hier in diesem friedlichen Landstädtchen ist die Sache schon zum Auswachsen. Aber vorne in den Schützengräben, mit etwas obligatem Kugelwechsel ist es auch nicht besser.

Das schlimmste wäre, wenn die Sache nicht mit einem leidlichen Ergebnis für uns endet und wir dann wie vor 120 Jahren in eine Periode sich wiederholender Weltkriege mit wechselnden Konstellationen treten. Politisch ist es nicht das unwahrscheinlichste. Europa ist immer so eine Art Balkan gewesen. Wir haben das nur in den letzten Jahrzehnten des Friedens vergessen und geglaubt, der Frieden sei das gewöhnliche. Ist aber eigentlich geschichtlich umgekehrt. Nette Aspekte, wirst Du sagen. Weiss der Teuffel, was wir in künftigen Weltkriegen, wenn wir beide auch aus diesem leidlich entrinnen, noch für politische und militärische Schicksale haben werden. Die internationale Gesittung wird auch immer geringer. Man muss sich wirklich auf ein ganz anderes Leben einrichten.

Dass Tramm[102] auch annektieren will ist ja erstaunlich. Vielleicht erledigt sich die Sache von selbst.

Mein intimer Feind[103] sitzt hier ganz traurig – er hat schrecklich Zahnweh. Ich habe beinahe Mitleid.

Was Du über das Ehepaar Hauptmann[104] schreibst ist glaube ich, ganz genau richtig. Ich hatte denselben Eindruck, als ich beide einmal bei Euch sah.

---

102 Heinrich Tramm (1854-1932) war Stadtdirektor in Hannover von 1891 bis 1918 und von 1886 bis 1891 Mitglied der Nationalliberalen Partei im Preußischen Abgeordnetenhaus. Er war in zweiter Ehe mit einer Sängerin jüdischer Herkunft verheiratet, was einen Skandal hervorrief. Er wurde ein engagierter Kunstsammler unter dem Einfluss von Max Liebermann, der Portraits von ihm und seiner Frau Olga malte. Er kaufte moderne Kunst für die Stadt Hannover und setzte 1913 gegen erheblichen Widerstand durch, dass ein Monumentalgemälde von Ferdinand Hodler, „Einmütigkeit“, für das Neue Rathaus erworben wurde. Der jüngere Sohn des Ehepaares, Oskar, geb. 1902, wurde 1943 in Berlin-Plötzensee wegen Defätismus hingerichtet.

103 Gemeint ist Staatssekretär Gottlieb von Jagow.

104 Gerhart Hauptmann (1862-1946) war seit 1904 in zweiter Ehe verheiratet mit Margarete Marschalk (1875-1957). Käthe Liebermann mag nur über das Eheverhältnis geschrieben haben, aber Hauptmann gehörte auch zu den vielen, die den Krieg enthusiastisch begrüßten. Theodor Wolff warnte ihn früh, sich eines besseren zu besinnen, als dieser einen Brief „an die Italiener“ schrieb: „Ich hatte ihn, da er mir das Manuskript zur Veröffentlichung schickte, brieflich darauf aufmerksam gemacht, dass mir einige Stellen, in denen er den preußischen ‚Militarismus‘ für nicht existent, oder für segensreich erklärte, im Hinblick auf eine spätere Zukunft recht bedenk-

Mein armes schwarzes Mädchen, hab mich lieb und behalt mich zunächst mal bis Frühjahr im Gedächtnis, solange wird es sicher dauern.

Ich habe Sehnsucht Dein K.

lich erschienen. Bei seinem Besuch giebt er das zu, ist aber im übrigen ganz zum Welteroberer geworden, möchte Belgien u. die halbe Welt dazu verschlingen und vor allem England niederringen" (8. Okt. 1914, *Tagebücher*, 103f.).

Brief Nr. 42

[Charleville] Sonntag [4. Oktober 1914]

Meine liebe Käthe

Ich habe gerade eine kleine Autofahrt zu einem von uns zusammengeschossenen Fort gemacht, so etwas sieht phantastisch aus, diese Geschütze schlagen alles durch. Die Gegend ist eigentlich sehr schön, milde und parkartig. Antwerpen wird nun bald fallen. Morgen werden, glaube ich, die ersten Granaten in die Stadt sausen (da wird wieder ein grosses Kunstgeschrei losgehen). 5

Im Westen gehts ganz langsam. Portugal wird uns demnächst den Krieg erklären, wenn nicht müssen wir ihn erklären, da wir es der Kolonien wegen nur auf Seite der Gegner brauchen können. Eine phantastische Welt. Jetzt sollen die Hindous in Belfort sein. 10

Meinst Du nicht, wir sollten die Beschnupperung etc auf das unumgänglichste beschränken? Komische Sorge inmitten all der troubles! Ich bin überhaupt gegen grosse Fêten. Das beste wäre, wenn der Zufall sowenig wie möglich Zeit dafür liesse.

Übermorgen kommt Delbrück[105] mit Wahnschaffe[106] hierher, das nimmt mir die Aussicht baldigst nach Berlin zu fahren. 15

Fräulein Amenophis haben wir zusammen besichtigt, ich glaube so war es, war jedenfalls wundervoll.[107] Dir ist es natürlich entfallen. Natürlich habe ich damals mehr Dich mehr angeguckt als die Dirne Amenophis.

Adio ich muss weg, hab mich ein wenig lieb

K 20

105 Clemens (seit 1916 von) Delbrück (1856-1921), 1909-1916 Staatssekretär des Reichsamts des Inneren und Stellvertreter des Reichskanzlers; 1918 Chef des Zivilkabinetts.

106 Arnold Wahnschaffe (1865-1941), 1909-17 Chef der Reichskanzlei.

107 Bei der gemeinsamen Besichtigung handelte es sich wahrscheinlich um die 1912 von Ludwig Borchardt in Amarna entdeckte Büste der Nofretete, der Hauptfrau von Pharao Amenophis IV. (Echnaton). Sie wurde 1913 zunächst in der Tiergarten-Villa des Mäzens James Simon, der die Grabungen finanziert hatte, privat ausgestellt und u. a. mehrmals vom Kaiser besichtigt. Sie wurde erst 1924 im Rahmen der Ausstellung Tell el-Amarna im Ägyptischen Museum der Öffentlichkeit zugänglich gemacht.

Brief Nr. 43

[Charleville] o. D. [7. Oktober 1914][108]

Meine liebe Käthe

Heute früh kamen Delbrück und Wahnschaffe an, und brachten einen Karton von Theo für mich mit den Kriegsflugblättern Deines Vaters,[109] und einem entsprechenden Brief und Schilderung des Ultra-Nationalismus Deines Vaters. Die Zeichnungen sind wirklich fein und haben enormen Schmiss, ich war sehr erfreut. Was sagst Du übrigens zu der fein durchdachten Aufmerksamkeit von Lewald. Wusstest Du davon?

Davidsohn[110] ist sehr komisch. Das mit Corsica ist eine ausgesprochene Schnapsidee, die seinem eigenen Hirn entsprang. Er äusserte sie schon vor vier Wochen. Ist ausserdem politisch ganz dumm, weil er den Italienern nur Angst vor unserer Rache macht, was sie höchstens veranlassen kann, noch rechtzeitig gegen uns einzugreifen.

Militärisch ist alles beim alten. Antwerpen wird wohl fallen.[111] Ändert militärisch nicht sehr viel. Im Osten müssen wir zurück und eine zeitlang wird Frau Feist[112] wieder

108 Datierung nach dem Tagebuch Riezlers vom 7. Oktober 1914 (*Tagebücher* Nr. 565).

109 Liebermanns Lithographie auf dem Titelblatt der ersten Nummer von Paul Cassirers *Kriegszeit. Künstlerflugblätter* zeigt den Moment, als Wilhelm II vor den Menschenmassen vom Balkon seines Schlosses den Ausspruch tat: "Ich kenne keine Partei(en) mehr, ich kenne nur noch Deutsche" (handschriftlich von Liebermann). Die Lithographie auf dem Titelblatt von Nr. 2 mit dem galoppierenden Reiter ist hier reproduziert

110 Robert Davidsohn (1853-1937), zuerst Inhaber des renommierten Berliner Börsen-Courier, war ein in Florenz lebender Privatgelehrter, der durch seine bedeutenden Studien der Stadt im Mittelalter und in der Renaissance bekannt wurde. Am Beginn des Ersten Weltkrieges versuchte er zwischen Deutschland und Italien zu vermitteln. Riezler, der eine Abtretung Corsicas an Italien als eine "Schnapsidee" abtat, war über Davidsohns Bemühungen im Herbst 1914 informiert, in Zusammenarbeit mit Jagow und dem AA durch Gründung einer deutschfreundlichen Publikation und Beeinflussung katholischer Zeitungen Italien vom Kriegseintritt gegen Deutschland abzuhalten. Davidsohn hatte auch Kontakt mit Fürst Bülow nach dessen Ernennung zum Sonderbotschafter in Rom. Mit seinem engen Freund Aby Warburg fürchtete Davidsohn besonders die Gefährdung des Deutschen kunstgeschichtlichen Instituts in Florenz, das dann auch für sieben Jahre mit seiner großen Bibliothek konfisziert wurde. Davidsohn verbrachte die Kriegsjahre in München. Siehe Wiebke Fastenrath Vinattieri, "Robert Davidsohn: la sua amicizia con la scrittrice Isolde Kurz," in dieselbe und Martina Ingendaay Rodio, Hg., *Robert Davidsohn (1853-1937). Uno spirito libero tra cronaca e storia*, Bd. 1, Milano 2003, 54-59. Zusammen mit Wolfram Knäbich arbeitet Wiebke Fastenrath Vinattieri gegenwärtig an einer Edition des sich in der Bayerischen Staatsbibliothek befindlichen Kriegsjournals Davidsohns, "Erinnerungen der Kriegszeit". Eine Edition seiner in Amerika sichergestellten Autobiographie, "Menschen, die ich kannte. Erinnerungen eines Achtzigjährigen" ist ebenfalls in Vorbereitung.

111 Antwerpen wurde am 9. Oktober 1914 eingenommen.

112 Toni Feist, die Frau von Sigmund Feist (1865-1943), historischer Linguist und Direktor des Reichenheimschen Waisenhauses der jüdischen Gemeinde zu Berlin von 1906 bis 1935. Das Ehepaar emigrierte 1939 nach Dänemark; Sigmund starb 1943 in Kopenhagen, Toni emigrierte danach erst nach Schweden, dann nach England. Siehe *Feldpostbriefe jüdischer Soldaten 1914-1918:*

daran denken müssen, ihr Porcellan vor den Russen zu vergraben. Es ist immer noch ungeheure Spannung. Aber eines Tages wird sie nach der einen oder der anderen Seite brechen.

Lewald schrieb noch, ich soll den Historiographen des Hauptquartiers machen und nicht an die Front gehen. Die Sache mit Kesten,[113] die ich erkunden soll, ist recht aussichtslos. Er ist bestenfalls gefangen. 5

Adieu mein Lieb, harre aus und vergiss mich nicht. Es kommen noch bessere Zeiten.

Wenn es Dir in den Kram passt, sage Deinem Vater, das Hauptquartier bewundere seine Flugblätter (exclusive S.M., dem ich sie vorenthalte). Oder soll ich sie jemand geben, der den Kaiser damit ärgert? Adio, chat noir, hab mich ein wenig lieb. Dein K. 10

Briefe ehemaliger Zöglinge an Sigmund Feist, Hg. Militärgeschichtliches Forschungsamt Potsdam 2002.

113 Erich Kesten war in der Tat an der Westfront gefallen. Siehe oben Brief Nr. 39.

Abb. 9 Liebermann eigenhändig: "Jetzt wollen wir sie dreschen! (Der Kaiser)".

Brief Nr. 44

[Charleville] o. D. [ca. 8. Oktober 1914]

Meine liebe Käthe,

Was Du über Hodler[114] schreibst, ist sehr richtig. Er wäre wirklich nichts ohne uns. Es ist so seltsam dass die deutsche Kultur so wenig ansteckend und ihr bestes so unzugänglich ist.

Im Osten wird gekämpft, im Westen geht es langsam. Ich bin jetzt dafür, dass wir uns sur le dos de la Belgique mit Frankreich verständigen und diesem ein Stück Belgien geben gegen sein lothr[inger] Erzgebiet und Kolonien etc und wir ihre Küste zum Kampf gegen England besetzt halten. Aber es wird kaum möglich sein gegen die französische Verblendung.[115]

Es ist alles so phantastisch seltsam. Man kann sich tagelang den Kopf zerbrechen.

Es ist doch sehr wenig Aussicht dass wir im Februar in den Schnee gehen können, zusammen – was ich sehr gerne thäte. Vielleicht sitzen wir dann noch hier. Adieu mein Lieb, verlier mich nicht ganz aus dem Sinn ich wollte wirklich, Du wärest die bewusste schwarze Katze und ich könnte Dich hier haben. Adio Dein K.

---

114 Ferdinand Hodler (1853-1918), schweizer Maler. Wegen seines Protests vom 27. September 1914 gegen den Beschuss der Kathedrale von Reims wurde er aus fast allen deutschen Künstlervereinigungen ausgeschlossen.

115 Angesichts der „Gewalt des Hasses" der Franzosen auf die deutschen Angreifer hielt Riezler am 11. Oktober 1914 jede Verständigung mit Frankreich für ausgeschlossen. Vernünftig wäre ein Arrangement mit Frankreich auf Kosten Belgiens gewesen, räumte er ein, wonach das halbe Belgien an Frankreich, das Erzgebiet von Longwy-Briey und die französischen Kolonien an Deutschland verteilt sowie der gemeinsame Kampf gegen England geführt worden wäre. So aber sei das französische Volk nicht anders als wirtschaftlich zu „vernichten". Tagebucheintragungen vom 6. und 11. Oktober 1914 (*Tagebücher* Nr. 564 und Nr. 568).

Brief Nr. 45

[Charleville] 9/10 [1914]

Liebe Käthe

Ich komme eben von einer Autofahrt mit dem Kanzler, Delbrück und Wahnschaffe in das Gelände hinter Reims, es war wundervoll das Herbstlaub und die Weidelandschaft, aber die Dörfer alle leer und ausgestorben, nur Kinder und Greise. Wir wurden hier
5 mit der Nachricht empfangen, dass Antwerpen gefallen ist, das ist doch ein Schritt vorwärts.[116]

Gestern kam nichts von Dir und heute ist der Courir ausgeblieben.

Delbrücks Besuch war sehr interessant innerpolitisch. Alle vernünftigen Menschen sind doch der Ansicht dass nach dem Krieg ganz liberal und ganz anders regiert wer-
10 den muss – aber die zähen, sehr tüchtigen aber ebenso bornierten Konservativen werden alle Hebel in Bewegung setzen, um den Kanzler zu stürzen, das merkt man jetzt schon – und wenn ihnen das gelingt, wird es ganz schlimm werden in Deutschland, weil die ganze grosse Bewegung mit einem Katzenjammer enden würde. Dann muss man in die Opposition gehen. Ich glaube, ich werde Deinen Onkel Theo um Berliner
15 Informationen über die einsetzenden Intrigen angehen.

Besitzt Du eigentlich einen Kodak, den Du nicht brauchst, ich bin zwar sehr gegen das Photographieren, aber von hier aus könnte ich Dir manchmal ganz nette Sachen schicken – wenn Du einen hast, würdest Du so gut sein, ihn einpacken und an das Ausw. Amt mit dem Vermerk nachsenden schicken, mit einigen Filmen? Wenn nicht,
20 lass ich mir sonst einen schicken.

Also ich habe Sehnsucht und so wenig Hoffnung auf baldige Rückkehr – vergiss mich nicht. Dein K.

Heute ist Harrach[117] hier, der Bildhauer, als solcher wohl schlecht aber der einzige Mensch, der bisher menschlich gut erzählt hat, von dem was er erlebte.

---

116 Zur Feier von Antwerpens Fall hielt der Kaiser eine Rede, in der er drohte, seine Diplomaten aufzuhängen, falls sie nicht dafür sorgten, die Stadt für immer für Deutschland zu erhalten (Tagebucheintrag vom 9. Oktober 1914, *Tagebücher* Nr. 566). Tirpitz erinnerte sich: „Der Kaiser sagte übrigens zu Bethmann und Jagow, dass sie, die Diplomatie, nicht wieder das verlieren sollte, was das deutsche Schwert erworben. Verlegenes Lächeln der beiden" (*Erinnerungen*, Leipzig 1920, 417).

117 Hans Albrecht Graf von Harrach (1873-1963), Maler und Bildhauer, Verwandter des Reichskanzlers von Bethmann Hollweg, kämpfte zunächst an der Front als Rittmeister der Reserve im Husaren-Regiment König Wilhelm, wurde 1915 Leiter der deutschen Pressezentrale beim Generalgouvernement in Belgien und ging später an die Front zurück.

Brief Nr. 46

[Charleville] 10/10 [1914]

Meine liebe Käthe

Besten Dank für die Gedichte, das Schrödersche ist doch recht gut das andere ist freilich besser, viel besser, weil weniger literarisch.

Es geht recht langsam vorwärts und die Hoffnung dass es im Winter zu Ende geht, ist ganz gering. Ich glaube die Sache wird in der Linie Amiens Metz in einem Positionskrieg zu stehen kommen, so dass niemand mehr vorwärts kommt. Dann müssen wir von der Küste aus in Unterseebooten, Minen, Zeppelinen und grossen Kanonen die von Calais nach Dover schiessen den Krieg gegen England führen und Russland besiegen. Wenn die anderen dann sehen, dass sie nicht vorwärts kommen, giebt es vielleicht im Frühjahr Frieden. Dessen Abschluss dauert ein halbes Jahr zum mindesten. Das ist also bis übers Jahr. Recht traurige Auspizien für uns, auch in diesem günstigen Fall. Ich hoffe immer, wir gehen im Winter nach Warschau, wenn wir dort gesiegt haben – oder ich kann mir dann eine Reise dorthin ausbedingen, zum Studium Polens.

Um den Klimbim kommen wir wohl nur herum, wenn wir während des Krieges heiraten. Es war wirklich grausam von Dir, nur unter dem Schutz des Weltkrieges ja zu sagen.

Falls ich in die bewusste a. d. Stimmung verfiele, würde ich mich zur Scheidung moralisch verpflichtet halten; übrigens, wieso verfällst Du darauf von einem Harem zu sprechen. Ich habe doch gar keine Ähnlichkeit mit Tropfen. Kurt Oppenheim[118] müsste am nächsten Baum aufgehängt werden.

Es ist so seltsam hier, man muss immer über die Lage und ihre dauernden politischen Möglichkeiten nachdenken, aber sowohl an Quantität und Qualität sind alle Fragen so überwältigend, dass man sich immerhin oft ganz in der Gewalt der Dinge fühlt.

Eigentlich glaube ich dass wenn wir siegen das für Deutschland innerlich der Anfang vom Ende ist. Sein bestes ist ganz unpolitisch. Es verträgt die Weltherrschaft nicht. Die Reichsgründung war, wie Nietzsche sagte, auch schon ein Niedergang.[119] Ich bin darin lächerlich altmodisch.

Der Massenidealismus und die ganze stille Zusammenarbeit ist ja überwältigend schön – ist viel[leicht] auch die Schönheit der Zukunft. Ich bin aber auch hier altmodisch und eigentlich mehr für die einzelnen.

---

118 Kurt Oppenheim (1886-1947), Chemiker, Sohn des Industriellen Franz Oppenheim, des Besitzers der Villa Wannsee. In der Nähe lag das Sommerhaus Max Liebermanns. Kurt übernahm die Leitung von Agfa von seinem Vater und saß später im Aufsichtsrat von IG Farben.

119 In seiner *Unzeitgemäßen Betrachtung. Erstes Stück: David Strauss der Bekenner und der Schriftsteller* hatte Nietzsche gemahnt, mit dem Sieg über Frankreich 1870 drohe „die Exstirpation des deutschen Geistes zugunsten des ‚deutschen Reiches'."

Verzeih die Vorlesung und hab mich trotzdem ein wenig lieb. Ich wollt, Du sässest mit mir an diesem Kamin, und ich könnte Deinen Kopf an meiner Schulter haben – das wäre viel besser als diese ewigen gespornten Männer. Adio herzlich Dein K.

Schade dass es nicht mehr ist wie im siebenjährigen Krieg. Da wurde nur im Sommer
5 Krieg geführt. Im Winter war alles zuhause.

Brief Nr. 47

[Charleville] 11/10/14

Meine liebe Käthe

Die arme Tine! Da wird sie wohl ganz am rechten Flügel sein bei den grossen Kavalleriekämpfen. Ich fahr nächstens mit dem Auto hin und werd ihr dann von Dir bestellen, Du wärst mit seinem Abschiedsrat ganz einverstanden.

Es sieht besser aus heute. Wir hoffen doch die Gesellschaft bricht langsam zusammen. Dann beginnen die fürchterlichsten und beinahe hoffnungslosen Kämpfe gegen die Annexionswut. Es giebt sicher einen grossen Krach, Krise, Sturz des Kanzlers und aller seiner Leute. Dampfwalzenpolitik

Willst Du mich wirklich heiraten? Wenn ich aufwache und daran denke, kommt es mir immer seltsam und eigentlich unwahrscheinlich vor. Aber die Welt ist überhaupt unwahrscheinlich und phantastisch.

Jetzt haben wir eigene Menage und beinahe jeden Abend Gäste. Nächstens kommen nur intime Feinde, die Seepferdchen (nämlich die Marine, die hier immer spazieren reitet). Das ist ganz amüsant (politisch).

Adieu böse schwarze Katze, Du hast Dir in Deinen Briefen alle Logik schon längst abgewöhnt. Viel liebes Dein K.

Ich habe wieder das Bedürfnis zu wälzern aber keine Zeit.

Brief Nr. 48

[Charleville] Montag [12. Oktober 1914]

Meine liebe Käthe

Besten Dank für Deine zwei Briefe, die heute kamen. Es geht wieder besser. Ein kleiner „Klammeraffe“ (das ist der terminus des Generalstabs für die Umklammerung) scheint zu gelingen. Es wäre zu schön. Wohin ist die Tine eigentlich gerückt? Lieb Vaterland, 5 magst ruhig sein, wenn er die Lanze schwingt. Warum hast Du ihm denn nicht auf seinen Abschiedsrat gerührt Erfüllung versprochen?

Es ist doch eigentlich tragisch: wir können Belgien nicht brauchen und müssen irgendwie die Hand darauf legen, denn sonst fällt es nach diesem Kriege ganz in Frankreichs Hände. Das ist doch eine Stärkung für die Franzosen, die wir doch nicht 10 zugeben können. Ähnlich ist es mit Polen. Das ist auch eine unlösbare Frage die akut wird und das schwierigste aller denkbaren politischen Probleme ist. Ein freies Polen wird ein fürchterlicher Staat. Das wird eine nette Geschichte geben, all diese Probleme auf einmal beim Friedensschluss.

Ich wünschte Du wärst hier. Es dauert alles so schrecklich lange. Vergiss mich nicht. 15 Herzlichst Dein K.

Ich habe übrigens mich zu einem Telegramm an Paul Herz aufgeschwungen – auf die erste Nachricht von seinem Tode hin.[120] Dein Vetter Marckwald hat einen Schuss durch die Lunge. Übrigens ist mir Lewalds Neffe lieber. Angenehm ist er ja nicht.

120 Möglicherweise Sohn des Fabrikanten Paul Herz und Enkel des Industriellen Wilhelm Herz (1823-1914), von 1902 bis 1913 erster Präsident der Berliner Handelskammer, der mit Cäcilie Marckwald verheiratet war, einer Cousine von Käthes Mutter; cf. Brief Nr. 77.

Brief Nr. 49

[Charleville] o. D. [13./14. Oktober 1914]

Mein liebes Mädchen

Wir haben nicht mehr viel Angst vor den Russen, ich glaube, sie müssen zurück weil sie in der Flanke bedrängt sind und werden im Zurückgehen noch gehörig gezaust. Munition haben sie auch keine mehr. Aber im Westen steht alles still.

Ich bin ein wenig spazieren gegangen, die Maas entlang und habe über allerlei unkriegerisches nachgedacht, ich möchte es wäre ein viertel Jahr weiter und man hätte etwas mehr von seiner geistigen Freiheit wieder. Man ist doch hier ganz benommen. Wenn das désastre der Russen, wie zu erwarten ist, noch grösser wird, so haben wir menschlicher Voraussicht nach den Krieg gewonnen. Friede kann kommen, wenn Russland abspringt. Aber niemand kann es noch sagen. Es liegt so eine Art Frühlingshoffnung in der Luft.

Die brave Tine ist wirklich rührend.

Sehr komisch ist hier, dass unsere Küche die beste in Charleville, eine Einladung hier, bei der allgemeinen Langeweile, daher das begehrteste hier am Ort ist. Nämlich für die Hofleute, die froh sind einmal über etwas anderes zu reden und ohne S.M. zu essen.[121]

Ich denke es wird gut sein, wenn Du möglichst frühzeitig es als ganz selbstverständlich hinstellst, dass man nach dem Krieg, in der Zeit allgemeiner Trauer, keine Feste feiern kann. Abgesehen davon, dass es uns passt, ist der Gedanke richtig. Wenns nur schon bald soweit wäre. Ich habe übrigens immer noch Angst vor Deinem Vater, obwohl er eigentlich furchtbar nett zu mir war. Aber der natürliche Gedanke an die immer etwas peinliche Rolle des mit Glücksgütern nicht gesegneten Schwiegersohns verlässt mich nie ganz.

Adieu mein Lieb, ich möchte Deinen weissen Hals küssen, kann aber nicht der Entfernung wegen. Dein K

---

121 Vgl. dazu die nachträgliche Bemerkung des Chefs des Marinekabinetts von Müller: "Diese Abende in der Kaiser-Villa waren einfach entsetzlich. Bald nach Aufhebung der Tafel begab sich die Gesellschaft, durchschnittlich 12 Personen, in den an das Eßzimmer angrenzenden Wintergarten. [...] Alles müde und abgespannt, der Kaiser meist jedes Unterhaltungsthema ablehnend. So schleppten sich die Stunden mühsam hin." Görlitz, *Regierte der Kaiser?*, 64.

Brief Nr. 50

Palace Hotel Bruxelles [Briefkopf]

Brüssel 14/10 [1914]

Meine liebe Käthe

Wir sind heute früh um 7 Uhr fortgefahren und waren um 11 Uhr hier – fahren morgen nach Antwerpen und übermorgen zurück.[122] Nachmittags waren wir in Löwen. Dort ist gar nicht viel zerstört, das gerettete Rathaus ist nichts wert, nur um die Bibliothek ist es
5 schade.[123] Die geretteten Dirk Bouts sind sehr schön – es that mir sehr gut einmal wieder etwas schönes zu sehen.[124]

Es ist seltsam hier, die Bevölkerung voll von Schmerz und Hass, obwohl ihr hier gar nichts geschehen ist. Dann die ganze Regierung beim Frühstück zusammen, nun davon wird Dir ja Theo [Lewald] erzählen, den ich aber nicht mehr traf.[125] Politisch
10 wird es sehr schwierig werden, es hat etwas tragisches, wir können das Volk nicht brauchen, können es aber nicht loslassen, weil es sonst mit seinem Hass ganz in die Hände Frankreichs fällt, müssen also einen Mittelweg gehen, der es scheinbar frei tatsächlich aber in unserer Gewalt lässt.

---

122 Vgl. dazu die Eintragung Riezlers im Tagebuch vom 19. Oktober 1914 (*Tagebücher* Nr. 570).

123 Die Bibliothek von Löwen wurde innerhalb von 25 Jahren zweimal von deutschen Truppen absichtlich zerstört. Riezler erwähnt nicht die Massenmorde, Massenvertreibung und Zerstörung des Stadtkerns. Nach den Bestimmungen des Versailler Vertrags mussten der Genter Altar der Brüder Jan und Hubert van Eyck und vier Flügelbilder des Löwener Altars von Dirk Bouts als Entschädigung für den Brand der Löwener Bibliothek 1920 von den Berliner Museen abgegeben werden. Im Zweiten Weltkrieg kam es wieder zu einer Umkehr der Requisitionen. Siehe Timo Saalmann, *Kunstpolitik der Berliner Museen 1919-1959*, Berlin, 2014; siehe auch Wolfgang Schivelbusch, *Die Bibliothek von Löwen*, München 1988.

124 Die Mitteltafel des Löwener Abendmahlsaltars von Dirk Bouts wurde von preußischen Soldaten aus der brennenden Peterskirche gerettet. Aber der sogenannte Kunstschutz wurde von Goldschmidts Konkurrenten Paul Clemen geleitet mit dem Ziel, viele Kunstwerke als Reparationen zurückzubehalten. Adolph Goldschmidt bemühte sich auf eigene Kosten nahe an der Front um die Rettung wichtiger Werke, inventarisierte aber auch die mittelalterlichen Handschriften der königlichen Bibliothek in Brüssel. Freundlicher Hinweis von Stefan Trinks (Adolph-Goldschmidt-Zentrum, Humboldt Universität Berlin); siehe seinen Vortrag "Über die Gräben. Adolph Goldschmidt und die europäische Kunstgeschichte," Ringvorlesung Kunsthistoriker im Ersten Weltkrieg, 27. Mai 2015.

125 Vom 12. bis 14. Oktober 1914 sind auch Tirpitz und Albert Hopman von Charleville aus nach Brüssel und Antwerpen gefahren. In Brüssel unterhielten sie sich mit dem Generalgouverneur Generalfeldmarschall Colmar von der Goltz und seinem zahlreichen Stab. Nach Gesprächen mit dem Legationssekretär Prinz Hermann von Hatzfeldt-Trachenberg und einem Obersten von Lanken notierte Hopman, beide Herren hielten „den ganzen Krieg ebenso wie ich für ein großes politisches Verbrechen, das zu vermeiden war." Hopman, Tagebucheintragung vom 12. Oktober 1914, *Das ereignisreiche Leben eines ‚Wilhelminers'*, Michael Epkenhans, Hg., München 2004, 462.

Charleville, 16/10

Verzeih, ich habe nicht weiter schreiben können und auch gestern nicht--wir waren in Antwerpen und hatten dann noch in Brüssel eine Menge zu thun. Es ist sehr eigenartig, die ganze Situation, das Land (das übrigens dem Verhungern nahe ist) muss doch regiert werden irgendwie – die Leute machen es natürlich mit den ordentlichsten Absichten aber ganz bürokratisch, während Unordnung und etwas Phantasie viel besser wären. Ich habe bei der Besprechung geraten, man soll sich schnell mit der Kirche verständigen, was nun auch geschehen soll.

Die schöne Kathedrale von Mechelen hat überall Granatlöcher, die Stadt in der gekämpft wurde, ist viel schöner als Löwen. In Antwerpen sind die Menschen ganz freundlich wie erlöst – das Bombardement war kurz, aber nervenerschütternd. Ich habe eine junge Frau gesehen, die hatte in einer Nacht weisse Haare gekriegt. Der Anblick des zerstörten Landes ist doch furchtbar.

Militärisch gehts gut – es wird wohl allmählich wieder besser.[126] Die Stimmung in England ist schlecht wegen Indien und Schwierigkeiten in Südafrika etc.

Mein Lieb, vielen Dank für Deine Briefe die ich hier vorfand und für den annocierten Kodak, er wird wohl kommen – es ist ja nur um einige Anhaltspunkte zu haben später, damit man sich an all das später erinnert, da man hier doch nicht dazukommt irgendetwas aufzuzeichnen.

Dein Freund Katzenstein ist wohl aus Frankfurt, daher ist nämlich einer hier ein schrecklicher Kerl, der die Automobile unter sich hat.[127] Paul Cass[irer][128] lief mir noch nicht zwischen die Finger. Das freiwillige Automobilcorps wird hier der „Krebsschaden" der Armee genannt. Man spricht infolgedessen von den einzelnen Mitgliedern als „mein Krebsschaden" oder als Krebsschaden Nr. 5. Ich weiss nicht welche Nummer Paul Cassirer hat.

Natürlich habe ich den Schröderschen Brief gelesen – um so komischer als der Mann „Seesturm" ist d. h. in einem Nordseebad sitzt. Der Brief mit dem „Ayliss" auf den er anspielt, war eine Antwort des Kanzlers.

126 Am 16. Oktober wurde Ostende von der deutschen Armee eingenommen, im Osten der Angriff der Russen auf Lyck (Ostpreußen) zurückgeschlagen.

127 Robert Katzenstein stammte aus einer reichen jüdischen Frankfurter Familie, wurde erfolgreicher Rennfahrer nach 1900 und Mitinhaber der Frankfurter Vertretung der Daimler-Motoren-Gesellschaft. Ab 1907 leitete er den kaiserlichen Marstall in Berlin, war also für den Fahrzeugpark verantwortlich, was ihm einen Zugang zur Führungsschicht des Reiches verschaffte und ihn für die DMG zu einer äußerst wichtigen Person werden ließ. Im Weltkrieg vertrat er die Interessen der DMG bei verschiedenen Projekten der Militärverwaltung in Belgien und der Ukraine. Siehe Birgit Buschmann, *Unternehmenspolitik in der Kriegswirtschaft und in der Inflation. Die Daimler-Motoren-Gesellschaft 1914-1923*, Stuttgart 1998, 182f. Zur Charakterisierung Katzensteins siehe Rathenau an seine Mutter, 15. Januar 1887, Walther Rathenau, *Briefe 1871-1913*, Düsseldorf 2006, 214.

128 Paul Cassirer wurde als „Depeschenreiter" mit Auto eingesetzt.

Ich lege ein Photo von unserer Haustür bei; der Haushalt ist furchtbar komisch. So ein arges Männerkloster. Besten Dank für das freundliche Anerbieten, mir Sachen zu schicken. Ich komme demnächst mit einigen Wünschen.

In einen der Antwerpener Forts habe ich einige Waffen gerollt.

5 Adieu mein Lieb – ich habe Sehnsucht und komme mir hier ziemlich vereinsamt vor.

Herzlichst Dein K

Brief Nr. 51

[Charleville] 17/10/14

Meine liebe Käthe

Was Du als lyrisch bezeichnest, klingt eigentlich etwas böse, ich weiss nicht mehr recht, was ich denn für eine Gewissensfrage gestellt habe, aber ich glaube Du hast den Spiess wieder etwas umgekehrt – was würdest Du denn sagen, wenn ich ihn wieder umkehren würde, es ist ein wenig komisch – aber ich glaube meine Frage war mehr ein Erstaunen 5
als eine Frage. Übrigens ist diese Controverse zwischen uns so eine Art edler Wettstreit.

Ich glaube schon dass meine Briefe so eine Art auf und ab von Stimmung sind, da ich sie so geradeaus schreibe, wirken sie immer etwas mulmiger oder froher als sie gemeint sind. Es ist so seltsam hier – die Situation ist so vielgestaltig und dabei so labil, dass sie gar nicht eindeutig abzuschätzen ist. Heute sieht es wieder im Osten, nämlich in Polen 10
etwas mulmig aus.

Heute war Dallwitz[129] da, der Statthalter von Elsass-Lothringen, ein feiner Kerl, harter zielbewusster Mann. Dein Onkel Theo hat einen der Söhne Theresens[130] in Brüssel beschäftigen wollen – das habe ich ihm versalzen. Die Kerle sind da nicht zu brauchen.

Wenn es in Polen nicht noch schiefgeht, hoffe ich auf Waffenstillstand im Frühjahr – 15
wenigstens auf dem Kontinent und 6 Monate Friedensverhandlungen. Vielleicht magst Du mich nachher noch leiden. Verzeih das Misstrauen, es ist aber gar keines – sondern nur ein heftiger Wunsch, dass es so sein möge.

Adieu Sphinx, schwarze, behalt mich ein wenig lieb, ich komm nächstens nach Berlin um nachzuschauen. Ich habe arge Sehnsucht K 20

Sei nicht böse, wenn ich dumme Briefe schreibe ringsum schwätzen alle und das Feuer in das ich starre, macht mich so verträumt.

Eigentlich erstaunlich, dass Du meine Lyrik aushälst.

---

129 Hans von Dallwitz (1855-1919), 1910-1914 preußischer Innenminister, 1914-1918 Statthalter von Elsaß-Lothringen.

130 Therese Rathenau (1818-1895), geb. Liebermann, Tante von Max Liebermann, Großmutter von Walther Rathenau und Mutter von Emil, Oscar und Albert Rathenau.

Brief Nr. 52

[Charleville] o. D. [Mitte Oktober 1914]

Meine liebe Käthe

Ich möchte Dich eigentlich gerne in der berühmten Küche hantieren sehen – steht Dir sicherlich sehr gut. Hier ist gar nichts neues. Eigentlich [ver]geht ein Tag wie der andere mit Warten zu thun ist auch nicht viel und wegen des engen Zusammenwohnens und 5 gemeinsamer Arbeitsstube ist es mit dem für sich arbeiten nicht weit her.

Ich bin wirklich neugierig auf den Moment, wo einer unserer Gegner den ersten Fühler wegen Frieden hier anbringt, es ist noch wenig wahrscheinlich, vielleicht wenn wir Dunkirk und Calais haben. Solange aber nicht einer ganz zusammengebrochen ist, giebt es gemeinsame Verhandlungen und das ist verhältnismässig ungünstig für uns, 10 wegen dem innerlich doch perfiden oesterreichischen Skelett an unserer Seite. Wegen meiner Fahrt nach Berlin noch nichts neues. Zunächst geht es aber noch nicht.

Die Franzosen sollen ganz verzweifelt kämpfen, aber wenn sie angreifen sollen sie immer betrunken sein, wird behauptet. Es wird aber soviel erzählt, was dann wieder nicht stimmt und aus alledem über die wirkliche Widerstandskraft zu urteilen ist sehr schwer. 15 Ich bin eigentlich furchtbar neugierig auf die Zukunft, was wird aus alledem Hexenkessel herauskommen? Hoffentlich neben anderem auch, dass ich bald in Ruhe bei Dir bin und nicht blos hier sitze und Sehnsucht habe.

Herzlichst Dein K

Brief Nr. 53

[Charleville] 19/10/14

Meine liebe Käthe

Besten Dank für zwei Briefe welche heute kamen ich freue mich sehr dass Du ein wenig Sehnsucht hast – ich habe nämlich auch welche und dieser Zustand ist doch leichter zu ertragen, wenn es auf Gegenseitigkeit beruht – vielen Dank für die Photo, ich freue mich sehr dass ich sie habe.

Es ist sehr nett von Dir, dass Du gegen die Annexion bist, aber nach Deinen Plänen mit Belgien und Nordfrankreich bliebe doch nichts mehr von Belgien über. Ich bin für eine Art Tributärstaat, der äusserlich freibleibt, militärisch aber und wirtschaftlich zur Verfügung steht.[131] Teilen geht nicht, da die Niederlande sicher nicht wollen, und Frankreich zu stark wird, wenn es diese von fruchtbaren und rohen Völkerschaften besiedelten Gebiete bekommt. Später vielleicht einmal, wenn sie ihren Hass je aufgegeben haben sollten. Frankreich müssen wir überhaupt wirtschaftlich und finanziell so schädigen, dass ihm aus oekonomischen Gründen die Lust der Kindererzeugung vergeht – roh, aber das einzige Mittel. Dieser Friede wird so schrecklich kompliciert, weil nach soviel Seiten und weil alles ineinandergreift und schliesslich das nächste Jahrhundert von der Genialität dieser Konception eines neuen Europa abhängt. Ich habe sehr viel damit zu thun – weil man früh anfangen muss, um diesen Wust überschauen zu können, und der Kanzler einen politischen Narren an mir gefressen hat. Das mit dem Tributärstaat darfst Du aber nicht sagen. Leider ist es noch nicht so weit, dass es losgehen kann.

131 Am 18. Oktober 1914 erteilte der Reichskanzler dem Unterstaatssekretär Arthur Zimmermann die Weisung, zusammen mit Clemens von Delbrück seinen Vorschlag zur „Lösung“ der belgischen Frage zu überprüfen. Diese Lösung sah in erster Linie „die Wiederherstellung Belgiens als eines Tributärstaates [vor], der der Form nach möglichst frei bleiben, faktisch aber uns sowohl in militärischer als auch in wirtschaftlicher Beziehung zur Verfügung stehen muss“. Fritz Fischer, *Griff nach der Weltmacht*, 119f. Bethmann Hollwegs Vorschlag ging eindeutig auf Riezler zurück, der in seinem Tagebuch am 11. Oktober das belgische Problem als „furchtbar“ und „beinahe unlösbar“ bezeichnet hatte (*Tagebücher* Nr. 568). Am 19. Oktober bekräftigte Riezler seine Überzeugung, dass Belgien „ganz mit Scheinbarkeit regiert werden“ müsse (*Tagebücher* Nr. 570). An diesem Tag kam es zwischen dem Reichskanzler und dem Staatssekretär des Reichs-Marine-Amts von Tirpitz zu einer ausführlichen Erörterung der künftigen Gestaltung Belgiens nach dem Krieg. Laut Hopman habe Bethmann betont, „an eine Annexion von ganz Belgien sei nicht zu denken. Antwerpen müßten wir aber behalten, das verlange die Nation. Die Armee wolle Lüttich. Es frage sich, ob wir ein Couloir nach Antwerpen machen müßten. Staatssekretär hat dies bejaht, Frage der Besitzergreifung von Calais-Boulogne offen gelassen und nicht stark gefordert.“ Hopman, Tagebucheintragung vom 19. Oktober 1914, Epkenhans, 467f.

Hindenburg hat im Osten einen schweren Stand, bei Warschau,[132] aber im Westen haben die Engländer gestern heftige Kloppe gekriegt. Sie schlagen sich sehr gut, aber ein wenig taprig sind sie.[133]

Wenn man alles überblickt, können wir eigentlich sagen, dass wenn Hindenburg
5 bei Warschau siegt, wir den Feldzug militärisch gewonnen haben. Es kann dann nichts mehr passieren, da wir überall die Faustpfande haben und wohl nirgends mehr herausgeworfen werden können; dann kommt es nur darauf an, wie es uns und den anderen wirtschaftlich und innerlich ergeht. Den Englaendern geht es mau, Südafrika und Indien. Ich hoffe immer, noch vor Weihnachten wird einer schlapp werden.

10 Adieu mein schwarzes Mädchen ich hab Dich lieb und möchte, Du wärst endlich mein Dein K.

Bitte addressiere nicht mehr Auswärtiges Amt, sondern Reichskanzlei Wilhelmstr 77. Ich glaube die Kerle im Amt lassen hie und da einen Brief einen Tag lang liegen. Brauchst übrigens höchstens 5. Pfennige raufpappen.

---

132 Der Generaladjutant Hans von Plessen musste dem Kaiser, der angesichts der Lage im Osten „sehr gedrückt“ war, beim Frühstück Mut zusprechen. Plessen, Tagebuch vom 18. Oktober 1914, Afflerbach, *Oberster Kriegsherr*, Nr. P 70. Wenige Tage darauf wurde Hindenburg zum Rückzug in die Linie Radom-Skierniewice gezwungen. *Der Weltkrieg*, V, 425-85.

133 In der ersten großen Flandernschlacht von Ypern hatten die 4. und 6. Armee mit neun Korps zwischen Lille und der Kanalküste angegriffen, doch sie waren auf heftigen Widerstand der Engländer in starken Stellungen gestoßen. Nach ungeheuren Verlusten auf beiden Seiten wurden die Angriffe Mitte November eingestellt. So wurde der Konflikt auch an der Westfront zum Stellungskrieg. Siehe *Der Weltkrieg*, V, 304-50 und 357-401.

Brief Nr. 54

[Charleville] 21/10 [1914]

Mein Liebling nur in aller Eile ein paar Worte, da ich nicht zum Schreiben kam. Es geht alles gut. Im Westen und Osten sind wieder grosse Schlachten. Es soll gut stehen. Morgen schreibe ich länger.

Vergiss mich nicht
K 5

Brief Nr. 55

Auswärtiges Amt [Briefkopf]

[Charleville] 21/10/14

Meine liebe Käthe

ich schreibe Dir nachts 1 Uhr im Bett, weil am Tag immer Menschen da waren und damit ich mir ein wenig rührend vorkommen kann. Der Vater der Lüge[134] ist nach Berlin gereist und hat sicher eine besondere Bosheit vor. Ich glaube aber, er ist doch ziemlich
5 erledigt, er hat zuviel gelogen. Nun stehen seine dummen dicken Schiffe, ohne die es gar nicht zum Krieg mit England, vielleicht überhaupt nicht zum Krieg [gekommen] wäre, unnütz im Hafen, und die Uboote und kleinen Kreuzer, die das Auswärtige Amt, das böse, immer an stelle der Dreadnoughts gewollt hat, sind das einzig nützliche.[135]

Vielen Dank für die Cigaretten, es ist sehr nett von Dir, dass Du an meine Laster denkst
10 und sie unterstützt. Wir leiden hier übrigens keine Not. Ausser des Ewigmännlichen rings herum und das niemals allein sein.

Die Militairs haben alle so verschiedene Ansichten über die Ausdauer der Feinde – es ist so schwer zu urteilen über das was bevorsteht. Ich glaube aber, es geht doch vorwärts, wenn auch langsam. Wenn wir nur jetzt im Westen die Englaender in die Klammer
15 bekommen.

Hier ist grosser Personalkrieg wegen Hammann auf den die Diplomaten wütend sind, weil er angeblich nicht dafür gesorgt hat, dass sie in der öffentlichen Meinung leidlich dastehen – dabei wundern sich die Leute über mich, weil sie meinen, ich müsste von Hammanns Fall profitieren wollen, ich thue aber alles damit er bleibt, einfach, weil
20 ich sonst die ganze undankbare Geschichte später ausbaden muss.

Ich habe arge Sehnsucht. Es ist so trüber Herbst draussen. Viel liebes K

---

134 Gemeint ist Alfred von Tirpitz.

135 Am 20. Oktober 1914 hatte Tirpitz Albert Hopman seine Absicht mitgeteilt, sich öffentlich über die bisherige Seekriegführung zu beklagen und sich aus der Mitverantwortung für den Krieg zu stehlen. „Er sei doch letzten Endes der Urheber unserer Flottenpolitik, trage vor der Nation die Verantwortung und kann es nicht verantworten, daß in diesem Existenzkrieg die Flotte gar nicht zum Tragen komme, daß die gewaltige Macht, die sie verkörpere, überhaupt nicht zur Anwendung gelange. Das sei eine stillschweigende Bankrotterklärung unserer gesamten Politik der letzten Jahrzehnte, die die Entwicklung Deutschlands als Welt- und Seemacht zum Ziel gehabt hatte. Die Nation müsse sehen, daß er so etwas nicht mitmache." Hopman, Tagebucheintragung vom 20. Oktober 1914, Epkenhans, 470f. Tirpitz reiste am 21. Oktober von Charleville nach Deutschland. Empört über die Versuche des Großadmirals, sich im Nachhinein zu exkulpieren, schreibt Riezler am 22. Oktober 1914 in sein Tagebuch: „Er sondert auf alle Anfragen schleimige Massen aus, die in wechselnden Farben schillern. Er möchte am liebsten mit England Frieden machen, möglichst bald ohne die Flotte zu riskieren, aber die Volksstimmung trotzdem gegen England zu dirigieren und dann eine grosse Flotte zu bauen. Er salviert sich natürlich, er wäre sehr bedenklich gewesen in bezug auf diesen Krieg, die Schwierigkeiten wären unterschätzt worden" (*Tagebücher* Nr. 571).

Brief Nr. 56

[Charleville] o. D. [22. Oktober 1914]

Meine liebe Käthe

Es ist grosser Radau hier und schwierige Personalfragen ich starre seit einer Stunde in das Feuer um zu entdecken wie ich die Sache drehen soll, damit sachlich und für mich persönlich kein Unheil entsteht. Ich habe es aber noch nicht entdeckt. Vielen Dank für Deine Briefe. Es wäre mir ein schrecklicher Gedanke dass Du so oft „aus Pflichtgefühl" schreibst. Ich würde mich dann gar nicht freuen, wenn ich etwas von Dir kriegte – wie ich es doch jeden Tag thue.

Ich weiss das lyrische Deiner Briefe doppelt zu schätzen, weil es Dir selbst so schlimm vorkommt. Was magst Du nur zu meiner Lyrik sagen!

Ich bin sehr neugierig was passiert, wenn es hier Krach giebt und ich was nicht ausbleiben kann, dazwischen gerate. Ich werde nämlich dann wild und ganz unbeamtenmässig. Nach Berlin reisen will ich erst, wenn das Gewitter vorüber ist, weil ich sonst noch eher dazwischen komme. Länger als zwei Tage darf ich nicht bleiben, in Berlin nämlich. Schade.

Ich glaube nicht dass der Kanzler vor Friedensschluss stürzt – das wäre auch sachlich scheusslich, weil niemand da und er bei weitem der klügste ist.[136] Dagegen wird es nach Friedensschluss einen grossen Kampf gegen ihn geben, weil er dann eine vernünftige liberale Politik machen wird und die Konservativen alles in Bewegung setzen werden. Vielleicht fällt er in diesem Kampf, den mach ich noch mit ihm, dann bin ich für seinen Nachfolger unmöglich; wenn die Leute mir dann nicht einen guten Auslandsposten geben, verlege ich mich auf Wälzer und Universitäten (sei nicht traurig darüber) dann giebt es aber bald wieder eine liberale Aera und dann komme ich wieder.

Es wird jetzt in Deutschland überhaupt langsam aus sein mit der regelrechten Bürokratie. Ich schreibe Dir das alles weil Dich vielleicht die möglichen zukünftigen Gestaltungen interessieren. Adieu mein schwarzes Mädchen behalte mich lieb Dein K

136 Zu den Intrigen der Konservativen und des Kronprinzen gegen Bethmann Hollweg vgl. Riezlers Tagebucheintragung vom 22. Oktober 1914 (*Tagebücher* Nr. 571 mit Anm. 1).

Brief Nr. 57

[Charleville] o. D. [23. Oktober 1914]

Meine liebe Käthe

Es geht hier wieder arg zu und allerlei Intriguen sind los, die Konservativen haben Angst über ihre zukünftige Stellung und verstecken sich hinter die sogenannten Überdeutschen, d. s. die ganz wilden Nationalisten etc. Im Verlaufe dieser Dinge werde
5 ich wohl nächstens auf zwei Tage nach Berlin fahren. Worüber ich mich freue, weil ich Dich da wiedersehe. Es kann unter Umständen einmal plötzlich gehen, ich gebe aber gleich Nachricht, damit ich Dich gleich aufsuchen kann. Es geht sehr langsam und schwer vorwärts am rechten Flügel. Wegen Polen wird man wohl in Berlin Besorgnisse haben, es ist aber alles in Ordnung und geht ganz gut. Wir hoffen die Englaender wer-
10 den im November mit ihrer Flotte angreifen, dann geht es vielleicht ein Stück vorwärts. Wenn nur schon Weihnachten wäre. Vielleicht stehen wir dann doch vor dem Frieden. Ich wäre wirklich und wahrhaftig froh.

Das mit Hodler ist sehr komisch. Schreibe mir doch, wieviel das Bild jetzt bringt.[137]
Adieu, ich habe Dich lieb und freue mich, dass ich Dich wiedersehe Dein K

137 Zu Beginn des Krieges hatte der Nobelpreisträger Rudolf Eucken (1846-1926) vor dem großen Gemälde Hodlers vom Auszug der Soldaten in die Freiheitskriege, das dieser für die Universität Jena gemalt hatte, patriotische Reden gehalten; er gehörte zu den Unterzeichnern des Manifests der 93. Nachdem Hodlers Protest gegen den Beschuss der Kathedrale in Reims bekannt geworden war, wurde das Bild hinter einer Bretterwand versteckt. Offenbar nimmt Riezler hier an, dass die Preise für die Bilder Hodlers in Deutschland stark gefallen waren.

Brief Nr. 58

[Charleville] 24/10/14

Meine liebe Käthe

Warum habe ich *doch* einen schlechten Charakter? Es ist hier immer noch grosser Tanz los. Die Fragen sind so delikat, weil hier in diesem Männerkloster die Mitglieder doch auf leidliche Weise miteinander auskommen müssen und ich alles mögliche hier nicht sagen kann, weil sonst die ganze Diplomati[e]abteilung (Schachtel Grosses Hauptquartier für künftige Bleisoldaten) aus dem Leim geht. Heute habe ich mich eine Stunde lang mit dem Staatssekretär gerauft. Der Mann hat geradezu perfid gelogen. Er ist aber ganz fein und politisch nicht dumm.[138] Der Kanzler hat etwas tragisches. Er ist politisch der bedeutendste Kopf unter den europäischen Staatsmännern, aber äusserlich so ungeschickt.

Ich dachte mir schon, dass es mit der Fahrt nach Belgien [Berlin?] nichts ist. Ich glaube übrigens Anton von Werner[139] wird auch in dem neuen Deutschland nicht mehr hochkommen. Es kann leicht sein, dass eine grosse Reaktion gegen all den Nationalismus kommt. Aber wie dem auch sei, man kann sich schon irgendwie einrichten – ich bin so friedlich gesinnt, weil ich gerne endlich bei Dir sein möchte. Ich habe Sehnsucht, eine ganz unzeitgemässe Empfindung. Morgen kommt hoffentlich endlich der grüne Fetzen des Propheten.[140] Ich werde dann vorschlagen, dass der Kaiser ein grosses Telegramm loslässt in dem er „Freiheit dem Islam" schreit und mit seinem ganzen Volke zur Erledigung der verschiedenen konfessionellen Streitfragen zum Islam übertritt. Viel liebes Dein K.

---

138 Zu dieser einstündigen Auseinandersetzung Riezlers mit Gottlieb von Jagow über Amtsinterna und sein Verhältnis zu Otto Hammann siehe Tagebuch vom 25. Oktober 1914 (*Tagebücher* Nr. 572).

139 Anton von Werner (1843-1915). Maler von zeitgenössischen Historienbildern, Hauptrepräsentant des Wilhelminismus als Gegner der modernen Kunst. Riezler war durch seine Position im Presseamt des Auswärtigen Amtes wahrscheinlich über die Kontroverse zu Werners 70. Geburtstag informiert. Seinerzeit sollte eine Ausstellung zu seinen Ehren gemacht werden, aber Werner wollte auf die Aufnahme einiger seiner Gemälde vom Krieg 1870-71 nicht verzichten, welche das deutsche Militär besonders in seinem Sieg über Frankreich glorifizierten. Dies schien aus außenpolitischen Gründen nicht opportun, vermutlich wegen der Spannungen, die das 1913 seinen Höhepunkt erreichte Rüstungsrennen zwischen Frankreich und Deutschland ausgelöst hatten, so dass der Plan nicht ausgeführt wurde.

140 Gemeint ist der erhoffte Kriegseintritt des Osmanischen Reiches auf Seiten der Mittelmächte. Am 25. Oktober schrieb Riezler in sein Tagebuch: „Nun werden im schwarzen Meer die Kanonen losgehen" (*Tagebücher* Nr. 572). Am 29. Oktober kam es tatsächlich auf Befehl des osmanischen Kriegsministers und unter Mitwirkung des deutschen Admirals Wilhelm Souchon und des Schlachtkreuzers SMS „Goeben" zu Gefechten zwischen den türkischen und den russischen Schwarzmeerflotten, als die Hafenanlagen von Sebastopol und Odessa beschossen wurden. In den ersten Novembertagen erklärten Russland, England und Frankreich daraufhin der Türkei den Krieg. Siehe Tagebucheintragungen vom 28. und 30. Oktober 1914 (*Tagebücher* Nr. 574-5).

Brief Nr. 59

[Charleville] 25/10 [1914]

Meine liebe Käthe

Es geht ganz ganz langsam und mühevoll im Westen. Die Russen scheint es sind auch vorsichtiger geworden und fallen nicht mehr auf alle geplanten Klammeraffen herein. Kannst Du nicht Otto Reichenheim durch Peter[141] schreiben lassen, er möchte unauf-
5 fällig wenn er immer mit dem Oldenburger[142] Bridge spielt, herausbringen, was er von der inneren Politik nach dem Kriege redet, und mit welchen prominenten Leuten die eventuell Reichskanzler werden können er im Briefwechsel steht. Er ist doch einer der Hauptinspiraten des Kronprinzen.[143] Wenn es nicht vorwärts geht und keiner unserer Gegner ganz down ist, giebt es glaube ich doch einen Weltkongress. Wenn die Türkei
10 jetzt loslegt, wird der Friede noch komplicierter.

Neulich war der alte Plessen[144] (Generaladjutant) da ein alter feiner Höfling, schlau und verlogen und das mittlere Seepferd (Admiralstabschef Pohl[145]) da, stolz und seebärenhaft. Es war sehr komisch. Morgen wird es noch komischer, da kommt der König von Sachsen.[146] Es ist gut, dass es hier einiges amusement und médisance giebt, sonst
15 wäre die Stimmung in diesem Männerkloster wo alles eng beisammen lebt und sich die Gedanken immer im Kreise drehen, nicht auszuhalten. Es ist so schon hie und da schwer genug und wird nur durch gute Erziehung und Selbstbeherrschung der Beteiligten möglich.

---

141 Unsichere Identifizierung: Kurt nimmt an, dass Käthe den unklar geschriebenen Namen schon wegen ihrer Reichenheim-Verwandtschaft erkennt und Peter (Pringsheim?) Otto Reichenheim gut genug kennt, um seine Mitarbeit bei Riezlers konspirativem Ersuchen zu erbitten. Otto Reichenheim (1882-1950 in London) und Peter Pringsheim, der mit Käthe befreundet war (siehe Brief Nr. 1), waren beide Physiker, was eine freundschaftliche Beziehung erklären könnte. Pringsheim war aber gleich nach Kriegsausbruch in Australien interniert worden, was Riezler im Oktober noch unbekannt gewesen sein könnte. Dass Reichenheim ein Bridgepartner des Großherzogs Friedrich August von Oldenburg (1852-1931) gewesen sein könnte, bleibt unwahrscheinlich, obwohl dieser technische und wissenschaftliche Interessen hatte. Im März 1915 fuhr der Großherzog als Wortführer der Annexionisten nach München, um den König von Bayern zu überreden, sich im Namen aller deutschen Fürsten beim Kaiser für die Absetzung Falkenhayns einzusetzen, da es „so nicht weitergehen könne".

142 Friedrich August Großherzog von Oldenburg (1852-1931). Seine Tochter Sophie Charlotte war seit 1906 mit dem Kaisersohn Eitel Friedrich von Preußen, einem der jüngeren Brüder des Kronprinzen, verheiratet.

143 Friedrich Wilhelm von Preußen (1882-1951), Kronprinz.

144 Hans Georg von Plessen (1841-1929), Generaloberst, 1893-1918 Generaladjutant Kaiser Wilhelms II. und Kommandeur des kaiserlichen Hauptquartiers.

145 Hugo von Pohl (1855-1916), erst 1913 nobilitiert, ab 1913 Chef des Admiralstabs bis Februar 1915, dann bis 1916 Chef der Hochseeflotte.

146 Friedrich August III. (1865-1932), 1904-1918 König von Sachsen.

Das Loslegen der Türkei ist auch eine zweischneidige Sache wegen Italien etc. Die können dann leicht den Vorwand finden.

Wenn es nur zu Ende wäre. Es steht ja ganz gut, aber gebrochen sind die Franzosen eben doch nicht und das scheint eben alles mit den modernen Waffen viel schwieriger zu sein. 5

Ich kann noch nicht nach Berlin – zuerst müssen die inneren Fehden etwas beigelegt sein. Adieu mein liebes schwarzes Mädchen, ich habe Sehnsucht – K

Brief Nr. 60

Auswärtiges Amt [Briefkopf]

[Charleville] Sonntag [27./28. Oktober 1914]

Meine liebe Käthe

Heute hat wieder die Post nicht funktioniert und ich habe noch nichts von Dir. Nun ich will zufrieden sein mit der Post, denn wenn ich an der Front wäre bekäme ich wochenlang nichts. Wir sind immer noch hier, sollen nun morgen fahren.[147] Es scheinen
5 entscheidende Tage, die Franzosen wollen uns im Westen bei Amiens, wir sie im Osten bei Verdun aufrollen, sodass sich die ganze Schlachtlinie wohl in den nächsten Tagen verschieben wird. Entscheidend ist ob wir im Westen standhalten. Dort sind meine Landsleute, ich denke, sie werden zum mindesten standhalten, wenn sie nicht operativ überwunden werden. Gestern musste ich lange mit dem Kanzler spazierengehen und
10 über die seltsame Situation sprechen; das musste ich in Hohenfinow auch immer, in der Zeit der Vorbereitung. Ich werde Dir einmal mündlich erzählen, wie seltsam das war. Es war so eine schwere schwüle Stimmung da draussen, in den heissen Tagen, mit dem Nichtwissen, ob es zum Kriege führt oder nicht und das ewige Telegramm[ieren] nach und von allen Seiten.
15 Im Osten Galizien, wird es wohl nächste Tage nun langsam wieder losgehen und unter besseren Chancen.[148] Wenn es nach beiden Seiten gut geht, kann es sein, dass wir Weihnachten fertig sind. Vor indes die Friedensverhandlungen fertig sind und die innere Politik wieder im normalen Gange ist, werde ich nicht fortkommen, oder höchstens auf 8 oder 14 Tage oder das mit der inneren Politik kann lange dauern. Wenn es aber
20 Kanzlerwechsel giebt, ist alles anders, dann ist ein Abschied oder eventuell Ausland für mich möglich – denn so wie die Dinge liegen, komme ich auf keinen Fall zurück in das Ausw. Amt, da meine Beziehungen zu Hammann und seinen Leuten einen unreparierbaren Knacks gekriegt haben, seit ich in Hohenfinow war. Solange Bethmann da ist, kann ich wohl weder ins Ausland noch Abschied nehmen. Es ist also alles unsicher.
25 Ich wollte Dir die Lage indes einmal auseinandersetzen, damit Du ungefähr siehst, wie die Ereignisse auf uns zurückwirken. Wir werden uns also zunächst an die europäische Lage anpassen müssen und an Berlin gefesselt bleiben. Ist es Dir schnuppe. An und für sich würde ich Dich ja viel lieber abschleppen, der allgemeinen Beschnupperung wegen.
30 Aber leider ist es noch nicht so weit.

147 Anfang November 1914 reiste Riezler auf drei Tage nach Berlin, um sich über die Volksstimmung und die Intrigen gegen Bethmann Hollweg zu informieren. Siehe Tagebuch vom 8. November 1914 (*Tagebücher* Nr. 577).

148 Vom 22. bis 26. Oktober 1914 tobte an der Ostfront die Schlacht von Iwangorod, bei der die österreichische Armee gründlich geschlagen und Hindenburg von Warschau aus den Rückzug der 9. deutschen Armee nach Radom-Skierniewice anordnen musste.

Es ist eigentlich dumm, dass wir uns gegen all das, nicht durch das herrliche Institut der Nottrauung gewehrt haben.

Adio, ich möchte Deinen Kopf an meiner Schulter haben. Dein K.

Geheimes Curiosum. Mme de Thèbes[149] hat auf übermorgen den 29. tragischen Tod des Kaisers prophezeit. Wir haben geheime Nachricht darüber. Den Tod des Erzherzogs 5 hatte sie richtig vorhergesagt, einfach weil sie von der Verschwörung wusste.

149 Madame de Thèbes, eigentlich Anne Victorine Savigny (1845-1916), französische Clairvoyante, gab jedes Jahr zu Weihnachten einen Almanach mit der Vorhersage der kommenden Ereignisse heraus.

Brief Nr. 61

[Charleville] 27/10 [1914]

Meine liebe Käthe

Schlimme Zeit, ich weiss nicht ob und inwieweit es bekannt werden wird, aber es steht sehr schlecht um unsere Bundesbrüder, ich glaube, sie sind noch einmal direct geschlagen in Polen.[150] Das ist vielleicht entscheidend. Ich fürchte es wird ihnen das Herz diesmal endgültig in die Unaussprechlichen sinken. Wir wissen noch nicht genau wie es wirken wird, sage es niemand aber es kann damit alles eine neue Wendung erhalten. Vielleicht beschleunigt es den Frieden, vielleicht schiebt es sich hinaus. Der Traum eines Sieges nach allen drei Seiten ist jedenfalls aus – mit dem Versuch Deutschland an die erste Stelle zu bringen, ist es auch nichts.

Ich schreibe Dir das, weil ich Dir sonst kein Bild von der momentanen Stimmung geben kann die hier herrscht und die natürlich an alle die grösste innere Anforderung stellt.[151] Die Menschen hier werden ja gehoben durch die Grösse der politischen Aufgabe vor die sie eine solche Entwicklung stellt. Wenn es so geht, bekommt die Aktionslust eigentlich erst wieder eine Richtung – und das ist immer leichter, als die Zeit des Wartens wie die letzten 14 Tage.

Was sich nun alles ereignen kann, ist gar nicht auszudenken. Solange die Situation so prekär ist, will ich auch gar nicht nach Berlin fahren.

Heute kam nichts von Dir. Ich habe wieder angefangen mich mit Philosophie zu befassen, als Gegengewicht und um durch Gleichmut und Perspective auf alles vorbereitet zu sein.

Sei nicht traurig, das gute deutsche Volk muss amor fati haben – und braucht nicht unterzugehen, wenn ihm das Danaergeschenk der Weltherrschaft nicht gereicht wird. Adieu mein liebes schwarzes Mädchen, ich bin ein wenig traurig vergiss mich nicht Dein K

150 Am 27. Oktober 1914 wurde die 1. österreichische Armee nach schweren Verlusten in Russisch-Polen zum Rückzug gezwungen. Damit, und mit Hindenburgs Rückzug von Warschau, war die großangelegte Offensive der Mittelmächte an der Weichsel gescheitert.

151 Der Umschlag in der Stimmung am Großen Hauptquartier war verbreitet und äußerte sich nicht zuletzt in der Form von Kritik an der Politik Bethmann Hollwegs (und im zweiten Rang an Riezler) in der Julikrise. So notierte Admiral Hopman am 27. Oktober nach einem Gespräch mit dem Chef des Marinekabinetts: „Die augenblickliche Situation betrachtet Admiral v. Müller auch als wenig hoffnungsvoll, bezeichnet den Krieg und die Art, wie er herbeigeführt ist, als gänzlich unüberlegt und verfahren und die augenblickliche Lage als sehr ernst. Sagt ferner, unsere Gegner hätten guten Grund, uns die Absicht, es zum Kriege zu bringen, unterzuschieben. Denn sie könnten es sich nicht erklären, daß wir Österreich derartig blind plein pouvoir gegeben hätten, nachdem wir uns in der letzten Balkankrise doch zurückgehalten hätten." Hopman, Tagebucheintragung vom 27. Oktober 1914, Epkenhans, 477. In der Balkankrise vom November/Dezember 1912 hatte Müller dafür plädiert, „Rußland oder Frankreich oder beide vor ein Ultimatum zu stellen, das den Krieg mit dem Recht auf unserer Seite entfesselte." Müller, Tagebucheintragung vom 8. Dezember 1912, zit. in John C. G. Röhl, Admiral von Müller and the Approach of War 1911-1914, *The Historical Journal*, XII, 4, 1969, 662.

Brief Nr. 62

[Charleville] 29/10 [1914]

Meine liebe Käthe

Es tut mir leid, dass Du wieder Gesichtsschmerzen hast – hoffentlich ist es nicht zu schlimm und geht bald vorüber.

Ich mache mir eigentlich Vorwürfe, dass ich Dir neulich die schlechte Nachricht aus dem Osten wiedergab – es ist alles noch ganz unklar die Russen müssen doch ziemlich geschwächt sein. Es wird sich jedenfalls irgendwie halten lassen. Im Westen soll es besser gehen. Vielleicht schaffen wir die Sache doch noch ringsherum.[152]

Adieu mein schwarzes Mädchen, ich möchte Dich gern in die Sonne verschleppen – es ist so trüb und grau hier und dort wohl auch. Ich habe eigentlich mehr Sehnsucht als Geduld.

Herzlichst Dein K.

---

152 Drei Tage später schrieb Riezler besorgt, bleibe der Durchbruch im Westen aus, „haben wir, wenn wir im Westen nichts entbehren können, den Krieg verloren." Tagebucheintragung vom 2. November 1914 (*Tagebücher* Nr. 576).

Brief Nr. 63

[Charleville] 30/10 [1914]

Meine liebe Käthe

Dass die Berliner meinen Tirpitz und Bülow sollen den Frieden schliessen, ist ein guter Witz. Wenn es Schuldige an diesem Weltkrieg bei uns giebt so sind es diese beiden und ihre Fehler.[153] Die Koalition gegen uns hat sich doch unter Bülow gebildet und durch
5 den Einfluss seiner Fehler, Burenrummel, Nichtausnutzung des russisch japanischen Kriegs und das marokkanische Abenteuer. Bei Bethmann sieht alles so ungünstig aus, weil er so eine zweifelnd pessimistische Manier hat – aber an Verstand, iudicium und Kraft ist er Bülow weit überlegen. Die Leute sind zu seltsam.

Im übrigen sind gerade schwere Tage, die hier einige Anforderungen an Nerven stel-
10 len. Die Türken haben wir wirklich im letzten möglichen Moment in die Sache verwickelt. Aber militärisch helfen sie auch nicht viel.

Schlimme Zeit, muss überstanden werden. Adieu mein Lieb, sei nicht zu traurig, es wird nicht allzu schlimm und behalt mich lieb Dein K

153 An diesem Tag notierte Riezler: „Bülow sitzt in Berlin und hetzt. Er ist mit Tirpitz der Hauptschuldige." Tagebucheintragung vom 30. Oktober 1914 (*Tagebücher* Nr. 575). Ein gutes Beispiel für den Versuch des Altreichskanzlers Fürst von Bülow, sich aus der Verantwortung für die Katastrophe des Weltkriegs zu stehlen – sich zu salvieren, wie Riezler es verächtlich nannte –, ist seine Konversation mit dem Herausgeber des Berliner Tageblatts Theodor Wolff vom 11. Dezember 1914. Darin erklärte er: „Ich schätze ja Jagow gewiß, und Bethmann ist ein vornehmer, durch und durch anständiger Mann. Er will das Beste. Aber ein Mann mit diplomatischer Erfahrung hätte es nie zu diesem Krieg kommen lassen. Niemals. Böswilligkeit lag nicht vor, es fehlte also doch wohl an der Geschicklichkeit. Ich habe 1905 den Krieg vermieden, und 1909. Nie hätte ich es so weit kommen lassen. Übrigens halte ich auch von prophylaktischen Kriegen garnichts. Ich bin ganz dagegen. [...] Die ganze Welt ist überzeugt, dass wir die Friedensstörer sind." Sösemann, *Theodor Wolff. Tagebücher*, 134 f.

Brief Nr. 64

[Charleville] Sonnabend [31. Oktober 1914]

Meine liebe Käthe

Besten Dank für Deine beiden Briefe die heute kamen, es ist eigentlich sehr dumm von mir, dass ich Dir immer so mulmige Sachen schreibe aber die Spannung ist hier so gross – und dann hört man so viel Grossmäuligkeit, dass man von dieser Ausdrucksweise selbst Abstand nimmt. Natürlich wird ausgehalten, und wenn auch nicht Blütenträume der ersten Tage reifen, so steht es doch alles in allem sehr gut. Es waren indes doch sehr gefährliche Tage, des rechten Flügels wegen, der nun schon bald bis Lille reicht.

Das mit dem Kanzlerwechsel und ins Auslandkommen hängt so zusammen. Ich bin in meiner bisherigen Stelle in den letzten Monaten unmöglich geworden, weil ich durch Hohenfinow und die ganze Vorbereitung der Krise meinen bisherigen Kollegen und Vorgesetzten (Hammann) in der Stellung beim Kanzler derartig vor die Nase gerückt bin, dass das schon in den letzten Tagen im August nicht mehr funktionierte und in Zukunft nicht mehr funktionieren kann. Auch bei Hammanns Abgang ist meine Unterstellung unter Radowitz[154] nicht mehr möglich, der hier mit ist aber nichts zu sagen hat. Deshalb soll ich wenn Bethmann bleibt in die Reichskanzlei kommen (jedenfalls aber aus der Presse raus) Geht er, so bleibt, da ich mit dem Staatssekretär [Jagow] nicht funktioniere, nur Abschied oder Ausland. Das letztere wird vielleicht konzediert, ist aber nur bedingungsweise wünschenswert. Denn das könnte nur der diplomatische, nicht der konsularische Dienst sein und der hat viel gegen sich, wenn man nicht nach Herkunft und Natur dazu gehört. Ausserdem habe ich es hier politisch so gut getroffen, dass ich schrecklich verwöhnt werde, schon durch die ganze einzigartige politische Lage, und eigentlich alles zukünftige nur mehr Kleinkram scheint. Verzeih, das klingt sehr eingebildet, von wegen der berühmten Lenkung der europäischen Geschicke. Es ist aber wirklich sehr seltsam. Ich kann das nicht schreiben und Du kannst es Dir auch nicht recht vorstellen, wenn ich es schreibe.

Das eigenartigste ist das Missverhältnis zwischen den Personen und der Situation. Die erfordert eigentlich eine Verbrechernatur von höchster Produktivität und Grösse als Natur – der Kanzler aber hat nur sittliche Grösse, abgesehen von Klugheit.[155] Aber er findet nicht die Geste der Zeit (S.M. steht übrigens auch in einem grotesken Gegensatz zu der Zeit). Deswegen giebts auch viele die dem Kanzler nicht diesen Friedensschluss

---

154 Wilhelm von Radowitz (1875-1939), 1914-1917 Vortragender Rat in der Politischen Abteilung des Auswärtigen Amtes, 1917-1918 Unterstaatssekretär der Reichskanzlei.

155 Vgl. das Urteil Riezlers im Tagebuch: „Der Kanzler. Das Grau seiner Persönlichkeit ohne Leuchtkraft – aber bedeutend. Ungeschickt und gerissen. Ganz aufs praktische gerichtet und mit theoretischen Alluren. Seltsame Mischung. Wie unwillig und jammernd geht er an den Gedanken einer Vergrösserung Deutschlands – statt den Impuls zu mimen und die Schuld, wenn es nicht kommt, von vornherein auf die Militairs abzulenken." Tagebucheintragung vom 30. Oktober 1914 (*Tagebücher* Nr. 575).

zutrauen. Er kann es aber immer noch am besten. Es ist nirgends einer da, deswegen glaube ich auch, dass er trotz des Missverhältnisses bleiben wird. Die Zeit verlangt eigentlich ein politisches Genie. Das giebt es aber weder bei uns noch anderswo. Und die Leute die in Berlin schimpfen auf die Diplomaten können es noch weniger. Ich weiss
5 natürlich, dass ichs auch nicht besser kann; aber wir müssen eben schauen den Kanzler zu ergänzen.

Verzeih diese weitschweifige Auseinandersetzung.

Ich glaube übrigens schon, dass wir noch einmal friedlich zusammen sein können, und sich unsere Beziehungen nicht in einem ewigen Briefwechsel erschöpfen kön-
10 nen. Hoffentlich bist Du dann nicht unzufrieden, weil Du einen Mann hast der in den Augen der Leute vielleicht eine Zukunft gehabt hat, in Wirklich[keit] aber nur ein Stückchen Vergangenheit gehabt hat. Verzeih das übliche Bedenken, au fond habe ich volles Vertrauen. Ich habe nämlich selbst gar keinen Ehrgeiz und werde nie die Gemütsverfassung der Leute a. D. haben.

15 Adio, behalt mich ein wenig lieb
Dein K

Brief Nr. 65

[Charleville] 31/10 [1914]

Meine liebe Käthe

Die arme Tine! Es geht allerdings furchtbar zu. Du kannst Dir nicht vorstellen, mit welcher Erbitterung dieser Krieg geführt wird, die meisten Gefangenen werden totgeschlagen. Ich bin sehr traurig, man hört den ganzen Tag Kanonendonner, aber ich glaube nicht dass wir durchbrechen können, ich habe kein Vertrauen mehr in die Führung.

Ihr werdet ja in Berlin auch Angst ausstehen, wenn die Russen vor Posen stehen werden. Viel weiter, hoffe ich werden sie nicht kommen.

Ich wappne mich mit Gleichmut und versuche auch noch dem Gedanken einer Niederlage eine gute Seite für das Volk abzugewinnen. Es ist auch viel Überhebung und Hysterie in unserer Stimmung, wenigstens scheint es so nach den Zeitungen. Wir müssen eben so lange Krieg führen, bis wir siegen. Es ist nur alles so grausam geworden: und der Gedanke dass wir vor 8 Wochen schon so nahe dran waren!

Man muss eben die „Freude zu einem glücklichen Leben" in sich haben dann kann man vielleicht alles ertragen.

Verzeih die fatalistische Stimmung – in der Ferne donnern ununterbrochen die Kanonen, man hofft natürlich das beste, muss aber sich mit dem Gegenteil abfinden können.

Leb wohl mein liebes schwarzes Mädchen, sei nicht traurig ich hab arge Sehnsucht einmal wird doch wieder Friede sein und sich alles irgendwie zum gutem wenden.

Dein K

Die arme Marie. Der Gedanke an sie vergegenwärtigt mir meine zahllosen, meistens leicht melancholischen Besuche.

Brief Nr. 66

[Charleville] 1/11 [1914]

Meine liebe Käthe

Ich fahre wahrscheinlich morgen abend oder übermorgen früh nach Berlin, auf leider höchstens zwei Tage, nach Cöln oder Frankfurt mit dem Auto und dann per Bahn, komme im zweiten Fall Mittwoch morgen, im ersten Dienstag gegen abend nach
5 Berlin—freue mich sehr Dich wiederzusehen. Ich werde zwar sehr viele Leute sehen müssen, werde aber alles so schnell als möglich abmachen, um die freie Zeit bei Dir zu sein. Ich telefoniere gleich an.

Es sieht besser aus im Westen, im Osten aber unklar und wohl schlimm. Ihr werdet wohl bald alles voll Flüchtlingen etc haben aus dem Osten. Hindenburg ist nicht ge-
10 schlagen, die Russen sind nur sehr viele, Gott sei Dank aber langsam.

Viel Liebes Kurt.

Brief Nr. 67

[Charleville] Sonntag 8/11 [1914]

Meine liebe Käthe

ich bin gestern um 6 hier angekommen, wäre sicher ohne Deine herrliche Weste erfroren, denn es war im Auto von Frankfurt an bei grossem Tempo wider Erwarten kalt. Bei Delbrück abends war es sehr komisch, Theo [Lewald] war nicht da, aber ein paar preussische Minister, welche mich abwechselnd in die verschiedenen Ecken nahmen, 5 teils ausquetschens halber, teils damit ich hier für ihre divergierenden Pläne rede.[156] Hier ist nichts neues. Alles unverändert. Nicht sehr schön. Sorge.

Wenn es schief geht, sind alle bei diesem Krieg beteiligten Leute, inclusive meiner [Wenigkeit] mindestens für Jahre erledigt. Dann kann es überhaupt eine tolle Zeit in Deutschland geben mit etwas Revolution etc, man muss sich dann ganz andere 10 Verhältnisse und Zusammenhänge vorstellen – dann muss man in den Jahren der Krise ausser Sicht sein – sonst ist man ausgespielt.

Hoffentlich bin ich Dir in Berlin nicht schnurrend allzusehr auf die Nerven gefallen, Du armes schwarzes Mädchen.

Ich habe schon wieder Sehnsucht herzlichst 15

Dein K.

Montag 9/11

Ich habe die Post versäumt und mache den Brief wieder auf. Es ist nichts neues, der Kanzler ist in Lille kommt heute zurück. Es giebt hier und in Berlin bereits eine Menge Menschen welche gerne nach einer Seite Frieden haben moegen z. B. der Vater der Lüge 20 und viele Konservative in Berlin, natürlich die meisten mit Russland. Die meisten sagen es natürlich nur, um sich später salvieren zu können und zu sagen, ja wenn man damals gethan hätte, was ich gesagt habe etc. Es ist aber menschlicher Berechnung nach noch nicht Zeit und falsch, ausserdem gar nicht so leicht zu machen, weil man doch das erste Wort dem anderen suggerieren muss. 25

Wir haben entsetzliche Verluste im Nordwesten und kommen doch kaum vorwärts.[157] Verzeih dass ich in Berlin in vieler Hinsicht innerlich so benommen war, das

156 Über seine Gespräche mit führenden Personen in Berlin, darunter Gustav von Kessel, Friedrich Wilhelm von Loebell, Albrecht Freiherr von Rechenberg, Karl Helfferich und Arthur von Falkenhayn (Bruder des Generals), referierte Riezler ausführlich in seinem Tagebuch. Das Fazit: „in den oberen Schichten viel mangelnde Nerven, Flaumacherei etc, bei der Regierung, viel Arbeitsfreude Initiative, Hilfe nach allen Seiten, viel besser als im Frieden weil kein Parlament und mehr Disciplin." Tagebucheintragung vom 8. November 1914 (*Tagebücher* Nr. 577).

157 In der Ersten Flandernschlacht, die vom 20. Oktober bis 24. November 1914 in dem sumpfigen Gebiet um Ypern tobte, erlitten die deutschen Armeen unter Herzog Albrecht von Württemberg beziehungsweise Kronprinz Rupprecht von Bayern rund 80 000 Mann an Verlusten, davon

bin ich überhaupt meistens, aber diese paar Tage waren etwas zu sehr angefüllt mit seltsamen Sachen. Adieu hab mich lieb und finde mich nicht allzu komisch. Dein K

---

allein 23 500 in der Woche vom 10. bis 18. November. In Langemarck verbluteten auch viele neuaufgestellte und ungenügend ausgebildete bayerische Reserve-Regimenter; Riezlers reguläres 2. Infanterieregiment stand jedoch weiter östlich. Siehe Karl Unruh, *Langemarck. Legende und Wirklichkeit*, Koblenz 1986, Kap. 9 und 12. Die gesamte Westfront ging damit zum Stellungskrieg über. Mit dem Ausbleiben des Erfolgs in Ypern geriet Falkenhayn unter Druck seiner zahlreichen Gegner, die die Offensive an die Ostfront verlegen wollten. Holger Afflerbach, *Falkenhayn. Politisches Denken und Handeln im Kaiserreich*, München 1994, 190-7.

Brief Nr. 68

[Charleville] 10/11 [1914]

Meine liebe Käthe

Wenn das einzig schöne Klingersche Bild ebenso schön ist wie sein Namen, muss es ja erhebend sein. Klinger ist mir übrigens ein Greuel.[158]

Die Tine benimmt sich wirklich sehr rührend, er wird wenn er lebendig aus der Sache hervorgeht wohl etwas gefestigt weiterleben. Ich bin doch eigentlich traurig, dass ich die persönliche Probe nicht erleben soll, ich bin sehr neugierig – aber es ist jetzt gar keine Aussicht mehr, je weniger der Krieg vorwärts geht, desto politischer wird er natürlich und es kann jeden Tag der Moment kommen, wo Entschluss darüber gefasst werden muss, an welchem Punkt der Hebel angesetzt wird um die Koalition zu lockern. Die Gardekavallerie Division steht jetzt rückwärts nördlich Thielt, kann also ausschnaufen.

Es ist sehr nett von Dir, dass Du Dich mit Michel tröstest. Deine Gefühle für mich also dem für Michel ähneln. Ich bin ernsthaft ganz einverstanden damit und froh über diese Nuance. Michel ist allerdings viel netter, aber er kann Dich doch nicht so schätzen wie ich, wenn er es auch viel leichter hat, so zu thun, da er nicht so leicht „komisch“ wird. Aber ich bin ganz zufrieden wenn ich mit der Zeit ein wenig von dem Charme von Michel für Dich bekomme.

Heute sind 3 türkische Prinzen da zwecks Entfaltung der grünen Fahne.[159]

Woher stammt denn eigentlich diese Theorie mit dem Können?[160] Meine Mutter hat gar keines, aber den denkbar besten Charakter von der Welt.

Ich habe Sehnsucht und es wird sicher wieder viel Schnee fallen inzwischen.

Viel Liebes Dein
K

---

158 Max Klinger (1857-1920), Bildhauer und Maler. Riezler lehnte Klinger wegen seiner expliziten Erotik ab. Klinger gehörte außerdem zu den wenigen Künstlern, die den Ausschluss von Ferdinand Hodler aus deutschen Kunstvereinen kritisierten.

159 Am 14. November 1914 rief der Kalif Mehmed V. Reshad in Konstantinopel den Heiligen Krieg (jihad) gegen die Entente aus.

160 Max Liebermann zitierte gerne das geflügelte Wort "Kunst kommt von Können" in seiner Polemik gegen die Expressionisten. Der Ausdruck kommt von Homer und wurde popularisiert von Georg Büchmann, *Geflügelte Worte. Der Zitatenschatz des deutschen Volkes*, zuerst 1864 veröffentlicht.

Brief Nr. 69

[Charleville] 11/11 [1914]

Meine liebe Käthe

Heute kam nichts von Dir. Es ist kalt und trübe. Die Nachrichten sind zwar wieder etwas besser wenigstens aus dem Osten. Heut abend kommen die drei türkischen Prinzen, Soehne Abdul Hamids[161] etc 2 sprechen nur türkisch. Es wird sehr stumpfsinnig wer-
5 den. Ich komme sicher Anfang Dezember nach Berlin wenn nicht, was unwahrscheinlich ist vorher grosse Ereignisse geschehen und die Dinge politisch ins Rollen kommen.
Das wochenlange Warten hier und Bangen ist doch schlimm. Der Kanzler ist so ein schwerer Mensch weisst Du, ohne Fatalismus mit zuviel Menschlichkeit und schwerem Blut, die Verantwortlichkeit die freilich ungeheuer ist, zu tief empfindend und deswegen
10 trotz grosser Zähigkeit und Kraft immer zentnerbelastet. Lies mal nach im Faust II Teil, am Schluss, wie die Sorge den Menschen schildert, von dem sie Besitz ergriffen hat – das ist eine blutige Schilderung von ihm, wahr und doch ungerecht.[162]
Adieu mein schwarzes Mädchen, schade dass ich nicht Michel bin und neben Dir sitzen und – natürlich – knurren kann herzlich Dein K

161 Abdülhamid (1842-1918), 1876-1909 Sultan, 1909 von den Jungtürken abgesetzt.
162 Goethe, Faust II, Akt 5, Mitternacht.

Brief Nr. 70

[Charleville] 12/11 [1914]

Meine liebe Käthe

Es ist wieder sehr trübe heute, ich bin scheusslich ungeduldig, wenn die unthätige Warterei noch lange dauert, verfällt man wirklich langsamem Trübsinn. Sogar im Schlaf träumt man noch vom Krieg und politischen Combinationen – die Menschen sind alle längst ausgepumpt und alle ihre Gedanken schleichen lautlos wie Katzen um die Fragen 5 des möglichen oder unmöglichen Friedens herum, von dem auch noch nicht der erste Schimmer zu sehen ist.

Sag doch dem Theo [Lewald] möglichst bald, er solle Dir für den 2. Dezember eine Karte in den Reichstag (in einer der beiden Logen) verschaffen. Wenn Bethmann kommen sollte und reden, so wird das unter diesen Umständen doch eine ganz eindrucks- 10 volle Sache werden, Du müsstest es wirklich anhören. Sage aber dem Theo nicht, dass es wegen Bethmanns Rede ist, denn ohne Zweifel sieht Theo der mich für den Verfasser dieser Reden hält, dann mich dahinter, was a falsch und b gefährlich ist.[163]

Adieu mein schwarzes Mädchen, ich wollt Du wärest hier, es ist zu eklig, dass wir eine solche Ewigkeit warten müssen. Adieu mein Lieb, vergiss mich wenigstens nicht K. 15

163 Bethmanns Reichstagsrede am 2. Dezember 1914. Im Tagebuch schreibt Riezler von dem „wirklich großen Eindruck", den die Rede bewirkt hatte. Tagebucheintragung vom 5. Dezember 1914 (*Tagebücher* Nr. 581). In einem Brief an Otto Hammann bestätigte Bethmann Hollweg, dass die Rede von Riezler bearbeitet worden war. Eberhard von Vietsch*, Bethmann Hollweg. Staatsmann zwischen Macht und Ethos,* Boppard am Rhein 1969, 327.

Brief Nr. 71

[Charleville] 16/11 [1914]

Meine liebe Käthe

Deine Auslassung über unsere respektiven Beziehungen zu Michel geschieht mir ganz recht. Ich hätte mich nicht auf dieses gefährliche Gebiet begeben sollen. Es ist aber alles ganz unzutreffend was Du sagst, ich merke gar nichts von Devotion und Schwanzwedeln, 5 bin auch gar nicht von oben herab – was mir übrigens immer alle Menschen vorwerfen – und ganz zufrieden, wenn Du zu mir wie zu Micheln, und nicht wie Michel zu Dir steht.

Heute ist es besser, der Erfolg im Osten ist eingetreten und die Situation dort so, dass noch mehr nachkommen kann.[164] Ich glaube, wir werden mit Russland zuerst fertig. Der gewaltige Arnhold hat auch keinen Massstab, überhaupt die rein wirtschaftlichen 10 Leute täuschen sich alle gründlich. Kein Mensch kann es beurteilen, es ist gerade da alles dunkel, daher sich die Urteile in Extremen bewegen.

Ich möchte jetzt endlich einmal heraus – um mich etwas aufzufrischen. Hier ist die Atmosphäre so stickig. Ich hoffe dass ich nächste Woche mal auf eine Nacht zum Regiment kann.

15 Heute abend ist wieder wie gestern der Spahn[165] da, der alte, weisst Du der Centrumsführer. Ein sanfter verschlagener Mann.

Bitte vergiss mich nicht, und streichle mich ein wenig. Herzlich Dein K.

Es giebt nur einen Dir unbekannten weil anonymen Wälzer von mir – der aber ist in Hast fabriciert und recht mässig.[166] Der einzig gute ist noch nicht fertig.

164 Am 16. November begann die österr.-ungarische Armee ihre Offensive in Galizien und Russisch-Polen.

165 Peter Spahn (1846-1925), Jurist und Politiker, 1884-1917 Mitglied des Reichstags (Zentrum), seit 1912 Fraktionsvorsitzender.

166 Unter dem Pseudonym J. J. Ruedorffer, *Grundzüge der Weltpolitik in der Gegenwart*, Stuttgart, Berlin 1914.

Brief Nr. 72

[Charleville] 18/11 [1914]

Meine liebe Käthe

Es ist sehr nett von Dir dass Du mich so mit Cigaretten bombardierst. Vielen Dank. Es geht im Osten anscheinend sehr gut – wir hoffen die Russen werden gehörig geschlagen.

Es kommen die ersten leisen Anzeichen von Strömungen in Frankreich die Frieden wollen, und das politische manoevriren kann langsam beginnen.[167] Es wird aber wohl nicht gehen. Davon darf man aber noch nichts sagen. 5

Der berühmte Attaché Meyer[168] ist hier zur Bewachung eines irischen Verschwörers[169] – ich habe ihn aber noch nicht gesehen.

Gestern war Hugo Stinnes da, weisst Du, einer von den grossen Gewaltmenschen der rheinischen Industrie.[170] Er will auch alles annektieren, weiss aber wenigstens, was er will. Wenn es nur im Westen nicht ein langsames Verbluten wird, dann ist alles schön und gut. 10

Mit der Kanzlerrede über die belgische Neutralität sind die Leute doch zu dumm, wissen nicht warum es gesagt werden musste und quakeln alle dazwischen.

Adieu mein Lieb, streichle Michel ein bischen herzlichst Dein K 15

---

167 Am 18. November 1914 kehrte die französische Regierung nach Paris zurück.

168 Richard Meyer (1883-1956), Sohn des jüdischen Oberregierungsrates Paul Meyer, war berühmt wegen seiner abenteuerlichen Rückfahrt aus China, wo er Attaché an der deutschen Botschaft gewesen war. Bei Ausbruch des Krieges hatte er sich auf einem norwegischen Frachter als Kohlenschaufler getarnt. Meyer emigrierte 1939 nach Schweden und wurde nach dem Zweiten Weltkrieg mit dem Rang eines Botschafters rehabilitiert.

169 Sir Roger Casement (1864-1916), britischer Staatsbeamter und irischer Nationalist, prominenter Vorkämpfer gegen die Sklaverei im Kongo und in Peru. Nach einem Treffen im August 1914 mit dem deutschen Botschafter Graf Bernstorff in New York reiste Casement im Oktober über Norwegen anonym nach Deutschland, wo es ihm gelang, die Unterstützung Berlins für ein unabhängiges Irland zu gewinnen. Am 21. April 1916, drei Tage vor dem Osteraufstand in Dublin, landete Casement in einem deutschen U-Boot an der Westküste Irlands. Er geriet schnell in Gefangenschaft und wurde zum Tode verurteilt. Eine amtlich gesteuerte und sehr wirksame Propagandakampagne gegen Casement als Homosexuellen hinderte seine Begnadigung, die von vielen in Amerika und in England u. a. von Sir Arthur Conan Doyle, Arnold Bennett, George Bernard Shaw und Jerome K. Jerome gefordert wurde. Er wurde am 3. August 1916 im Pentonville Prison gehängt.

170 Hugo Stinnes (1870-1924), führender Montanindustrieller und Kriegslieferant, im Weltkrieg Annexionist, 1920-24 Mitglied des Reichstags (DVP).

Brief Nr. 73

[Charleville] 19/11 [1914]

Meine liebe Käthe

Anbei schicke ich Dir einige komische Photo auf der unsere Leute sind, nebst Delbrück, Wahnschaffe, dem Grafen Harrach etc.

Ich denke ich werde hier um 20 Jahre älter und meine ganze trotz eines abwechs-
5 lungsreichen Lebens unverwüstete Jugend wird dahin sein. Ich habe sonst ein leichtes Gemüt und viel Fatalismus, aber es giebt hier Situationen und Conflicte, von der Grösse und Schicksalschwere selbst der blühendste Leichtsinn und die grösste Einbildung „sich seines Nichts durchbohrendsten Gefühls" nicht erwehren kann.[171] Die Lage ist so kompliciert, hat soviel Möglichkeit, dass sie gar kein Material für eine menschliche Aktion
10 mehr ist. Alle die Menschen hier empfinden, dass noch alles so im Nebel liegt und man gar nicht wissen kann, ob es nicht ein grosser Fehler jetzt das Schiff mit fester Hand in eine Richtung zu steuern. Schliesslich ist die Wahl des richtigen Moments wie der Richtung Glück und flair.

Du glaubst nicht, mit wieviel Lüge und Manoeuver persönlicher Natur hier gerun-
15 gen werden muss – ich hatte heute früh eine schreckliche Unterredung – wenn ich nicht so leichtsinning wäre, würde ich den Eindruck nie vergessen.[172]

Im Osten scheint es schwer zu sein. Wir haben Geheimnachrichten dass eine englische Dreadnought auf eine Mine gelaufen ist, und die Engländer aus Angst vor der Aufregung im Volke nicht publicieren.[173] Die Kästen sind zwar teuer, aber so wie so
20 nicht viel Wert mehr.

---

171 Riezler denkt hier offenbar entweder an Friedrich Schiller, Don Carlos, 2. Akt, erster Auftritt (Carlos): „In seines Nichts durchbohrendem Gefühle". Oder an Nietzsches „Genealogie der Moral", Dritte Abhandl.: was bedeuten asketische Ideale?: „in's ‚*durchbohrende* Gefühl seines Nichts'?" (Kritische Studienausgabe, G. Colli/M. Montinari (Hg.), 1980, Bd. V, 404).

172 Hintergrund war vermutlich die dramatische Eröffnung Falkenhayns vom 18. November 1914, dass die Niederwerfung aller drei Feindesmächte nunmehr nicht mehr zu erreichen sei; der Reichskanzler solle entweder Frankreich oder Russland oder beide in einem Sonderfrieden „absprengen", um dann – gestützt auf Belgien – England, den wichtigsten Feind, durch Blockade „auszuhungern" und „niederzuzwingen". Bethmann Hollweg an Arthur Zimmermann, 19. November 1914, Afflerbach, *Falkenhayn*, 204. Für Riezler hingegen war der „Krieg gegen Russland [...] von allen Kriegen der wichtigste". Schließlich seien Frankreich und Russland die einzigen Gegner, von denen Deutschland einen „Siegespreis" erhalten könne. Ohne einen solchen Preis wäre „der ganze Krieg verfehlt" gewesen. Er warf Falkenhayn vor, mit seinem Drängen auf eine politische Lösung die heimtückische Absicht zu verfolgen, „wenn es schief geht, sagen zu können, ich habe rechtzeitig zum Frieden geraten, die politische Leitung hat nicht gewollt." Die „Lügenmanier" von Falkenhayn und Tirpitz, die sich nur persönlich retten wollten, wurde auch von Bethmann scharf verurteilt. Riezler, Tagebucheintragungen vom 22. und 26. November 1914 (*Tagebücher* Nr. 578 und 579).

173 Am 27. Oktober 1914 sank die Super-Dreadnought Audacious (23 400 Tonnen) nordwestlich von Irland in einem Minenfeld, das der deutsche Handelskreuzer Berlin gelegt hatte.

Ich bin etwas melancholisch heute. Mir thut das Volk so leid, das sich so rührend anstrengt und vielleicht wegen der Unfähigkeit der militärischen Leitung hier nicht so siegt, wie es könnte. Aber vielleicht ist es zu hart. Behalt mich lieb. herzlich Dein K.

Abb. 10 So sah Riezler drei uniformierte Kollegen in ihren Knobelbechern.

Brief Nr. 74

[Charleville] o. D. [21. November 1914]

Meine liebe Käthe

Dank für Deinen Brief. Ich komme wohl am 29. oder 30. Nov. und bleibe bis 3ten oder 2ten. Es ist wieder sehr grosse Spannung wegen Polen. Dort steht Hindenburg im halbkreis wo sich doppelt soviel Russen aber hungernd und mit wenig Munition befinden. Wenn es geht, 5 wirds eine grosse Sache. Wenn es missglückt, ist es schlimm. Die Sache ist sehr riskiert, wie alles im Osten.[174] Hier ist alles unverändert und wird noch lange so bleiben. Wir haben geheime Nachricht über Stimmung in London die sehr ängstlich ist. Tisza[175] ist hier mit einem unglaublich komischen k.k. Gefolge. Wenn die Sache nur glückt. Das arme Deutschland.

Der Krieg wird ganz zur Nervensache. Leider haben nicht alle Leute sehr gute Nerven 10 bei uns.

Ich habe Sehnsucht nach Dir und wollt, wir sässen irgendwo in Freiheit und etwas Muse für schöne und geistige Dinge. Behalt mich lieb. Es ist Unsinn dass ich von oben herab sein soll. Wenn ich Michel beneide, so ist es nur, weil ich wirklich sehr benommen bin und gerne gestreichelt werde. Sonst bin ich nicht so passiv--

15 Herzlich Dein K

174 Am 19. und 20. November 1914 meldeten Hindenburg und Ludendorff „sehr schwere" Kämpfe bei Lodz und Krakau und baten dringend um Nachricht, wann mit dem Eintreffen von Verstärkungen aus Frankreich gerechnet werden könne. Afflerbach, *Oberster Kriegsherr*, 698f., Anm. 112 und 113.

175 István Tisza (1861-1918), 1903-1905 und 1913-1917 ungarischer Ministerpräsident. Er wurde vom Kaiser am 21. November 1914 mittags empfangen und blieb zur Tafel. Siehe Plessen, Tagebuch, Afflerbach, *Oberster Kriegsherr,* Nr. P 106.

Brief Nr. 75

[Charleville] 22/11 [1914]

Meine liebe Käthe

Es ist noch immer ungeheure Spannung, wenn die Sache in Polen glückt, ist der Krieg nach allen Seiten gewonnen. Dann kann nichts mehr passieren und wir werden mit den anderen auch fertig.[176] Es sind wieder kolossale Intrigen los. Ich komme übrigens wahrscheinlich Sonnabend früh nach Berlin. 5

Ich weiss nicht ob es gut oder schlecht wenn Du eine leise Angst vor mir hast. Sie ist zwar ganz grundlos. Aber ich glaube, wenn Du gar keine hättest, würdest Du mich gar nicht leiden können. Was meinst Du zu dieser Psychologie.

Ich freue mich sehr, dass ich Dich bald wiedersehe, hoffentlich bist Du nicht wieder ganz zugeschneit. 10

Adieu mein Lieb. Herzlichst Dein Kurt.

---

176 Siehe Plessen, Tagebucheintragung vom 23. November 1914, Afflerbach, *Oberster Kriegsherr,* Nr. P 108.

Brief Nr. 76

[Charleville] 23/11 [1914]

Meine liebe Käthe

Du schreibst, ich wäre bald oben bald unten – das liegt aber etwas in der Situation, die auf des Messers Schneide bald nach den grössten Hoffnungen bald nach dem Gegenteil gravitiert. Es steht immer noch so.

5 Es ist kolossal spannend hier, es sind die grössten Intrigen los, alle Mächteorganisationen wollen die Neuordnung Europas in ihrem Sinne, die Kirche ist oberschlau und möchte einen ganz grossen Schnitt machen,[177] die Konservativen wollen sich durch eine Verständigung mit Russland an der Macht erhalten etc etc. Ich werde Dir mündlich einiges erzählen, ausserdem bekomme ich immer mehr zu thun hier.

10 Der Massstab der Dinge ist wirklich seltsam geworden.

Wenn es in Polen gut geht, haben wir im Frühjahr Frieden. Adieu mein schwarzer Liebling, ich fühle mich viel zu jung und daher empfindsam für meine hiesige Situation und wollte ich würde weniger erleben und dafür irgendwo in Ruhe über Deine schwarzen Haare fahren können.

15 Adieu behalt mich lieb Dein K

177 Am 16. November 1914 hatte Papst Benedikt XV. eine „Friedensenzyklika" erlassen. Dem deutschen Gesandten Otto von Mühlberg teilte er mit, er rechne nach Kriegsschluss mit einer großen internationalen Friedenskonferenz, an der auch der Vatikan teilnehmen würde.

Brief Nr. 77

[Charleville] ca. Nov. 23 [1914]

Liebes Kätzchen

Der Brief Deines Vaters ist sehr nett und *ganz* richtig, oder wie Du sagst, zweckentsprechend. Er meint Politik ist eine Kunst ganz recht, aber meistens ist sie, wie wenn viele Menschen vor einer Staffelei stehen um ein Bild zu malen, einer dem anderen die Pinsel wegreisst oder die Hand zwingen will und jeder nach eigenem Sinn ein Stückchen klext, 5 wobei dann zumeist mehr Klexerei als Kunst herauskommt. Es geht indes wieder ein Stückchen, obwohl ich hier entschieden leicht angeknaxt bin und vollkommen geknickt aus diesem Krieg zurückkommen werde.

Idas[178] Chokolade an Bolle[179] wird trotz ihrer Vortrefflichkeit die Sache nicht schaffen.

Du schriebst neulich, ich erfröre, es geht aber ganz gut vermittelst der Lederweste 10 und ich brauche nichts. Deine faits divers über Berlin W [?] Thereschen Simon etc sind ja sehr traurig.[180] Ich glaube schwerlich, dass ihr die Nachricht von unserer Verlobung eine den Schmerz aufwiegende Freude machen wird.

Der gute alte Hammann, ein Thüringer (die wie Nietzsche sagt auch auf diesem Weg zur Wahrheit die Schleichwege vorziehen) hetzt leicht gegen mich. Er ist doch ein 15 bischen traurig, dass ich ihn depossediert habe. Ich habe arge Sehnsucht, es kommt mir schon eine Ewigkeit vor, dass ich in Berlin weg bin, obwohl es erst etwas mehr als 14 Tage ist. Nun dauert es sicher noch drei Monate bis zum Friedensgemurmel und noch weitere drei bis zum Friedensschluss. Es ist direct greulich. Ob wir im Herbst fortreisen können und ich das schwarze Mädchen sanft streicheln kann. Wahrscheinlich 20 kann man dann auch nicht mehr nach Italien reisen, überhaupt nirgends mehr hin, mit Ausnahme von Deutschland und sicher Spanien vielleicht Griechenland.

Adieu mein Kätzchen Dein K.

Ein Säulenheiliger ist nichts gegen das Leben hier.

178 Vermutlich Ida Marckwald (geb. 24. Nov. 1862), die 1889 Paul Herz heiratete, Fabrikant und Kommerzienrat (1853-1925), Sohn des Industriellen Wilhelm Herz (1823-1914), von 1902 bis 1913 erster Präsident der Berliner Handelskammer und Vorstandsmitglied der jüdischen Gemeinde, der mit Cäcilie Marckwald (1834-1918) verheiratet war, einer Kusine von Käthes Mutter. Eine Ida taucht noch einmal in Brief Nr. 112 aus Moskau auf, in dem er sie unterrichtet haben will.

179 Riccardo Bollati, der italienische Botschafter in Berlin.

180 Möglicherweise Käthe Katharina Therese Simon (1887-1944), Tochter des Berliner Rechtsanwalts und Handelsrechtlers Hermann Veit Simon (8. Mai 1856-16. Juli 1914) und Schwester von Martin Veit Simon (13. Dezember 1890-12. Februar 1914). Also zwei Todesfälle in der Familie im selben Jahr oder schon ein erster Kriegsverlust. Thereses Mutter Hedwig Stettiner (1861-1943) starb in Theresienstadt, ihr Bruder Heinz Heinrich wurde 1942 in Gestapohaft ermordet, Therese selbst und ihre Schwester Eva Anna 1944 in Auschwitz.

Brief Nr. 78

[Charleville] o. D. [ca. 24. November 1914]

Liebe Käthe

Lass doch die gute Tine, sagt er das selber das stolze Wort von dem Aestheten, der in dem entscheidenden Augenblick nicht versagt. Wenn er es selber ausspricht, so ist das doch nur das naïve Erstaunen darüber dass es so ist. Hoffentlich wird sein Stolz in
5 Zukunft zur Selbstverständlichkeit.

Wir haben hier eine Landkarte so gross wie ein Teppich und ich liege auf dem Bauch und studiere sie, leider sitzt Du nicht daneben auf einem Stuhl, und Michel läuft nicht wedelnd auf ihr hin und her. Das wäre ein erfreuliches Bild. Wir könnten ja dann mit Zuckerstücken und eventuell Cigaretten die neuen Grenzen markieren, von denen ja
10 allerdings niemand weiss, wo sie liegen sollen, namentlich nach Osten hin, weiss niemand was rechtes zu wünschen. Denn die polnische Frage ist noch unlösbarer wie die belgische. Ich komme also wirklich, wenn nicht unvorhergesehenes eintrifft, Samstag früh und freue mich, Dich zu sehen.

Bis dahin wird ja wohl die Entscheidung in Polen da sein. Es steht immer noch auf
15 der Kippe. Adieu schwarze Sphinx die Du mir die Devotion Michels glauben machen willst – wir können ja eine Konkurrenz der Devotion eröffnen. Adieu mein Liebling

Dein K

Brief Nr. 79

[Charleville] 25/11 [1914]

Liebe Käthe

Heute ist so schöner Schnee draussen daher eine ganz neue Empfindung in der Nase und die Eintönigkeit scheinbar unterbrochen.

Im Osten geht es wieder besser, es steht aber alles so kunterbunt durcheinander, gestern war ein Korps von uns ganz von den Russen eingekesselt und schien verloren, heute hat es sich wieder herausgebuddelt und dafür ein russisches eingekesselt u.s.f. Lodz selber, um das vielleicht 250 000 Russen herumstehen, hat schwere Cholera, nichts mehr zu fressen, kein Heizmaterial mehr eine arme hungernde Bevölkerung darunter 150 000 Juden, die schon in Friedenszeiten von den anderen totgeschlagen werden – es muss eine Hölle sein.[181]

Köbner[182] ist ein ganz ekelhaftes Individuum und Gegenstand allgemeiner Verachtung. Ich gebe ihm nur im äussersten Notfall die Hand. Hardens Nachricht mit dem Kreuzer ist richtig, aber geheim. Dafuer haben aber die Englaender einen ihrer neuesten Dreadnoughts verloren.[183] Seine Politik ist irrsinnig, halb Einflüsterung des Vaters der Lüge,[184] halb unverstandener Bismarck. Ein ganz unpolitischer Kopf. Gut nur, wenn er wie Deine Cousine Grete Seelenvorgänge aus dem Unterleib erklären kann. Die Leute wollen alle sich mit Russland verständigen. Gut, aber dann müssen wir im Westen die Leute so vermöbeln, dass sie in einem neuen deutsch-russischen Krieg, der dann bald kommt, den Rücken freihaben.[185] Das begreifen die Menschen nicht.

Gestern war wieder so ein furchtbarer Abend, der Kanzler schwer von Sorge beladen wir sassen nach dem Essen stundenlang am Kamin in einer so mühsam tröpfelnden Konversation. Schliesslich schien er es nicht mehr auszuhalten und drang darauf dass wir Bridge spielten – dabei sieht er zu und freut sich über die Sprüche, die wir dann machen. Das ist immer unsere beste Rettung.

---

181 Lodz wurde am 6. Dezember 1914 von deutschen Truppen eingenommen.

182 Otto Max Köbner (1869-1934) war ab 1898 Hilfsarbeiter im Reichsmarineamt, zuständig für Kiautschou, ab 1907 Vortragender Rat bei der Zentralverwaltung im Schutzgebiet Kiautschou, ab 1915 als Kriegsreferent im Reichsamt des Innern. 1925 übernahm er den Lehrstuhl für Auslandskunde, auswärtige Politik und Kolonialwesen an der Universität Frankfurt, wo er 1933 aus rassischen Gründen emeritiert wurde.

183 Am 4. November 1914 lief der deutsche Kreuzer York im Jadebusen auf zwei deutsche Minen und sank mit hohen Verlusten unter der Besatzung. Siehe auch den Untergang der Audacious im Brief Nr. 73 vom 19. November 1914.

184 Tirpitz. Seinerzeit trat Maximilian Harden für einen Siegfrieden ein, bevor er sich zum Kritiker der Kriegspolitik entwickelte.

185 Riezler war der Überzeugung, dass Deutschland nach einem Friedensschluss mit Russland zu einem „Vasallenstaat Russlands“ herabsinken würde. Tagebucheintragung vom 22. November 1914 (*Tagebücher* Nr. 578).

Übermorgen 11 Uhr wird fortgefahren, Samstag 8 Uhr bin ich in Berlin und telefoniere Dir um 9 Uhr.[186]

Adieu mein Liebes ich freue mich auf Dich

Dein K

---

186 Riezler traf am Samstag, den 28. November, in Berlin ein and kehrte am 21. Dezember 1914 nach Charleville zurück.

Brief Nr. 80

[Charleville] Montag [21. Dezember 1914]

Mein liebes Kätzchen

Danke Dir noch für den Wollhelm, er hält wunderschön warm. Wir sind heute mittag angekommen, Hofzug war sehr bequem mit Ausnahme der hässlichen Hoftafel, an der man abends wegen Erkältung des Imperators zwei Stunden lang nicht rauchen durfte und morgens bereits um 8 Uhr zum Caffee erscheinen musste. Der Monarch war ganz aufgeräumt. Es geht im Osten gut weiter, wenn auch die Gefangenen noch nicht publiciert werden. 5

Verbringe gute Weihnacht und vergiss nicht, Deinen Eltern meine Weihnachtswünsche etc zu übermitteln, und ihnen sonst auch meinen herzlichen Dank für die freundliche und lange Aufnahme auszurichten. Hoffentlich bin ich ihnen nicht allzusehr auf die Nerven gefallen. 10

Mein liebes Kätzchen, ich habe Dich sehr lieb, bitte vergiss mich nicht, und wenn Du wie Du sagst, wirklich ein klein wenig verliebt bist, so rede Dir das bitte nicht als imbécillité aus – diese imbécillité ist doch eine grosse Erleichterung für alles, es geht das alles nur mit ihr. 15

Adieu mein Kätzchen, ich streichle Dein weisses Fell und bin traurig, weil es nicht da ist. Dein K

Brief Nr. 81

[Charleville] 21/12 [1914][187]

Liebes Kätzchen

Heut ist grosser Sturm jagende Wolken und eigentlich Frühlingsluft, ich bin zwei Stunden das Maasthal abwärts geritten, war sehr schön und nützlich gegen Trübsinn.

Ich glaube trotz aller Stagnation immer noch dass es im Frühjahr zu Ende ist, aus
5 allgemeiner Erschöpfung, freilich, dass es einen schrecklich komplizierten und langwierigen Friedensschluss giebt. Die Japaner kommen wohl nicht, aber im Balkan haben die Oesterreicher durch ihre Niederlage in Serbien wieder alles in Frage gestellt.[188]

Ich habe gerade Deinem Vater geschrieben, so wie es mir in den Sinn kam. Aber ob es alles ist, was künftige Schwiegersöhne in solchen Fällen zu sagen pflegen und sagen
10 sollen, weiss ich nicht. Es kommt mir immer dämlich vor, persönliche Dinge anzusprechen, ich bin da schrecklich schüchtern. Ich finde ja wirklich, dass Deine Eltern und Dein Vater furchtbar nett zu mir sind, ohne eigentlich besonderen Anlass dazu zu haben.

Liebes Kätzchen, ich bin schrecklich ungeduldig, zerre am Zügel dieses Fatums, das
15 jetzt Europa in den Abgrund reitet, oder wenigstens am Abgrund entlang. Ich wollt ich wäre wieder in Deinem Zimmer und könnte Dich streicheln, verrobben und so weiter. Es ist zu schlimm. Aber ich sage mir immer, dass ich weich bin und schrecklich schlapp, denn das natürliche waere doch gewesen, ich wäre seit August ohne Unterbrechung und Wiedersehen im Schützengraben und also laengst totgeschossen.

20 Adieu mein schwarzes Mädchen, werde mir nicht untreu und werf Theo [Lewald] keine schwarzen glühenden Blicke zu. Dein K.

Der Vater der Lüge ist unten durch. Er ist zur Zeit ein toter Mann, kann aber wieder lebendig werden.[189]

---

187 Datierung bestätigt nach den Wetterangaben in Plessen, Tagebuch vom 21. Dezember 1914, Afflerbach, Nr. P 137.

188 Serbische Truppen eroberten am 15. Dezember 1914 Belgrad zurück.

189 Vermutlich eine Nachschrift vom 22. Dezember. Der ebenfalls im Großen Hauptquartier in Charleville anwesende Admiral von Müller notierte an diesem Tag: „Große Aufregung über ein aus amerikanischen Blättern bekannt gewordenes Interview, hauptsächlich über U-Boot-Handelskrieg gegen England, das Tirpitz dem amerikanischen Journalisten von Wiegand gegeben hatte." Müller, Tagebucheintrag vom 22. Dezember 1914. Görlitz, *Regierte der Kaiser?*, 76. Das Interview über die Erforderlichkeit des U-Boot-Krieges hatte Tirpitz, der unerbittliche Verfechter des Schlachtflottenbaus, bereits im November gegeben. Tirpitz, *Erinnerungen*, Leipzig 1919, 340ff. Das Interview rief beim Kanzler, beim Kaiser und bei der Marineleitung Empörung hervor, da es in die geheim gehaltenen und noch nicht abgeschlossenen Diskussionen über den Einsatz der U-Boote eingriff (23. Dezember 1914, *Tagebücher* Nr. 584). Siehe die detaillierte Analyse in Patrick J. Kelly, *Tirpitz and the Imperial German Navy*, Bloomington 2001, Kap. 15, August 1914-March 1915, insb. 395f.

Brief Nr. 82

[Charleville] 22/12 [1914]

Liebes Kätzchen

Ich habe sehr viel zu thun, da die anderen weg und ich in politischen Dingen mit den beiden Chefs allein bin. Ich bin daher wieder ganz drin. Ich bin lange an der Maas spazieren gegangen mit dem Staatssekretär,[190] die Landschaft scheint wieder sehr schön. Aber ringsum keine Aussicht auf Frieden. 5

Die fleissige Bertha[191] ist abgefahren. Hier behaupten die Menschen, ich wäre für Rom mit ihr in Konkurrenz gestanden, der Kanzler habe aber nicht gewollt. Mein liebes schwarzes Kätzchen, ich bin sehr traurig und werde mich hinter die philosophischen Bücher flüchten. Morgen bekomme ich hoffentlich einen Brief von Dir. Es ist dann schon eine Ewigkeit dass ich weg bin. Ich habe Dich lieb und hoffe Du findest mich 10 nicht allzu komisch. Viel Liebes Dein K

190 Zum Gespräch mit Jagow über die Nachfolge Hammanns siehe Riezler, Tagebuch vom 23. Dezember 1914 (*Tagebücher* Nr. 584).

191 Gemeint ist Wilhelm von Radowitz (1874-1939), seit 3. Juni 1914 Wirklicher Legationsrat und Vortragender Rat, seit 14. Mai 1915 Geheimer Legationsrat. 1917-1918 Unterstaatssekretär der Reichskanzlei.

Brief Nr. 83

Auswärtiges Amt [Briefkopf]

[Charleville] 23/12 [1914]

Mein liebes Kätzchen

Danke Dir, dass Du mich so reichlich mit Cigaretten versorgst, heute kamen zwei solche Liebesgabenpackete an. Es giebt eigentlich gar nichts neues, es ist immer noch dasselbe – die anderen hoffen immer noch die Englaender versprechen anscheinend eine grosse
5 Armee, die in einigen Monaten noch kommen soll und die politische Situation Italien, Rumaenien, Japan etc bleibt immer noch in der Schwebe, also nichts von einem Ende abzusehen.

Morgen wird ein grosser Baum gemacht und Weihnachtsfest für die Leute, aber sehr vergnügt wird es nicht werden. Ich versuche für mich zu arbeiten um nicht wieder dem
10 Milieu und seiner Stagnation zu verfallen – es ist aber nicht leicht hier. Momentan ist auch gerade etwas mehr zu thun.

Es ist wirklich zu arg, dass man gar keine Freiheit des Privatlebens mehr hat, auch garnicht wissen kann man sie endlich wieder kriegt, dh. wann ich Dich mit mir fortschleppen kann. Ich habe Sehnsucht, möchte Dich ein wenig verrobben und meine
15 Bärentatze auf Dein schwarzes Haar legen. Was Du komisch findest. Adieu mein schwarzes Kätzchen – es dauert alles schrecklich lange. Ich werde gewiss ganz trübsinning wiederkommen.

Dein K

Brief Nr. 84

Auswärtiges Amt [Briefkopf]

[Charleville] Weihnachtsabend 1914

Meine liebe Käthe

Die anderen sind gerade in den kais. Gottesdienst gefahren, ich als Ketzer[192] darf dableiben sitze neben dem Weihnachtsbaum, den wir eben geputzt haben. Leider ging mein Vorschlag nicht durch, dass wir alle unsere Orden als Schmuck hinhängen sollen. Heute kam ein Brief von Dir vom Montag. Inzwischen wird das ersehnte Zuschneien wohl schon eingetreten sein und Du innerlich wieder wie eine kalte weisse gleissende Fläche aussehen. Dass Du mich wegen der Italienerin und ihrer Widmung als Wüstling bezeichnest, ist sehr komisch. Das Buch hat sie mir Anfang August geschickt. Das Du hat sie einseitig und lediglich in Briefen verwendet – überhaupt war sie gar nicht in mich sondern in die Philosophie verliebt, ganz platonisch schwärmend, daraus kannst Du keine Waffen gegen mich schmieden, überhaupt nur ersehen, wie bodenlos ich schon vor unserer Verlobung in Dich verliebt war und wie ich Dir unbegründete Treue gehalten habe. Bitte das ausdrücklich anerkennen.

Wegen der interessanten Tauffrage bleibts bei unserer [unleserlich] Abrede, kirchliche Trauung unnötig Taufe entschieden besser. Nicht taufen ohne Gläubigkeit wäre eine Demonstration, die nicht verstanden würde und böte den bösen Leuten eine Handhabe. Wegen Zeitpunkt weisst Du, warum jetzt besser als später, genügt das als Marschroute.

Die Franzosen haben natürlich die schwächste Stelle herausgefunden und greifen wütend an, werden aber immer zurückgeworfen – niemand glaubt, dass sie durchbrechen, es ist aber immerhin ernsthaft.

Gestern wars sehr traurig, es kam Nachricht dass des Kanzlers Sohn wahrscheinlich tot – ich ging mit ihm im Garten spazieren, er war schwer und beladen – ich glaube doch ich kriege hier noch weisse Haare, trotz meines leichten Gemüts.[193] Nur gut dass Du nicht in der Front bist, sonst ging es Dir wie der Frau beim Bombardement von Antwerpen die mit ganz schwarzen Haaren ins Bett ging und mit weissen aufstand.

Mein liebes schwarzes Kätzchen, ich habe schlimme Sehnsucht, und wünschte Du hättest auch solche. Es ist wirklich arg. So ist es in dieser gerechtesten aller Welten: zur Strafe für die Jünglinge, die Du allumiert [befeuert] und gepeinigt hast, muss ich jetzt solche Sehnsucht haben. Sei so gut und trag Dein Teil. Adieu Kätzchen ich muss fort, es ist gleich Bescherung für die Leute. Dein K

192 Riezler war katholisch.

193 Der vierundzwanzigjährige Sohn August Friedrich von Bethmann Hollweg (1890-1914) wurde bei einer Kavallerieattacke im Osten tödlich verwundet und starb am 9. Dezember.

Brief Nr. 85

[Charleville] 25/14 [sic]

Liebes Kätzchen

Anbei hast Du das Programm für unser Leute-Weihnachten. Chauffeure, Diener etc. Es war ganz recht gemacht ehrliche Stimmung Die Soldaten sind so rührende Kinder. Der Kanzler macht es sehr gut, einfach, menschlich und vornehm.

5 Unser eigenes Fest war ziemlich traurig.

Es ist ein solches Verhängnis in der Welt, so eine dumpfe Naturgewalt die kein Mensch mehr meistern kann, alles schleppt sich hin und ist ganz verblendet, bis Europa ganz ruiniert ist. Es ist nichts von einem Ende zu sehen. Ich freue mich, dass Du schöne Musik hörst.

Übrigens bin ich ernstlich böse, weil Dein Vater den Prügelgedanken nicht los wird; 10 muss ihn doch ernstlich beschäftigen, also![194] Kannst ihm einmal sachte hinreiben, ich wäre böse darüber.

Heute war dann ein wunderschöner Tag, ich spazierte drei Stunden mit dem Staatssekretär auf den Höhen. Klar sonnig und kalt.

Wohnung Anfang Kurfürstendamm wäre ganz gut, es geht noch als Lage. Wenn wir 15 nur erst soweit wären. Ich bin traurig und trübe und habe Sehnsucht, möchte allein sein mit Dir und den Kopf freihaben Dein K

Deinem Vater werde ich schreiben zu Neujahr wie und was, weiss ich freilich noch nicht.

Anlage zum Brief Nr. 85:

Weihnachten in Frankreich
20 Großes Hauptquartier am 24. Dez. 1914
Kommando Reichskanzler u. Auswärt. Amt

1. Gesang (Stille Nacht, heilige Nacht)
2. Ansprache und Kaiserhoch (Reichskanzler[195])
3. Bescherung
4. Gesang (O Tannenbaum)
5. Ansprache des Wachtmeisters Harms (?)
6. Gesang (O du fröhliche)
7. Abendessen
8. Vorträge

25

194 Die Karikatur auf S. 230 von Hans Lindloff im satirischen, extrem nationalistischen Magazin Kladderadatsch vom 11. Sept. 1927 wollte darstellen "Wie sich die Pariser Blätter den 'militaristischen' Max Liebermann vorstellen" (Titel), aber parodierte ihn ungewollt ganz zutreffend als den säbelrasselnden Maler von 1914. Französische Rechtskreise vereitelten eine Ausstellung seiner Werke zu seinem 80. Geburtstag in Paris, weil sie ihm seine Unterschrift unter das Manifest der 93 im Jahre 1914 vorwarfen.

195 Handschriftlich von Riezler hinzugefügt.

[Stille Nacht: Text]

O Tannenbaum

1. O Tannenbaum, o Tannenbaum
Du strahlst im Kerzenglanze,
Heut an dem heiligen Weihnachtsfest 5
Tobt Kampf und Streit in Ost und West.
Es kämpft ein jeder deutsche Mann
Mit Gott für den Kaiser.

2. O Tannenbaum, o Tannenbaum
Dein Glanz ist nicht wie immer, 10
Es fehlen heut' in stiller Nacht
Die Männer die in heisser Schlacht
Fürs teure deutsche Vaterland
Als tapfre Helden kämpfen.

3. O Tannenbaum, o Tannenbaum 15
Wie mancher Held wird denken:
Ach! Könnt ich bei den Meinen sein
Und ihnen all das Herz erfreuen!
Da plötzlich durch die stille Nacht
Wird zum Alarm geblasen. 20

4. O Tannenbaum, o Tannenbaum
Dein Kleid, die Hoffnungsfarbe
Sie deute unser höchstes Glück
Gott geb ihr Helden und kehrt zurück
Gesund! Als Sieger auf der Brust 25
Das schlichte Kreuz mit Eisen.

O Du fröhliche, selige Weihnachtszeit!

1. O Du fröhliche, o Du selige
Gnadenbringende Weihnachtszeit!
Wie wird es werden 30
Weltkrieg auf Erden!
Schütze, schütze unser Vaterland!

2. O Du fröhliche, o Du selige
Gnadenbringende Weihnachtszeit!
Gott lass uns siegen!
Nicht unterliegen!
5 Schütze, schütze unser Vaterland!

3. O Du fröhliche o Du selige
Gnadenbringende Weihnachtszeit!
Sieg oder sterben!
Sonst wir verderben!
10 Schütze, schütze unser Vaterland!

4. O Du fröhliche, o Du selige
Gnadenbringende Weihnachtszeit!
Christ komm hernieder,
Rette uns wieder!
15 Schütze, schütze unser Vaterland!

R. Nicke

Abb. 11 Riezler: „Ich bin ernstlich böse, weil Dein Vater den Prügelgedanken nicht los wird“ (25. Dez. 1914).

Brief Nr. 86

[Charleville] 26/12 [1914]

Liebes Kätzchen

Ich habe arg Mitleid mit Dir wegen Köbners Hochzeit.[196] Das muss allerdings etwas arg gewesen sein. Von der kirchlichen Trauung bleibst Du verschont. Wenn Dich Michel wieder schwärmerisch liebt, so ist es, weil sich meine Seele aus Verzweiflung in ihn
5 geflüchtet hat, wissend, dass Du ihn lieber streichelst als mich. Auch nicht zu verwundern bei seinem schönen glänzenden schwarzen Fell. Ich habe Zimmer gewechselt, des Wechsels wegen – aber es ist überall dieselbe schwere Luft. Nichts von einem Ausweg, von der Möglichkeit einer Lösung.

Ich habe schlimme Sehnsucht und kann nur immer dieselbe Klage erheben. Weiss
10 Gott, wann und in was für einem veränderten Europa wir endlich beisammen sein können.

Anbei schicke ich Dir den bewussten Plato, wir sprachen davon, ich fand ihn aber nicht in Berlin, weil ich ihn hier hatte. Er ist sehr seltsam aber sehr schön.

Adieu mein schwarzes Kätzchen, ich beisse Dich dans le coin du cou. Dein K.

---

196 Otto Max Köbner (siehe Brief Nr. 79) heiratete Eva Liebermann (1879-1941), die Tochter von Georg Liebermann, Max Liebermanns Bruder.

Brief Nr. 87

Auswärtiges Amt [Briefkopf]

[Charleville] 27/12 [1914]

Meine liebe Käthe

Das mit Italien ist leider Blech. Hier greifen die Franzosen fest an, wir hören immer Kanonendonner, das ist ganz gut, vielleicht begraben diese Phantasten, die immer von neuen Hoffnungen leben, dabei wieder eine

Hier ist gar nichts los sonst. Ich ging gestern nacht in dem fahlen kalten Mondlicht allein spazieren ich muss wieder nachdenken um mich aufrecht zu halten in dieser Atmosphäre nicht graue Haare zu kriegen, habe auch wieder angefangen zu schreiben, geht aber langsam, ist, da Du weg bist, der einzige Trost.

Liebes Kätzchen, ich dachte Du würdest statt Deine Mutter zu fragen wegen voraussichtlicher Untreue, ihr erzählen, dass a Du so in mich verliebt wärst, dass Du mich nie betrügen würdest, obwohl Deine Natur eigentlich dazu neige, b ich erstens schon aus Verliebtheit zweitens aus ausgesprochen monogamer Veranlagung Dich erst recht nicht betrügen würde. Ach wenn Du wüsstest, wie weit ich davon entfernt bin, nicht nur hier in diesem Männerkloster.

Der Gedanke mit Rom war wohl nur ein eventueller Notbehelf der Leute, es fehlte an jemand.

Ich wollte, ich könnte über einiges mit Dir mündlich plaudern. Es wäre gescheiter gewesen, wir hätten uns nottrauen lassen, man ist doch so ebenso abhängig von der Naturgewalt, die auf einmal über die Welt gekommen ist. Adieu mein schwarzes Kätzchen Du sollst mich nicht vergessen Dein K

Brief Nr. 88

[Charleville] 28/12 [1914]

Liebes Kätzchen

Ihr habt so angenehme Sensationen, immer neue Gerüchte die sind zwar alle nicht wahr, tragen aber doch zur Belebung bei. Es ist gar nichts neues los – auch gar keine besonderen Hoffnungen in petto, vielleicht im Osten – es giebt nichts anderes als warten. Heute 5 ist greuliches Wetter Sturm und Regen und trübe Stimmung, von der ich Dir aber nicht vorjammern will. Im Osten sind noch 45000 Gefangene in Reserve gehalten (noch nicht gemeldet). Das ist das einzige Erfreuliche, was ich zu verraten habe.

Wohnung wird sich nach Deinen bisherigen Erkundigungen schon finden. Wenn wir nur erst soweit wären. Neulich war Waffenruhe bei den Englaendern zum Begraben 10 ihrer Toten – dabei sprachen unsere Offiziere mit den englischen – waren aber entsetzt über deren Frivolität und Rohheit, alles nur als Sport.

Meine Mutter schreibt auch schon ganz trübe zu Weihnachten. Armes Kätzchen, es thut mir leid, dass Du traurig bist. Ist es wirklich so schlimm mit dieser Verliebtheit bis über die Ohren, dass Du sie bereust? Ich glaube doch nicht Ich glaube, es ist doch nur 15 so, dass sie im Rahmen einer angenehmen Sensation bleibt, Du wunderst Dich vielleicht ein wenig.

Meine ist viel schlimmer. Du hast noch nie wie ich, (wahrhaftig) aus Wut und Trauer in die Kissen gebissen des Nachts. Das darf ich gar nicht sagen, sonst bekommst Du Angst vor dem wilden Mann und ziehst Dich in das bekannte Glashaus zurück. Adieu 20 mein Kätzchen, ich habe Dich wirklich lieb, ist schon direct Passion, was es bei Dir noch lange nicht ist und bin traurig, weil ich Dich so ewig lange nicht zu fassen kriege. Bestens Dein K

Deine Uhr läuft übrigens glänzend und ist wunderschön. Hast Du eigentlich den Kierkegaard bekommen?[197]

197 1909 erschien im Eugen Diederichs Verlag die Gesamtausgabe von Sören Kierkegaard, die großes öffentliches Interesse erregte und die Riezler zu Weihnachten 1914 an Käthe Liebermann schickte. Bei der von ihm empfohlenen Lektüre handelte es sich wohl um *Entweder-Oder* (1843), *Die Krankheit zum Tode* (1849) oder beides.

Brief Nr. 89

Auswärtiges Amt [Briefkopf]

[Charleville] 30/12 [1914]

Mein liebes Kätzchen

Es ist sehr bösartig von Dir, mir einen Italiener, nach dem Du suchst, vor den Augen vorbeizubaumeln. Lass meine arme Italienerin ruhen, ich verleugne sie nicht, bin aber ganz unschuldig an dem dichterischen Du.

Ich bin sehr froh, dass Dein Vater in der Religionsfrage sich auf die für alle Seiten so bequeme und fürtreffliche Vogel Strauss Politik verlegt. Mein Kätzchen, auf die kirchliche Trauung verzichte ich aus eigenem, nicht um Deinetwillen, sodass Du also keine Angst zu haben brauchst, ich werfe Dir das Versagen meiner Carrière vor, es ist übrigens komisch, unsere beiderseitige Angst in dieser Richtung, ich glaube natürlich eher, dass Du mir das Versagen dieser Carrière vorwerfen wirst – worüber wir uns in edlem Wettstreit des Bestreitens gewiss noch in die beiderseitigen Haare geraten werden. Diese ganze Carrière ist ja doch Humbug. Es ist doch unerträglich, wenn man sich einer Sache innerlich verschreibt, die von Zufällen und anderen Leuten abhängig ist. Man kann es ja mitnehmen wenns kommt, darf aber keine Träne nachweinen, wenn es nicht kommt was in diesen Zeitläuften weitaus das wahrscheinlichere ist.

Ich hatte gestern abend eine dreistündige Unterhaltung mit dem Kanzler, über die Zeit nach dem Kriege, ob da neue Männer kommen müssen, über seine Schwächen etc, über Bismarck. Er war wieder seltsam, aber sehr sympathisch. Es ist ihm in allem so blutiger und heiliger Ernst. Er hat eigentlich die Tendenz sich schlecht zu machen. Er ist so schrecklich deutsch.

Es sind wieder Tage der grössten Entschlüsse und Entscheidungen, aber die Dinge sind alle so undurchsichtig und vielseitig, es ist alles flair oder Glück man möchte die Dinge bis ins letzte durchschauen wird aber durch diesen Wunsch zur grossen Verzweiflung getrieben.

Liebes Kätzchen, willst Du mir einen Gefallen thun, meine „Mare“ [?] findet das Buch nicht, bitte schicke mir die Schrift Nietzsches gegen Wagner, ich glaube es heisst „der Fall Wagner“ und „Nietzsche contra Wagner“, ihr habt es sicher es ist glaube ich aus dem Jahre 88 ich habe es dem Kanzler versprochen.[198] Wenn ihr es nicht habt, bitte lasst es aus einer Buchhandlung mit Rechnung schicken.

198 *Der Fall Wagner* erschien am 22. September 1888, *Nietzsche contra Wagner* 1889, im Jahr von Nietzsches geistigem Zusammenbruch, „in kleinster Auflage für den privaten Gebrauch“ (Urs Andreas Sommer); 1894 dann (mit Erscheinungsjahr 1895) in einer mehrbändigen Werk-Ausgabe im 8. Band. Die Briefstelle macht nicht klar, warum Riezler dem Kanzler die beiden Werke versprochen hatte. Vermutlich geht es um Wagners Wendung unter Schopenhauers Einfluss zu einem Pessimismus, der alles zugrunde gehen sieht; nur die „Götterdämmerung” bringe die Erlösung.

Eben ist die fleissige Bertha[199] aus Brüssel angekommen, dick und zufrieden, ein Dickhäuter ganz unberührt durch die Ereignisse, er macht etwas Radau in der Bude, fährt aber gleich wieder zurück.

Wie geht es Micheln? Kannst Du es nicht schlau so anfangen, dass Dein Vater dieses
5 schwarze Tier noch einigemale abkonterfeit und es uns im Bilde stiftet?

Mein liebes schwarzes Mädchen, ich habe Sehnsucht und wollt es wär alles wieder friedlich und ich wär bei Dir Dein K

199 Radowitz (siehe Brief Nr. 82).

Brief Nr. 90

Auswärtiges Amt [Briefkopf]

[Charleville] 31/12 [1914]

Mein liebes Kätzchen

Besten Dank für Deinen Brief. Die Erwähnung der Dame aus Kiev mit den vielen etc und der Vergleich mit Onkel Theo machen mich sehr nachdenklich. Es gelingt Dir ja nicht mich zum Wüstling zu stempeln, aber warum strengst Du Dich so an?

Ich bin hier in absoluten Trübsinn verfallen, ich werde ganz schwermütig, bis der Krieg aus ist (wozu ich schon sowieso ein klein wenig Anlage habe). Es ist auch nicht der Schatten einer baldigen Friedensaussicht, auch nicht die Möglichkeit irgend eines entscheidenden Schlages und politische Möglichkeit einer Besserung giebt es auch nicht, sondern höchstens dass Italien im Frühjahr noch gegen Oesterreich und die Türkei marschiert (bitte dies aber nicht sagen). Also alles ganz traurig. Es ist wirklich etwas anderes sich im Schützengraben schlagen, wo man nichts weiss von der Dummheit und Fehlern der Führung, und alles als ein Fatum hinnehmen kann. Ich werde sicher grau sein bis ich zurückkomme, wenn nicht äusserlich so dann innerlich – und wenn Du mich dann noch magst, wirst Du bereuen, dass Du früher nichts von mir wissen wolltest. Armes Kätzchen ich will Dich mit meinem Trübsinn verschonen, komme aber immer darauf zurück, weil ich doch nichts falsches schreiben kann. Es ist nämlich nichts zu thun und nichts zu nutzen, zur Zeit, ausser die schwer beladene traurige Last dieses verantwortungsvollen Hauses mit äusserlich guter Haltung zu ertragen. Gestern war bei Tisch Zusammenstoss zwischen dem Staatssekretär [Jagow] und mir, weil mir die Geduld riss allerdings noch leidlich verdeckt, brachte aber doch etwas Sensation in die stagnierende Atmosphäre.

Ich zwinge mich zu schreiben, aber das vollkommene Vergessen alles Anderen dabei ist hier nicht leicht. Armes Kätzchen, hie und da denke ich, dass es mit meiner robusten Vitalität doch nicht soweit her ist. Ich bin sehr neugierig was Du zu dem Kierkegaard sagst, er redet eine ganz andere Sprache, hat aber nicht in allem Unrecht.

Adieu schwarzes Wesen, ich wollte ich wäre bei Dir küsste Deine Lippen und vergässe Dein K.

Gutes Neujahr! Es soll uns endlich zusammenbringen.

Brief Nr. 91

Auswärtiges Amt [Briefkopf]

[Charleville] Neujahr 1915

Mein liebes Kätzchen

heute war grosse Parade und Gratulationscour, Vorbeimarsch des Landsturmbataillons Weimar das hier liegt und Aufstellung des ganzen Grossen Hauptquartiers, wir, als № 1, am ersten Flügel. War sehr komisch. Der Kaiser schritt die Front ab, jedem mit freundlichen Worten bedeutend. Wir bekamen auch etwas neckisches ab.

Die grosse englische Armee gibt es schon, grösser indes als 300-400 000 Mann wird sie bis zum Frühjahr wohl nicht werden, ausserdem müssen sie einiges nach Aegypten etc Indien schicken. Das ist nicht so schlimm. Rauswerfen können uns die Franzosen auch nicht – aber wir kommen leider auch im Osten nicht vorwärts.

Mein liebes schwarzes Mädchen was soll ich thun um Dich davon zu überzeugen, dass ich Dich mehr liebe als Du mich. Du müsstest das eigentlich schon aus meiner jahrelangen Hartnäckigkeit ersehen. Ich bin ja sehr froh darüber, dass Du ein wenig in mich verliebt bist, das ist sehr gut, besser als ich zu hoffen wagte und befreit mich quasi von einer Sorge wie ich Dir auch schon sagte, denn es wär doch [ein] ganz undenkbarer Zustand, wenn Du Dich ohne Verliebtheit einem doch immerhin schwankenden Schiff anvertrautest. Mich darf kann and soll man wirklich nur aus einem bischen Liebe heiraten. Verzeih diesen Excurs.

Eben musste ich diesen Brief mit Cafétassen und Aschenbechern verdecken, vor dem Taubenauge (Plessen) das sich ausgerechnet auf meinen Stuhl setzte. Jetzt ist er nebenan in einer hochnotpeinlichen Sache und wenn die Leute nicht so schreien würden, dass man alles hört, könnte ich noch einige tiefsinnige Sachen darüber anbringen. Liebes Kätzchen Du magst mir glauben oder nicht, ich habe Dich wirklich lieb und arge Sehnsucht, möchte bei Dir sein und nicht hier Zuschauer und Zuhörer der schwersten Dinge.

Ich freue mich sehr, dass Dir der Plato[200] zusagt, aber warum redest Du von Spatzenheim, wenn wenigstens Katzen oder Robben, dann hätte es wenigstens äusserlich etwas Zusammenhang. Du findest wohl sehr komisch, dass ich Dich mit so animalischen Kosenamen belege, aber es ist ganz simple Verliebtheit. Ich komme mir überhaupt rettungslos verliebt vor, was in der Entfernung recht unbequem ist – ein paar Wochen geht, aber es wird sicher ein Jahr. Ich bin recht traurig und heule vor Wut, weil ich Dich weder verrobben noch streicheln noch beissen kann. Behalt mich lieb. Dein K.

200 Wahrscheinlich *Der Staat* (*Politeia*).

Brief Nr. 92

[Charleville] 3/1/15

Meine liebe Käthe

Gestern konnte ich Dir nichts richtiges schreiben, heute kam nichts von Dir und ich bin traurig. Es ist wenigstens Bewegung da, draussen wird furchtbar geballert. Gestern war die Aufregung wegen Belgien, heute war ein freundliches Intermezzo, da der Prinz Alfons von Bayern zum Frühstück da war, der sehr komisch ist.

Die Situation ist mehr als dunkel. Und man kann nicht mehr sagen dass sie durch die Länge besser wird. Ich will Dich nicht mit meinen Sorgen beladen, auch nicht schwarzsehen, aber wir müssen uns doch, zwar ganz unter uns, darauf gefasst machen, dass die Sache zwar nicht ganz schlecht, aber immerhin mau ausgehen kann. Die Oesterreicher sind damals in Serbien schwer, in Galizien neuerdings leicht vermöbelt worden.[201] Dadurch ist die Hoffnung Russland die Siegesaussicht ganz zu nehmen zum Frieden zu bringen, erschüttert und wenn keine Änderung eintritt, glaube ich persönlich fest, dass Italien Anfang Frühjahr das Trentino besetzt, vielleicht auch Rumaenien gegen Oesterreich geht. Das sieht schrecklich aus, ist aber nicht so schlimm, da Oesterreichs Ende nicht das unsere bedeutet. Wir können auch dann noch, wenn es geschickt gemacht wird, leidlich herauskommen. Vorausgesetzt dass wir im Westen und Osten nicht zurückmüssen und die anderen keine Aussicht haben uns zurückzuwerfen, wird es dann gegen Sommer Frieden geben. Wenn es so geht, werden wir im Innern schwere Kämpfe kriegen, der Kanzler und die Diplomaten werden schwer zerzaust verschwinden, das Land wird sich ja, wenngleich unter schweren Steuerlasten wieder aufrappeln, vielleicht auch noch ganz gut wegkommen. Mein Weg ist dann sehr schmal, es ist alles Zufall, wahrscheinlich muss ich dann auch, weil zu sehr Faktotum des Kanzlers, auf einige Zeit verschwinden. Vielleicht ist diese ganze Darstellung zu trübe, es ist ja auch Sache des Kriegsglücks, auf das man hoffen aber nicht rechnen kann. Mein liebes Kätzchen, sag das alles niemand, es sind hochgefährliche Sachen. Das alles ist ziemlich ernsthaft aber nicht zum Verzweifeln. Völker sind ewig, kommen schon wieder auf. Und wir persönlich werden es schon auch aushalten.

Mein liebes Kätzchen, ich habe Dich sehr lieb und bin traurig, weil ich heute nichts von Dir hörte. Sei nicht böse, weil ich Dir traurige Sachen schreibe. Man muss aber in solcher Zeit auf dem harten Boden der wirklichen Dinge leben, das Schicksal lieben und make the best of it.

Ich fahr mit meiner Bärentatze über Deinen Panterkopp und vergesse diesen Krieg. Lebwohl Dein K

---

201 Am 28. Dezember 1914 hatten sich die Österreicher von den Höhen der Karpatenpässe und im Raume von Gorlice zurückziehen müssen.

Brief Nr. 93

Reichskanzlei [Briefkopf]

[Charleville] 4/1 [1915]

Mein liebes Kätzchen

Heute kamen zwei Briefe von Dir an. Den Plato kannst Du behalten, solange Du magst, ich brauche ihn hier nicht. Theo [Lewald] ist frech. Es ist sehr nett von Dir, dass Du meiner Mutter[202] geschrieben hast, übrigens findet sie Dich reizend und ist sehr befrie-
5 digt darüber. Natürlich geht Schönberger Ufer und Nebenstrassen, wir müssen ausser zur Miete etwas mehr für Auto dazuzahlen.

Deine Berliner Gerüchte sind alle nicht wahr. Leider. Was ich Dir gestern schrieb, ist die ganz nüchterne Abwägung; natürlich giebt es allerlei Hoffnungen dass es schneller und besser geht. Es ist sehr schwer zu urteilen, da alles darauf ankommt wie es hinter der
10 Front der anderen aussieht. Das ist aber sehr schwer zu schätzen. Bald kommen günstige, bald ungünstige Eindrücke darüber, auf die ist man mit seinem Urteil angewiesen.

Nein, mein schwarzes, ich schreibe weder der Dame aus Kiev noch etc überhaupt einer, sondern bin auch in Gedanken schrecklich treu – im übrigen stand ich mit all diesen schönen Damen auch vorher in keinem regelmässigen Briefverkehr. Ich habe
15 überhaupt noch niemanden so viel Briefe geschrieben wie Dir.

Wenn Du nach Stettin fahren solltest, so schreibe bitte vorher meiner Mutter genau wann Du ankommst etc. Ich habe übrigens meinem Bruder und auch meiner Schwägerin durch meine Mutter sagen lassen, sie sollten, falls einmal einer von ihnen nach Berlin kommt, sich mit Dir in Verbindung setzen und wenn es geht Dich aufsu-
20 chen. Ist das recht? Den Kierkegaard habe ich auch hier mit, bin aber noch nicht dazu gekommen ihn zu lesen.

Ich denke mir, dass wenn ich wirklich ins Ausland komme Deine Eltern sehr unglücklich sein werden. Sehr begreiflich. Wir brauchen uns ja jetzt die Köpfe nicht darüber zu zerbrechen. Aber es giebt vielleicht einmal eine plötzliche und dann sehr schlim-
25 me Überraschung.

Ich habe Dich arg lieb und würde Dich sicher beissen, wenn Du hier wärest. Du wirst froh sein, dass Du so weit weg und in Sicherheit bist. Herzlich Dein K

202 Kurt Riezlers verwitwete Mutter Margarete lebte in Stettin zusammen mit seinem Bruder Walter und dessen damaliger Frau Paula. Walter Riezler (1878-1965), Klassischer Archäologe, Musikwissenschaftler, Mitglied des Deutschen Werkbundes und Förderer der modernen Kunst, leitete das Städtische Museum von 1913 bis zu seiner Absetzung im Jahre 1933.

Brief Nr. 94

Auswärtiges Amt [Briefkopf]

[Charleville] o. D. [Januar 1915]

Mein liebes Kätzchen

Du sagst das alles so leichthin mit dem Trentino, was die Oesterreicher aufgeben sollen etc, die Leute in Wien sind eben vernagelt, sonst hätten sie es gleich am Anfang aufgeben müssen. Die Leute sind hochmütig und leisten nichts, haben so einen alten habsburger Grossmachtsdünkel – überhaupt ist seltsam wie in allen Ländern die Menschen unter alten eingewurzelten Ideen leben, wie mächtig die auch bei den Führern sind, und dass niemand sein Denken mit den Verhältnissen umkrempelt.

In unserer Schachtel hier wird wieder gekämpft um eine grosse Frage, aber es geht nicht so hinaus wie ich will, mein kleiner Feind[203] ist böse weil ich mich hineinmische und ich habe einen leichten Knax weg, der sicher immer grösser wird, je ernster die Fragen werden. Die Leute sind ja sehr klug--aber sie haben gar keine Leidenschaft, sind so skeptisch und wenn eine Sache wahrscheinlich nicht geht, wird sie nicht unternommen. Es ist aber in solcher Zeit alles weniger Sache des Verstandes als des Willens und der Leidenschaft. Der Kanzler ist besser aber il se heurte contre[204] den Skeptizismus seiner Umgebung. Ich bin ganz wütend gegen die Atmosphäre.

Adieu mein schwarzes, ich wollte ich wäre die Politik los, die nur schön ist, wenn man sie selbst machen kann. Ich habe Dich sehr lieb--

Bestens Dein K

203 Gottlieb von Jagow
204 Er wehrt sich dagegen

Brief Nr. 95

[Charleville] 8/1 [1915]

Liebes Kätzchen,

ich bin sehr ungehalten, dass sich dieser europäische Kladderadatsch so lange hinzieht und statt sich aufzulösen immer verwickelter wird. Nun sind wie es scheint wieder die Türken im Kaukasus ordentlich vermöbelt worden, genaues weiss man noch nicht. Dann ist womöglich Enver[205] faktisch oder politisch tot, der führt nämlich dort. Dann kann es sein, dass die deutsche Partei in Konstantinopel erledigt wird, dann macht die Türkei Frieden u. s. w. Wir haben in letzter Zeit entschieden Pech. Ich habe arge Sehnsucht, die Warterei wird schon recht langweilig.

Das einzig erfrischende sind hier gelegentliche Äusserungen von Leuten aus der Front, die immer noch hoffen, wir würden noch alles niederbügeln. Kann ja sein. Wenn die Sachen ganz schief gehen und Oesterreich zusammenkracht, und alle Mann an Bord müssen, dann thue ich auch noch mit – das ist doch noch besser als hier warten. Ich komme schon wieder zurück. Vorläufig geht es aber noch. Liebes Kätzchen, ich küsste Dich so gern Dein K

205 Enver Pascha. Die Schlacht von Sarikamis vom 22. Dezember 1914 bis 15. Januar 1915 endete mit einem entscheidenden russischen Sieg.

Brief Nr. 96

Auswärtiges Amt [Briefkopf]

[Charleville] 8/1 [1915]

Mein liebes Kätzchen

Woher kam denn Dein interessanter Offizier von Gussewitz. Dass Du Dich aus Kierkegaard in Tausend und eine Nacht geflüchtet verstehe ich ja, ist allerdings leicht unanständig. Komisch wie die Schriftsteller ihren Landschaften ähneln, mir ist der eine zu neblig, die anderen aber doch etwas zu helle und klare blaue Luft. Eine allerdings sehr komische Unanständigkeit mit der ganzen Directheit des Südens im rein physischen. 5

Bitte verschone mich mit der Italienerin, sie hat einen Spleen und will nicht davon lassen. Jetzt schickt sie mir zu capo d'anno eine Karte. Ich hatte schon gehofft. Das tu ist wirklich rein dichterisch.

Gestern war August Eulenburg da, der Oberhofmarschall, ein netter und vielgewandter alter Mann, der 1870 mitgemacht hat im Gefolge des Kronprinzen und sehr amüsante faits divers erzählte. Dann machte Jagow médisance, was er sehr gut kann, mit der Bosheit des Buckligen und dem Ressentiment des kleinen Krautjunkers gegen begüterte Mitbürger (besonders wenn sie leicht jüdischer Herkunft sind). Komischer Mann, ganz fein, vieux jeu, aber ohne Leidenschaft, wenn es nicht die Bosheit ist. 10 15

Deine Tante Else[206] ist allerdings sehr komisch. Hoffentlich wird sie nicht von Dir und mir ähnliches behaupten.

Dass Deine Mutter mir ankreidet, dass ich sie nur als Durchgangsstadium behandele, ist ditto komisch. Ich hatte doch nur die Wahl ob ich[207] sie als Gattin ihres Mannes oder als Deine Mutter bezeichnen soll, aber wie soll ich denn sonst sagen, oder sollte ich annehmen, dass ihr das erste lieber ist? Ich siesse [?] Dich aber auch,[208] wenn Du ihr das wieder versetzest, wäre gar nicht zweckentsprechend. 20

Der Staatssekretär [Jagow] geht vorbei und fragt mich, ob ich immer noch an meinem 5bändigen Roman schreibe. Er sagt Roman, meint Memoiren, vor denen er Angst hat (von wegen der Geschichten). Hebe bitte die wenigen meiner Briefe auf, in denen zufällig etwas steht; man kann nicht wissen, ob man nicht einmal später ein Hilfsmittel der Erinnerung wünscht. 25

Der Kaiser ist sehr traurig über Anton v. Werner. Er sagte, bitte aber *nicht* weitererzählen, dass damit der letzte Künstler tot sei, der Apotheosen hätte malen können, auch ein Gesichtspunkt!

Vermöbelt werden wir im Osten nicht. Da ist gar keine Sorge. Es giebt überhaupt immer noch Hoffnungen dass alles gut hinausgeht. Wir werden ja sehen.

---

206 Vermutlich Else Liebermann (1869-1948), Tochter von Carl Theodor Liebermann und Antonie Amalie Reichenheim, verheiratet mit Hugo Preuß.

207 „Ihre Frau" durchgestrichen

208 Falsche Schreibweise von „siezen". Folgesatz unklar. Anscheinend siezten sich Riezler und Käthe Liebermann noch in Gegenwart der Eltern.

Ich habe starke Sehnsucht nach Deinem Katzenkopp und dazugehörigem weichen Fell – woraus Du indes unentwegt schliessen wirst, dass ich Dich nur so liebe wie Du Micheln, das ist zum Streicheln – was aber gar nicht nur wahr ist, in dem ich die darunter befindliche Seele meine. Dein K

5 Übrigens habe ich mit Schmerz bemerkt, dass Dein Vater meinen Namen noch falsch nämlich mit tz schreibt. Da Du denselben doch tragen musst, suche ihm einmal in einem Tiroler Baedeker ein Dorf auf 7 km südwestlich von Oberstdorf im Allgäu, da stammen wir her. Dieses Dorf wurde im Jahre 1450 von Zigeunern gegründet daher der Einschlag in meinem Blut, etwas schwach allerdings da wir schon vor 1600 ausgewan-
10 dert sind (nach München).

Brief Nr. 97

[Charleville] 9/1 [1915]

Mein liebes Kätzchen

Heute kamen zwei Briefe von Dir gestern keiner. Da ist wohl die langsamere oder schnellere Post schuld. Das sur le dos de l'Autriche geht nicht so direct, das erfahren die Oesterreicher gleich und machen dann einen Sonderfrieden mit Russland, für den unsere westlichen Nachbarn alles thun werden was sie können. Das mit dem Trentino 5 wird wohl werden, ist aber auch nicht einfach, denn dann wollen die Rumaenen auch etwas haben.

Dass Du Dich so eifrig über Wohnungen orientierst, ist sehr nett von Dir. Wir werden schon was finden, die Frage für wann ist viel unklarer. Wenn es nur wenigstens in diesem Sommer noch soweit kommt. Dein Vetter Köbner beschäftigt Dich doch sehr, 10 Du scheinst etwas in ihn verliebt zu sein. Wenn Du schon meine Eifersucht weckst, dann bitte ein anderes Object.

Soll ich Deiner Sehnsucht wirklich einen animalischen Einschlag glauben? Ich will es thun aber nur unter der Bedingung, dass Du den drei Damen endlich die wohlverdiente Ruhe lässt. 15

Nun war wieder einer in Berlin und hat über Hammanns Rücktrittsabsichten berichtet, und behauptet, der alte Herr hätte mich als Nachfolger im Auge, weil sie gar niemand anderen haben. Das ist der pure Wahnsinn und geht nicht da sie aber wirklich niemand haben, kann schon sein, dass sie diesen Ausweg sich überlegen. Ich bin aber so gescheit und sträube mich mit Händen und Füssen gegen die blosse Idee. Es wäre 20 nämlich das schlimmste was passieren könnte, ich wäre in kurzer Zeit verbraucht und erledigt. Es wird überhaupt alles ganz anders kommen und es hat gar keinen Sinn, jetzt darüber zu reden.

Adieu, schwarzes Mädchen, ich muss leider viel zu oft an Dich denken. In das Haus der Lori wird nicht gezogen. 25

Du wirst Dich kolossal langweilen 7 Stunden in Stettin schade, dass ich nicht dabei bin--Du wirst aus lauter Verzweiflung anfangen mit den Kindern zu spielen. Dein K

Brief Nr. 98

[Charleville] o. D. [Mitte Januar 1915]

Liebes Kätzchen

Es ist sehr schlimm, dass Du wieder solche Gesichtsschmerzen hast. Du musst wirklich nach dem Süden verschleppt werden. Hoffentlich hast Du sie wirklich vertrieben. Kann man denn gar nichts dagegen machen? Du hast das doch jeden Winter. Armes
5 Kätzchen, es thut mir sehr leid.

Du hast ja ganz höhnisch geschrieben des spasshaften Zigeunerpassus wegen – Du musst doch ganz ernsthaft ein profundes Misstrauen gegen meinen Charakter haben. Armes Kätzchen, Du bist wirklich schlimm hereingefallen, Dich mit einem solchen Wüstling (siehe die drei, sage und schreibe drei bekannten, leider bereits zu Tode ge-
10 hetzten Damen) und Bösewicht zu verloben. Vielleicht überlegst Du es Dir doch noch.

Die Franzosen greifen an, das ist sehr gut, sie haben auch grosse Verluste, wir haben aber auch einige denn sie werfen unablässig Granaten auf unsere Schützengräben; und wir haben, was man freilich nicht sagen darf, immer noch zu wenig um richtig zu antworten.

15 Es ist hier jetzt politisch wieder ziemlich bewegt, der Neutralen wegen und einiger anderer Dinge. Noch nichts oder kaum nichts indes von Friedenstauben. Weiterhin schwierige Personalfragen, die nicht vorwärts kommen.

Tausend und eine Nacht ist ja wirklich sehr amüsant, aber auch diese Dinge werden in der Wiederholung etwas eintönig. Ich will Dir armen keine so nebligen Dinge wie
20 Kierkegaard, den ich übrigens selbst nicht zu Ende gelesen habe, zu lesen geben. Du bist doch mehr für die Sonne. Ich schreibe wieder was, ist auch ziemlich neblig übrigens, denn ich bin doch ein Mensch des Nordens, wenn auch nicht allzusehr – leicht moderiert durch die katholische Kirche und die freundlichen bayerischen Hügel.

Ich wollte Du sässest auf meinen Knien, das wäre viel sinnreicher als Briefe schrei-
25 ben. Ich habe mich übrigens eben dem Kanzler zu einer Spezialaufgabe geheimer Art die nicht ohne Reiz ist, offeriert – es muss aber erst der Staatssekretär [Jagow] gefragt werden, jetzt kommt er eben und ich werde ihn gleich überfallen.

Adieu mein schwarzes Mädchen, ich bin schon direct rührselig vor Sehnsucht Dein K

Brief Nr. 99

[Charleville] o. D. [Januar 1915]

Liebes Kätzchen

Verzeih wenn ich Dir nur schnell ein paar Worte schreibe. Es ist ein sehr aufgeregter Tag. Moritz I (Bissing) ist da.[209] Es ist nahe daran dass alle Bischöfe und Pfaffen in Belgien eingesperrt werden müssen, das wäre furchtbar und gäbe Aufstand, was die Pfaffen gerne wollen. Das aber nicht erzählen. Ausserdem ist alles mögliche anderes los. 5
Aber nichts friedliches. Es ist wie ein Fatum, geht langsam mit tötlicher Sicherheit das Schicksal seinen Weg. Adieu mein armes schwarzes Kätzchen ich hab Dich lieb und es kommen schon wieder sorglosere Zeiten. Dein K

Anbei zum Amusement und zur Übung in der franz. Aussprache.

209 Moritz von Bissing (1844-1917), Generaloberst, seit 24. November 1914 Militärgouverneur von Belgien.

Brief Nr. 100

[Charleville] 10/1 [1915]

Liebes Kätzchen

heut ist wenigstens wieder freundliches Wetter, das Thal sieht ganz verändert aus, denn die Maas ist zu einem grossen breiten Strom angeschwollen.

Jetzt ist wieder etwas los, wir haben ein grosses Katz und Mausspiel mit dem Cardinal von Mechelen[210] auf der einen und dem Vatikan auf der anderen Seite. Dieser biedere Kardinal will absolut eingesperrt sein um als Märtyrer zu erscheinen und führt sich immer schlimmer auf, wir aber werden immer höflicher und sperren ihn nicht ein, verpetzen ihn nur in Rom, wo auch ein grosser Kampf darüber stattfindet. Bis jetzt ist es leidlich gegangen.

Dann ist noch das Spiel mit Italien, was auch ganz amüsant, wenn es nicht noch leichter schief gehen könnte.

Heute abend muss ich zu S.M. das ist sehr schmerzlich.

Noch etwas komisches giebt es (unter uns) ich schreibe ein grosses Schreiben für den Kanzler an den Trott zu Solz[211] über einige Reformen auf dem Bildungsgebiet, in dieses Schreiben habe ich hineingesetzt, es müsste unbedingt eine Professur für Politik in Berlin gemacht werden und werde ihm, wenn ich ihm darüber vortrage, heute sagen, das wäre für mich Er wird ein sehr komisches Gesicht machen.

Das mit Calais und der franz engl. Differenz ist leider Blech. Die zanken sich etwas, so wie wir uns auch etwas mit den Oesterreichern zanken. Wenn die Franzosen allerdings hier zurück müssten zum Schutze von Paris, dann müssen die Engländer Calais verteidigen, was sie im Falle eines französischen Separatfriedens mit uns allerdings nicht freiwillig aufgeben würden. Das ist alles.

Dein Spruch aus der Varnhagen ist ganz richtig. Das ist, was man in Schwabing das molochitische der Liebe nennt.[212] Wenn Du mich wirklich liebtest, würdest Du auch nicht eher glauben dass ich Dich liebe, als bis mein Kopf nur mehr Deine schwarzen Haare beherbergt, für alles andere aber keine Spur von Interesse mehr hat, würdest Politik und jegliche Philosophie als Deinen Feind betrachten Gott sei Dank, dass Du mich nicht so liebst – ich habe ja nur diese schwarzen Haare im Kopf allerdings.

Der Fall Wagner[213] ist noch nicht gekommen. Willst Du Dich vergewissern ob der Mann ihn abgesandt hat.

210 Kardinal Mercier (1851-1926), Erzbischof von Mechelen. Bissing verbot, dass Merciers Hirtenbrief zum Neujahrstag 1915 in den belgischen Kirchen verlesen wurde.

211 August Freiherr Trott zu Solz (1855-1938), 1909-1917 preußischer Kultusminister.

212 Molochitisch versus kosmisch: lebensfeindlich statt lebensfreundlich, auch der Gegensatz von semitisch und arisch. Offenbar kannte Riezler das kürzlich erschienene Buch Franziska von Reventlows, *Herrn Dames Aufzeichnungen*, 1913.

213 Siehe Brief Nr. 89.

Schwarzes Mädchen, ich wollte, ich wäre bei Dir. Ich sehne mich so, aber es hilft nichts. Ich suche mich durch Schreiben zu trösten, bin neugierig was herauskommt, aber es hilft auch nicht. Vergiss mich nicht. Dein K.

Brief Nr. 101

Auswärtiges Amt [Briefkopf]

[Charleville] o. D. [Mitte Januar 1915]

Meine liebe Käthe

Gestern kam etwas dazwischen und ich konnte Dir nicht mehr schreiben. Das mit Bruno Cassirer[214] ist sehr komisch. Es würde mich interessieren, was denn das für interessante Nachrichten waren, als Du bei mir fortwarst, klingelte der Bruder von Bruno C
5 Fritz, an, der ein feiner Kerl, weitaus der beste aus dieser Familie[215] und fuhr dann mit mir im Auto in die Stadt, erzählte mir eine Unmasse Gerüchte, worauf ich ihm einiges Gift gegen den Vater der Lüge[216] versetzte. Die Unterredung zwischen Bernstein und Kessel war vor ich in Berlin war.[217]

Hier schneit und regnet es und ist sehr trübselig. Es ist aber doch immer die
10 Möglichkeit dass Russen und Franzosen langsam zusammenbrechen. Jedenfalls wird die Politik allmählich wieder wichtiger. Vielleicht beginnt bald das ganze Spiel wieder, natürlich mit ungeheurem Bluff, wo jeder noch eine enorme Widerstandskraft vorspiegelt. Der ganze Apparat bei uns ist wie ein grosses Tier – die politischen Leute hier sind so eine Art Herz, das doch nicht vor den angestrengten äusseren Gliedern schwach werden
15 darf, aber doch das Schwachwerden der äusseren Glieder rechtzeitig merken muss. Es ist draussen vor der Front ein langsames Verbluten beider Teile, die anderen vielleicht schneller als wir.

---

214 Bruno Cassirer (1872-1941) baute nach der Trennung von seinem Cousin Paul Cassirer den Verlag zu einem der führenden Unternehmen für moderne Literatur und Kunst aus und gründete 1902 die Zeitschrift *Kunst und Künstler*. Er wurde auch sehr erfolgreich in der Traberzucht und im Trabrennsport. Nach 1933 verlor er Zeitschrift, Verlag und Traberzucht. Er starb 1941 in Oxford, wo sein Schwiegersohn Günther Hell (George Hill) den neugegründeten Verlag weiterführte. Siehe Harry Nutt, *Bruno Cassirer*, Berlin 1989. Siehe auch Brief Nr. 27.

215 Friedrich (Fritz) Cassirer (1871-1926), Komponist und Dirigent, Sohn von Julius Cassirer (1841-1924), dessen elektrische Kabelfabrik der Grundstock dafür wurde, dass auch Bruno und sein Cousin Paul ihre künstlerischen Interessen verfolgen konnten. Julius erwarb selbst 1900 Camille Pissaros „Rue de Saint Honoré, dans l'après midi. Effet de pluie", das die Nazis Fritz Cassirers Witwe Lilly zusammen mit anderen wertvollen Kunstgegenständen abpressten. Riezler war besonders an einem anderen Cousin interessiert, dem Philosophen und Erkenntnistheoretiker Ernst Cassirer (1874-1945), mit dem er im Dezember 1914 in Berlin über den Sinn der Weltgeschichte und andere Themen diskutierte. Riezler, Tagebuch vom 12. Dezember 1914 (*Tagebücher* Nr. 582).

216 Gemeint ist wieder Tirpitz

217 Kurt von Kessel (1862-1921), Rittmeister a. D., Mitglied des Preußischen Abgeordnetenhauses (deutsch-konservativ), durch seine Frau Theodora Auguste Karoline Freda von Bethmann Hollweg (1871-1944) mit Bethmann Hollweg verwandt.

In 14 Tagen bin ich wieder in Berlin, hoffentlich.[218] Nächstens beginnt das Bombardement englischer Städte durch Zeppeline (geheim). Ich bin sehr neugierig über den Effect.[219]

Adieu, mein schwarzer Liebling, hoffentlich quält Dich der Nasenmensch nicht zu sehr. Behalt mich lieb Dein K

218 Riezler plante seine Rückkehr von Posen auf den 25. Januar 1915.

219 Der erste Zeppelinangriff erfolgte am 19. Januar 1915 auf die Küstenstädte Great Yarmouth und King's Lynn. Vier Personen wurden dabei getötet, doch die Bestürzung im Lande war groß. Der erste Luftschiffangriff auf die zivile Bevölkerung von London kam am 31. Mai 1915 durch Zeppelin LZ 38.

Brief Nr. 102

[Charleville] o. D. [11. Januar 1915][220]

Meine liebe Käthe

Du hast leicht spotten mit den Säulenheiligen. Es ist sehr schlimm für mich, dass Du Dich von der Lektüre von Kierkegaard durch das präcere [Prekäre] erholen willst. Das erste ist erzieherisch, das zweite kann man seiner Geliebten geben, eigentlich aber besser
5 nicht seiner Frau. Schlimm. Du wirst mich sicher a betrügen, b nach drei Jahren spätestens auf Scheidung drängen. Ich sehe alles vor mir.

Der Kanzler hat über das ganze Gesicht gegrinst, als ich mit dem ehrlichsten Gesicht eines sanft errötenden Knaben ihm das Schreiben an den Kultusminister vorsetzte und meine Privatpläne gestand.

10 Heute war Ganghofer da, ein grässlicher Bayer, auch citiert von den unkultivierten Hofleuten, à la Wadelstrümpfe, goldene Brille und Coiffeur aux grandes idées ohne solche.[221]

Gestern wurden Lichtbilder vorgeführt, Fliegeraufnahmen der französischen Stellungen, alles wunderschön zu sehen, aber man begreift, warum wir nicht durchdringen können.

Die Dummheit mit Schweden wird wohl stimmen, ist aber nicht so erheblich (übri-
15 gens ist der Mann abgesägt).[222]

Mein Knax genügt leider nicht, um mich hier weg zu bringen. Wenn aber der Kanzler nach Berlin gehen sollte in den nächsten Wochen, wohin ich wohl nicht mit-

---

220 Datierung nach dem Tagebuch Riezlers (*Tagebücher* Nr. 590).

221 Ludwig Ganghofer (1855-1920), ein Lieblingsdichter des Kaisers, propagandistischer Kriegsberichterstatter und Verfasser vieler Kriegsgedichte, laut Riezler „der Münchner Kitsch par excellence". Tagebuch vom 11. Januar 1915 (*Tagebücher* Nr. 590). Zur Begegnung Ganghofers mit dem Kaiser im Großen Hauptquartier vgl. die beißende Satire von Karl Kraus in *Die letzten Tage der Menschheit*.

222 Das Auswärtige Amt verband gegenüber Schweden Drohung mit Werbung. Während der Julikrise erklärte der schwedische Außenminister Knut Wallenberg, Schweden könne bei einem Kriegsausbruch nicht auf Seiten Russlands stehen. Dies ließ Jagow annehmen, Schweden werde im kommenden Konflikt auf deutscher Seite stehen. Wallenberg warnte jedoch, Schweden müsse sich zurückhalten, um eine Intervention Großbritanniens zu vermeiden. Dies führte zum Vorschlag des deutschen Ministerresidenten in Stockholm, Franz von Reichenau, Deutschland solle Schweden mit einem Ultimatum auf die deutsche Seite zwingen, wenn Großbritannien in den Krieg einträte. Dieser extreme Vorschlag mag zu Reichenaus Ablösung Anfang 1915 durch Hellmuth Lucius von Stoedten geführt haben. – Zur selben Zeit schlug Arthur Zimmermann dem in Berlin weilenden schwedischen Ministerpräsidenten Hjalmar Hammarskjöld vor, einen nordischen Block zu bilden und eine Allianz mit Deutschland einzugehen. Nachdem Hammarskjöld dieses Angebot abgewiesen hatte, erneuerte Zimmermann am 8. Juni 1915 seinen Vorschlag über Ludvig Douglas, den schwedischen "Reichsmarschall", an den deutschfreundlichen König Gustav V., aber Hammarskjöld und Wallenberg wiesen diesen wiederum zurück.
Theodor Wolff notierte in seinem Tagebuch vom 3. Aug. 1915, „unser Gesandter v. Lucius in Stockholm sei der Ansicht, es liesse sich nichts ohne den Minister des Äusseren, Wallenberg machen, der sehr reich, mit französischen Bankinstituten, auch dem Crédit Lyonnais, geschäftlich liiert und absolut gegen kriegerische Einmischung ist", *Tagebücher 1914-1919*, 268f.

komme, dann gehe ich auf die paar Tage irgendwo hin, wo ich sonst was nützen kann. Du brauchst aber keine Angst zu haben, ich bekomme nichts gefährliches und werde solches nicht aufsuchen.

Adieu mein Kätzchen bitte, behalt mich lieb ich bin etwas traurig. Dein K

Brief Nr. 103

[Charleville] 14/1 [1915]

Liebe Käthe

heute kam der Nietzsche Band vielen Dank. Aber bisher ohne Rechnung.

Ich habe ausnahmsweise heute nachmittag eine Menge zu thun, sodass die Fetzen fliegen, thut mir aber ganz gut.

5 Ich glaube ganz Europa hat diesen Krieg übersatt und möchte Frieden haben, aber es ist soviel Verhängnis in der Luft. Jeder muss sich sagen, ich muss siegen sonst kann ich überhaupt einpacken, denn es ist alles ziemlich ruiniert mit Ausnahme des Siegens, so rollt die Sache eben weiter.

Die Franzosen sind ganz blind, die Regierung hat einen Bericht über deutsche Greuel 10 publiciert, der von Hass und Wut trieft und triefen macht, die Leute können sich eben auch nur halten durch den Hass.[223] Es ist überall eine Art tragischer Verblendung, die alles in den Abgrund stürzt – ein historisch grandioses Schauspiel, wenn man es nicht erleben müsste. Nun wir werden uns ja wohl am Rande des Abgrundes halten.

Armes schwarzes Kätzchen, wenn einmal wieder Ruhe sein wird und wir heiraten 15 können, vorausgesetzt dass Du bis dahin nicht ein Haar darin findest, wird Europa ziemlich mitgenommen aussehen. Es muss eine ganz neue Form finden um weiter bestehen zu können, wenn das in derselben Tonart wie vor dem Krieg weitergehen soll, Rüstungen, Geschrei etc, giebt es gleich wieder Krieg. Wie wird dann die Politik aussehen? weiss kein Mensch. Wahrscheinlich übel. Adio. Ich verrobbe Deine schwarze Koppe und küsse 20 Deine Lippen, nach denen ich, denke Dir, arge Sehnsucht habe Dein Kurt

223 Schulthess' Geschichtskalender 1915, 9. Januar 1915, 892: "Im Ministerrat kündigte Ministerpräsident Viviani die Veröffentlichung des Berichts einer 'Kommission zur Feststellung der Verletzungen der Menschenrechte durch die Deutschen' an, die in mehreren hunderttausend Exemplaren verbreitet werden und in Übersetzung den Neutralen zur Verfügung gestellt werden soll."

Brief Nr. 104

[Charleville] 15/1 [1915]

Mein liebes schwarzes Kätzchen

Die Geschichte mit dem Pariser ist schlimm, das ist Frankreich, das intoleranteste Land der Welt, wenn die Leidenschaft es überkommt.

Wegen meines Spezialauftrags ist noch nichts entschieden.[224] Der Erfolg bei Soissons ist ganz gut, wegen der starken Verluste der Franzosen der viel geringeren von uns aber ändert sonst nichts. 5

Sonst nicht neues.

Wärst Du nur da! Es ist bösartig von Dir zu behaupten, ich streichele Dich mechanisch und hätte anderes im Kopf – führe mich nicht in Versuchung zu wünschen Du hättest Erfahrung und könntest vergleichen. Adieu schwarzes, vergiss mich nicht Dein K. 10

Verzeih die Eile, ich habe noch ziemlich zu thun.

224 Riezler reiste mit dem Kanzler Bethmann Hollweg am 19. Januar 1915 nach Berlin, siehe Tagebuch vom 20. Jan. 1915 (*Tagebücher* Nr. 592).

Brief Nr. 105

Auswärtiges Amt [Briefkopf]

[Charleville] o. D. [Januar 1915]

Mein liebes Kätzchen

Ich habe jeden Tag geschrieben, es muss also an der Post liegen, wenn Du nichts gekriegt hast. Tropf hat gewiss recht – die Italiener werden uns zweifellos im Frühjahr in den Rücken fallen d. h. Oesterreich und die Rumaenen werden sich den Italienern an-
5 schliessen – wenn es uns nicht gelingt, das noch in letzter Stunde zu verhindern. Wenn es doch passiert, wird es etwas übel aber noch nicht der Ruin. Schlimmer ist nur wenn Oesterreich Separatfrieden schliesst und Russland weiterkämpft gegen uns, das ist auch nicht unmöglich. Aber nicht einmal in diesem Falle kommen die Russen nach Berlin.

Mein Spezialauftrag ist genehmigt, es ist aber noch nicht sicher, ob er ausführbar ist,
10 es gehört nämlich noch jemand dazu, der noch nicht da ist. Dann gehe ich hier wohl auf ca. 14 Tage weg, wohin ist noch nicht bestimmt. Wenn möglich via Berlin.

Hier ist böses trübes Wetter und nirgends ein Trost. Das mit Deiner Cousine Plotho[225] ist freilich bös und undankbar – Du brauchst aber ähnliches von mir nicht zu fürchten, selbst wenn beide Zwillinge Mädchen sein sollten – Du wirst vor Aberglauben
15 erschrecken und schnell auf den Tisch kloppen – bin ich ganz zufrieden, obwohl sie sicher dann allzu vulkanartig würden, so dass uns einmal die dann grauen Haar sich sicher sträuben würden. Du darfst Dir das zur Unterhaltung etwas ausmalen.

Ringsum nicht der Schwanz einer Friedenstaube. Wirklich greulich. Wir werden entschieden graue Haare haben. Wir armen. Ich wollt es wäre aus und ich könnte Deine
20 schwarzen Haare streicheln. Es ist zu dumm.

Dein K

225 Gemeint ist vermutlich Frieda von Plotho, die Tochter von Gertrud Liebermann (die 1942 in Theresienstadt umkam) und dem Bankier Georg Meyer (1865-1934). Als Ehefrau eines Landadligen konnte Frieda von Plotho im Dritten Reich eine sogenannte „privilegierte Mischehe" führen, war aber über ihre beiden „halbjüdischen" Töchter sehr besorgt—anscheinend die im Brief erwarteten Zwillinge. Ihre Schwester Gabriele Zweifel, Gattin des bekannten Gynäkologen Erwin Zweifel, konnte sich in die Schweiz retten, doch drei andere Geschwister kamen in Auschwitz um. Scheer, *Wir sind die Liebermanns*, 371.

Brief Nr. 106

[Charleville] o. D. [17. Januar 1915][226]

Mein liebes Kätzchen

Der Kierkegaard scheint ja wirklich einen ganz entsetzlichen Eindruck auf Dich gemacht und Dich sozusagen völlig verprellt zu haben.

Ferner schreibst Du eine sehr komische Litanei über das zwar beliebte aber wenig aktuelle Thema des Betrügens und siehst mich schon, Dir sentimentalisch romantisch gestehen etc. Ach nein, mein liebes Kätzchen, so kommt es nicht, a) werde ich Dich nicht betrügen, habe weder Lust noch Anlage noch Talent dazu, b) würde ich es Dir nicht sagen, c) würde ich immer behaupten, dass ich es Dir sagen würde es aber nicht thun. Mir erscheint viel wahrscheinlicher, dass es ganz anders vielleicht umgedreht geht.

Hier ist nichts geändert, ich habe Zahnschmerzen zur Abwechselung. Jetzt dauert es noch 14 Tage, dann kommt eine neue Geschichte zur Geltung und wird uns hoffentlich einen Schritt weiterbringen. Mit meiner Spezialmission ist noch nichts weiter los, kann jeden Moment ausbrechen, aber auch ganz unter den Tisch fallen. Ich richte es dann so ein, dass ich gewiss über Berlin komme dann sehe ich Dich wenigstens noch einmal kurz vor dem noch nicht sichtbaren Frieden. Es ist zu schlimm. Ich werde gewiss ganz trübsinnig bis es zu Ende ist, hier setzt man schrecklich zu an Vitalität.

Ich glaube aber trotzdem immer noch, dass wir den Krieg gewinnen, wenn auch nicht sehr glänzend, aber wir gewinnen ihn, wenigstens sind unsere Chancen immer noch besser. Es wird uns allen vorkommen als wär uns ein grosser Stein vom Herzen gefallen, wenn dieser ganze Druck weg ist und man wieder einigermassen an sich selber denken kann.

Heute ist grosser Sturm draussen und es purzelt der Regen ganz wagrecht – eigentlich ganz schönes kräftiges Wetter. Es ist aber doch immer hier dieselbe Litanei. Nirgends ein Ausweg.

Ich habe Dich sehr lieb und wollte ich wär bei Dir und vergässe den Krieg. Dein K

226 Datierung nach dem Tagebuch (*Tagebücher* Nr. 591), wo Riezler über Zahnschmerzen klagt.

Brief Nr. 107

[Charleville] o. D. [Mitte Januar 1915]

Mein liebes Kätzchen

es ist jetzt alles mögliche los, wir haben einen unsichtbaren Kampf mit dem Vater der Lüge [Tirpitz] der in der Presse eine Uboot Blockade Englands propagiert, die jetzt nicht ausführbar ist und dann wenn das Volk sie fordert, sagen will, der Kanzler ist schuld, 5 wenn der Krieg lahm geführt wird. Dann ist Italien und Rumaenien, und ein gefährliches Spiel mit viel Bluff. Meine Mission ist immer noch nicht angebrochen. Walther R[athenau] mit seinem finanziellen Pessimismus stellt sich eigentlich ein schlechtes Zeugnis aus, er muss doch Gelegenheit haben in diesem Krieg manchen Coup zu landen und braucht, wenn es ganz schlimm kommt, nicht hereinzufallen. Berchtolds Sturz[227] 10 hängt nicht direkt mit dem Trentino zusammen.

Ich habe arge Sehnsucht, die mich beinahe so quält, wie die Zahngeschichte. Du wirst denken, dass diese leichter, dann nicht schlimm sein kein. Geht auch vorüber, man kann nur nichts thun.

Ich hätte gar nichts gegen diesen Krieg, wenn ich nicht so arg in Dich verliebt wäre. 15 Wir werden gewiss ein Jahr verlobt sein, bis wir schliesslich heiraten können. Ob wir dann den Sinn frei haben werden für etwas Sonne? Fraglich aber wünschenswerth. Ob dann die Lage die Dir soviel besser liegende aesthetische Lebenseinstellung vertragen wird? Weiss Gott, es ist alles dunkel. Es wäre eigentlich sehr nett, wenn wir ein paar Wochen in irgend ein warmes Land gehen könnten, aber es wird wohl keine Zeit sein.

20 Adieu vergiss mich nicht bis dahin Dein K

227 Der österreich-ungarische Außenminister Graf Leopold Berchtold (1863-1942) hatte am 13. Januar 1915 seinen Abschied genommen.

Brief Nr. 108

Grand Hotel de Rome [Briefkopf]

Posen, 22/1 1914 [sic]

Liebes Kätzchen

Bin hier,[228] kann aber nicht bei Hindenburg essen weil Kessel da ist, der mich besser nicht sieht, fahre morgen nach Lodz per Auto, bleibe nacht dort, fahre dann nach der Front und über Lewitz Kutno hierher, bin übermorgen Abend bei Hindenburg und am nächsten Morgen in Berlin – gestern abend passierten noch sehr komische Dinge bei 5 einem Essen beim Kanzler von denen erzähle ich Dir mündlich.

Es sieht beinahe so aus, als ginge es, wenn ich nach dem Westen zurück bin, bald wieder zurück nach Berlin. Ich glaube, wir hätten doch kriegstrauen sollen.

Mein schwarzes Mädchen, ich habe schreckliche Angst, dass Du sehr bald aufhören wirst in mich verliebt zu sein, das wird dann sehr schlimm sein. Bitte warte damit noch 10 etwas.

Ich arbeite an meinem „Wälzer" heut abend, das ist doch besser als die ewigen Intriguen, trotz deren momentan weltgeschichtlichen Hintergrund.

Ich bin sehr neugierig auf morgen. Theo soll erzählt haben in Lodz hungern 250 000 Menschen und das einzige noch blühende Gewerbe sei die Prostitution. 15

Ich glaube, sein weiches Herz übertreibt.

Adieu mein lieb, ich bin in drei Tagen wieder bei Dir. Alles Gute Dein K.

---

228 Riezler war bereits Mitte Dezember 1914 in Posen gewesen, wo er zusammen mit Wilhelm Solf, dem Staatssekretär des Reichskolonialamts, Gespräche mit Oberstleutnant Max Hoffmann als Vertreter Ludendorffs geführt hatte. Angesichts der äußerst schwierigen polnischen Problematik sollte er am Ort Informationen sammeln. Im Tagebuch heißt es unter dem 25. Januar 1915 dazu: „Langes Gespräch mit Hoffmann. [...] Möglichkeit russischer Revolution, das loslassen der Lodzer Revolutionäre. Politische Wichtigkeit der Frage, wegen starker Verhandlungsposition Russlands auch im Falle einer weiteren Niederlage" (*Tagebücher* Nr. 593). Schon am 20. Januar hatte Riezler eingetragen: „Der Kanzler sagte gestern im Salonwagen, wir wären doch weiter als vor 1½ Monaten. [...] Ich machte Vorschläge wegen Organisation russischer Meutereien durch procentuale Beteiligung polnischer Juden" (*Tagebücher* Nr. 592). Riezlers politische Tätigkeit in Posen wurde von den Offizieren an der Ostfront als unwillkommene und militärisch unerlaubte Einmischung des Reichskanzlers Bethmann Hollweg empfunden und mit regelrechtem Hass vergolten. So erinnerte sich Karl Freiherr von Bothmer, seinerzeit Major im Oberkommando Ost, in der 2010 herausgegebenen Originalfassung seines Moskauer Tagebuchs 1918: Riezler „gehörte zu der berüchtigten Reichskanzlei Bethmanns, gegen die ebenso sehr wie gegen ihn Sturm gelaufen wurde (Wahnschaffe, Riezler). Mit Riezler habe ich 1915 in Lodz schon mal einen erheblichen Zusammenstoss gehabt. [...] Der ganze Mensch ist jedenfalls sehr wenig sympathisch, dabei so sehr unappetitlich." Gernot Böhme, Hg., *Karl Freiherr von Bothmer: Moskauer Tagebuch 1918*, Paderborn 2010, 20ff.

Brief Nr. 109

Auswärtiges Amt [Briefkopf]

[Charleville] 13/4 [1915]

Liebes Kätzchen

Hier ist wunderbarer Frühling mit Sonne. Leider hilft aber alles nichts, weil die Dinge so auf der Kippe stehen, dass es schon gleich ist, ob es regnet oder nicht.

Uns geht es militärisch ebensogut wie Oesterreich schlecht. Wir stehen vor dem Sieg, 5 die Oesterreicher nahe am Zusammenbruch. Es geht hier fieberhaft zu und ungeheure Spannung wegen Italien. Seid nicht zu verzweifelt, wenn die Geschichte zusammenkracht. Es ist ja noch Hoffnung da, ich selber habe aber ausnahmsweise sehr wenige mehr. Oesterreich ist so schwach geworden, dass die Italiener meinen, sie können sich alles erlauben.

10 Aber wenn es auch kommt, so ist es zwar finis Austriae nicht aber unser Ende. Für uns selbst biegen wir die Sache noch durch, freilich nicht für unsere Bundesgenossen.

Also sei nicht zu verzweifelt – es geht auf und ab und löst sich schon irgendwie. Du kriegst auch wieder Deine Dir gemässen ruhigen Zeiten.

Armes Kätzchen, so für den Frieden gemacht!

15 In Berlin habe ichs verhältnismässig so ruhig, hier ist es so bewegt. Das Teuflische ist, dass der Krieg gewonnen wäre, wenn es uns gelingt, den oesterreichischen Zusammenbruch solange aufzuhalten, bis der franz[ösische] erfolgt und das ist ganz nahe dran. Dies beinahe, was so ein Krieg hat, ist eine regelrechte Gemeinheit.

Adieu Kätzchen, bewahre Dir etwas Gleichmut, es wird schliesslich nicht so heiss 20 gegessen und alles findet sich wieder in ein Geleise, weil es muss.

Behalt mich ein wenig lieb, sage Deinen Eltern nichts, es hat gar keinen Sinn, wenn sie 14 Tage zu früh schlechter Stimmung werden. Alles Liebe Dein K.

Brief Nr. 110

[Charleville] 16/4 [1915]

Mein liebes Kätzchen

Es ist noch nichts neues, immer noch alles in der Schwebe. Militärisch geht es sehr gut – aber es hängt alles davon ab, ob wir die Oesterreicher so nachdrücklich halten können, dass die Italiener einsehen, dass Oesterreich noch nicht zusammenkracht.

Der Wohnungsfritze Königin Augustastr. 53 hat noch nicht geschrieben, wahrscheinlich frägt er erst bei der Frau Einbeck an, ob sie auch die Preisreduction für das Mitte Jahr auf sich nehmen will – was sie schliesslich gewiss thun wird.

Hier ist es ganz schön, Sonne und gute Stimmung, mit Ausnahme von Italien. Aber die anderen sehen noch mehr Hoffnung als ich. Hoffentlich haben sie recht. Aber wenn auch – so giebt es eben Zusammenbruch Oesterreichs Friede und grosse Liquidationsmasse, wobei noch nicht gesagt ist, dass wir schlecht dabei herauskommen.[229]

Heute früh kam Deine per Feldpost geschickte Karte allein an – also geht Feldpost schneller.

Adio braves Haustier – ich glaube wir kommen anfang nächster Woch wieder zurück. Wir wollen nun schon möglichst bald heiraten, ganz gleich, was aus Europa wird und wenn schon die Italiener mit der Kriegserklärung freundlicherweise unseren Hochzeitstag erwischen.

Wir trösten uns mit dem westöstlichen Divan da heisst –

Geheime Chiffern Sendung/ beschäftige die Welt
bis schliesslich jede Wendung/sich selbst ins gleiche stellt.[230]

Adio lass es Dir gut gehen und grüsse Deine Eltern, welche zweifellos aufatmen werden, dass ich mal ausnahmsweise nicht da bin.

Alles Liebe Dein K.

229 Aufschlussreich dazu Riezlers Tagebuchnotiz vom 18. April 1915: „Gestern lange mit dem Kanzler zusammengesessen, um ihm mein neues Europa, d.h. die europäische Verbrämung unseres Machtwillens, auseinanderzusetzen. Das mitteleuropäische Reich deutscher Nation. Das bei Aktiengesellschaften übliche Schachtelsystem [...] Daher um das deutsche Reich herum ein Staatenbund, in dem das Reich ebenso die Majorität hat wie Preussen im Reich. [...] Man braucht gar nicht von Anschluss an die Centralmacht zu reden. Der europäische Gedanke, wenn er sich weiter denkt, führt ganz alleine zu dieser Konsequenz. Ditto die Ermüdung und der nach dem Kriege zu erwartende Pazifismus. Man muss der Welt den ewigen Frieden versprechen (*Tagebücher* Nr. 604).

230 Zitat aus Goethes West-Östlichem Divan, „Geheimschrift".

Brief Nr. 111

[Charleville] 1/5 [1915]

Liebes Kätzchen

Ich soll eben mit Helfferich zu Einem A.O.K. III fahren kann deswegen wieder nur in Eile schreiben.[231] Wir fahren erst am 4. Mai [?] (vertraulich) zurück! Militärisch steht es sehr gut. Mit Italien sehr kritisch. Wir werden ohne Zweifel den Tag der Kriegserklärung
5 als Hochzeitstag erwischen. Na, es geht auch noch. Vielleicht kommts auch wieder besser. Ich habe arge Sehnsucht, aber nun ist dieser dumme Brautstand bald zu Ende.

Gestern haben wir eine wunderbare Autofahrt in die Ardennen gemacht. Ein herrliches Land, wild und weit. Adio meine Liebe Dein K

231 Generaloberst Karl von Einem, genannt von Rothmaler (1853-1934), Kommandeur der 3. Armee seit September 1914; vorher Kriegsminister (1903-1909).

V. Riezler in Moskau 1918: Chaos und Gefahr

Nach Bethmann Hollwegs Rücktritt am 13. Juli 1917 kehrte Riezler am 5. August in das Auswärtige Amt zurück. Vorher, im April, war er schon am Transport von Lenin und Genossen beteiligt gewesen. Wegen seiner bolschewistischen Kontakte wurde er Anfang Oktober 1917 nach Stockholm zum Gesandten Hellmuth Freiherr Lucius von Stoedten geschickt,[1] um die Bolschewiki finanzieren zu helfen. Aber erst machte er drei Wochen Ferien mit Käthe in dem Erholungsort Dalarö bei Stockholm. Am 3. Oktober 1917 trug er in Djursholm bei Stockholm ins Tagebuch ein: „Am 7. 8. nach Dalarö gefahren dort 3 Wochen mit Käthe gebadet und gesonnt und aufgefrischt. Dann hierher [Djursholm] und am 17. 9. zurück. Viel allein, geschrieben mit Freuden und Schmerzen, den Dämon der Aktion halbwegs losgeworden."[2] Dies hielt nicht lange. Die deutsche Kalkulation, Lenin nach Petrograd zu schicken, ging am 7. November mit der „Oktoberrevolution" (nach Julianischem Kalender) auf. Angesichts von Lenins Friedensoffensive eröffnete dies die Chance, den Krieg im Osten zu beenden und die letzte große Offensive im Westen vorzubereiten. Riezler verhandelte in der Stockholmer Wohnung von Alfons Paquet Anfang Dezember mit dem bolschewistischen Vertreter Worowski [Vorovskij] erfolgreich über den Waffenstillstand vom 15. Dezember und die Einleitung von Friedensverhandlungen in Brest-Litovsk am 22. Dezember.[3] Dem Diktat der OHL vom 3. März 1918 ging der Separatfriede („Brotfriede") mit der Ukraine vom 9. Februar voraus, die ihre Unabhängigkeit von Russland erklärt hatte.

Jetzt konnte eine Gesandtschaft in Moskau errichtet werden, wohin Lenin die Hauptstadt am 12. März 1918 von Petrograd verlagert hatte. Noch von Stockholm aus hatte Riezler große Summen an die Bolschewisten übergeben und führte dies nun fort, weil nur sie bereit waren, den Friedensvertrag einzuhalten, während die Monarchisten und die bürgerlichen Schichten meistens auf Seiten der Entente blieben. Deshalb bestanden Staatssekretär Richard von Kühlmann und sein Nachfolger Paul von Hintze (der nur vom 9. Juli bis 7. Oktober amtierte) darauf, auch in der näheren Zukunft die Bolschewisten zu unterstützen, bis sie nach dem endgültigen Friedensschluss vertrieben werden konnten. Gegen ihren Willen verfolgten Riezler (und Mirbach) eine Doppelstrategie: offizielle Unterstützung der Bolschewistischen Regierung bei gleichzeitiger geheimer Förderung einer Gegenrevolution. Dies erforderte die Zusicherung an die gegenrevolutionären Gruppen, dass der Friedensvertrag von Brest-Litovsk nur für die

1 Hellmuth Lucius von Stoedten (1869-1934), 1915-1920 Gesandter in Stockholm. Er arbeitete mit Riezler zusammen bei der Subventionierung der Bolschewiken.

2 *Tagebücher* Nr. 729 (Brief vom 3. Okt. 1917).

3 Siehe Winfried Baumgart, Hg., *Von Brest-Litovsk zur deutschen Novemberrevolution. Aus den Tagebüchern, Briefen und Aufzeichnungen von Alfons Paquet, Wilhelm Groener und Albert Hopman März bis November 1918*, Göttingen 1971, 75-77. Vgl. die Darstellung in Wayne C. Thompson, *In the Eye of the Storm. Kurt Riezler and the Crises of Modern Germany*, Iowa City 1980, 139-149. Thompson schreibt vom Wissensstand der siebziger Jahre, was ihn an entscheidenden Stellen apologetisch macht. Auch fehlt die Familiendimension. Der Leser erfährt nicht einmal, dass Kurt katholisch war und Käthe konvertierte. Auch vom Wissensstand von 1970 datiert die detaillierte Studie von Konrad H. Jarausch, Cooperation or Intervention? Kurt Riezler and the Failure of German Ostpolitik, 1918, in: *Slavic Review*, 31, 1972, 381-398.

Bolschewiki gelte, und das Versprechen, die Einheit Russlands zu erhalten. Die Oberste Heeresleitung unter Ludendorff, der Lucius der Illoyalität bezichtigte, verfolgte dagegen eine annexionistische Politik und betrieb den Vormarsch über die Waffenstillstandslinie in die Ukraine hinaus.

Am 22. April 1918 kam Riezler als Botschaftsrat in Moskau noch vor dem Gesandten Wilhelm Graf von Mirbach an. Sofort hatte er ein peinliches Treffen mit dem Volkskommissar Tschitscherin, der ihn auf den vertragswidrigen deutschen Einmarsch in der Ukraine hinwies.[4] Riezler hatte dabei einen eskalierenden Konflikt mit Freiherrn von Bothmer, seinem alten Widersacher in Polen 1915 (siehe Brief Nr. 108, Anm.), der jetzt die Oberste Heeresleitung vertrat und darauf drängte, Moskau zu besetzen und die Bolschewisten zu vertreiben. Als Eisenbahnexperte hatte Bothmer die offizielle Aufgabe, die chaotischen Eisenbahnverhältnisse zu verbessern und, verbunden damit, die Rückkehr der deutschen Gefangenen zu ermöglichen. Aber sein geheimer Auftrag bestand darin, den Rücktransport der Russen zu verlangsamen, weil ihre Arbeitskraft gebraucht wurde, und den der Deutschen zu verlangsamen, weil man befürchtete, sie seien bolschewistisch infiziert. Bothmer war ein rabiater Antisemit und wollte „gern mal ein paar 100 der Judenbengels nebeneinander wie Kramtsvögel an der Kreml-Mauer hängen sehen. Möglichst so, dass der Tod langsam eintritt, um die Wirkung zu erhöhen“. Bothmer hatte nur Verachtung für Riezler: „Politisch liberal, körperlich nicht ausreichend gepflegt, eifersüchtig und voller Angst, dass wir Soldaten Politik treiben könnten. [...] Jedenfalls ist das ganze Diplomaten-Volk so, wie man sich diese Leute vorstellt. Nur Riezler ist insofern eine Ausnahme als ihm die unbedingt nötige Lebensart und Körperkultur abgehen. Man könnte ihn für alles mögliche halten, nur nicht für einen Geh[eimen] Legationsrat. Journalist, Kaufmann mittlerer Sorte etc. könnte eher passen“ – oder implizit Jude.[5] Seinerseits beschwerte sich Riezler über „dumme und ungebildete Offiziere, die glauben, nach acht Tagen Aufenthalt in Moskau in glänzender Unkenntnis grosse Exposés über die in Russland zu treibende Politik an die OHL senden“ zu müssen.[6]

Bei der Ermordung von Mirbach am 6. Juli 1918 durch Sozialrevolutionäre, die den Diktatfrieden ablehnten, ist Riezler ganz knapp mit dem Leben davongekommen. Er leitete die Gesandtschaft zunächst weiter, aber zeigte zunehmend Symptome einer großen Anspannung, die von Alfons Paquet, der zeitweise in der Gesandtschaft residierte,

---

4 Siehe den Tagebucheintrag vom 24. April 1918: „Vorgestern mein erster Besuch bei Tschitscherin und Karachan. Schlechte moralische Position, da unser Vormarsch die Grenzen der Ukraina längst überschritten hat. Wir stehen bei Briansk. Also wohl directer Raubzug nach Friedensschluss“ (*Tagebücher* Nr. 735).

5 Diese Stellen fehlen in Bothmers Buch *Mit Graf Mirbach in Moskau,* Tübingen 1922, aber sie sind enthalten in Gernot Böhme, Hg., *Karl Freiherr von Bothmer. Moskauer Tagebuch 1918*, Paderborn 2010, Eintragungen vom 25. Juni und 30. April, 72 und 20f. Obwohl sich Bothmer im Zweiten Weltkrieg in Serbien weigerte, Hitlers Befehl auszuführen, für jeden toten deutschen Soldaten einhundert Einheimische zu erschießen und deshalb aus der Wehrmacht entlassen wurde, wurde er 1947 in Jugoslawien als Kriegsverbrecher hingerichtet. Dies wird vom Herausgeber nicht erwähnt.

6 Zitiert in Erdmann, *Tagebücher*, Einleitung, 102.

am 28 Juli beschrieben wurde: „Die Leute der Kanzlei sind mißmutig und nervös geworden. Die Militärs wettern, die Zivilen halten den Mund und ärgern sich über die Militärs. [...] Riezler schluckt Medizin auf Medizin, sein Gesicht wird täglich faltiger und bitterer, der Intellektuelle, – intrigant aus Hilflosigkeit.“[7]

Karl Helfferich, von 1915 Staatssekretär des Reichsschatzamts und danach bis Ende 1917 des Reichsamts des Inneren, hatte sich für das Friedensdiktat engagiert und ließ sich von Hintze am 20. Juli nach Moskau schicken, um Riezler auf die Linie des Auswärtigen Amts zu bringen. Da er sich aber schnell von ihm eines Besseren belehren ließ und von der bolschewistischen Regierung nicht empfangen wurde, wurde er nach zehn Tagen zur „Konsultation“ zurückgerufen; er verließ Moskau am 6. August. Am Tag danach übersiedelte die gesamte Gesandtschaft, einschließlich der Hauptkommission für die Kriegsgefangenen, aber nicht das Generalkonsulat, nach Petrograd und bald danach hinter die deutschen Linien in Reval.[8]

Einen Tag nach seiner Ankunft in Moskau schrieb Kurt einen ersten Brief an Käthe (Brief Nr. 112), einer von insgesamt nur sechs, die vom 25. April bis 9. Mai reichen.[9] In den ersten Tagen war er noch optimistisch, dass die Gesandtschaft in Moskau langfristig etabliert werden könne. Er nahm an, er würde länger bleiben und versuchte sogar, Russisch zu lernen, was er auch Käthe vorschlug. Er mag ihr und seiner eigenen Mutter gegenüber größere Sicherheit behauptet haben, als er selbst annahm. Immerhin erwog er, Käthe kommen zu lassen, wobei natürlich die einjährige Maria bei den Großeltern (und der Kinderfrau) bleiben würde.

Riezler beschreibt das einstmals elegante und nun verwüstete Moskau in Kontrasten. Alles ist verboten, aber Alles erhältlich. Alles ist konfisziert, aber verzweifelte Bourgeois bieten alles an. Hunderte von Petenten verschiedener Nationalitäten scharen sich um die Gesandtschaft und hoffen auf Rettung, während „jüdische Jungens von 20-25 Jahren, die derzeitigen Herren Russlands“, durch die Stadt rasen (Brief Nr. 112 vom 25./26. April 1918). Die bolschewistische Herrschaft beruhe auf schnellen Automobilen, die aber nicht repariert würden, wenn sie zusammenbrechen (Brief Nr. 113 vom 1. Mai 1918). Das Leben ist allgemein unsicher, aber die Gesandtschaft hat extraterritoriale Privilegien und wird von lettischer Miliz geschützt. Kurt hat eine Loge in der Oper und dem Ballet, die noch mit alter Meisterschaft brillieren, aber sieht „kein einziges elegantes Kleid. In den Logen des Scaren [sic] und der Grossfürsten die Bolschewiki mit ihren Weibern ohne Kragen, in Lederjoppen. Ein grotesker Gegensatz zu früher“ (Brief Nr. 117 vom 9. Mai 1918).

In seinem ausführlichen Brief Nr. 113 vom 30. April und 1. Mai führt Riezler aus: „Die Bolschewiki Herrschaft ist nicht einmal Renaissance, sie ist asiatisch-antik. Ganz raffinierter Polizeiterror.“ Hier fehlen zwei Seiten, die „natürlich nur für Dich und ver-

7 Baumgart, *Von Brest-Litovsk zur deutschen Revolution*, 84.

8 Siehe Riezlers kurzen Tagebucheintrag aus Reval vom 17. August 1918, einen längeren Rückblick aus Berlin vom 28. August und einen ausführlicheren aus dem Urlaub in Oberstdorf vom 12. September 1918, *Tagebücher* Nr. 738, 739, 740.

9 Das kleine Konvolut ist auch mit dem Umschlag eines Briefes versehen, adressiert an Frau Käthe Riezler Berlin Königin Augustastr. 53a, mit einer späteren Aufschrift von Kurt „Briefe aus Moskau 1918“.

traulich für Onkel Phelix [Deckname?] bestimmt sind." Fast mit Sicherheit handelt es sich hier um das Fragment, das im Nachlass von Conrad Haußmann auftauchte. Darin beschreibt Riezler Lenin als „religiösen Fanatiker, völlig bedürfnislos, seine Idee völlig unbedenklich, ein Conspirateur ersten Ranges". Sein Polizeichef hat unbegrenzte Macht über jeden. Die Bolschewiki können zwar den Kapitalismus als Institution zerstören, aber nicht als menschlichen Trieb. „Die Situation des deutschen Eigentums, das von unserem Schutz Wunder erwartet, ist sehr schlimm – natürlich wollen die Leute alle, dass wir ihr Geld mit unseren Soldaten retten. Jedes andere Land wäre längst kaput, aber Russland verträgt ein unbeschreibliches Chaos und die Karre läuft immer noch schlecht und recht weiter."

Ein Anzeichen dafür, wie sehr sich die Lebensbedingungen in Berlin verschlechtert hatten, ist Riezlers Bereitschaft, seine privilegierte Position, den schwachen Rubel und die Notlage der Bevölkerung dazu zu benutzen, seiner Familie selten gewordene Lebensmittel und Güter zukommen zu lassen. Auch andere Mitglieder der Gesandtschaft nutzten diese Gelegenheit aus.

VI. Die Briefe Riezlers aus Moskau, April bis Mai 1918

Brief Nr. 112

[Moskau] April 25/26, 1918

Mein liebes Kätzchen

Nun sitze ich also in Moskau, in einem reinlichen, sehr grossen Haus eines Zuckerindustriellen[1] – nouveau riche, neugotisch etc alle zusammen, gemeinsamer Haushalt, ruhiges Viertel, Wache von lettischen treubolschewistischen Truppen, die Stadt bei
5 Tage sicher, keine Krankheiten, Lebensmittel da, aber teuer, die Stadt gross und schön und asiatisch, aber verwahrlost. Fenster durchschossen, Läden geplündert, von Autos durchrast, in denen jüdische Jungens von 20-25 Jahren sitzen, die derzeitigen Herren Russlands – Unser Einzug war grossartig – der Empfang der Königin von England am Lehrter Bahnhof ist gar nichts dagegen, dickes Spalier von Leuten, alles die Hüte ab –
10 wir werden hier mit unerhörter Spannung als Zauberer und Retter für alle erwartet, wie andere Wesen, die alles können sollen. Der Zustand Russlands ist offenbar furchtbar und die gesamte bürgerliche Welt ist völlig zusammengebrochen und wird noch weiter zusammenbrechen, die reichsten Leute haben kein Geld, die stolzesten Botschafterinnen des alten Regimes betteln um Schutz und Hilfe, auf der Strasse stehen breit hunderte
15 von Menschen, Deutsche, Polen, Ukrainer, Russen, die alle Hilfe haben wollen – es ist völlig phantastisch und unerhört interessant. Sehr schade dass Du nicht mitkamst. Es lässt sich zwar noch sehr gut und sicher leben, extraterritorial und mit Autos, aber schon wegen des Männerklosters und der Umstände.

26.4.

20 Ich muss schnell schreiben, denn eben sagt mir einer, er habe Gelegenheit einen Brief nach Berlin durchzubringen. Unser Courir geht nämlich erst in einigen Tagen. Also mir geht es sehr gut. Mirbach ist sehr nett,[2] persönlich ist alles glatt, ich habe zwei nette sonnige Zimmer. Moskau ist wärmer wie Berlin, wundervolle Sonne. Chokolade und Cigaretten giebt es genug – und Coty violette pourpre [Parfum] für 68 Rubel –
25 Antiquitäten sollen wie saures Bier angeboten werden. Und es ist nur schade, dass Du nicht da bist, um zu sehen welche ungeheure phantastische Realität in D....s [?] "[unle-

---

1 Es handelt sich um Pavel Vasilevic Berg. Siehe die Beschreibung in Alfons Paquet, *Im kommunistischen Russland. Briefe aus Moskau,* Jena 1919: „Unsere diplomatische Vertretung besteht aus etwa 18 oder 20 Herren, daneben einer wohl ebenso grossen Zahl von Kanzleibeamten. Sie bewohnt das […] prächtige Haus des Grossindustriellen Berg, der sein Anwesen samt den Stallungen den Deutschen zur Verfügung stellte, um es auf diese Weise vor Eingriffen der Sowjetbehörde zu schützen" (22). Nach dem hastigen Rückzug der deutschen Gesandtschaft im August muss die große Villa, wie so viele andere, der Ausraubung und Verwüstung verfallen sein.

2 Wilhelm Freiherr von Mirbach (1871-1918), am 25. August 1914 zum außerordentlichen Gesandten und bevollmächtigten Minister ernannt, vom 23. April bis zu seiner Ermordung am 6. Juli 1918 Gesandter in Moskau.

serlich] die Bolschewiki" steckt. Erzähle Ida und Theo noch dass in Jekaterinburg im Ural die dort herrschenden Anarchisten die Frauen von 18-38 für Staatseigentum erklärt [haben] und jeder Mann auf ein Büro gehen kann und einen Bezugsschein nach Wahl und auf Zeit beziehen kann.[3] Hoffentlich gehts Dir und Nuchel [Tochter Maria] so gut wie mir – schade dass Du nicht da bist und dass die Kommunikation nicht funktioniert. 5
Adio in Eile, viele Grüsse an Deine Eltern Dein K

3 Alfons Paquet (1881-1944), weitgereister Schriftsteller und Vertreter der Frankfurter Zeitung, druckt ein Dokument der "Vergesellschaftung" von Frauen im Alter von 17 bis 30 ab, ein Dekret des anarchistischen Bundes in Saratow vom 28. Februar 1918, ließ aber aus "Gründen des Geschmacks" vier der 19 Paragraphen aus. Siehe *Im kommunistischen Russland*, 155f., sowie Paquet, *Der Geist der russischen Revolution,* Leipzig 1919.

Brief Nr. 113

Moskau 30/4/18

Liebes Kätzchen

Hoffentlich hast Du meinen ersten Brief, den ich einer zufälligen Gelegenheit im letzten Moment mitgab bekommen. Übermorgen soll nun der Kurier gehen und ich will zeitig schreiben, damit trotz des entsetzlichen Sturmes hungernder und beraubter deutscher Petenten etwas drin steht. Moskau sieht trotz schönen Frühlings trostlos aus. Denke Dir eine elegante *sehr* reiche Stadt mit zumeist durchschossenen Ladenfenstern, vielen ausgeraubten Läden, sehr wenig leidlich gut angezogenem Publikum. Übrigens habe ich noch keinen Schuss gehört, war allerdings abends noch nicht aus. Zu kaufen giebt es noch eine Menge schöner Dinge die es in Deutschland nicht mehr giebt und der Rubel ist billig aber allerdings wenig wert. Die Presse hat mir hier als Gegner der Alldeutschen einen glänzenden Empfang in langen Artikeln bereitet. Anscheinend hat also in Deutschland noch sehr viel daringestanden. Nun, wenn schon. Wir haben noch gar keine privaten Nachrichten aus Deutschland, kaum die Heeresberichte – nur die Anweisungen für das hiesige Verhalten. Ich fahre jeden zweiten Tag in das Volkskommissariat des Äusseren zu den derzeitigen Gewaltigen Russlands. Sehr seltsame Aufmachung. Der Minister des Äusseren [Tschitscherin] ist etwas schmutzig aber ganz klug und sympathisch, mit einer grossen Kette um den Bauch, an der das Siegel hängt, mit dem er siegelt. Durchzusetzen ist wenig bei den Brüdern zumal unsere Position nicht allzu günstig und die Verwirrung sehr gross ist.

1. Mai

Heute ist 1. Mai und überall rote Fahnen, wer keine heraushängt steht bereits im Hemde da. Es soll angeblich geschossen werden, ich glaube es aber nicht. 5 Pfund Kaffee und [unleserlich] Pfund Thee und 8 Stück Seife gehen morgen mit – später kommt mehr. Pelze giebt es auch, aber man muss auf Gelegenheiten warten, Versatzhaus oder ähnliches. Selbstverständlich muss zu jedem Einkauf ein Extra"jude" angestellt werden. Ohne das geht es nicht. Es ist alles verboten, aber man bekommt alles. Schreibe mir genau, was Du brauchst. Ich hoffe morgen endlich die erste Nachricht aus Deutschland zu haben, aber der Kurier muss drei Tage an der Grenze sitzen, weil es am 1. Mai zu gefährlich sei – sagen die Bolsches.

Oper ist auch noch, schliesst leider am 12. Mai für den ganzen Sommer, aber wir werden noch zwei sehr gute Ballets mit der Moskauer Ballerina sehen, die ich schon von 1917 kenne und die 1. Ranges ist. Durch die Protection der Bolsches bekam ich je eine Loge.

Leider haben wir noch keine Autos, die bolschewistischen sind zumeist caput und ohne Wagen kann man nichts machen, da die Entfernungen enorm sind.

Es ist alles sehr verwirrend und phantastisch hier man weiss gar nicht, wo man anfangen soll. Persönlich geht alles gut, Mirbach ist sehr angenehm, Bassewitz[4] ditto und die Sachen sind alle à l'amiable und in meinem Sinn geregelt. Dabei in erheblich besseren Allüren als Stockholm, wenngleich nicht so unterhaltsam. Von Petersburg ist noch nicht die Rede. Jeden Abend ist *schlechtes* Bridge. 5

Ich habe grosse Sehnsucht und da an Dein Hierherkommen und Haushaltführen etc nicht zu denken ist, bin ich durch die Aussicht lange weg zu sein recht betrübt. Du wirst wahrscheinlich Unfug anstellen, und wir werden uns ganz entzweien. Ich selbst bin furchtbar brav und klösterlich – nicht einmal die Kiewer Dame ist da, sie hat versucht, nach Polen durchzukommen und liegt irgendwo in dem Hungergebiet an der 10 Grenze. Ihr Vater hat mich aufgesucht, ich habe ihn eingeladen in die Stadt – einfaches Frühstück 200 Rubel. Gott sei Dank, dass wenigstens die Rubel billig sind. Morgen kommt der erste Mann mit Antiquitäten, alles Angstverkäufe reicher Leute, wollen mal sehen.

Die Bolschewiki Herrschaft ist nicht einmal Renaissance, sie ist asiatisch-antik. 15 Ganz raffinierter Polizeiterror.

[*Zwei Seiten (5 u. 6) fehlen. Sehr wahrscheinlich handelt es sich um die schlechte Schreibmaschinenkopie im Nachlass Haußmann?*[5] *Ich setze sie hier mit einigen Emendationen ein*]

Die Bolschewiki werden sich halten, die Gegenrevolution sitzt zwar rings um sie herum, in den eigenen Bureaus, hat aber weder Schneid noch Macht. Lenin macht alles, ein religiöser Fanatiker, völlig bedürfnislos für sich persönlich, seine Idee völlig unbedenklich, ein Conspirateur ersten Ranges. Sie haben hier eine allrussische Kommission 20 zur Ueberwachung der Gegenrevolution—deren Chef ist allmächtig, kann jeden, auch die bolschewistischen Minister jederzeit verhaften und verschwinden lassen, hat tausende von Agenten, die alle bespitzeln und auch provocieren, [vermutlich: unbegrenzte] Rubel und gehorcht nur Lenin, der dadurch seine Kollegen beherrscht. Sie bekriegen systematisch den „Kapitalismus", aber sie können nur die Institution zerstören und 25 seine Organisation zerschlagen, ihn aber nicht aus den Trieben der Menschen reissen, weswegen er nur im Verborgenen desto mächtiger und rings um die schlechtbezahlten ist eine enorme Bestechlichkeit. Das ganze Wirtschaftsleben geht zum Teufel—das Land ist tatsächlich nicht [vermutlich: regierbar] und eine furchtbare Hungersnot wird kommen. Das gaben mir die Bolschewiki auch zu—aber nichtsdestoweniger sagen sie, 30

4 Rudolf Graf von Bassewitz (1881-1951), 1906-09 Attaché an der preußischen Gesandtschaft am Vatikan, 1918 an der Gesandtschaft in Moskau, zuletzt Chef des Protokolls im Auswärtigen Amt.

5 HStA Stuttgart, Nachlass Conrad Haußmann, Q 1_2 Bü 54 Riezler Mai 1918. Am 19. Februar 1915 berichtete Haußmann seiner Frau: „Gestern abend war ich mit Legationssekretär Riezler zusammen. Er ist Privatsekretär Bethmanns in inneren und auswärtigen Fragen. Auch persönlich sympathisch, sehr unterrichtet, bescheiden, klar. Wir sprachen über das künftige Parteiprogramm oder das Programm der künftigen Partei und waren unerwartet weitgehend einig, ich und der Bayer, der der politischste Mann seines Landes in Preussen geworden ist." Conrad Haußmann, *Schlaglichter. Reichstagsbriefe und Aufzeichnungen*, Frankfurt 1924, 26.

dann kommt eben die ganz grosse Krise und aus ihr etwas ganz neues und grosses. Wunderglaube und Fatalismus ganz Orient. Ich sagte Tschitscherin, ich sähe, dass ihre Herrschaft auf den schnellen Automobilen ruhe, aber dass sie alle Autos kaput fahren und nie reparieren—er lachte und sagte, das Kaputfahren ginge allerdings schneller
5 als das reparieren. Und so ist [es] überall [mit den] Eisenbahnen—wir kriegen aus dem Lande, das freilich nur mehr der Torso eines Wirtschaftsgebiets ist, wenig heraus. Die Situation des deutschen Eigentums, das von unserem Schutz Wunder erwartet, ist sehr schlimm—natürlich wollen die Leute alle, dass wir ihr Geld mit unseren Soldaten retten. Jedes andere Land wäre längst kaput, aber Russland verträgt ein unbeschreibliches
10 Chaos und die Karre läuft immer noch schlecht und recht weiter.

Also alles Gute, die letzten zwei Seiten natürlich nur für Dich und vertraulich für Onkel Phelix [Deckname?]. Mir geht es, mit Ausnahme des Abgeschnittenseins sehr gut. Grüsse Deine Eltern und Nuff [Maria] und schreibe mir immer genau, wie es der
15 letzteren geht und was sie plappert.

Sei brav und behalt mich lieb Dein Kurt

Schreib bitte meiner Ma ein paar Zeilen gelegentlich über Nachrichten von mir. Ich habe Angst um meinen Bruder, hoffentlich ist nichts passiert.[6]

6 Walter Riezler war überzeugter Soldat, kämpfte bei Verdun und war anscheinend auch bei den letzten großen Offensiven im Einsatz.

Brief Nr. 114
[Kurt Riezler an seine Mutter]

Moskau 1. Mai [1918]

Liebe Mama

Heute ist erste Gelegenheit für Briefe nach Deutschland. Aus Deutschland sollen die ersten Nachrichten nächste Tage kommen. Ich hoffe sehr, dass sie nichts schlimmes bringen. Wir waren heute ganz ohne Post, das ist doch ein seltsames Gefühl.

Mir geht es sehr gut, wir wohnen alle zusammen in einem modernen Palais, von deutschen Kriegsgefangenen bedient (mein Bursche Fritz war Kellner im Café des Westens) führen zusammen Haushalt, sind von bolschewikschen Janitscharen zuverlässig bewacht. Wohnen in einem sicheren Viertel, etwas weit ab von dem schönen Centrum der Stadt. Geschossen wird nicht. In der Stadt sind viele Spuren zerschossene Fenster, geplünderte Läden – die sehr elegante und reiche Stadt sieht trostlos aus, kaum oder wenig gut angezogene Menschen, zerlumpte Bolschewiki sausen als Herren in Autos herum, die Theater spielen noch und nächste Woche gehe ich in das alte kaiserliche Moskauer Ballet. Also Du siehst es lässt sich trotz allem noch ganz gut leben obwohl es eine etwas phantastische Welt ist und die Menschen mit recht sagen können Russland ist irrsinnig geworden. Es ist alles byzantinisch-asiatisch-grausam voller Korruption, absoluter Terror, niemand ist sich seines Lebens sicher – mit Ausnahme der deutschen Mission, die unantastbar die schönsten Ausnahmerechte geniesst. Es ist anfangs sehr schwer, wegen der armen Deutschen, die um das Haus stürmen und um Schutz und Hilfe flehen.

Hoffentlich geht es Dir gut, und kommt nächste Tage Nachricht.

Alles Gute Dein Kurt

Brief Nr. 115

[Moskau] Russ. Ostersonntag 1918
[5. Mai 1918, Gregorianischer Kalender]

Liebes Kätzchen!

Gleichzeitig mit diesem Brief geht wieder ein Packet ab, diesmal mit zwei Pfund Thee, einer Pfefferbüchse, einen [unleserlich] für Nuffi [Maria] aus Holz, gleichzeitig Kaninchen und Huhn und zwei Packete eines wunderbaren amerikanisch-russischen Eierpräparats (concentriertes getrocknetes Eigelb, für alles mögliche zu verwerten). Mit der Zeit kommt noch mehr, wohl auch Reis, wenn die Kuriere grössere Sachen mitnehmen können.

Hier ists nachwievor phantastisch. Von Schiesserei keine Rede, von Hunger und Krankheit auch nicht, trotz völliger Gesetzlosigkeit und Terror für uns ganz angenehm zu leben. Dienstag Oper, Samstag kaiserliches Ballet. Autofahrten in der Stadt, Intriguen, Geheimpolizei, Radau etc.

Am 1. Mai. In jedem Haus eine rote Fahne herausgehängt (bei Todesstrafe). Alle Denkmäler rot verhängt, rote Verkleidungen, rote Paraden, also die ganze Stadt in blutrote Fetzen gehüllt. Sehr ulkig.

Die Stadt, insbesondere der Kreml, ist doch bei Sonne wunderschön und auch die anderen alten Teile mit sehr viel caché. Europa und Asien in eins gemengt, wie in den Menschen auch, Mystik und Gemeinheit, Geist und Bestialität. Ein sehr seltsames Land und eigentlich ganz Chinesisch – auch die Form der Diplomatie mit den Leuten ist wie in China geworden, Verschwörungen, Agenten, Weiber, etc.

Zu kaufen giebt es eine Menge nützlicher Dinge, wenn man sucht. Schreibe mir ausführlich, was Du brauchst. Also wegen Pelzen. Ich war in dem grössten und besten Pelzladen Russlands, Riesengeschäft und sehr reell – dort kosten ein „Polarfuchs"umhang, so grau wie Dein alter (ich weiss nicht ist das ungefärbter Silberfuchs) aber jedenfalls Naturfarbe sehr schön und dick 900 M. *Bester* Zobel (Komzobel) (mit Silberspitze) Umhang cc 180 – 200 cm lang 50 cm breit, so für grosse Toiletten und wundervoll 14-15000 M (aber sage es niemand). Ich glaube das ist sehr billig, und bei uns wohl das vierfache. Willst Du einen haben? Man könnte eventuell zwei kaufen und einen der Gerstel geben, zu weiterer Verwendung, frage sie doch einmal vorsichtig, was einer jetzt in Deutschland kostet. Dass der Dicke Hermelin gebracht hat, ist dumm, aber macht nichts, nimm ihn ruhig, sage ihm, er sollte Dir doch einen Brief an mich mitgeben mit dem Preis und anderen Nachrichten und sage ihm, dass ich ihn hier sehr vermisse.

Vorläufig ist unser Friedenszustand noch etwas prekär, da anscheinend mit der Ukraine und auch oben in Finnland die Sache noch nicht geklärt ist. Wenn alles fertig ist und die Sache hier für mich dauernd wird, kannst Du ruhig kommen, es lebt sich ganz bon [= gut] und amüsant. Wohnung und Dienerschaft findet man auch, wenngleich die Sache natürlich teuer wird. In diesem Männerkloster wo wir alle freie Station haben, ists nicht teuer für mich.

Jonas, der Schützling von Elias[7], war in einem guten Lager, dessen Inhalt jetzt nach Irkutsk überführt ist. Über ihn selbst konnte ich noch nichts erfahren, da jetzt die Sachen alle von den Schweden an uns übergeben sind und gerade umorganisiert werden.

Ich habe grosse Sehnsucht, hoffentlich kommt der nächste Brief bald. Stobbe hat mir geschrieben, er verrechnet 3 Kronen für das Einpacken der Bilder, also muss es doch abgeschickt sein. Stobbe ist übrigens in Berlin, Adresse durch Kühlmann zu erfragen. 5

Es kommen immerzu Menschen, mit den verzwicktesten Anliegen; und unterbrechen mich.

Also lass es Dir gut gehen, sei brav und schreib mir fleissig, grüsse Nuffi [Maria] und vergiss nicht Deinen Kurt. 10

[PS] Anbei ein Brief von Fr. v. Fischer, der hierherkam, bitte wegen Adresse des Vaters aufheben.

S. 2 eines Fragments

.... herauszukommen, Dich herzurufen und einen Extrahaushalt zu eröffnen. Ich glaube, es wird höllisch teuer sein und nicht leicht wegen der Lebensmittel.

Behalt mich lieb und störe nicht unsere bis jetzt so ungestörte Einigkeit, indem Du mich mit einem alten oder neuen mouton betrügst, nicht wahr? Und schreibst mir immer genau und mit Detail wie es Nuffi geht. 15

Alles Gute, grüss Deine Eltern und behalt mich lieb Dein Kurt

[PS] Anbei ein nettes Schriftstück das Du Deiner Ma zeigen darfst

---

7 Julius Elias (1861-1927), Schriftsteller und Kunstsammler, Vorkämpfer des Impressionismus, schrieb eine Biographie von Max Liebermann (1917) und veröffentlichte Bücher mit dessen Graphiken. Siehe auch Theodor Wolff, *Tagebücher*, 3. April 1917, 501.

Brief Nr. 116

[Moskau] Ostermontag [6. Mai 1918]

Es kam wieder ein Kurier – sie kommen besser an als sie fortgehen, weswegen jetzt drei im Hause. Er brachte einen kurzen Brief, telefoniere doch gleich bei dem Dicken an, dass er Dir genau sagt, was er vorhat und wo ich ihn erreiche. Meine Tante Anna habe ich vor Wut nach den ersten Zeilen in den Papierkorb geschmissen. Bitte lasse mir durch das Bureau der Frankfurter Zeitung diese regelmässig durch den Kurier zugehen, das Bureau ist Wilhelmsplatz schräg vis-à-vis vom Kaiserhof. Schreib mal Lucius[8] ein paar Zeilen der Erinnerung. Unser Hausbetrieb wäre sehr nett, wenn Mirbach[9] Bassewitz Janson[10] und ich allein wären, voller Harmonie und gleicher Grundstimmung. Tausendmal besserer Ton wie Stockholm – nur die militärischen Vertreter stören durch ihre völlige Nuancenlosigkeit.[11] Grüsse den Papa, er soll K nur so schön malen wie die anderen. Der ist ganz nett und menschlich.[12] Morgen muss ich wieder ins Volkskommissariat, wo sie mich schätzen weil die Zeitungen geschrieben haben, ich wäre ein Gegner der Alldeutschen und mit der Tochter Max Liebermanns verheiratet. Aus Sympathie kommen alle möglichen brauchbaren Leute und bieten ihre Dienste an. Also alles gut. Gehe gleich zur Gerstel und frage wegen Zobel, sage aber nichts von dem hiesigen Preis, wäre auch nur für uns so billig, weil ich via Stockholm die Rubel sehr billig habe. Alles liebe Dein K

8 Hellmuth Lucius von Stoedten (1869-1934), 1915-1920 Gesandter in Stockholm.

9 Siehe Brief Nr. 112.

10 Martin von Janson (1887-1945), ebenfalls Attaché bei der Gesandtschaft in Moskau.

11 Diese Kritik richtet sich hauptsächlich gegen den Major im Generalstab Karl Freiherr von Bothmer.

12 Bei der nur vorsichtig mit K bezeichneten Person handelt es sich fast mit Sicherheit um Riezlers Vorgesetzten, den Staatssekretär des Auswärtigen Amtes Richard von Kühlmann (1873-1948). Seinerzeit verhandelte Fritz Wichert (1878-1951), seit 1909 Direktor der Kunsthalle Mannheim und im Krieg im diplomatischen Dienst, mit Liebermann über ein Porträt von Kühlmann, das aber nicht zustande kam, vielleicht weil der bekämpfte Staatssekretär schon wenige Wochen später nach seiner Reichstagsrede vom 24. Juni 1918, in der er nachdrücklich für die Beendigung des Krieges plädierte, von Ludendorff gestürzt wurde. Er trat am 9. Juli zurück. (Freundliche Auskunft von Dr. Margreet Nouwen vom Liebermann-Archiv in Berlin, 28./29. Juli 2015.)

Brief Nr. 117

Moskau, den 9. Mai 1918

[*Die beiden ersten Seiten mit Schreibmaschine geschrieben*]
Es gehen mit gleicher Post ab :
3 Pfund Caffee (russische Pfund à 400 Gramm)
2 Pfund Mandeln
2 Kilogramm Oel
1 Pfund Cacao
und ein paar Kleinigkeiten. Das Paket bekommst Du von der Botenmeisterei des AA. Vorgestern waren wir in der Oper Tschaikowsky „Eugen Onegin", sehr schön. Wunderbare Aufführung. Sehr gute Sänger. Die Leute bewegen sich auf dem Theater so natürlich, wie keine andere Nation. Die Riesenoper, vielleicht doppelt so gross wie die Berliner und sehr elegant, vollgepfropft mit schlecht angezogenen Menschen, kein einziges elegantes Kleid. In den Logen des Scaren [sic] und der Grossfürsten die Bolschewiki mit ihren Weibern ohne Kragen, in Lederjoppen. Ein grotesker Gegensatz zu früher. Am Sonntag ist letzte Vorstellung, ein Ballet mit der Moskauer Primaballerina, die besser ist wie die Karssawina.[13] Die Karssawina wird im Sommer hier sein und in einem Sommertheater tanzen. Es ist zu schade, dass Du nicht hier sein kannst. Die ganze Sache würde Dich unbändig amüsieren. Es ist Alles zwar sehr traurig, diese ganze Verwüstung, aber man hat ja gelernt in dem Kriege hart zu werden. Ich lerne Russisch. Du könntest immerhin anfangen, das Gleiche zu tun.

[*weiter mit Bleistift*]

Gestern war ich in einigen Antiquitätenläden, die schönen Sachen sind versteckt, aber es giebt doch viel – schade dass Du nicht da bist, wir fänden mit der Zeit eine ganze Menge billig. Allein macht es mir keinen Spass. Die politische und wirtschaftliche Situation ist recht trübe, und ich weiss mich kaum vor lauter Leuten zu retten, denen ich helfen soll. Das ist gerade nicht sehr erquicklich. Seit vorgestern feiern die Moskauer mit besonderer Freude den Umsturz in der Ukraine und sehen das alte Russland schon wieder von uns aufgerichtet. Da kommt dann die Enttäuschung. Es ist komisch zu sehen, wie sie uns alle hier um Hilfe rufen und sich selbst beschimpfen und erniedrigen und alle so thun, als wären sie immer für Deutschland gewesen – natürlich hassen sie uns tief – es ist nur der momentane Bolschewiki Jammer und wenn der vorbei ist, kommt aller Hass und alle Wut des zerstückelten und besiegten Landes. Von Deutschland erfahren wir kaum etwas.

Nun haben wir wenigstens ein Auto und heute habe ich noch einen Traber mit kleinem Wagen für mich umsonst geliehen bekommen und kann wie ich will in der Stadt herumfahren.

13 Tamara Platonowna Karsawina (1885-1978), Ballerina im Mariinski-Theater in St. Peterburg, seit 1909 Mitglied im Ballets Russes; sie verließ Russland 1918 mit ihrem Mann, dem Diplomaten Henry James Bruce, und wurde eine einflussreiche Lehrerin späterer Ballerinas.

VII. Kurt und Käthe Riezler in der Weimarer Zeit, den Jahren der Verfolgung und der Emigration

Kurz nach Beendigung seiner Erholungstage mit Käthe in Oberstdorf, nahe Riezlern, dem Familienursprungsdorf im Walsertal, wurde Riezler unter Kanzler Prinz Max von Baden Anfang Oktober 1918 Kabinettschef des letzten kaiserlichen Staatssekretärs im Auswärtigen Amt, Wilhelm Solf, mit dem er seit längerem zusammengearbeitet hatte. Als Max von Baden im Dezember zurücktrat, führte Solf zunächst die Geschäfte unter Friedrich Ebert weiter. Riezler blieb im Auswärtigen Amt. Im April 1919 wurde er bis Juni von der Reichsregierung als stellvertretender Gesandter zur bayerischen Regierung von Johannes Hoffmann in Bamberg geschickt, um sie zu veranlassen, der Heranziehung von Freikorps zuzustimmen, die dann im Mai bei der Niederwerfung des kommunistischen Aufstands in München Massenmord begingen. Riezler fürchtete die Auflösung des Reiches und Separierung von Bayern.[1] So spielte er eine direkte historische Rolle bei der Rechtsradikalisierung Deutschlands, die ihm schließlich selbst und seiner Familie zum Verhängnis werden sollte. Graf Kessler trug am 6. April 1919 in sein Tagebuch ein: „Bemerkenswert…dass… auch Riezler die Einführung des Rätesystems oder der 'Ständevertretung' anstelle des Parlaments durch einen reaktionären militärischen Diktator mir gegenüber als eine Möglichkeit erörterte. Eine Gegenrevolution liegt in der Luft."

Kessler, der Personen ähnlich wie Riezler schnell und scharf beurteilte, fand ihn in den ersten Monaten 1919 unentschlossen und zerfahren und glaubte jetzt zu verstehen, warum Bethmann Hollweg zum Scheitern verurteilt gewesen war. Am 28. März 1919 notierte er: „Riezler ist ein unverbesserlicher Theoretiker; statt das Praktische zu ergreifen, konstruiert er Definitionen. Allmählich verstehe ich die verhängnisvolle Unfruchtbarkeit der Bethmannschen Politik, deren Hauptvertreter Riezler war… Für Riezler ist die Idee immer nur ein Vorwand, um Etwas nicht zu tun." Die Tagebücher und Briefe, die Kessler natürlich nicht kennen konnte, sprechen öfter eine andere Sprache. Zudem schrieb Kessler, bevor Riezler beweisen konnte, dass er entschlossen und fähig war, kommunistische Aufstände mit Gewalt zu unterdrücken. Ironischerweise hatte Kessler selbst bis zuletzt an den Sieg durch die Entschlusskraft und den Durchsetzungswillen von Ludendorff geglaubt.

Angesichts der Unterzeichnung des Versailler Vertrags am 28. Juni 1919 trat Riezler aus dem Auswärtigen Amt aus, übernahm aber vom 15. November 1919 bis 11. April 1920 die Leitung des Präsidialbüros von Reichspräsident Ebert und vertrat ihn vor dem Kabinett. Auch dort zeigte er Durchsetzungskraft, auch wenn es um Unterdrückungsmaßnahmen ging.[2] Riezlers Zusammenarbeit mit Friedrich Ebert konnte jedoch nicht lange dau-

1 Zu seiner damaligen Wahrnehmung siehe die unter dem Pseudonym Gajus verfassten Artikel, Bayern und das Rätewahlrecht, Die Deutsche Nation, 1 (April 1919); Bayerns Schande und Ende, 1 (April 1919); Die Befreiung Bayerns, 1 (Juni 1919).

2 Wieder Kessler am 27. Mai 1920: „Im Zuge Albrecht Bernstorff getroffen, der Vertreter des Auswärtigen Amtes beim Reichskommissar für die besetzten Gebiete ist. Er fragte nach dem Ruhrgebiet und teilte meine Meinung, dass das Einrücken der Reichswehr ein Fehler gewesen sei. Er fügte hinzu, dass wir das 'unsrem Freund Riezler' zu verdanken hätten, der es im Kabinett durchgesetzt habe."

ern. Zu verschieden waren sie nach Herkommen und Temperament. Im April 1920 ließ er sich als Gesandter z. D. (zur Disposition) in den „einstweiligen Ruhestand" bei Beibehaltung seines Beamtengehaltes versetzen. Viele Jahre später, in der New Yorker Emigration, erinnerte sich sein Kollege Arnold Brecht: „Merkwürdigerweise hat der gegensätzliche Standpunkt, den wir in den Jahren 1919 und 1920 zu Ebert eingenommen hatten, auch dann noch etwas zwischen uns gestanden: Wir trafen in den Monaten bis zu seinem Ausscheiden regelmässig in Kabinettssitzungen zusammen und unterhielten uns vielfach über unsere eigene Stellung zu den Ereignissen und Persönlichkeiten. So sehr ich mich philosophisch und kulturell von ihm angezogen fühlte, so zweifelhaft war mir seine Eignung zum politischen Ratgeber in der damaligen Lage. Seiner ungeduldigen und scharfen Kritik setzte ich eine, wie ich es damals selber nannte, 'gutmütigere' Haltung entgegen und suchte ihn dafür zu gewinnen. Die neuen Männer seien keine Aristokraten der Geburt oder des Geistes, aber niemand habe das erwartet. Die sozialdemokratischen Führer seien Vertreter einer neuen Schicht."[3]

Anfang 1919 hielt Riezler einen Vortrag, den er wichtig genug fand, um ihn der Neuausgabe der *Grundzüge der Weltpolitik* von 1920 anzugliedern: „Die drei Krisen. Eine Untersuchung über den gegenwärtigen Weltzustand." Er identifizierte „eine ausserpolitische Krise der internationalen Organisation der Welt, insonderheit Europas, eine innerpolitische Krise der Staaten und Staatsformen und eine Krise der Gesellschaft." Der Bolschewismus bedrohe Europa und sei in Russland selbst ein Symptom historischer Regression, „nicht Weiterbildung einer kapitalistischen Wirtschaft in eine sozialistische, sondern Rückbildung in eine vorkapitalistische, Rückkehr zu den Zuständen eines wirtschaftlich unentwickelten Landes des Mittelalters." Die Verfasser des Versailler Vertrags beschuldigte er nicht nur der drakonischen Behandlung Deutschlands, sondern noch mehr der 'Balkanisierung' von Europa, was die ökonomische Erholung und politische Stabilisierung verhindere. Jetzt glaubte er die Ursache des Weltkriegs zu kennen: „Die politische Lage der Welt vor Ausbruch des Krieges war unhaltbar. Sie war langsam und mit innerer Notwendigkeit unhaltbar geworden. Das heißt nicht, dass der Krieg gerade im Jahr 1914 und in dieser Konstellation hätte ausbrechen und so zu Ende gehen müssen."[4]

Im Januar 1919 hatte Riezler zusammen mit Harry Graf Kessler und Bernhard Wilhelm von Bülow, beide auch im Auswärtigen Amt, die Monatsschrift *Die Deutsche Nation* als Organ eines „demokratischen Nationalismus" gegründet.[5] Dort publizierte

3 Arnold Brecht, *Aus nächster Nähe. Lebenserinnerungen 1884-1927,* Stuttgart 1966, 325. Brecht war seinerzeit ein mit Riezler gleichaltriger Reichsbeamter. Nach Papens „Preußenschlag" aus dem Reichsdienst 1932 entlassen, vertrat er als preußischer Ministerialdirektor die Verfassungsklage der legitimen preußischen Regierung Braun-Severing und trat am 2. Februar 1933 im Reichsrat offen gegen Hitler auf, was zu seiner sofortigen Entlassung führte. Im Zweiten Weltkrieg beriet er die amerikanische Regierung in außenpolitischen Fragen und nach dem Krieg war er Berater bei der Erarbeitung des Grundgesetzes der Bundesrepublik.

4 *Grundzüge der Weltpolitik*, Neuausgabe 1920, Zitate auf S. 255, 298 und 157.

5 Nach Bekanntgabe der Friedensbedingungen erschien im Impressum: „Gedenket der Deutschen in Polen und Westpreußen, in Schlesien und Böhmen, im Süden der Steiermark, Kärntens und

er bis zum Eingehen der Zeitschrift im Juni 1925 zwei Dutzend Artikel zu kritischen Zeitfragen.[6] Danach schloss er sich dem Beirat des *Deutschen Volkswirt* an, den Gustav Stolper 1926 nach dem Eingehen des *Wiener Östereichischen Volkswirt* in Berlin etablierte. Neben der *Frankfurter Zeitung* war diese wirtschaftspolitische Zeitschrift die wichtigste publizistische Stütze der Weimarer Republik. Neben Riezler gehörten dem Beirat, dem sogenannten Dienstag-Kreis, Bernhard Wilhelm von Bülow, Theodor Heuss und andere innen- und außenpolitische Experten bis 1933 an.[7]

In diesen Jahren konnte Riezler jedoch auch endlich seine Ambition verfolgen, als ausgewiesener Altphilologe und Kenner der griechischen Philosophie in deutschen philosophischen Kreisen ernst genommen zu werden.[8] Platon und andere griechische Autoren spielen schon eine Rolle in seiner ersten philosophischen Untersuchung (in Briefform), *Gestalt und Gesetz*.[9] Diese mag ihren Ursprung in dem „Wälzer" gehabt haben, den Riezler mehrmals in den Briefen an Käthe erwähnt und an dem er nur sporadisch arbeiten konnte. Im Jahre 1934 erschien nach langer Vorbereitung seine Ausgabe des Vorsokratikers Parmenides mit einer von Martin Heidegger beeinflussten und von

---

Tirol, der Deutschen im Elsaß und Lothringen. Vergesst nicht Danzig, Memel, Eupen und Malmedy." Das Programm von 1922 erklärte die Zeitschrift zum „Sprachrohr eines Kreises von Männern, die zwischen Wirrnis und Schlagwort, zwischen handgreiflicher Interessenpolitik und verblasener Romantik den Geist einer sachlichen und loyalen Staats- und Volkspolitik retten und pflegen wollen… will diejenigen sammeln, die rückhaltlos dem neuen Staat dienen." Die Herausgeber vertraten jedoch divergierende Positionen. Bülow, Neffe des Kanzlers Bernhard v. Bülow, bekämpfte jegliche Verständigungspolitik, Kessler schlug eine Alternative zum Genfer Völkerbund vor und Riezler befasste sich mit Verfassungs- und Wirtschaftspolitik. Theodor Heuss übernahm die Redaktion im Mai 1922, als die Monatsschrift schon in einer desolaten Lage war. Sie ging nach der Inflation mit dem Juniheft 1925 ein.

6 Karl Dietrich Erdmann vertrat die Ansicht, Riezler habe schon 1916 anonym siebzehn Artikel für die von Edgar Jaffé und Heinrich von Frauendorfer im selben Jahr gegründete *Europäische Staats- und Wirtschaftszeitung* geschrieben; er fügte 1972 einige dieser Artikel seiner Edition der Tagebücher Riezlers hinzu. Er berief sich dabei auf späte Erinnerungen des damals jungen Immanuel Birnbaum in München. Wolfgang J. Mommsen unterzog Erdmanns Entscheidung einer detaillierten Kritik und bezweifelte die Authentizität der Artikel, siehe Kurt Riezler, Ein Intellektueller im Dienste wilhelminischer Machtpolitik, in: *Geschichte in Wissenschaft und Unterricht*, 25, 1974, 193-209. Der Artikel „Innere und äußere Politik" vom 20. März 1916 beginnt mit einer sechs Seiten langen Eloge auf Tirpitz und rechtfertigt voll sein Schlachtschiffprogramm. Die Evidenz der Briefe an Käthe über den „Vater der Lüge" widerlegt Riezlers Autorenschaft. Die Artikel über „Deutsche Mission" vom 4. Mai und „Deutsches Programm" vom 17. Juni 1916 enthalten kritische Bemerkungen über Bethmann Hollweg, die Riezler öffentlich nicht gemacht hätte.

7 Siehe die Würdigung von Riezlers Beitrag in Toni Stolper, *Ein Leben in Brennpunkten unserer Zeit*. Wien, Berlin, New York. *Gustav Stolper 1888-1947*, Tübingen 1960, 204f. Die Riezlers und Stolpers trafen in New York wieder zusammen.

8 Seine Münchener Dissertation über *Das zweite Buch der Pseudoaristotelischen Ökonomik* (1906) war 1907 als Buch unter dem Titel *Über Finanzen und Monopole im alten Griechenland. Zur Theorie der antiken Stadtwirtschaft* erschienen.

9 *Gestalt und Gesetz. Entwurf einer Metaphysik der Freiheit*, München 1924.

Hans-Georg Gadamer hoch gepriesenen Interpretation.[10] Jahrzehntelang war er mit dem Frankfurter Altphilologen Karl Reinhardt (1886-1958) befreundet, dem Verfasser von *Parmenides und die griechische Philosophie* (1916, 1959), der auch Ernst Cassirer und Heidegger beeinflusste. Mit dem klassischen Philologen Kurt von Fritz (1900-1985), dem einzigen Hochschullehrer in Deutschland, der neben Karl Barth den Diensteid auf Adolf Hitler verweigerte, teilte er Exil und gemeinsame Lehre über Aristoteles und Platon an der Columbia University. Im Jahre 1936 erschien noch *Traktat vom Schönen. Zur Ontologie der Kunst*, mit Hinweisen auf Heidegger, Klages, Scheler und Kierkegaard.[11] Für Laien sind diese Schriften fast undurchdringlich und waren es anscheinend auch für die Nazizensur.

Im Jahre 1928 hatte Riezler wieder eine öffentliche Position als Kurator der Frankfurter Universität übernommen. Er wurde am 5. Juni 1928 vom preußischen Unterrichtsminister Carl Heinrich Becker eingeführt und gleichzeitig zum Honorarprofessor in der Philosophischen Fakultät ernannt. Riezler erklärte, entscheidend für seine Annahme „sei das Besondere der Frankfurter Universität; dass hier eine junge, noch nicht in Tradition erstarrte Hochschule ihren Stolz in ein Werden und Wachsen setzen könne."[12] Er bereicherte die als jüdisch von den Nazis verschrieene Universität mit der Ernennung von Fakultätsmitgliedern, die in der Emigration international bekannt wurden: Schon bald nach ihrer Entlassung 1933 gingen der Gestaltpsychologe Max Wertheimer und der Ökonom Adolph Lowe an die New School in New York, Paul Tillich ans dortige Union Theological Seminary und Karl Mannheim nach London; Ernst Kantorowicz gelangte erst 1939 an die University of California in Berkeley.

In zeitweilige „Schutzhaft" genommen, wurde Riezler am 1. April 1933 gezwungen, von seinem Amt zurückzutreten und verlor bald darauf seine Lehrberechtigung. Er wurde „deutschfeindlicher Einstellung" bezichtigt. Käthe und Maria besuchten ihn im Gefängnis, eine erste Erfahrung kommender existentieller Bedrohungen. Riezler konnte jedoch anscheinend seine Bezüge als Gesandter z. D. behalten. Er zog wieder zurück nach Berlin, wo er und Kantorowicz noch einige Zeit als Privatgelehrte existieren konnten.[13] Martha und Max Liebermann hatten den Wegzug der Familie 1928 und besonders die Abwesenheit der vielmals portraitierten Maria tief bedauert.[14] Aber die Rückkehr der Familie konnte Max Liebermanns Verzweiflung nicht betäuben. Jetzt, wo er selbst, die

10 *Parmenides. Text griechisch—deutsch. Übersetzung, Einführung und Interpretation von Kurt Riezler*, bearbeitet und mit einem Nachwort von Hans-Georg Gadamer (Frankfurt, 3. Aufl., 2001).

11 *Traktat vom Schönen*, Frankfurt 1936.

12 Morgenblatt der *Frankfurter Zeitung*, 5. Juni 1928, „Kuratoreinführung bei der Frankfurter Universität." Ein Ausschnitt aus der Zeitung fand sich im Konvolut mit den Briefen an Käthe, zusammen mit der Kopie der Gedenkrede auf Max Scheler, den Riezler gerade ernannt hatte. Handschriftlich von Walter Riezler: „Rede gehalten von Kurt bei der Trauerfeier für Max Scheler an der Universität Frankfurt a. M. Sommer 1928."

13 Als Kantorowicz endlich 1939 via Oxford in New York ankam, wohnte er zunächst bei den Riezlers.

14 Während es fast keine erhaltenen Briefe aus den zwanziger Jahren gibt, malte und zeichnete Max Liebermann damals und vorher die Familienidylle viele Male. Ein bekanntes Ölgemälde (1926) zeigt ihn selbst beim Zeichnen der ganzen Familie, Martha, Käthe, Maria und Kurt, einschließlich des treuen Dienstmädchens und des Dackels.

Abb. 12 Käthe Riezler 1927, das Jahr des 80. Geburtstags ihres Vaters, in der kurzen Zeit der Weimarer Prosperität und Sicherheit.

Riezlerbrüder und Zehntausende diskriminiert und verfolgt wurden, lebte er „nur noch aus Hass".[15] Er starb am 8. Feb. 1935 in seinem Haus am Pariser Platz, ein halbes Jahr vor den Nürnberger Gesetzen vom 15. September 1935. Zu den wenigen Trauergästen gehörten die alten Freunde Adolph Goldschmidt und Max Jacob Friedländer, aber auch Käthe Kollwitz – alle jetzt diskriminiert – und der berühmte Chirurg Ferdinand Sauerbruch, den Liebermann portraitiert hatte. Jetzt wurde die Lage der Riezlers und von Martha Liebermann zunehmend prekär. Käthe war damals noch bis zu einem gewissen Grad durch ihre „Mischheirat" geschützt, aber vermutlich durfte Maria nicht studieren, ähnlich wie Marianne Jaffé, verheiratet mit dem in Heidelberg entlassenen Hans von Eckardt.[16] Nun wurde es Zeit, die Emigration vorzubereiten. Die Riezlers emigrierten kurz nach dem Pogrom vom 9. November 1938, konnten aber Martha Liebermann nicht überzeugen mitzugehen.[17]

Die New School, nach dem Ersten Weltkrieg als eine liberale Einrichtung für Erwachsenenbildung gegründet, hatte nach 1933 die University in Exile als eine Graduate School errichtet. Ihr langjähriger Präsident Alvin Johnson ernannte 1933 Emil Lederer zum ersten Dekan. Mit Unterstützung des jungen Hans Speier, der (als Nichtjude) in Deutschland unauffällig rekrutieren konnte, kam es so zur Ernennung der ersten zwölf Professoren, ihn eingeschlossen.[18] Die Finanzierung der Gehälter blieb immer ein Problem. Riezler benötigte 1938 Lederers Einladung und Ernennung, konnte aber als ungewöhnliche Ausnahme ein unabhängiges Einkommen mitbringen. Er hatte einen Teil von Liebermanns eigener Gemäldesammlung und wertvolle Möbel retten können.[19]

Vor der Emigration hatte Riezler Verbindung mit einigen Widerstandskreisen aufgenommen. Als Adam von Trott zu Solz (1909-1944), Sohn des Riezler seinerzeit bekannten preußischen Kultusministers August von Trott zu Solz, im Oktober 1939 auf einer geheimen Mission in die USA kam, traf er ihn als einen der ersten. Aus Beratungen mit anderen Emigranten entstand ein Memorandum über die Pläne deutscher Widerstands-

15 „Wissen Sie, ich lebe nur noch aus Hass. Jeden Tag, wenn ich die Treppe dieses Hauses hinaufgehe, das noch meinem Vater gehörte, steigt der Hass in mir hoch. Ich möchte mit Bismarck antworten: 'Meine Nächte verbringe ich nur noch im Hass'," Anita Daniel im *Pariser Tageblatt*, 5. März 1935, siehe Marina Sandig, *Die Liebermanns*, 276. Liebermann bezieht sich auf Bismarcks bekanntes Eingeständnis, er habe viele Nächte aus Hass auf seine Feinde nicht den Schlaf finden können.

16 Siehe G. Roths online-Studie „Edgar Jaffé, Else von Richthofen and Their Children", Kap. V, Intermarriage, "half-Jews" and "non-Aryan" Christians.

17 Marianne Jaffé an Else Jaffé-von Richthofen über die Ankunft der Riezlers, die sie leider nicht gleich sehen konnte: „Dabei ists doch als obs ein Teil des Domos [Vater Walter Riezler] wäre" (1. Januar 1939).

18 Hans Speier (1905-1990) verlor seine Dozentur an der von den Nazis geschlossenen Deutschen Hochschule für Politik und emigrierte 1933 samt Tochter mit seiner jüdischen Frau Lisa Griesbach, die als Fürsorgeärztin in Berlin-Wedding entlassen wurde.

19 Riezler konnte Gemälde auf eine Impressionistenausstellung nach Holland schicken mit einer geheimen Absprache, dass sie der Familie erhalten blieben. Toni Stolper an Wayne Thompson, 9. Mai 1976, W. Thompson, *In the Eye of the Storm. Kurt Riezler and the Crises of Modern Germany*, Iowa City 1980, 286.

Abb. 13 Kurt Riezler an der New School in New York 1950.

gruppen, das in Washington im Bundeskabinett Interesse fand, aber am Ende nicht beachtet wurde. Riezler selbst wandte sich wieder publizistischen Interessen zu.

Ein letzter deutscher Essay über das homerische Gleichnis und den Anfang der Philosophie war 1936 in der 1925 von Werner Jaeger (1888-1961) gegründeten Zeitschrift *Die Antike* erschienen.[20] Schon 1939 publizierte Riezler seine erste englische Veröffentlichung in *Social Research*, dem Hausorgan der Graduate Faculty der New School, „Jack and Jill. Considerations of some basic sociological concepts", eine Kritik der Individualpsychologie. Er war also nur drei Jahre verstummt. Seine Veröffentlichungen bewegten sich zwischen politischer Analyse und philosophischer Betrachtung und reflektierten seine Lebenserfahrung. Ebenfalls in *Social Research* erschienen der Essay „Will to Power. An Inquiry by Trial and Error" (1942), der von Hobbes und Nietzsche ausging, und „On the Psychology of Modern Revolution" (1943), der viel illustratives Material über Deutschland enthielt, aber nicht über die Sowjetunion, den damaligen Kriegsalliierten. Zu Beginn des Kalten Kriegs veröffentlicht, konnte „The Philosopher of History and the Modern Statesman" (1946) Lenin, Stalin und Bucharin kritisch behandeln. Schwer zu glauben, dass er nicht auch an seine eigene Beziehung zu Bethmann Hollweg dachte und sie hinter Verallgemeinerungen verdeckte.[21]

Im akademischen Jahr 1941/1942 war Riezler Gastprofessor an der University of Chicago, wo er seine philosophischen Interessen mit Kollegen teilen und mit dem höchst unwillig emigrierten konservativen Historiker Hans Rothfels die politische Vergangenheit diskutieren konnte. Privat hatten Käthe und Kurt jedoch größte Sorge um Mutter Martha.[22] Am 22. August 1942 schrieb Käthe an Friedel Jeffrey aus Elk Raids (Michigan): „Of course we were terribly worried about my mother, who is still in Berlin, though having a lifelong permit for Switzerland and Sweden. But the other day I had a letter from a Canadian lady, who, being one of the Zamzam disaster victims, was interned in Germany. The last year (1941) of her internment she spent in Berlin, living in Wannsee, in my mother's greenhouse. She wrote that she had last seen her in the middle of June, and she was perfectly all right, had her old servant and all.

---

20 Jaeger emigrierte im selben Jahr mit seiner jüdischen Frau und vier Kindern und unterrichtete viele Jahre an der Harvard Universität.

21 Riezlers einziges Buch auf Englisch und sein letztes, *Man Mutable and Immutable. The Fundamental Structure of Social Life* erschien 1950 in dem führenden konservativen Verlag Henry Regnery (Chicago). Er hielt seinen letzten Vortrag im Rahmen der sehr angesehenen Walgreen Lectures, Political Decisions in the Modern Mass Society of the Industrial Age, veröffentlicht in *Ethics* (44:2, 1954).

22 Am 18. Oktober 1942 schrieb Martha Liebermann an ihre alte schwedische Freundin Emma Zorn: „Ich bin 84 Jahre alt und habe bis vor einigen Monaten niemals an eine Auswanderung gedacht. Aber hier ist jetzt die Situation unerträglich geworden und ebenso wie die heutigen Verhältnisse unvorstellbar waren, ebenso ist es nicht möglich zu ahnen, was noch passieren kann. Ich danke jeden Morgen dem Schicksal, dass mein Mann diese Zeit nicht erlebt und dass meine Tochter mit Mann und Kind dies Land verlassen konnten, weil mein Schwiegersohn einen Ruf an die Universität in New York bekam. Augenblicklich sind sie in Chicago wo mein Schwiegersohn eine Austauschprofessur für das amerikanische Universitätsjahr angenommen hat." Siehe Marina Sandig, *Sie glaubten Deutsche zu sein*, 166.

I think it awful that they don't allow [her] to leave Germany, but unhappily we can't do a thing about it. Your old aunt Käthe."[23] Inländische und ausländische Versuche, Martha zu retten, schlugen fehl, weil die Nazis noch die letzte Mark erpressen wollten. Martha musste sogar einen hohen Preis für einen „Alterssitz" in Theresienstadt zahlen. Aber die Fünfundachtzigjähre nahm sich am 5. März 1943 das Leben, bevor sie dorthin deportiert werden konnte. Der Rest des immer mehr abgeschöpften Liebermann- und Riezlervermögens wurde konfisziert. Martha war nur Zwischenerbin gewesen. Alleinige Haupterbin war Käthe.[24] Als Käthe und Kurt sich 1943 naturalisieren ließen, wurde ihnen auch die deutsche Staatsangehörigkeit abgesprochen.

Nach längerer Krebserkrankung starb Käthe Riezler auf einer Europareise in Frankfurt am 30. Juli 1952.[25] Danach schrieb Friedel Jeffrey an seine Mutter Else Jaffé-von Richthofen: „Die Frau von Kurt Riezler, die Käthe Liebermann, ist ja in Frankfurt gestorben, sie war eine ausgezeichnete Person, besonders in den widerwärtigen Umständen der Emigration, des Fremdseins, des Wenigergeldhabens, schliesslich der Krankheit – sie wuchs mit all dem, einschliesslich dem Älterwerden, auch ein Problem, was wir von ihm nicht immer fanden" (Brief vom 28. August 1952).

Nach seiner Emeritierung an der New School 1952 entschied sich Riezler, nicht mehr nach Deutschland zurückzukehren, sondern sich in Rom niederzulassen. Aber eine Krebserkrankung ließ ihm nicht mehr viel Zeit. Er verstarb in einer Klinik in seiner Heimatstadt München am 5. September 1955. Am Abend vorher hatte er seinen alten Freund Kurt von Fritz gebeten, ihm Platons Timaeus zu bringen. Wollte er sich am Ende mit Timaeus' Vorstellung trösten, der Kosmos sei von Vernunft und Notwendigkeit geprägt? Das Buch kam zu spät.[26]

---

23 Die SS Zamzam, ein ägyptisches Schiff unter neutraler Flagge, wurde am 17. April 1941 von dem deutschen Hilfskreuzer Atlantis versenkt, aber Hunderte von amerikanischen und kanadischen Missionaren überlebten, wodurch eine schwere Krise mit den USA verhindert wurde. Siehe Carolyn Gossage, *The Accidental Captives. The story of seven women alone in Nazi Germany*, Toronto 2012. Die Kanadierinnen waren in Berlin vom 14. September 1941 bis 12. Juni 1942. Die Briefschreiberin war Isabel Russel Guernsey, die sofort nach ihrem Gefangenenaustausch ihre Erfahrungen niederschrieb: *Free Trip to Berlin* 1942. Sie lebte mit Kitsi Strachan im Gartenhaus am Wannsee, aber die Liebermannvilla musste schon 1940 an die Reichspost verschleudert werden. Es ist unklar, wo und wie Isabel und Kitsi die betagte Martha trafen.

24 Nach dem Krieg prozessierten die Riezlers um die großen Immobilienwerte und Max Liebermanns Werke und Sammlung gegen die deutsche Regierung, weil ihre Wiedergutmachungsansprüche zunächst fast ignoriert wurden.

25 Die Todesurkunde aus der Universitätsklinik Frankfurt ist abgedruckt in Marina Sandig, *Sie glaubten Deutsche zu sein*, 199. Käthe wurde darin fälschlich als evangelisch registriert.

26 Riezlers Freund und Kollege Leo Strauss hielt die Gedächtnisrede an der New School, ein großer philosophischer Nachruf, Kurt Riezler, 1882-1955, *Social Research*, 23:1, 1956, 3-34, erweitert in *What is Political Philosophy and Other Studies*, Glencoe 1959, 233-260. Strauss' erster Doktorand, Howard B. White (1912-1974), später sein Nachfolger als Professor und Dekan an der New School, heiratete Maria Riezler (1917-1995).

Personenregister

Erwähnungen in den Briefen Riezlers sind kursiv gekennzeichnet. Von den dort genannten Personen sind ungefähr die Hälfte Militärs, Diplomaten, Politiker oder Geschäftsleute. Ungefähr ein Dutzend Personen beziehen sich auf literarische und künstlerische Reminiszenzen aus der Vergangenheit. Ein anderes Dutzend sind literarische, künstlerische, kunsthistorische und wissenschaftliche Zeitgenossen. Zum engeren Familien- und Verwandtenkreis gehören wieder ein Dutzend Personen. Nicht alle Identifizierungen sind sicher, einige nicht identifizierte Nebenpersonen sind nicht aufgeführt.

Abbildungsnachweise